中国国际私法与比较法年刊

CHINESE YEARBOOK OF PRIVATE INTERNATIONAL LAW AND COMPARATIVE LAW

2021
（第二十八卷）

中国国际私法学会
武汉大学国际法研究所　主办

黄进　肖永平　刘仁山　主编

法律出版社
LAW PRESS・CHINA
北京

图书在版编目(CIP)数据

中国国际私法与比较法年刊. 第二十八卷, 2021 / 黄进, 肖永平, 刘仁山主编. -- 北京 : 法律出版社, 2022

ISBN 978 - 7 - 5197 - 6713 - 6

Ⅰ. ①中… Ⅱ. ①黄… ②肖… ③刘… Ⅲ. ①国际私法—中国—2021—年刊②比较法—中国—2021—年刊 Ⅳ. ①D997 - 54

中国版本图书馆 CIP 数据核字(2022)第 074663 号

中国国际私法与比较法年刊(2021·第二十八卷)
ZHONGGUO GUOJI SIFA YU BIJIAOFA NIANKAN
(2021 · DI - ERSHIBA JUAN)

黄 进
肖永平 主编
刘仁山

策划编辑 沈小英
责任编辑 刘晓萌
装帧设计 李 瞻

出版发行 法律出版社
编辑统筹 法治与经济出版分社
责任校对 王晓萍
责任印制 吕亚莉
经　　销 新华书店

开本 710 毫米×1000 毫米 1/16
印张 23.5 **字数** 437 千
版本 2022 年 5 月第 1 版
印次 2022 年 5 月第 1 次印刷
印刷 北京虎彩文化传播有限公司

地址:北京市丰台区莲花池西里 7 号(100073)
网址:www. lawpress. com. cn
投稿邮箱:info@ lawpress. com. cn
举报盗版邮箱:jbwq@ lawpress. com. cn

销售电话:010 - 83938349
客服电话:010 - 83938350
咨询电话:010 - 63939796

书号:ISBN 978 - 7 - 5197 - 6713 - 6　**定价**:196. 00 元

凡购买本社图书,如有印装错误,我社负责退换。电话:010 - 83938349

目　录

悼念徐宏大使专栏

国际私法专论

“法律的域外适用”研究

国际民商事争议解决机制

比较法研究

信息与资料

Contents

In Memory of Ambassador Xu Hong

Reviews on Private International Law

Studies on "Extraterritorial Application of Law"

Resolution of International Civil and Commercial Disputes

Comparative Law Studies

Information and Materials

悼念徐宏大使专栏

深切缅怀徐宏大使*

外交部条法司青年干部

2021年3月11日,北京天气预报有雨,天色阴沉,略有寒意,我们身着肃穆的服装,一早就来到八宝山公墓,送敬爱的徐宏大使最后一程。此前忙于筹备悼念活动,直到进入行礼大厅面对徐宏大使的遗像时,才揪心地意识到和徐宏大使天人永隔的事实,压抑已久的悲伤终于爆发出来,每个人的眼角都挂着泪光。在三鞠躬和围绕徐宏大使的遗体进行最后道别时,过往那些与徐宏大使相处的点点滴滴像过电影一般浮现在脑海里,终于忍不住哭出声来。

徐宏大使于2021年3月7日晚溘然长逝,享年57岁。我国外交队伍永远失去了一名忠诚无畏的优秀战士,条法战线永远失去了一位担当奉献的可敬前辈和亲密战友,国际法学界永远失去了一名业精行笃的法学英才。噩耗传来,不胜悲痛!

徐宏大使是外交部条法司前司长、前驻巴巴多斯大使、前驻荷兰大使兼常驻禁化武组织代表。他于1985年从武汉大学毕业加入外交部,除条法司和驻巴、荷使馆外,还曾在中英联合联络小组中方代表处、四川省绵阳市政府和驻泰国使馆工作。投身外交事业三十六载,徐宏大使初心不改,克己奉公,兢兢业业,功绩卓著,深受同事的爱戴和敬仰,是条法司后辈努力效仿的楷模。徐宏大使的一生,充分展现了一名优秀共产党员和高级外交官的高尚情怀,充分诠释了外交人员忠诚、使命、奉献的核心价值观,充分发扬了一名外交条法人和国际法学者的优良品质。

一、以法为器,担当有为

高擎法律武器维护国家利益,是徐宏大使一生追求和践行的目标,也是他最耀眼的功勋章。

初涉外交条法业务,徐宏大使便深度参与以复杂和挑战著称的香港回归祖国过

* 摘自微信公众号"中国国际法前沿"2021年3月13日,https://mp.weixin.qq.com/s/sO4wCpRcQIhvXNGUjhOKyA。

渡期国际法适用问题谈判,为开创性地处理许多“一国两制”原则下的条约法律问题作出重要贡献,其参与推动形成的不少涉港法律安排、工作机制等至今仍在有效运作,为“一国两制”行稳致远提供了有力的法律保障。后来他又就“刚果(金)在香港被诉承认与执行外国仲裁裁决案”、《中英联合声明》性质等出具权威法律意见,有效维护了国家利益。

面对菲律宾南海仲裁案这一新中国成立以来的首个涉领土主权核心利益的国际仲裁挑战,徐宏大使不畏艰难,带领外交部条法司撰写《中华人民共和国政府关于菲律宾共和国所提南海仲裁案管辖权问题的立场文件》,有力地阐述了中国不接受、不参与仲裁有充分的国际法依据。

徐宏大使是我国国际司法执法合作条约网络建设的有力推动者,从我国首个对外双边引渡条约——《中泰引渡条约》开始,亲身主持、参与了数十个引渡、刑事司法协助和民商事司法协助条约的谈判缔结,深度参与了《联合国打击跨国有组织犯罪公约》《联合国反腐败公约》的谈判,推动形成了今天我国遍布五洲的司法执法条约网络,为编织追逃追赃“天网”奠定了坚实的法律基础。

徐宏大使国际法功底深厚,许多影响国际法发展的中国方案中都有他的印记:《气候变化巴黎协定》、《中国的北极政策》白皮书、《中华人民共和国和俄罗斯联邦关于促进国际法的声明》以及中国在科索沃、查戈斯群岛等咨询案中向国际法院提交的书面意见等。他深谙国际诉讼规则和外国法律制度,成功处置了莫里斯旧债案等多起在美国法院对我国提起的滥诉诬告案。

徐宏大使致力于向世界传递中国的国际法主张,“一带一路”法治合作国际论坛、“和平共处五项原则”提出60周年研讨会、改革开放40周年国际法工作座谈会、“中国—亚非法协国际法交流和研究项目”无一不凝聚着他的心血。他推动我国时隔25年再次开展南极视察、自1984年加入《南极条约》以来首次主办南极条约协商会议,推动联合国重启网络犯罪国际规则制定进程。

二、两度持节,不辱使命

徐宏大使先后出使巴巴多斯和荷兰两国,千万里纵横捭阖,风雨中矢志不渝,谱写出一段段精彩的外交篇章。

在巴巴多斯,徐宏大使为确保国家领导人访问取得圆满成功,广泛走访巴各政府部门和行业代表,挖掘两国合作潜力,最终促成将可再生能源、农业、旅游等领域确定为两国合作重点领域。他多次走访新能源项目、农业考察组和酒店项目现场,落实好高访成果。他推动中国政法大学与西印度大学凯夫希尔校区共建孔子学院,成为两国文化、学术、科技交流与合作的新平台,为两国青年的交流打开了一扇窗户。为积极宣传中国,他深入巴巴多斯各界,组织中国军乐团访巴,推动中央电视台赴巴拍摄《魅力巴巴多斯》纪录片。他还亲自参与当地狂欢节、桥牌社、板球赛等标志性活动。在离任之际,巴时任总理斯图亚特盛赞徐宏大使是中巴友好的标杆,是巴巴多斯人民永远的朋友。

荷兰海牙是举世闻名的"国际法之都",徐宏大使到任伊始,便在短时间内促成两国高层访问互动。面对荷兰国内不时出现的对华质疑和偏见之音,徐宏大使以理服人,以情动人,深入阐述中国的立场和主张。他就光刻机、5G、网络安全等问题接受电视台采访,驳斥了对我国的抹黑指责。新冠肺炎疫情暴发以来,徐宏大使笔耕不辍、频繁亮相,驳斥狂言乱语,揭批政治操弄,以翔实的数据和事实介绍了中国人民伟大的抗疫成就。他发表题为《以人性的光辉驱散疫情的阴霾》的公开信,与荷兰民众分享对疫情灾害的感悟,传递中荷携手抗疫正能量,批驳某些政客对中国的污名化言论。他关心关爱旅荷同胞,带领馆员积极向他们提供帮助,亲笔写下抗疫健康包里的"家书"。徐宏大使在荷兰工作一年多时间里,夙夜在公,锐意进取,为深化中国同荷兰及相关国际组织关系作出了重要贡献。

三、专业立身,政学结合

徐宏大使一生不断精进国际法造诣,具有深厚的学术素养。他于1981年考入武汉大学国际法专业,是武大法律系恢复招生后首届国际法专业的本科生。1990年他又考上武大国际私法专业博士研究生并师从法学大家、著名教育家韩德培先生。他后来常说,韩先生精深的学术造诣和对法学的深切热爱对他产生了深远影响。他曾担任中国国际法学会常务副会长、中国国际私法学会副会长、《国际法学刊》主编等职务。

徐宏大使的专著《国际民事司法协助》,对世界各主要法系国家的民事司法协助理论以及立法和实践进行了广泛、深入和系统的比较研究,具有极高的学术价值和实践参考意义,填补了我国国际私法理论研究的空白,对我国民商事司法协助条约缔约实践产生重要影响。他主编的《中国国际法实践案例选编》,被许多高校国际法课程列为教材。他还参与编写了《中国司法协助的理论与实践》《中国冲突法研究》《中国与国际私法统一化进程》《公民权利义务通论》等专著,就引渡、刑事司法协助、人类命运共同体与国际法等问题在《中国国际法年刊》、《中国国际私法与比较法年刊》、《国际法资料》、《法学评论》、《法制日报》(现《法治日报》)等期刊、专辑和报刊上发表学术论文数十篇。

徐宏大使十分关心我国的国际法学建设和人才培养,积极鼓励和推动学界为我国国际法实践作出更大贡献。他推动组建外交部国际法咨询委员会,广泛吸收国际法学界人才入会,请他们就重要、前瞻性国际法问题献言献策,为外交中心工作提供全方位法律保障。为了向社会普及国际法,让国际法走出"小圈子",在他亲自关怀下,外交部条法司开通了"中国国际法前沿"微信公众号,截至目前已成为我国国际法领域关注用户数最多、影响力较大的公众号之一。他全力支持"国际法进校园"活动,多次赴澳门大学、厦门大学、西安交通大学等高校开展专题讲座,介绍国际法前沿问题和实践,鼓励广大学子学好国际法,为国家建功立业。他推动建立了我国首个面向社会公众的条约数据库,促进条约利用,践行外交为民理念,服务"一带一路"建设。

四、修身正心,抱诚守真

徐宏大使为人正派,严于律己,乐观积极,待人以诚,和蔼可亲。

徐宏大使擅长考验思维能力的脑力运动——桥牌,其牌品高尚,牌如其人,光明磊落。他经常参加部内外的桥牌比赛,和顶尖高手切磋牌艺,还利用业余时间给大家讲授桥牌课,耐心教导我们这些门外汉。乒乓球也是徐宏大使的强项,每到周末,他与同事们在会议室里摆上球台,切磋球艺的欢快场景依然历历在目。

在确诊罹患重疾时情况已不容乐观,但徐宏大使仍以饱满的情绪接受和配合治疗。病魔无情地折磨徐宏大使的身体,但从未摧毁他乐观积极的心态。记得在徐宏大使刚做完一次手术时我们去他家里看望,大家心情沉重,怕打扰他休息,但又迫切想知道他的身体情况。见面后,徐宏大使始终面带微笑,见我们忐忑,反而安慰我们说治疗效果很好,不用为他担心。在去世前两个月,徐宏大使仍在微信朋友圈里分享热门电视剧,完全看不出低落情绪。2021年春节之际,徐宏大使还发了一条祝福的朋友圈,配图是花团锦簇的景象,没想到那竟是他最后一次出现在我们的微信动态里。

徐宏大使关爱下属是出了名的。外交条法工作不可不谓使命光荣,任务艰巨,但在徐宏大使的领导下我们从未畏难,因为每个人都感觉到自己有价值,而且被尊重。徐宏大使经常和年轻干部谈话谈心,无论是新干部刚入司时的讲话还是例行的"一对一"谈心,他都亲力亲为。徐宏大使设身处地地关心新干部的成长,着力解决干部工作生活中的实际困难,就像是外交条法家庭的大家长。

徐宏大使不是高高在上的领导,他和我们打成一片,在潜移默化中影响了我们的生活态度。每年司里的春游和秋游活动他都积极报名参加,和我们一起爬名川、望山海、赏春花、观秋叶……在驻外期间,徐宏大使只要闲下来就和同事们在大街小巷、林间湖边,体验风土人情,捕捉身边的点滴美好。

有幸和徐宏大使共同战斗在外交条法战线,走过努力拼搏、充满激情的日子,我们心怀感恩。他所创造的成绩,开拓的道路,书写的著述,都将对我们今后的工作和生活产生不可磨灭的影响。他留给我们的宝贵精神财富仍待我们不断学习,并继续保存和发扬。

我们将以徐宏大使为榜样,为祖国外交条法事业继续奋斗!我们永远怀念徐宏大使!

2021 年 3 月 13 日

忽忆故人天外去

——追忆徐宏大使

徐国建*

一、卅年君子之交淡如水

2021年3月11日,徐宏大使遗体告别仪式在北京八宝山殡仪馆举行。出于疫情防控的需要,出行还有很多的限制和困难,但是,为了能送徐宏兄最后一程,我匆忙在上海做好核酸检测赶往北京。这是疫情暴发一年多来我的第一次北京之行。

徐宏大使1985年于武汉大学法律系毕业进入外交部条法司工作,我是1984年考入武汉大学国际法研究生班。我和徐大使最初的相识,应该是我们共同在武汉大学的那一年。他性情比较活跃,乐于和我们这些在珞珈山下攻读国际法专业的研究生有交往互动。但是,和徐大使深交则是10年后,即我1995年从欧洲留学回国之后。我回国后,虽然主要从事律师工作,但是基本上每年都会参加中国国际私法学会年会,在年会上有时可以见到他,同他交流。他1996年到2000年在外交部条法司工作,经常会参加中国国际私法学会的活动。也许是因为我在武汉大学的博士学位论文是研究私法国际统一问题,尤其是海牙国际私法会议对于私法国际统一的历史、现状和未来问题的机缘。他于2000年到2004年挂职四川绵阳市市长助理以及任中国驻泰国大使馆参赞后再回到外交部条法司,我们间的交往变得多了起来,这个时候他开始负责外交部海牙国际私法会议的工作。

海牙国际私法会议于1997年6月开始制定管辖权公约,2005年形成了《选择法院协议公约》。徐宏大使回到外交部后,对于中国参加海牙国际私法会议该公约的制定非常关心,我记得自己参加的数次关于该公约的国内专家研讨活动,他都会亲自参加。海牙国际私法会议及其对私法的国际统一,是我在武汉大学攻读国际私法

* 中国国际私法学会副会长,上海政法学院国际法学院特聘院长、教授。

专业博士学位的论文选题，到欧洲留学后也一直致力于该领域的资料收集和理论研究，并陆续有一些成果在国内发表。我想我们对于海牙国际私法会议的共同兴趣，便是我和徐大使后来交往越来越多的纽带。2005年6月海牙国际私法会议第二十届外交大会在海牙召开，会议的主要议程是谈判《选择法院协议公约》，我很荣幸受外交部邀请作为中国代表团成员参加会议，并参与该公约的谈判。作为一名国际私法学人可以参加该领域最高级别的国际会议，并代表国家参与目前已经成为国际上知名的国际公约——《选择法院协议公约》的谈判，是我的最高荣誉。我深知我的这个宝贵的专业经历和这份至高荣誉的获得都离不开当时作为外交部条法司参赞的徐宏大使的积极推荐。我对徐宏大使的这份感激之情一直埋藏在心底。我还清楚地记得，在2005年10月召开的中国国际私法学会年会上，徐宏当时作为外交部的领导参会，并做开幕致辞，其在致辞中还特别提到我参加海牙外交大会进行公约谈判的事，并代表外交部表示感谢。

后来，在关于中国签署和加入《选择法院协议公约》以及关于2019年《海牙判决公约》准备的若干次小型的研讨会上，我常常可以见到徐宏大使，每次除了会上对专业问题进行讨论外，总喜欢和他聊聊国际热点问题以及我们共同的母校武汉大学，尤其是武大校友的一些情况。他平易近人，说话总是面带笑容，而且很幽默。所以，和他相处不仅轻松，还非常惬意。

我和徐宏大使常常也有微信互动。至今令我记忆犹新的是，2018年6月18日我和他就当时轰动全国乃至世界的中兴公司事件的微信互动。中兴公司事件起源于美国以中国的中兴公司违反美国法律规定为由决定对其进行制裁。为了求得生存，中兴公司被迫和美国政府签订了和解协议。该协议第2条规定，中兴公司在30日内要更换董事会和管理层。第3条则更进一步规定，中兴公司在未来10年，需要保留一个美方派任的特别协调小组，随时接受美方询问以及接受实时监视。这一天我在朋友圈里转发了自媒体“宋丁视点”发表的微信公众号文章《中兴事件远没有结束，国家困局刚刚开始！》，并发表了如下评论：

> 文中提到的问题确实值得法律学人，且尤其是国际法学人们深思。譬如：(1)中兴和美国的和解协议的效力问题。它是否违反了中国的什么强制法律，而必须宣告无效？(2)美国政府的这种特别的物理性的“长臂管辖”法律依据何在，是否违反了中国的公共政策？(3)美方委派监督中兴的“特别协调小组”法律性质和地位如何？对其适用的法律是什么？中国

相关部门(政府或执法部门)对其运作是否应该,以及如何监管?对其违法违规行为又应如何规制和处罚?国际法制的发展趋势似乎是国内法的域外效力愈来愈强,一国的立法和执法很轻易地就强制和强行地溯及他国,美国的中兴执法以及新近生效的欧盟《通用数据保护条例》(general data protection regulation,GDPR)无不是此例证,这些无疑给"走出去"的中国企业以及中国政府和执法部门提出了严峻的挑战!

徐宏大使看到我的微信朋友圈转发文章时的上述评论,便发微信给我:"你发的评论,值得有关部门认真思考!"收到他的微信后,我回微信说:"谢谢关注。我觉得我们不能糊里糊涂地就这么接受美国的长臂管辖,这个先例会很危险。应该有应对之策略,相关政府和执法部门起码应该有表态。"

还有一次,是我和徐宏大使关于香港特别行政区问题的互动,至今我都印象深刻。2017 年上半年,英、美等西方政客发表观点表示,香港特别行政区未来成功的关键取决于 1984 年 12 月 19 日签署的《中英关于香港问题的联合声明》(以下简称《中英联合声明》)中赋予香港的权力和自由。国际舆论场质疑香港回归之后中国不再继续履行《中英联合声明》的规定,而是贯彻执行《中华人民共和国香港特别行政区基本法》(以下简称《香港基本法》),并依据该法解决香港特别行政区出现的问题,是违反国际协议的。就该问题,我曾和时任外交部条法司司长的徐宏大使谈起我的观点和看法。我结合律师实务中中外合资企业设立的原理和经验,认为《中英联合声明》就像合资合同,而《香港基本法》则是合资公司章程。合资合同需要解决的是合资公司设立之前股东间如何设立,以及设立什么样的合资公司的问题。一旦合资公司设立后,合资公司自身的各种问题均依据公司章程解决。也就是说,合资公司成立后,合资合同便完成其使命,它不再是解决合资公司的法律文件。《中英联合声明》在香港顺利回归后,便失去了其作用,其所规定的回归后的问题和事项均纳入《香港基本法》之中,《香港基本法》才是解决回归后香港问题的法律文件。后来我看到外交部时任新闻发言人陆慷在 2017 年 6 月 30 日回应《环球时报》相关问题时表示,《中英联合声明》作为一个历史文件,不再具有任何现实意义。我很高兴看到外交部后来的这个官方表态和我的观点是一致的。

二、错过的巴巴多斯拜访

外交部条法司的领导通常会在任职一段时间后被派驻到中国驻外使领馆工作。徐宏大使回外交部条法司工作后,我便和他约定,他将来被派驻到中国驻外使领馆工作时,我一定会去国外拜访他。他还和我开玩笑说,他将来一定会去一个比较偏僻的欠发达国家,很可能是非洲的某一个国家。我说那正好,那些地方平时难得有机会去,正好利用拜访徐大使之机可以去旅游观光一下。

2011年,徐宏大使出任中国驻巴巴多斯特命全权大使。在得知这个消息后,我便打电话给他,一方面表示祝贺,另一方面也表达了会去看他的愿望。他表示非常欢迎。而且,在他正式出使巴巴多斯前的一次国际私法学人们的小聚会上,由于不少人表示希望去看他,他还开玩笑说,中国国际私法学会可以考虑专门在巴巴多斯开一次小型学术研讨会。这也反映了他对中国国际私法学会工作的支持以及和广大国际私法学人亲密的关系。

我个人由于那一段时间工作繁忙,一直未能前往巴巴多斯拜访徐大使。2013年4月我前往美国佛罗里达参加一个律师组织的世界大会,这里和巴巴多斯是隔洋相望。会议期间,我打电话问候徐宏大使,同时也表示此行无法飞去巴巴多斯拜访他的遗憾。这一年的下半年,徐大使便结束出使巴巴多斯,又回到外交部,并担任条约法律司司长职务。我也一直很懊悔没能在其出使期间,前去美丽的加勒比海岛国巴巴多斯拜访他。他回国后,每每见到他,我时常会不由自主地谈到这个遗憾。从他的言语中,我也感到他在这个美丽岛国出使期间比较轻松和惬意。他会很愉快地回忆起他和巴国政要一起打桥牌的场景,并介绍巴国美丽的风光、人文,以及我也非常喜欢的巴巴多斯著名歌手蕾哈娜(Rihanna)。我和他约定,下次他再出使他国时,我一定会去拜访他,而且不会再爽约。

三、快乐的海牙时光

2019年5月,徐宏出使荷兰担任中国驻荷兰王国特命全权大使。我也很荣幸,可以作为中国代表团成员出席于2019年6月18日至7月2日在荷兰海牙召开的海牙国际私法会议第22届外交大会,并在大会上参与谈判《承认与执行外国民商事法院判决公约》,也就是人们惯称的《海牙判决公约》。出席海牙外交大会的中国代表团团长通常是由中国驻荷兰大使担任,所以,我们这个代表团的团长便是赴任大使才一个多月的徐宏。中华人民共和国外交部长王毅2019年5月15日于北京签署的"全权证书"写明:"中华人民共和国国务院委派徐宏为中华人民共和国出席海牙国际私法会议第二十二届外交大会的代表团团长,孙劲……[①]徐国建为代表。特此证明。"我没有想到,此次会以这样的方式前去徐宏大使出使的荷兰拜访他,而且不仅

① 这里省略了18位代表的姓名。

仅是私人拜访,而是在徐宏团长的领导下,在荷兰的首都海牙代表国家进行国际公约的谈判。

我于2019年6月16日晚上抵达荷兰海牙。第二天一早,我便给徐宏大使发了一条微信:"大使早上好!向你报到,我昨天已经到达海牙。本想今天去看你,但听说你这两天有重要活动,就不打扰。我们明天外交大会上见。"他很快给我回微信:"欢迎!明天见!"接下来的两周时间,尽管徐大使还不得不来去匆匆地回国一趟参与荷兰总理访问中国的外事活动,但是,我们还是一起度过了非常美好的时光。徐大使出使荷兰之时,正值欧美部分国家的右翼保守势力兴风作浪之际,我参加完海牙外交大会回到国内后,便总是看到徐大使参加各种外交活动,像一位战士一样投入维护国家利益的国际斗争中,接受外媒采访,在外媒上发表文章,主动发声讲好中国故事。尤其是2020年年初新冠肺炎疫情暴发后,他更是利用中国驻荷兰大使身份,且以一位资深国际法学家的认知,在国际上发声,驳斥国际反华势力污蔑中国的不实与荒谬言论,以正视听。徐宏大使以英文于2020年5月1日在荷兰知名的《金融日报》发表公开信(Chinese Ambassador's Open Letter to the Dutch Friends),向荷兰民众及国际社会读者传递中荷携手抗疫正能量。同时,批驳荷兰一些政客对中国的污名化言论以及一些海外媒体对中国抗疫的无端指责。这份公开信在当时无异于是向国际舆论场投下的一枚重重的炸弹,是对国际反华言论强烈的反击。在这样的氛围下,我可以想象,他的工作压力和强度之大,不久后他被检查出患了凶疾,并于2020年7月不得不离开其心爱的中国驻荷兰大使兼常驻禁止化学武器组织代表的职位,回国治病。现在回想起来,让我感到欣慰的是,作为交往30多年的朋友,在他生命的最后一段时间,可以和他在美丽的荷兰海牙很愉快地相处那么一段时光。

这一段时光应该是徐宏大使生命中最后较为轻松惬意的日子。他当时还刚赴任不久,尚处于召开各种招待会,接待荷兰各界人士阶段。参加第22届海牙外交大会自然也是他那些天的主要活动之一。由于他与中国代表团成员大多都熟识,尤其是其中有好几位是武汉大学国际法研究所的校友,大家是很好的老朋友关系,我想他一到异国他乡,而且是所有国际法学人都仰慕前往的被誉为"世界国际法之都"的海牙,并为中国驻荷兰特命全权大使,肯定非常乐意见到这些老朋友,并和他们分享他的专业荣耀和职业成就。

我们出席第22届海牙国际私法会议外交大会的代表一到海牙,便接到中国驻荷兰大使馆的邀请,在外交大会召开的前一天,即2019年6月17日晚上前去使馆参加中国驻荷兰大使徐宏上任大使招待晚会。我那天的外交大会日记上有这样一段文字："晚上 6 点，结束第三小组讨论后，①立即步行至几百米开外的中国驻荷兰大使馆参加徐宏大使上任大使招待晚会。见到徐大使老友相逢，分外开心。代表团成员和徐大使拍了不少合影。"第二天，6 月 18 日晚，荷兰海牙市政府在和平宫北花园举办招待酒会。徐宏大使也来参加了，我帮他拍摄了不少和各国贵宾交谈时的照片。我平时是不太善于拍照的，但是，我在海牙会议期间给徐宏大使拍摄的一些参加会议及各种活动的照片，代表团的成员都觉得很不错，徐宏大使也非常喜欢。我每天都会把他的照片通过微信发给他。有时没有发原图，他还会特意叫我把照片原图发给他。

2019 年 6 月 20 日晚，徐宏大使特意在中国驻荷兰大使馆宴请出席第 22 届海牙外交大会的中国代表团成员。由于当时正当乱港分子借香港特别行政区修改逃犯条例掀起骚乱，国际社会都非常关注的时候，所以，席间聊得最多的是香港特别行政区的问题。徐宏大使早在 1992 年到 1996 年曾在中英联合联络小组中方代表处工作，始终对香港问题都很关注。遗憾的是，由于香港特别行政区的骚乱，中国代表团名单中的香港特别行政区律政司司长邓若骅等香港人士未能到会，也未能参加徐宏大使的宴请，所以未能从他们那儿听到关于香港特别行政区当时形势的第一手信息。

会议期间，周末两天一般没有会议活动，这也是大家难得的休息时间。外交大会开会的时候，大家还是非常紧张的，一早便要去设在和平宫的会场开会，中午午休时间也比较短，晚上我们中国代表团都会集体开会，消化当天的会议内容，并对第二天的会议做充分准备。徐宏大使作为中国代表团团长，除了非常关心我们的会议谈判，也对代表团成员的周末生活非常关照，总希望大家周末可以好好休息，并利用周末的时光对会议东道国荷兰进行适当的观光旅游。6 月 23 日是我们会议期间第一个星期日。早晨 8 点徐宏大使来我们下榻的酒店接孙劲、何其生与我一起去荷兰著名的景点羊角村。与我们同行的还有外交部和使馆的几位同志，分乘两辆车，徐宏大使、孙劲和我以及使馆司机及其夫人共乘一辆车，2 个小时车程便到了羊角村。我到荷兰好多次，但还从没有去过这里观光旅游，它是一个有名的旅游景点，特色在于精致优美的荷兰民居以及纵横交错的小河流水和湿地。

我们大约上午 10:30 到达目的地，先是步行游览乡村风景，后来租了一条 10 人船，进行了近两个小时的湿地航行。这天天气特别好，阳光灿烂，温度也不很高，徐

---

① 海牙判决公约谈判的第三工作小组借海牙国际私法会议常设局办公室召开的讨论会。

大使一改平日非常正规的西装革履,穿了一条牛仔裤和一件休闲上衣。由于都是非常熟悉的朋友和同事,徐大使一路始终很开心,说说笑话,给大家照相,或者要我们给他和大家照相。中午在羊角村吃了简单的便餐后,徐大使还专门陪大家去阿姆斯特丹城里转了一趟。在阿姆斯特丹吃过简单的晚餐后,我们一起回海牙到徐大使官邸喝茶。我这是第一次去徐大使的官邸。官邸环境优美,建在一个小山坡上,还有一个小花园。但是,官邸大厅布置得稍显简单,中式家具布置。大厅较为显著的位置,还放了几幅其夫人和女儿的照片和全家合影。

现在回想起来,徐大使在异国他乡和老朋友及同事们一起度过这样的一天,应该是他人生最后的岁月中不多有的轻松、惬意和开心的一天。我不但感谢徐大使安排这样一次难得的旅行,也很庆幸能够和老朋友一起度过他人生最后岁月中的非常美好的一天。

第22届海牙国际私法会议外交大会的正式晚宴于6月29日晚在海牙市中心著名的私人会所白色会所(Sociëteit de Witte)举行。出席外交大会的各国代表以及各国驻荷兰的大使和外交官应邀参加。晚宴非常正式,各国代表都盛装出席。徐宏大使也来参加晚宴。他和我们代表团成团在餐前鸡尾酒会阶段自然、愉快地聊天。我开玩笑说徐大使的西装裁剪得很好,穿在身上很贴身,显得很帅气。他的兴致也很高,和我说,我教教你怎样握手。旁边的中国代表团成员立即举起手机,拍下了徐大使教我握手的瞬间。这张照片也是我后来很喜欢的一张照片。徐大使握手姿势非常优雅,面带微笑,不愧为一位资深外交家。

第22届海牙外交大会接近尾声,会议闭幕的前一天2019年7月1日晚上,正好徐宏大使有空,我们中国代表团的成员一起相约小聚,算是徐大使给大家回国饯行。徐宏团长对我们顺利完成《承认与执行外国民商事法院判决公约》(《海牙判决公约》)的谈判工作感到满意,也感谢大家这半个月辛苦的付出。席间,徐宏大使还如数家珍地向大家介绍我早期对海牙国际私法会议的研究和成果。我在那天的日记最后写了这样一句发自肺腑的话:“此次海牙外交大会有这位知己老友真好!”

第22届海牙国际私法会议外交大会于2019年7月2日闭幕,闭幕仪式在海牙和平宫国际法院大审判庭举行。徐宏大使作为本届大会副主席,在主席台就座。闭幕式上,还举行了《海牙判决公约》的签字仪式。各国代表团成员均在该公约的最后文件上签字,海牙国际私法会议时任秘书长贝纳斯科尼先生在签字桌旁见证大家的签字,并在每位代表签字后,和大家握手,拍照留念。中国代表团排队走到签字桌前,由团长徐宏大使第一个签字,然后他在签字桌边见证其他各位成员的签字。待中国代表团成员全部签署后,徐宏大使还非常有心地用手机将中国代表团成员的签字页拍了照。这张照片不仅成为中国代表团,也成为国内国际私法学界同仁竞相传看的宝贵照片。在闭幕式最后的鸡尾酒会上,中国代表团利用这最后相聚的机会,和徐宏大使在和平宫金碧辉煌的大堂楼梯前拍了一张代表团的全家福。这张照片我后来在上海的图片店复制和装帧了若干幅,赠送给包括徐宏大使在内的代表团成员,我自己则把一幅放置在办公室很显眼的位置。

四、国失栋梁之材

国家把徐宏大使这位既有丰富的外交经验,又精通国际法的双料人才派赴世界国际法之都的荷兰海牙担任大使,充分说明国家对他作为国际法专家在世界国际法律舞台上发挥巨大作用的期盼。他是一位难得的、非常适合这一位置的国际法专家和外交官。他自己也非常喜欢这一工作。从我们在海牙相处时他所流露出的意思可以看出,他期待在世界国际法律舞台上有更大的建树。只可惜,"出师未捷身先死,长使英雄泪满襟"。徐宏大使的去世是国家巨大的损失,是中国国际法学界、中国国际私法学界巨大的损失。海牙国际私法会议是我和徐宏大使几十年友谊的纽带,我唯愿在徐宏大使积极推动下我国已于2017年9月13日签署的海牙《选择法院协议公约》可以早日获得批准,正式在我国生效;也期盼徐宏大使一直关心,并作为中国代表团团长谈判通过的《海牙判决公约》,可以尽快签署、批准并在我国生效。上述任何一个历史时刻,我都将会洒酒祭奠徐宏兄,以告慰他在天之灵。

2021年12月8日于上海复兴公园

世间将少斯人,丰碑就在那里

孙 劲*

2021年3月7日上午,我微信询问徐宏大使情况,大使夫人告知这几天徐宏大使情况越来越差,正在焦虑中。几小时后,手机上赫然出现"徐宏刚刚走了"6个大字。我本能地打电话给单位负责的同事,然后叫车直奔医院,一路上止不住地流泪。徐大使静静地躺在那,他的头发还留着,走得很安详。

3月11日是大使的告别仪式,备极哀荣。我一直在忙碌着,直到步入灵堂的那一刻,悲痛再也抑制不住,泪水再次涌泉而出。徐大使静静地躺在那,只是这真的将是最后一面。斯人自此逝去!

世间将少斯人的才气,大使既是讲政治的外交官,也是学术上公认的国际法专家和基本法专家、武汉大学国际法的大师兄。

世间将少斯人的脾气,有人说他急躁,有人说他和蔼,但无人否认他的真性情,在我这样也较真的曾经的下属看来,则是"厉而无害,可与之争"。

世间将少斯人的傲气,不欺下,不媚上,对专业精神和人格平等地看重,对自己的意见敢于坚持。

世间更将少斯人的大气,大使说他的丰碑就在那些他谈判过的条约的条款里!条约在那里,大使的丰碑就在那里,条法人的功勋就在那里,国际法学人的念想就在那里!或许,我们无须挂心生命的价值和忘却的时间,因为徐宏大使的丰碑已经在那里!

* 外交部气候变化谈判特别代表、条法司副司长。

国际私法专论

论当代国际私法的管辖中心主义新范式

——以域外管辖权扩张为分析视角*

徐冬根** 杨 潇***

当今国际社会的法律发展呈现法律规范趋同化、法院系统强势化、执法行为国际化的新趋势。这些新趋势反映出了域外管辖权在立法、司法、执法三个层面的扩张,并逐渐形成了一个域外管辖权体系。国际私法视域之下,域外管辖权体系是一种前置型法律冲突解决机制。以管辖正义对域外管辖权扩张进行价值校正后能够得到一种全新的国际私法范式——管辖中心主义。管辖中心主义新范式可望为构建人类命运共同体、解决国际法律冲突作出贡献。

一、问题的提出

国际私法在整个国际秩序的建构中具有明显的基础性作用,①解决全球范围内的法律冲突是国际私法的逻辑起点和重要使命。21世纪的全球化趋势加深了世界经济的互补性与依赖性,提高了国际民商事活动的交往频率,也加剧了全球范围内的法律冲突。伴随这个过程,国际私法在整个国际法律体系中的地位也显著提升,②并以更加宽泛化、法典化、现实化、灵活化的形式来更好地履行自身使命。③

---

* 本文系国家社会科学基金重点项目“资本市场对外开放的外源性风险及其法律对策研究”(项目编号:20AFX021)的阶段性研究成果。

** 上海交通大学凯原法学院教授、博士研究生导师,中国国际私法学会副会长。

*** 中信证券股份有限公司资产管理业务高级经理。

① 参见蒋新苗:《国际私法本体论》,法律出版社2005年版,第241页。

② 参见郭玉军:《把握21世纪国际私法的发展趋势——评〈国际民商新秩序的理论建构〉》,载《法学研究》1999年第3期。

③ 参见徐冬根:《国际私法趋势论》,北京大学出版社2005年版,第5页、第201页、第249页、第339页。

进入21世纪的第二个10年,中国国际私法的研究已经由“立法中心主义”向“司法中心主义”转变,[①]而“大国司法理论”[②]的提出,则表明我国学者越发重视国际民商事司法制度之于全球化时代国际私法理论与实践的重要性。这种转变是立足于中国国情和国际私法现实的内生性转变。与此同时,外部国际社会的法律制度也产生了一系列的发展变化,其中颇令人瞩目的是,域外管辖权在立法、司法、执法三个层面快速发展,形成了一种前所未见的“域外管辖权体系”,并具有超强的扩张性和体系化特点。以域外管辖权扩张为切入点,对当代国际私法所呈现的以管辖为法律冲突解决中心的新趋势、新现象展开回应性研究,进而探索管辖中心主义能否塑造一个以域外管辖权扩张为中心解决国际私法问题的新范式,不但在实践中具有很重要的现实意义,在理论上也同样具有重要的学术价值。

二、管辖中心主义以域外管辖权扩张为中心

当今国际社会的法律发展呈现法律规范趋同化、法院系统强势化、执法行为国际化的新特点与新趋势,其背后体现的是主权国家域外立法管辖权、域外司法管辖权和域外执法管辖权的扩张。三种域外管辖权联系紧密、相辅相成,共同形成了一种极具扩张性的域外管辖权体系,并且成为管辖中心主义的范式中心。

(一)法律规范趋同化源于域外立法管辖权扩张

早在20世纪末,李双元教授就曾经颇富洞见地指出,国际社会法律的协调性和趋同化趋势将会不断加强是21世纪国际社会法律发展的突出走势。[③] 所谓法律的趋同化,是指不同国家的法律,随着社会需要的发展,在国际交往日益发达的基础上,逐渐相互吸收、相互渗透,从而趋于接近甚至一致的现象,其表现是在国内法律的创制和运作过程中,越来越多地涵纳国际社会的普遍实践与国际惯例,并积极参与国际法律统一的活动等。[④] 审视当今国际社会的法律发展现状,不难发现随着国

---

① 参见何其生:《中国国际私法学的危机与变革》,载《政法论坛》2018年第5期。

② “大国司法理论”强调将我国国际私法的研究重心转向司法层面,积极构建具有竞争性、合作性和服务性的国际民商事诉讼制度。参见杜涛:《中国批准海牙〈选择法院协议公约〉的法律问题及对策》,载《武汉大学学报(哲学社会科学版)》2016年第4期;何其生:《大国司法理念与中国国际民事诉讼制度的发展》,载《中国社会科学》2017年第5期。

③ 参见李双元、孙劲、蒋新苗:《21世纪国际社会法律发展基本走势的展望》,载《湖南师范大学社会科学学报》1995年第1期。

④ 参见李双元主编:《市场经济与当代国际私法趋同化问题研究》,武汉大学出版社1994年版,第3页。

际交往和交流的日益密切,国际私法、国际公法和国际经济法作为国际法当中的3个核心部门正在快速发展、蓬勃壮大。与此同时,国家间的法律制度也的确呈现明显的趋同化趋势。法律的趋同化,很重要的一个内容就是实体法的趋同化,而实体法的趋同化,是不同国家的立法机构进行趋同性立法活动的结果。换言之,法律趋同化,本质上是国家行使立法管辖权的结果;而国际法语境下的法律趋同化,实际上是国家域外立法管辖权发展扩张的结果和表现。

目前,国际社会法律发展的显著特点是法律的趋同效应,这种趋同效应表现在两个方面。第一个方面是国内法域外效力的扩张。国内法域外效力的扩张狭义上指的是国内法域外效力的空间性扩张;广义上则还包括具备域外效力的国内法规数量与种类的增加。实践中,世界各国为了保护自己的利益,都在一定程度上赋予了本国法律的域外效力。① 如在公法领域,美国1977年颁布了《反海外腐败法》,②并于1998年对其进行修订,以使美国主管部门有权以廉洁性问题为由依据其国内法律对世界范围内的交易行为进行广泛监督和干预。2001年,美国《爱国者法案》规定了外国金融机构的反洗钱义务,③使该法案能够对一切外国金融机构的洗钱行为产生约束力。2010年,美国国会通过的《多德-弗兰克法案》确认了“行为”和“效果”原则,明确了美国证券法的域外效力。④ 这一系列的立法行为都显示出美国热衷于制定具有域外效力的法律规范。从比较法视角看,这并不是美国的个别行为而是发达国家的一种普遍现象。欧盟制定了具备域外效力的《通用数据保护条例》,以规制和监管境外数据服务商的行为、加大对个人数据权的救济力度;⑤日本的《关于禁止私人垄断和确保公正交易的法律》也具备了规制跨国垄断行为的域外效力,⑥等等。国家间的公法交往活动,其最终目的是实现国际的私法统一和国际私法统一,⑦因此,公法领域的法律发展趋势在很大程度上预示着国家间的私法的未来走向——国家间的私法规范也将逐渐趋同。

---

① 参见杨利雅:《立法管辖权对冲突法的影响》,载《政法论坛》2010年第2期。

② Foreign Corrupt Practices Act (15U. S. C. § §78dd-1 to 78qq,1977).

③ USA PATRIOT Act, Pub. L. No. 107-56,115 Stat. 272(2001).

④ 参见杜涛:《美国证券法域外管辖权:终结还是复活?——评美国联邦最高法院Morrison案及〈多德-弗兰克法〉第929P(b)条》,载《国际经济法学刊》2012年第4期。

⑤ 参见张金平:《欧盟个人数据权的演进及其启示》,载《法商研究》2019年第5期。

⑥ 参见戴龙:《日本反垄断法的域外管辖及对我国的借鉴价值》,载《上海财经大学学报》2009年第5期。

⑦ 参见李双元、孙劲、蒋新苗:《21世纪国际社会法律发展基本走势的展望》,载《湖南师范大学社会科学学报》1995年第1期。

国内层面的立法仅仅是国际法律趋同化的一个部分。无论是从法理或现实的角度考量,单纯基于一国国家利益、政治考虑所创制的国内法并不会当然被外国法院所适用;若本国法院在国际民商事案件审理中固执地适用本国法律也必然会引起当事人和相关国家的强烈反对。当法律不能被适用,其创制的意义就会大打折扣。因此,为了加强国内法的域外效力,一些国家开始尝试将本国法律向国际社会输出,变相增强本国法的域外效力。这种行为进一步加快了全球法律之间的趋同化,①亦即法律趋同效应的第二个方面。

除了经济合作和发展组织之外,第二次世界大战之后还出现了大量的多边机构和国际组织,这些组织机构涉及了国际贸易、经济与金融等诸多领域。例如,世界贸易组织、国际货币基金组织、世界银行、联合国、亚洲基础设施投资银行等国际组织都有可能在未来扮演经济合作和发展组织在《反海外腐败法》国际化过程中的角色,积极推动国内法国际化的进程、加速国家间实体法律的趋同。

除了国际组织对于法律趋同的推动作用之外,主权国家国内法的内容本身也会影响国际条约的内容,②国际条约反过来又会影响各国国内法的创制、修订和完善,最终实现国际社会法律制度的整体性趋同。例如,《统一提单的若干法律规定的国际公约》中的规则就转化成了《美国海上货物运输法》《日本国际海上货物运输法》《英国海上货物运输法》等国内法的内容,③此即国际条约对国内法的反向影响,其本质上反映的是私法领域的国际法律趋同化。另外,国际公约形成了有别于国际冲突规范的国际实体法规范,国际商会以各国不同的内国习惯为基础制定如《跟单信用证统一惯例》《国际贸易术语解释通则》等规范,④则更是世界法律趋同化在私法领域的直接表现。

显而易见,许多国家都在积极行使域外立法管辖权,不断提升本国公法和私法的域外效力。这些国家看似独立的立法行为,实际上都推动了国际法律制度的趋同化。从理论上来说,私法的域外效力比较容易得到其他国家的承认,而公法的域外效力在域外很难得到承认,公法间的法律冲突也更难通过法律途径解决。但是,国际法治现实已经证明,国家间公法的趋同化并非难以实现,并且已经向前迈出了不

① 本文所指的法律趋同化主要指的是法律内容层面的趋同化。参见李双元:《走向21世纪的国际私法:国际私法与法律趋同化》,法律出版社1999年版,第468~469页。

② 参见王德志:《论宪法与国际法的互动》,载《中国法学》2019年第1期。

③ 参见李旺:《论国际民商事条约的适用——以国际民商事条约与国际私法的关系为视角》,载《法学家》2017年第4期。

④ 参见贺万忠:《冲突法的理念嬗变与立法创新》,世界知识出版社2012年版,第16页。

小的步伐;国家间私法的统一化进程也早已开始。进而,我们可以推知,随着域外立法管辖权的进一步扩张,国家间私法的高度趋同化也一定会在不远的未来实现。而这种趋势,对于国际私法的影响是巨大的,如果世界法律的趋同效果达到前所未有的程度,那么这些趋同领域的法律冲突就会迅速弱化。质言之,域外立法管辖权的扩张、国家间私法的趋同最终会导致不同法域之间的法律差异弱化,为前置性解决国际法律冲突奠定基础。

(二)法院系统强势化导致域外司法管辖权扩张

全球化时代,世界各国的民商事交往日益频繁,由此而产生的纠纷和法律冲突也与日俱增。为了应对愈演愈烈的国际法律冲突,国际私法陆续确立了最密切联系原则、不方便法院原则、公共秩序保留原则、禁诉令制度等一系列理论制度。这些制度为全球强势法院的出现奠定了理论与制度基础,导致强势法院的域外司法管辖权得到很大的膨胀扩张。

最低限度联系原则是法院域外司法管辖权扩张的重要依据。1945 年,美国联邦最高法院在国际鞋业公司案中确立了最低限度联系原则,[①]该原则规定被告与法院所在地存在最低限度的联系时法院才可以拥有对该案件的司法管辖权,当时这一原则的提出是为了保护被告免受遥远的不方便诉讼的困扰,属于对法院司法管辖权的限制性原则。[②] 但是由于不同法官对于判断被告是否应该预见到、是否有目的利用法院地之便利、是否承受了过分的负担等问题存在极大差异,[③]法院在最低限度联系原则的适用上具有极大的自由裁量权和高度灵活的解释权,所以在此后的司法实践过程中这一原则反而变成了法院司法管辖权的扩张性原则,可预见性标准、商业流标准、实质联系标准等通过司法判例形成的对于最低限度联系的解释标准无不显示出这种联系的扩张性特征。全球化时代,美国的美元货币体系和互联网技术贯穿了世界民商事活动的方方面面,自《反海外腐败法》和《澄清数据在海外的合法使用法》颁布后,世界上任何国家的企业只要用美元交易或者使用服务器在美国的电子邮件,都属于与美国建立了最低限度的联系,美国法院自然可以对其享有正当的司法管辖权。

在国际民商事诉讼活动中,法院间的平行管辖权有可能造成司法预见性不足、

---

① International Shoe Co. v. Washington, 326 U. S. 310(1945).

② 参见徐冬根编著:《国际私法案例百选》,高等教育出版社 2019 年版,第 298 页。

③ 参见肖永平:《“长臂管辖权”的法理分析与对策研究》,载《中国法学》2019 年第 6 期。

跨国执行困难和挑选法院频发等问题,[①]给双方当事人或者受理法院带来一定的不利影响,最终有碍于诉讼救济目的之实现。基于这种情况,不方便法院原则允许原受理法院进行自由裁量以决定同样具有管辖权的可替代法院是否行使对该案件的司法管辖权。[②] 在理论层面上,不方便法院原则是最密切联系原则应用扩展到管辖权领域的结果,它强调区分案件和法院地的联系程度,只有案件和法院地存在实质联系的法院才享有合理公正的管辖权。在管辖权领域可以采用"管辖要素综合分析法"确定管辖法院和案件的联系程度,从而决定不方便法院的适用与否,这体现了不方便法院原则和最密切联系原则在解决管辖权冲突上的统一性。[③] 换言之,在多个法院都主张司法管辖权之时,与案件具有最密切联系的法院是方便法院,其他联系较弱或者没有联系的法院则是不方便法院。学术界有观点认为,不方便法院原则是普通法系国家为了限制过度扩张域外管辖权而在司法判例中形成的限制性制度,[④]减少了原告挑选法院的可能性,对维护国际民商事法律秩序的稳定性、一致性与可预见性和节约司法资源具有积极意义。但美国联邦最高法院在海湾石油公司案和皮珀飞机公司案中则向我们展现出这一理论的相反用途。海湾石油公司案是纯美国国内民事诉讼案件,不方便法院原则的适用实际上是在弗吉尼亚州法院和纽约州法院之间确定谁是更加适格的法院,[⑤]并没有外国法院来参与司法管辖权的竞争;皮珀飞机公司案中联邦最高法院则是根据不方便法院原则将本案的司法管辖权留在了地区法院,而不是将司法管辖权交给苏格兰法院。[⑥] 从美国的实践来看,不方便法院原则的适用体现出两个特点:一方面,司法实践中,只有司法管辖权竞争者没有外国法院而只有本国法院时,本国受理法院才有可能被认定为不方便法院;另一方面,上诉法院撤销原审法院判决并指定的更方便法院通常只限于本国法院而非外国法院,其中既有对外国实体法律规范不了解的原因也有司法管辖权主权化的原因。此外,这两个案件又分别发生在国际鞋业公司案的次年和世界大众公司案的次年,在这样的时间点上重新阐释不方便法院原则,很难不让人联想到不方便法院原则与最低限度联系原则之间可能存在的互动关系。显而易见,不方便法院原则将域外司法

① 参见时慧媛:《调整适用传统司法管辖权途径的思考》,载《华东政法大学学报》2009 年第 1 期。

② 参见徐冬根:《国际私法》(第 2 版),北京大学出版社 2013 年版,第 466 ~ 470 页。

③ 参见王立武:《不方便法院原则在我国的适用研究》,载《山东理工大学学报(社会科学版)》2004 年第 4 期。

④ 参见王吉文:《论不方便法院原则在我国的适用问题》,载《法律适用》2005 年第 12 期。

⑤ Gulf Oil Corp. v. Gilbert, 330 U. S. 501,505 (1947).

⑥ Piper Aircraft Co. v. Reyno,454 U. S. (1981), p. 238 – 240.

管辖权固定在本国领土之内,而最低限度联系原则却帮助本国法院扩大法院地与国际民商事案件之间宽泛而灵活的"联系"。当联系标准越来越宽泛,就不再有不方便的本国法院,只有不方便的外国法院,其间所体现的对于强势司法管辖权的重视思想已经呼之欲出。

然而,不方便法院原则不能够彻底消除主权国家之间司法管辖权的冲突。① 为了进一步扩张本国的域外司法管辖权,主权国家希望能够限制其他国家对于同一案件的司法管辖权,这一目标主要是通过禁诉命令制度来实现的。在国际民事诉讼中,禁诉命令是一项非常具有吸引力的选择,因为它可以预先阻止在潜在的不方便或具有敌意的外国法院进行诉讼。② 一般认为,禁诉命令制度是指法院为了终止在外国法院进行的诉讼而发布禁诉命令,要求受美国法院属人管辖的当事人不得在外国法院起诉或者参加预期的或未决的外国诉讼。③ 虽然这一制度在实务界仍然存在争议,学术界也认为其对外国主权造成了侵害,④但是美国、英国、德国等国家还是纷纷确立了这一司法制度。例如,在英国,随着英格兰法院的管辖权不断扩大,只要英格兰法院要保护的利益与英格兰有实质性联系,就可以对不在管辖区内的客体发出禁诉命令。⑤ 实践中,只要申请禁诉命令的当事人能够证明同一争议纠纷的平行诉讼正在不同法院进行,并且证明平行诉讼会给其带来无法弥补的严重伤害就符合禁诉命令申请条件;⑥而法院还可以发布反禁诉令以阻止一方当事人为了终止在本国法院受理的诉讼而去其他国家的法院申请禁诉命令。⑦ 如此一来,禁诉命令制度同时具备了进攻性功能和防御性功能,既可以阻止外国法院行使司法管辖权,又可以确保本国法院的司法管辖权不因同样的方式被剥夺,彻底巩固了本国法院的强力司法管辖权。

在国际私法中,国际民商事案件管辖权是一国法院或具有审判权的其他司法机关受理、审判具有国际因素或涉外因素的民商事案件的权限,⑧作为一种司法管辖

---

① 参见欧福永:《国际民事诉讼中的禁诉令》,北京大学出版社 2007 年版,第 4 页。

② 参见肖永平、王承志:《英国国际民事诉讼法三题——以〈布鲁塞尔公约〉为主线》,载《法律科学(西北政法学院学报)》2003 年第 1 期。

③ 参见李双元主编:《国际私法学》,北京大学出版社 2000 年版,第 551 页。

④ 参见刘力:《国际民事诉讼管辖权研究》,中国法制出版社 2004 年版,第 240 页。

⑤ 参见欧福永:《英国民商事管辖权制度的主要特色及其对我国的启示》,载《浙江社会科学》2007 年第 3 期。

⑥ 参见张茂:《美国国际民事诉讼法》,中国政法大学出版社 1999 年版,第 118 页。

⑦ 参见刘力:《国际民事诉讼管辖权研究》,中国法制出版社 2004 年版,第 242 页。

⑧ 参见韩德培主编:《国际私法新论》,武汉大学出版社 1998 年版,第 617 页。

权,它对于法律选择和法律适用的影响是巨大的。[①] 在强势法院系统的管辖之下,法院地法的适用处于绝对优势的地位。由于世界多国都在纷纷进行域外效力法律创制的活动,因此这些法律规则为法院审判环节的法律选择和适用问题做了足够的铺垫,法院地总是拥有全面而丰富的实体法律规范以应对纷繁复杂的民商事法律关系,其中的一些法律甚至是许多国家趋同性法律的制定蓝本。而公共秩序保留作为一项法律选择与适用环节的制度,是目前国际私法上得到各国立法、司法实践和国际条约广泛肯定的一项制度。[②] 美国大法官卡多佐认为,如果适用外国法将会与正义的重大原则、道德的基本观念或事关大众福祉的传统相抵触,则应当根据公共秩序保留原则排除该外国法的适用。[③] 因此,在管辖法院进行法律选择和法律适用时,法院可以基于本国基本政策、重大利益、道德与法律的基本原则等因素的考虑排除具有不利影响的外国法适用,转而适用法院地法。这项制度的积极意义在于维护管辖法院所在国的基本秩序和主权利益不受外国侵犯;[④]但在判断外国法的适用是否危害本国公共秩序方面,国际私法上并没有形成为多数国家所承认的统一性标准,因此,公共秩序保留在实践中成为具有充分灵活性的制度,[⑤]它赋予法官高度的自由裁量权来判断外国法的适用是否应当被排除。全球化时代,各主权国家的国家利益和公共利益呈现扩张和交织的状态,外国法的适用对于一国利益与秩序的影响与非全球化时代相比不可同日而语。因此,世界各国都更加重视公共秩序保留原则在解决涉外民商事法律纠纷层面中的运用,公共秩序保留原则的适用范围也由民事领域逐步扩大到商事领域,适用的方法更是日趋灵活。[⑥] 公共秩序保留原则为法院地法的适用提供了理论和制度上的正当性依据,进一步强化了法院系统的强势地位。

毫无疑问,拥有稳固而强势的司法管辖权的国家在维护本国民商事主体的利益以及本国法律适用的问题等方面都具有相当大的优势,在涉外纠纷解决中的作用空前加强。随着全球化趋势下世界各国经贸往来的加深和民商事纠纷数量的增加,世界各国对于扩张本国法院的司法管辖权都表现出了极大的热忱。而最低限度联系

---

① 参见董立坤:《国际私法论》(第2版)(修订本),法律出版社2000年版,第160页。

② 参见李双元主编:《国际私法学》,北京大学出版社2000年版,第226页。

③ Loucks v. Standard Oil Co., 224 N.Y. 99, 111, 120, N.E. 198, 202 (1918).

④ 参见沈涓:《法院地法的纵与限——兼论中国国际私法的态度》,载《清华法学》2013年第4期。

⑤ 参见霍政欣:《公共秩序在美国的适用——兼论对我国的启示与借鉴》,载《法学评论》2007年第1期。

⑥ 参见任际:《国际私法中公共秩序保留的综合要素及适用趋势》,载《武汉大学学报(哲学社会科学版)》2013年第6期。

原则、不方便法院原则、禁诉命令和公共秩序保留原则则为司法管辖权的强化提供了理论基础。立法管辖权和司法管辖权之间存在紧密的联系,[①]二者总是相互配合而发生作用。当域外立法管辖权扩张发展创造了法律趋同效应,大量具有域外效力的、趋同性的法律规范可以供法院直接适用,那么法律选择的难题就得到了弱化;在这样的语境之下,专注于适用法院地法进行高效的审判和纠纷解决是强势的法院系统唯一且重要的任务。

(三)执法行为国际化体现域外执法管辖权扩张

执法管辖权具有极强的属地性,它是国家公权力的象征。因此在域外管辖权中,域外执法并没有足够的发挥空间,域外执法管辖权也仅仅停留在理论层面。而像"阿尔瓦雷兹案"和"凡尔都戈案"中的激进的单边域外执法行为,[②]并不具有法律上的正当性,如果滥用于国际民商事纠纷,既无益于保护私主体的合法权益,也无益于构建良好的国际民商秩序。但是,高效协同的域外执法能力是符合国际民商事行为注重成本、追求效率和收益的天性的。如果国际私法的功能仅止步于法律选择和法律适用,却不能承认和执行法院判决,那么国际私法就丧失了其促进国际民商事交往、维护国际民商事主体合法利益的基本价值。因此,国际社会开始重视跨国执法和国家间判决的承认与执行,以配合司法系统更好地完成国际私法解决法律冲突、维护国际民商秩序的基本功能。

随着全球化趋势下国际交往日益密切,主权国家开始更多地从"普遍主义"或"世界主义"出发来指导本国的法制建设,[③]国际组织和国际条约为这种"普遍主义"思想提供了法律模仿和法律趋同的窗口。由此,一些国家开始通过国际机制赋予跨国执法以现实可能性和法律正当性。例如,美国政府 2018 年颁布的《澄清数据在海外的合法使用法》就为美国互联网和数据技术大国的优势地位量身打造了一种新的司法协助模式,[④]允许国家之间可以通过签订行政协定的方式相互快捷获取数据,有关国家则可以在域外网络空间之中行使执法权,调取和访问相关数据。此外,美国等国家还巧妙地借用了国际条约和国际机制,通过温和的方式寻求国家主权的统一让渡,以更好地协调全球的执法管辖,充分调动世界范围内最先进高效的执法资源,

① 参见杨利雅:《立法管辖权对冲突法的影响》,载《政法论坛》2010 年第 2 期。

② 参见李庆明:《论美国域外管辖:概念、实践及中国因应》,载《国际法研究》2019 年第 3 期。

③ 参见李双元:《国际私法(冲突法篇)》,武汉大学出版社 1987 年版,第 98 页。

④ 参见夏燕、沈天月:《美国 CLOUD 法案的实践及其启示》,载《中国社会科学院研究生院学报》2019 年第 5 期。

确保整个体系的有效运转。经济合作与发展组织通过的《反对在国际商务交易活动中行贿外国公职人员公约》强调成员就有关事项享有跨国执法的权力;①2003 年签署的《联合国反腐败公约》同样鼓励国家间相互协助调查,在司法方面给予便利。②显然,跨国执法行为在反腐败领域已经具备了现实的可能性,这种域外执法管辖权的实质性变化是传统管辖权时代难以想象的。如此巧妙地利用国际条约和国际组织来赋予域外执法正当性的做法是一种新的创造,有利于域外司法管辖权的高效流畅运转。未来,越来越多的国际组织或者条约中都会对跨国执法作出相应的规定。

司法管辖权固然也可以在很大程度上影响法律适用和案件结果,但是其行使也要结合判决的可执行性考虑。虽然受案法院作出的判决可以通过当事人的自动履行或受案法院在本国境内强制执行来实现当事人在判决中得到的权益,但是若当事人不愿自动履行或其在本国境内没有可供执行的财产,那么对司法管辖权争夺的意义就会减弱。而在国际民商事交往频繁的全球化时代,推动国家间判决的承认与执行能够明显减轻当事人诉累、节约各国司法资源,③对促进各国民商事交往的发展和维护国际民商事秩序有非常重要的意义。在实践中,一些国家积极促成互相承认判决裁定的双边、多边条约的签署,为本国法院域外司法管辖权的扩张保驾护航。20 世纪 90 年代美国极力鼓动海牙国际私法会议发起判决承认与执行公约计划的原因也在于此。④ 2019 年 7 月 2 日,随着海牙国际私法会议第 22 届外交大会在海牙闭幕,《承认与执行外国民商事判决公约》的谈判宣告完成,国际私法会议尽最大的可能平衡各国利益、弥合分歧,取得了阶段性成果。而德国、法国、意大利和荷兰等国于 1968 年签署的《关于民商案件管辖权及判决执行的公约》作为目前适用范围最广的国际公约之一,⑤也明确禁止各缔约国对外国判决进行实质审查以促进判决的承认与执行。⑥ 显然,为了进一步提升司法效率、促进国际民商事交往,主权国家更希

---

① 参见[法]阿里·拉伊迪:《隐秘战争》,法意译,中信出版集团股份有限公司 2019 年版,第 18 页。

② 参见《联合国反腐败公约》第 46 条。

③ 参见杜涛:《互惠原则与外国法院判决的承认与执行》,载《环球法律评论》2007 年第 1 期。

④ 参见杜涛:《论国际民事诉讼中的过度管辖权》,载《武大国际法评论》2017 年第 1 期。

⑤ 参见谢石松:《国际民商事纠纷的法律解决程序》,广东人民出版社 1996 年版,第 269 页。

⑥ 1968 *Brussels Convention on Jurisdiction and the Enforcement of Judgments in Civil and Commercial Matters* (Jan. 1, 2020), https://eur-lex. europa. eu/legal-content/EN/TXT/HTML/? uri = CELEX:41968A0927(01)&from = EN.

望打破信任与互惠的“囚徒困境”、①利用国际机制推动国家间判决承认与执行，这最终推动了域外执法管辖权的扩张。

(四)域外管辖权体系化解决国际法律冲突

随着全球化背景下国际法律制度的发展推进，越来越多的国家开始注重行使域外立法管辖权，并在世界范围内形成法律趋同效应。以美国为代表的国家通过长臂管辖、不方便法院等理论制度大力扩张本国的域外司法管辖权，形成了管辖范围覆盖全球的强势法院系统；世界各国也都意识到判决的承认与执行等执法活动对于司法效率和法律冲突解决的重要意义，于是开始尝试扩张域外执法管辖权，并呈现国际协同高效执法的新趋势。透过这些国际法律发展的新现象，笔者总结认为，这些扩张的域外管辖权或许正从立法、司法和执法三个层面对国际私法问题产生巨大影响。

域外管辖权体系是管辖中心主义解决法律冲突的核心工具，是整个范式的关键机制。因此，要研究管辖中心主义，必须从学理上对域外管辖权体系进行解构分析。概括而言，域外管辖权体系保持了传统管辖权立法管辖权、司法管辖权、执法管辖权三个层面的基本结构，②呈现为域外立法管辖权、域外司法管辖权和域外执法管辖权三位一体，其内涵和外延都比传统的域外管辖权有了更大的扩张。

从图1可见，域外管辖权体系在构造上分为域外立法管辖权、域外司法管辖权、域外执法管辖权，并以最低限度联系原则、不方便法院原则、禁诉命令和公共秩序保留原则为辅助性配套制度；在内容上表现为国内立法机关创制具有域外效力的法律规范、国内法的国际化、通过司法判例形成新的域外效力规范和管辖原则、利用双边和多边条约推进域外执法和判决的承认与执行、扩大本国法院的司法管辖范围等多种具体方式。

① 参见杜涛：《走出囚徒困境：中日韩民事判决相互承认制度的建构——以构建东亚共同体为背景的考察》，载《太平洋学报》2011年第6期。

② Malcolm N. Shaw, *International Law* (Sixth Edition), Cambridge: Cambridge University Press, 2008, p. 649 – 651.

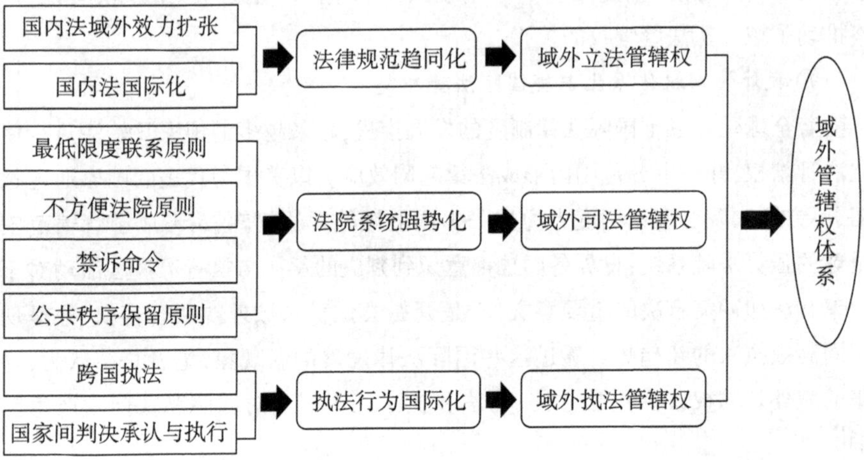

图 1　域外管辖权体系构造示意

注:本图为作者自制,用以展示域外管辖权体系的体系构造和生成逻辑。

域外管辖权体系对于国际私法有非常重要的价值。首先,法律冲突是一种动态冲突(conflict mobiles),①国家间各不相同的实体法律总是处在动态变化之中,国家间的法律冲突也仿佛排列组合一般具备了无限的可能性。域外立法管辖权对这种现实性根源的回应是,由国内立法机关积极创制具有域外效力的法律规范,由司法机关在审判实践中确立有关的司法判例,利用国际机制实现国内法的国际化以追求世界范围内的法律趋同。当国家间的实体法律出现趋同效应,域外管辖权体系就有可能在源头上对法律冲突进行前置性弱化。可以说,域外立法管辖权是超级管辖权体系能够运转的首要前提和构建基础,对于解决法律冲突也具有基础性意义。其次,强势的法院系统意味着扩展的域外司法管辖权,它只需要在法律趋同的前提下发挥高效的案件审判和纠纷解决功能,就能够进一步提高国际私法解决法律冲突、维护国际民商事主体合法权利的效率。当然,单一的域外司法管辖权可能产生冲突法上的司法单边主义,②但是实体法律的趋同效应实际上弱化了域外立法管辖权的冲突。更何况,域外管辖权并非只能有一个,相反,全球范围内的域外管辖权体系越多,反而越能够便于国际民商事主体实现自身合法权益的司法救济。最后,越来越多的国际条约允许跨国执法并推动国家间判决承认与执行,使

① 参见李双元:《国际私法(冲突法篇)》(修订版),武汉大学出版社 2001 年版,第 17 页。

② 参见杨利雅:《冲突法中的单边主义研究》,人民出版社 2010 年版,第 106～109 页。

域外执法管辖权能够与域外立法和司法管辖权相互配合，确保国际法律冲突得到高效解决。

概言之，域外立法管辖权、域外司法管辖权和域外执法管辖权都在扩张发展，较早期国际法意义上的域外管辖权而言，其发挥的作用和适用的空间范围已不可同日而语，此谓“超级”。3 种域外管辖权总是相互配合发生作用，域外立法管辖权利用了国内法国际化来实现对国际法律内容趋同性的塑造；域外执法管辖权通过国际机制获得了法律上的正当性和实践中的可操作性；域外司法管辖权则采用“扩大司法管辖权——适用法院地法”的方式完成高效率的纠纷解决，三者总是以体系合力来高效解决国际法律冲突，此谓“体系”。国际私法视域之下，域外管辖权已经扩张为一种“域外管辖权体系”，是一种创造性的前置型法律冲突解决机制，它在化解法律冲突方面具有非常重要的价值。由此，域外管辖权体系开创了以管辖为中心解决国际私法问题的全新范式，即笔者所称的管辖中心主义。

三、管辖中心主义应当以管辖正义为价值导向

域外管辖权体系具备强大的法律冲突解决功能，但也强烈冲击着传统国际私法的价值观。为此，管辖中心主义范式应当坚守法律的正义价值，以管辖正义指导域外管辖权体系的良性运作。

（一）域外管辖权体系给国际私法的价值观带来挑战

自 11 世纪意大利城邦之间的法则冲突现象产生以来，管辖权问题就与法律适用问题相伴而生，意大利的各个城邦正是通过争夺管辖权来实现本城邦法则的司法适用的。① 从某种程度上来说，当时的冲突法，管辖权问题只是手段，本国法律的适用才是最终目的。基于这种认识，冲突规范也主要是进行空间性的法域选择（jurisdiction-selecting），②通过指定一个管辖权来进行后续的法律选择和法律适用。随着法则区别说、意思自治说、国际礼让说等一系列理论的开创，人们逐渐意识到最恰当的法律适用才是解决法律冲突、实现国际私法价值的核心要义。③ 因此，在数代国际私法学者的努力之下，最密切联系原则诞生，它要求法院应当充分考虑各种法律规范与案件的联系，在众多法律规范中选择联系最强最密切的法律规范进行适用，④以保证法律冲突解决的正义性。然而，随着最低限度联系原则的出现，超级域

---

① 参见李双元：《国际私法（冲突法篇）》（修订版），武汉大学出版社 2001 年版，第 102 页。

② 参见王承志：《美国冲突法重述之晚近发展》，法律出版社 2006 年版，第 27 页。

③ 参见徐冬根：《国际私法》（慕课版），北京大学出版社 2016 年版，第 85 ~ 86 页。

④ 参见徐冬根：《国际私法趋势论》，北京大学出版社 2005 年版，第 346 ~ 347 页。

外管辖权逐步产生和发展壮大,它更加强调强势的域外司法管辖权和本国法的适用,使得法律冲突的解决路径又回到了法则现象冲突产生初期的原点。从历史发展的眼光来看,域外管辖权扩张和管辖中心主义对于解决法律冲突问题的路径在外观上呈现"返祖"特点,使得对当代国际私法的冲突规范运作机理和价值观产生了一定的困惑。

管辖中心主义范式中的域外管辖权扩张对于国际私法价值观的挑战是全方位的,无论是域外立法管辖权还是域外司法、执法管辖权的扩张性发展都冲击着国际私法的正义观。如前所述,域外管辖权体系对于解决国际私法问题有着重要作用,但是它也存在工具化和被滥用的可能。因此,域外管辖权体系需要价值观的校正与指引才能发挥出真正的积极作用。但是在管辖中心主义新趋势之下,主权国家积极行使立法管辖权进行有域外效力的法律创制,使国内法对于越来越多的国际民商事主体活动具有了规范和约束的域外效力;同时主权国家积极将本国的法律规范和价值观输出到其他国际组织或主权国家以进一步创造法律的趋同效应,这为主权国家利用国内法审判国际民商事案件创造了温和的国际环境——法律的趋同化使得法律选择的差异性逐渐淡化,人们会更加关注法院的选择而不会对国内法的域外效力产生更多的质疑;法院的选择,抑或司法管辖权的确定在整个冲突法中的地位出现明显提升,主权国家倾向于更加直接地争夺管辖权并且偏好适用本国的法律规范进行案件审理。如果没有正确价值内核加以引导,管辖中心主义影响下的域外管辖权体系极有可能沦为少数霸权国家推行法律帝国主义的工具。无疑,法律和法治实践离不开价值导向,管辖中心主义急需一种新的价值内核,以引导域外管辖权体系的运作。

(二)管辖正义是对国际私法正义价值观的继受与发展

正义不仅是道德的一个特殊切面,更是评价法律制度的重要维度。① 而正义价值也一直是国际私法的首要价值。② 因此,管辖中心主义最核心的价值范畴也应当承袭国际私法一贯的正义价值观。这种正义与传统国际私法的形式正义和实质正义相呼应,是对它们的继承与发展,笔者称之为管辖正义(jurisdiction justice)。

管辖正义首先应当包含的范畴,就是冲突法的形式正义与实质正义,这是国际私法正义价值观的基准和起点。法律价值逻辑兼具形式理性与实质理性,③这种价

① 参见[英]哈特:《法律的概念》,许家馨、李冠宜译,法律出版社2018年版,第226页。
② 参见徐冬根:《论国际私法的哲理性》,载《华东政法大学学报》2010年第1期。
③ 参见陈晓庆、张斌峰:《试论法律价值逻辑》,载《湖北大学学报(哲学社会科学版)》2019年第5期。

值逻辑在国际私法语境下表现为冲突法形式正义(conflicts justice)与冲突法实质正义(material justice)。[①] 二者是国际私法中一对重要的正义价值范畴,前者指的是冲突规范或者法律选择方法上的形式正义,后者指的是法律选择结果上的实质正义,这两个概念是以法律选择或法律适用为中心对国际私法正义价值的总结。

这种管辖正义不仅仅指司法管辖权的适当性和正义性,还意指各国在行使立法管辖权和执法管辖权的过程中应当遵循程序上和实体上的正义观念。当国际私法整体结构重心向管辖权问题偏移,而管辖权的确定又对法律适用产生决定性作用的时候,管辖权限的合理界定与分配就显得极为重要。随着域外管辖权的国际化发展,世界各国都会更加注重立法管辖权与司法管辖权的配合运用,一方面,创制更多具有域外效力的国内法;另一方面,扩张本国法院的司法管辖权,力争通过本国法院适用本国法律来尽可能地把握具体案件的走向。但是,各国实体法律规范的趋同性很大程度上是国内法国际化的结果,因此被输出的法律必须具有正义的价值取向,只有摆脱了狭隘的国家利益观和西方价值观中心主义思想的域外立法才能真正达至"法律共享"的理想境界。[②] 域外司法管辖权的行使也必须遵循正义的价值取向,如果固执于追求强势且广泛的司法管辖权,就容易忽视法律选择,导致国际私法丧失实质正义,又或者忽视了司法程序本身的建设和完善,不能实现国际民商事主体权利的充分救济,损害形式正义。域外执法也必须具备足够的正义性才能不对他国的主权造成过度的侵害。可见,一旦主权国家的域外立法、司法和执法行为缺乏了正义价值的内核,域外管辖权就会沦为破坏国际法治秩序的工具,导致全球范围内更加激烈的管辖权争夺。

管辖正义同样还应当涵盖法理学上的正义范畴,即博登海默所指的"他者之利益"(good of others)。它呼吁人们把自己从只顾自己利益的冲动中解放出来,而为有益于他人的事情。[③] 所以,管辖正义要求主权国家在行使域外立法管辖权、域外司法管辖权和域外执法管辖权的同时时刻坚持正义的价值观导向,不得为实现狭隘的本国单边利益而滥用域外管辖权,不合理地膨胀本国法的域外效力、扩张本国法院的管辖范围或者进行不适当的域外执法,进而损害其他国家的合法权益和正当利

---

① 参见徐冬根:《论国际私法的形式正义与实质正义》,载《华东政法学院学报》2006 年第 1 期。

② 参见杜涛:《从"法律冲突"到"法律共享":人类命运共同体时代国际私法的价值重构》,载《当代法学》2019 年第 3 期。

③ 参见[美]E. 博登海默:《法理学:法律哲学与法律方法》,邓正来译,中国政法大学出版社 2017 年版,第 281 页。

益。只有具备了正义的价值内核,管辖中心主义才能够真正服务于国际私法的理论与实践,平衡好全球化趋势、国际民商新秩序和法律冲突化解之间的关系,域外管辖权体系才能够真正成为国际民商事纠纷解决的有效机制。

毫无疑问,管辖正义作为对国际私法正义价值观的继受与发展,是管辖中心主义新范式的应有之义。不管以何种方式解决法律冲突,国际私法的基本价值不会改变,所以管辖正义继受了国际私法对于实质正义和形式正义的追求,又强调尊重他人利益的重要性,其根本目的都是实现国际私法解决法律冲突、实现公平正义的目标。而其作为一种动态的价值内核,仍会随着国际法治与国际社会现实的发展保持联动,在未来的发展中不断丰富和迭代出新的内涵。

四、管辖中心主义是全球化时代的国际私法新范式

纵观整个国际私法史,曾经产生过"本地法范式""萨维尼范式""统一实体法范式"3种经典范式。与这些传统范式相比,以域外管辖权扩张为中心、以管辖正义为价值导向的管辖中心主义新范式在法律冲突解决方面具备更高效的优势,正成为全球化时代解决法律冲突、构建国际民商新秩序的有力范式。

(一)管辖中心主义新范式的运作机理

综前所述,管辖中心主义范式是全球化趋势之下,以域外管辖权扩张为中心,以管辖正义为价值导向,解决国际法律冲突、构建国际民商新秩序的一种全新范式。从图2可见,这种新范式是一个内涵丰富的综合性国际私法问题解决体系。

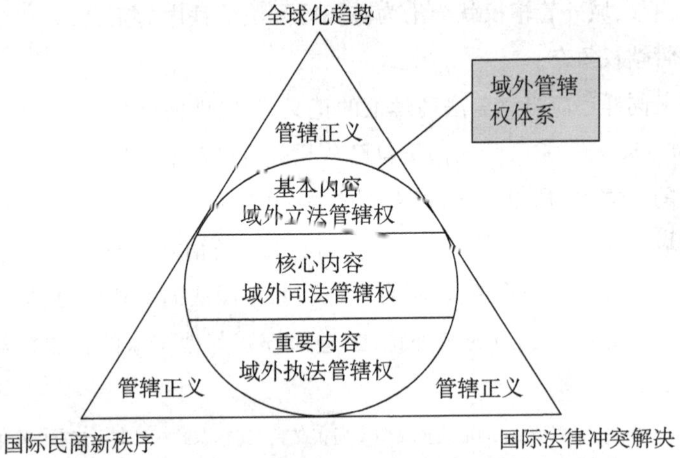

图2 管辖中心主义范式结构示意

注:本结构图为作者自制,希望能够完整直观地展示管辖中心主义新范式的体系构造。

首先,在整个管辖中心主义体系中,域外管辖权体系是范式中心,是管辖中心主义解决国际私法问题的功能性结构主体。这个子体系以域外立法管辖权为基本内容,从源头对法律冲突进行前置性弱化;以域外司法管辖权为核心内容,利用强势而高效的审判体系完成法律冲突的解决任务;以域外执法管辖权为重要内容,倡导适度合法的跨国执法行动来保障整个子体系的流畅运转。

其次,管辖正义是管辖中心主义范式的核心价值导向,它要求整个域外管辖权体系在解决法律冲突的过程中始终坚守国际私法的正义价值取向,确保立法、执法和司法行为的正义性。可以说,管辖正义贯穿管辖中心主义范式的每一个角落,它使域外管辖权体系始终保持在范式中心的平衡位置,协调并巩固好全球化趋势、国际民商新秩序与国际法律冲突解决之间的微妙关系,是整个范式运作的稳定器和黏合剂。

最后,管辖中心主义作为一个博采众长的综合性范式,塑造了域外管辖权扩张的体系合力,顺应了全球化时代密切交往、多边共赢的整体趋势,创造性地解决国际法律冲突,为国际民商新秩序的构建发挥作用。

毫无疑问,管辖中心主义是全球化背景下化解法律冲突、构建国际民商新秩序的创新性体系,它对于促进国际交往、维护国际秩序、实现全球治理具有重要的理论和现实价值,是国际私法解决国际问题的全新范式。

(二)管辖中心主义是解决国际私法问题的更优范式

1. 本地法范式

国际私法解决法律冲突问题的第一种范式尝试最早可以追溯到11世纪意大利城邦之间的法律冲突解决,那时城邦通过争夺管辖权来实现本城邦法律的适用。而在近代国际私法发展史上,也有不少国家意识到了管辖法院的选择对法律适用有巨大影响,[①]因而尝试从管辖权的分配着手来解决法律冲突。例如,在英国的国际私法史上,英国法院就曾经把法律适用问题当作一个司法管辖权的从属问题来对待和处理。[②] 在理论层面,美国学者艾伦茨威格创造了“法院地法说”,该学说认为,冲突法中的识别、先决问题、反致等制度都是为了适用法院地法,外国法的适用只是例外;而美国学者库克的“本地法说”则更进一步,该学说强调法院永远只应当适用本国法,不适用外国法。[③]

① 参见袁发强:《法院地法适用的正当性证成》,载《华东政法大学学报》2014年第6期。

② 参见李双元:《国际私法(冲突法篇)》(修订版),武汉大学出版社2001年版,第20~21页。

③ 参见丁伟主编:《冲突法论》(第2版),法律出版社2005年版,第26~28页。

毫无疑问,这种范式的优势在于能够非常高效地解决法律冲突,避免了传统冲突法上一系列法律查明和法律选择的复杂程序。但是其缺点也非常明显:一方面,它片面强调法院地法的适用,体现出了其对冲突法公正之判断的“双重标准”;①另一方面,这种司法管辖权上的单边主义必须以立法管辖权上的多边主义模式为基础和前提,②否则容易演变成“司法霸权”,③影响国家间的关系,遭到国际社会的激烈反对。然而,以19世纪全球化程度和国际关系现实来讲,主权国家都不愿意为了解决法律冲突而弱化自身的立法管辖权与司法管辖权,这种范式的尝试最终也未能走得更远。

2. 萨维尼范式

国际私法领域的第二种范式尝试始于德国法学家萨维尼。19世纪中叶,萨维尼在其著作《现代罗马法体系》中摒弃了主权独立原则,把相互交往的各民族视为国际法共同体,④并基于此提出了视野宏大的法律关系本座说,认为解决法律冲突的方法就是对每一个法律关系进行分析,并且按照其性质来确定适用哪个国家的实体法。该理论从高度抽象的法律关系性质入手,试图以具有普遍适用性的冲突法理论来统一解决全球的法律冲突问题。在此理论基础之上,萨维尼又积极倡导通过国家间协议的方式来制定统一的国际冲突法。⑤ 按照萨维尼的设想,如果将法律关系本座说的基本理论应用于统一国际私法,那么就能够打造出国际私法的全球新格局,极大地便利国际民商事纠纷和法律冲突的解决。在萨维尼和一代代法学学者、实务工作者的努力下,统一国际冲突法的活动蓬勃发展并延续至今,20世纪以来,海牙国际私法会议等国际组织诞生,专门从事这项统一国际私法的工作,全球性和区域性的国际组织也已经制定了近40个解决法律冲突的公约,如1902年《海牙婚姻法律冲突公约》、1930年《解决汇票期票法律冲突公约》、1958年《海牙国际有体动产买卖所有权转移法律适用公约》、1978年《海牙夫妻财产制法律适用公约》,等等。⑥

萨维尼模式的构想是开创性的,它以统一国际冲突法为目标,并将国际私法理

① 参见杜涛:《利益法学与国际私法的危机和革命——德国国际私法一代宗师格尔哈特·克格尔教授的生平与学说》,载《环球法律评论》2007年第6期。

② 参见杨利雅:《冲突法中的单边主义研究》,人民出版社2010年版,第107页。

③ 参见肖永平、王承志:《英国国际民事诉讼法三题——以〈布鲁塞尔公约〉为主线》,载《法律科学(西北政法学院学报)》2003年第1期。

④ 参见丁伟主编:《冲突法论》(第2版),法律出版社2005年版,第22页。

⑤ 参见杜涛:《国际私法的政治哲学》,载《华东政法大学学报》2013年第3期。

⑥ 参见齐湘泉:《调整涉外民事关系法律名称及法律学科名称刍议》,载《美中法律评论》2006年第5期。

论与实践相结合，切实推动了整个国际私法的发展历程，为探索国际私法范式作出了突出的贡献并影响至今。然而，随着国际民商事活动的频繁、高新技术的发展和国际法治现实的变化，国际私法本身也在不断地发生变化，并且受这些客观条件的制约，一直未能在全球范围内达成如萨维尼所期望的统一国际私法。

3. 统一实体法范式

国际私法领域第三种范式的尝试大抵起源于 19 世纪末。彼时人们意识到，由于尚未形成统一的国际私法规范，因此国家间的冲突规范也会发生冲突，这就大大增加了涉外民商事争议的复杂性，甚至会加剧当事人挑选法院现象的发生。在当时看来，这都是未能达到全球统一的冲突规范在调整涉外民商事法律关系和解决涉外民商事法律冲突方面的天然局限。为了绕开这种局限性，继续推进国际私法解决法律冲突的进程，人们又尝试制定直接适用于涉外民商事法律关系的国际统一实体私法规范。所谓国际统一实体私法是调整平等主体之间的国际民商事法律关系的统一实体法律规范的综合，或者说是调整国际私法关系的统一实体法律规范的总和。[①]它是国际私法发展的必然趋势，也是国际私法所追求的最高价值目标。[②] 实践中，1886 年《伯尔尼保护文学和艺术作品公约》是关于知识产权的国际统一实体私法规范，1968 年《关于互相承认公司和法人团体的公约》是关于民事主体范围的国际实体法律规范，1980 年《联合国国际货物销售合同公约》是以国际惯例形式表现出的国际货物买卖规范，[③]这些都是国际统一实体私法规范的具体表现。

这种范式实际上希望通过统一国际实体私法来化解法律冲突，从而规避国家间冲突法、实体法的法律冲突，完成国际私法的基本任务。然而，相比于萨维尼倡导的统一国际私法，统一国际实体法的难度更大。各国的实体法律部门各有不同，法律规定千差万别，国际公约的拟定亦不是一夕之功。即便是形成了统一的国际实体法，那么如何确保司法管辖权的法律适用和执法管辖权的有效执行，是该范式没有回答的问题。

4. 管辖中心主义范式

全球化时代管辖中心主义新范式的基本内涵就是以域外管辖权扩张为中心解决国际私法中的基本问题。在这个范式之下，域外管辖权体系推进了国际法律趋同化发展，从源头上对国家间法律的差异进行弱化，前置性解决法律冲突；一系列理论

① 参见颜林：《论国际统一实体私法与国际私法的关系》，载《河北法学》2010 年第 9 期。
② 参见林雅：《国际私法的统一化刍议》，载《法制与社会发展》2003 年第 5 期。
③ 参见韩德培主编：《国际私法问题专论》，武汉大学出版社 2004 年版，第 248～252 页。

与制度配套下的强势法院系统为国际民商事纠纷和法律冲突的解决提供了高效的司法管辖;国家间判决的承认与执行、高效协同的跨国执法大大提高了国际法律冲突的解决效率,直面并且着手解决国际私法相对更为忽视的执法管辖环节存在的问题;管辖正义作为管辖中心主义的价值内核,能够有效地校正域外管辖权体系的运作方向和内在机制,并与国际民商新秩序的正义性特征天然契合,避免域外管辖权被滥用,确保管辖中心主义能够坚守国际私法一以贯之的正义价值取向,真正实现国际私法解决国际民商事纠纷、化解法律冲突、构建和巩固国际民商新秩序的根本目标。与其他范式相比,管辖中心主义从立法、司法、执法三个层面对国际私法范式进行塑造,以三位一体的体系合力高效解决法律冲突,又以管辖正义的价值观念弥合国家间的价值分歧、指导范式的良性运作,有效地回应了前述范式遇而未解的一系列问题,成为让国际私法理论照进国际法治现实的最佳范式。

更重要的是,管辖中心主义范式具有其他范式所不具备的强大生命力。纵观整个国际私法发展史,前人对于国际私法范式的探索都是以理论创造带动趋势发展,而管辖中心主义则是以趋势提炼出范式。质言之,管辖中心主义不是凭空创造出的理论,而是根据国际法律制度发展的具体实践,总结提炼出的一种理论。以实践为基础的理论提炼具备更加强大的发展动力,因此,管辖中心主义范式诞生自国际法趋势,未来也必将乘着这股时代大势继续向前发展。可以说,把握管辖中心主义就是把握了整个国际法律发展趋势;以管辖中心主义为范式解决全球化时代的国际私法问题,不管是在当下还是未来都具有极其重要的意义和不可忽视的价值。

五、代结语

正如亨廷顿所言:“现代性产生稳定,现代化造成不稳定。”①全球化作为人类社会整体现代化的宏大进程,其间必然充斥着日益激烈的冲突和不稳定。全球化时代,人们既渴望国际民商新秩序,②也一直在寻求法律冲突问题的更优解。作为回应,主权国家在实践中自发地创造了域外管辖权体系,尝试以管辖为中心来高效地应对和解决世界范围内愈演愈烈的法律冲突问题。虽然强势的域外管辖权体系有可能在实践中沦为霸权国家谋求单边利益的工具,但我们也相信危机乃生命演进之道,以管辖正义为价值内核的管辖中心主义能够涤除域外管辖权体系本身可能存在的非正义倾向,真正成为全球化时代解决国际私法问题的全新范式。

---

① 参见[美]亨廷顿:《变革社会中的政治秩序》,李盛平等译,华夏出版社1988年版,第47页。

② 参见李双元、郑远民、吕国民:《关于建立国际民商新秩序的法律思考——国际私法基本功能的深层考察》,载《法学研究》1997年第2期。

当然,我们也清醒地意识到,新范式的成功不代表它对于领域内的所有问题都具有解释力,仍然需要通过开展大量的后续工作使这种新范式更加明确和清晰。[①]全球化时代的国际私法与国际民商事活动都注定要处在动态发展中,我们必须更加细致地观察国际私法新现象、敏锐地捕捉国际私法发展新趋势、理性地得出科学结论。只要不断探索和完善域外管辖权体系的运作机制,为管辖中心主义赋予更多积极的价值导向,那么管辖中心主义新范式必定能够与"司法中心主义"和"大国司法理论"相呼应,为我国构建适应时代发展趋势的国际民商事司法制度和域外管辖制度提供理论支撑,有力推动人类命运共同体建设和"一带一路"倡议框架下的法律治理。

① 参见[德]格哈德·克格尔:《冲突法的危机》,萧凯、邹国勇译,武汉大学出版社2008年版,第3页。

法人属人法规范立场的体系性重构*

南 楠**

我国法人属人法在司法实践中,存在对"登记地法"适用绝对化和"主营业地"条款虚置与界定标准不清晰的问题。成立地理论因其确定性、可预见性、一致性而被广泛采纳,该理论在演化中经历了绝对适用和相对适用的分化和旨在规制虚假外国公司的理论修正。真实本座理论注重对小股东、债权人等利益相关者的保护,其功能价值和规制方法为成立地理论所吸收和发展。我国应在法律解释中明确成立地理论和真实本座理论的立法目的和价值功能,避免自由与安全价值的偏废。对"主营业地"的认定应以司法解释和指导案例的方式进行动态更新,纳税记录作为"主营业地"客观性证据可节约司法成本并实现部门法间的联动。

一、引言

法人属人法是支配法人的成立、存续和解散以及法人的权利能力和行为能力、法人的内部组织等问题的法律。[①] 法人属人法领域长期存在成立地理论和真实本座理论两大理论的博弈与融合。在世界各国的立法实践中,法人属人法的规范立场一般分为成立地理论(incorporation theory)和真实本座理论(real seat theory)两种,前者以成立地法律支配公司内部事务,主要为英美法系国家所采纳;[②]后者以法人的真

* 本文系国家社科基金重大项目"国际私法视域下中国法域外适用的制度构建研究"(项目编号:20&ZD203)和相同题目的武汉大学自主科研项目(人文社会科学)研究成果,得到"中央高校基本科研业务费专项资金"资助。

** 武汉大学国际法研究所国际私法方向博士研究生。

① 参见杜涛:《国际私法原理》,复旦大学出版社2018年版,第145页。

② See Dan Prentice, *The Incorporation Theory-The UK*, 14 European Business Law Review, p.631 (2003).

实所在地为其属人法，主要为大陆法系国家所遵循。①

法人属人法是我国涉外商事争议中的基础性法律问题。在涉外民商事争议解决中，法人属人法决定法人内部事务准据法，对当事人实体权利义务具有决定性意义，产生直接的重要影响。我国法人属人法的立法史反映出我国在该问题上规范立场的转变，《中华人民共和国涉外民事关系法律适用法》（以下简称《法律适用法》）在法人属人法的规范立场上采取了成立地理论为主，真实本座理论为补充的规范立场。② 结合该法实施以来的司法实践评估现行立法的实施效果，发现我国存在"登记地法"的绝对化倾向，由于成立地理论的固有缺陷，绝对化适用不能有效规制滥用外国法人人格的情形，危及交易安全。由于我国对"主营业地"的界定和适用条件规定不明确，使真实本座连结点的安全价值无法充分发挥。强制性规范在涉外公司法律适用中的有限适用加剧了上述风险。

二、成立地理论的扩大与限缩

（一）成立地理论的理论逻辑

成立地理论符合经济全球化下公司营业地高度分散以及去中心化决策的特点，其促进自由竞争的功能价值也被传统大陆法系国家所借鉴从而获得更宽广的适用空间。在成立地理论所形成的公司法市场中呈现逐底竞争的倾向，大量公司在监管宽松的法域成立后以非成立地为主要经营地，虚假外国公司侵蚀税基、逃避监管危及东道国经济安全。对成立地理论的修正路径主要通过强制性规范创设例外规则。

成立地理论迄今发展已逾百年，历经前现代和现代化中的数次修正和优化。在现代意涵的功能价值上，成立地理论具有追求法律的确定性、可预见性、结果一致性和保护当事人正当预期的特性。该理论赋予了公司发起人选择公司准据法的自由，是对投资者跨国开业经营自由的保证，具有推动区域经济一体化的功效。③ 该理论的缘起并非基于先验的功能性设计，而是在经济发展引发的观念变迁、经济战略转型和制度惯性的合力中形成的。④ 成立地理论是美国法人属人法的基本规范立场，

---

① See Paschalis Paschalidis, *Freedom of Establishment and Private International Law for Corporations*, United Kingdom, Oxford University Press, 2012, p. 1. 参见杜涛：《国际私法原理》，复旦大学出版社 2018 年版，第 145 ~ 146 页。

② See Zheng Sophia Tang, Yongping Xiao & ZhengxinHuo, *Conflict of Laws in the People's Republic of China*, United Kingdom, Edward Elgar Publishing, 2016, p. 22.

③ 参见邢钢：《"一带一路"建设与公司准据法的确定》，载《中国法学》2017 年第 6 期。

④ Frederick Tung, *Before Competition: Origins of the Internal Affairs Doctrine*, 33 Journal of Corporation Law, p. 103 (2006).

美国《第二次冲突法重述》①第302条规定了内部事务的范围以及以成立地为原则、以重要联系为例外的确定方法。② 该重述的评论解释该规则是基于对确定性、可预见性、结果的一致性的需要,保护当事人的合理期待,贯彻重要利益相关州对特定问题的政策以及法律适用的便利性。③ 美国法院判例中解释了该理论的合理性:(1)为公司的内部事务提供了单一的、一致的和平等的法律适用,避免令互相依存的内部事务适用碎片化的法律;(2)便于规划并提升可预见性;(3)满足公司董事及管理人员对其未来诉讼的法律适用的可预知性;(4)保护公司股东对其在公司经营和管理中义务的可预期性。④ 该理论也被欧盟视为助推区域一体化和公司自由设立、自由迁移的基础制度。⑤

(二)成立地理论的分化与修正

通过历史考察可以发现成立地理论在演化中经历了两次迭代,第一次是从重商主义下的属地性理论⑥发展为促进统一法律和经济市场的制度基础。成立地理论下公司与成立地的关系从严格属地意义上的经济联系发展到仅有注册登记的法律联系,使得公司的成立地、经营地、管理地高度分散,获得多重分身。成立地理论的固有理论缺陷是容易滋生虚假外国公司,导致税基侵蚀、监管失灵等系统性问题。第二次迭代体现为对成立地理论的修正。由此开始形成成立地理论的内部分化,以特拉华州和开曼群岛为代表的离岸目的地以宽松的公司法和税法吸引公司前去注册,并以此为主要财政来源;⑦以荷兰和美国加利福尼亚州、纽约州为代表的法域制定例

① 参见许庆坤:《重回冲突法确定性?——美国〈冲突法重述(第三版)〉草案初探》,载《国际法研究》2022年第1期。

② 美国《第二次冲突法重述》第302条"与公司权利和义务相关的其他问题"规定:"1.第301条规定以外的涉及公司权利义务的问题,可适用据第6条原则所确定的与事件及当事人有最重要联系的州的本地法。2.公司设立地州的本地法,决定此类问题,但在非常情况下,就该特定问题,另一州与事件及当事人有更重要的联系时除外,在此情况下,依该另一州的本地法。"See Restatement (Second) of Conflict of Laws § 302 (1971).

③ Restatement (Second) of Conflict of Laws § 302 cmt. b (1971).

④ McDermott Inc. v. Lewis, 531 A.2d 206, 215 – 216 (1987).

⑤ 欧盟法院已经根据《欧盟运行条约》第49条和第54条(分别对应以前《欧盟条约》第43条和第48条)作出一系列判决,以推动公司自由设立和迁移。

⑥ See Frederick Tung, *Before Competition: Origins of the Internal Affairs Doctrine*, 33 Journal of Corporation Law, p.115(2006).

⑦ See Henry N. Butler, *Nineteenth-Century Jurisdictional Competition in the Granting of Corporate Privileges*, 14 Journal of Legal Studies, p.155(1985).

外规则体系限制滥用外国(州)法人人格的"特拉华综合征"。①

成立地理论从属地性向现代性转变的关键性契机是第二次工业革命,传统英美法系国家以该理论推动国内统一市场的形成,激发国内经济活力,提升国际竞争力。采纳成立地理论的国家均允许外国公司在当地经营,并承认成立地对公司内部事务的规制权,事实上形成互惠共同体,后来资源禀赋匮乏的小市场法域如特拉华州和维尔京群岛等均利用成立地理论已经形成的互惠共同体和法律市场,以宽松的公司法和低税收吸引外来公司前来注册,其立法者对于前来注册的公司的避税和套利意图有所预期,其政策利益在于以公司注册带来的税费提升财政收入,这不可避免地对东道国的交易安全、经济安全形成冲击和挑战,因此欧盟成员国和美国的商业州都对传统成立地理论进行修正以抵御虚假外国公司给税法、外资法、公司法带来的制度风险。

欧盟各国均不同程度地将披露义务、董事的任免、董事义务、违法分红规则以及违反的责任、股东的投票制度、并购和重建的程序等关涉到股东、债权人及利益相关者的公司法对符合一定条件的外国公司强制适用。② 荷兰制定《虚假外国公司法》(Wet op de formeel buitenlandse vennootschappen)③以规制对外国法人人格的滥用。该法规定依据外国法成立而取得法人资格的公司,如其全部或几乎全部商业行为均在荷兰境内实施,而与成立地国没有进一步的真实联系(real connection)④则强制适用荷兰公司法中的特定规定。

传统采纳成立地理论的法域中不乏创设例外规则的立法例。美国《加利福尼亚州公司法》第2115条是被学者广泛讨论的成立地理论例外规则,以成文法的形式规定例外情形。⑤ 当公司满足了一系列前提条件,可以依此判定与加利福尼亚州有重

---

① See Stephan Rammeroo, *Corporations in Private International Law*, United Kingdom, Oxford University Press, 2001, p. 107.

② Carsten Gerner-Beuerle, Federico M. Mucciarelli, *Study on the Law Applicable to Companies*, Accessed January 10, 2022. Study on the law applicable to companies-Publications Office of the EU (europa.eu).

③ 荷兰学者推荐的英语翻译为"Pro-Forma Foreign Companies Act"(PFFC)。参见 Stephan Rammeroo, *Corporations in Private International Law*, Oxford University Press 2001, p. 107。也有学者将其翻译为《假外国公司法》(Companies Formally Registered Abroad Act),"假外国公司"(Pseudo Foreign Company),参见陈杰:《关于确立"假外国公司"法律制度的思考》,载《广东社会科学》2007年第4期。本文中采取《虚假外国公司法》的中文翻译。

④ 根据《虚假外国公司法》第1条规定,参见 https://wetten.overheid.nl/BWBR0009191/2020-02-01,最后访问日期:2021年11月1日。

⑤ Cal. Corp. Code § 2115.

要的商业联系时,加利福尼亚州有权规制其内部事务,而排除成立地法的适用。该规定的规范立场在于无论公司成立地位于何处,只要该公司在加利福尼亚州的经营对加利福尼亚州的居民和资源具有强依赖性,加利福尼亚州就具有规制权。

(三)成立地理论在我国的绝对化倾向

世界范围内成立地理论的立法和司法实践证明,成立地理论的绝对适用易滋生虚假外国公司,在宏观层面侵蚀税基,套利外资优惠政策使税法、外资法规立法目的落空,在微观层面对债权人、小股东、劳动者等利益相关者构成交易风险。

纵观我国冲突法立法史,随着不断对外开放,法人属人法的规制立场逐步从真实本座理论转向成立地理论。我国在《法律适用法》的制定前和制定中,学界与立法机关就法人属人法的规范立场进行了充分探讨。主要分歧点集中于:首先,在规范立场上如何融合成立地理论和真实本座理论;其次,如何保障本国利益,是否以“行为地”作为兜底条款保障法院地利益。《法律适用法》采取以成立地理论为主,真实本座理论为补充的规范立场,放弃重叠适用行为地法,并进一步明确了法人属人法的适用范围。① 这是新中国历史上第一次在立法中明确规定法人属人法,结合以前的立法实践和学术研究成果最终确定采取更为包容开放的规范立场,是法人属人法立法中的一次飞跃。

《法律适用法》第14条的规定在司法实践中如何得到适用,以成立地理论为原则,以真实本座理论为补充的规范立场是否得到践行。我国学者的上述担忧在于现行立法将公司准据法的确定完全置于法官的主观判断之下,在国际私法本身就存在适用法“回家化”的倾向下,会依旧重蹈真实本座主义的覆辙。② 该法实施11年以来,积累的大量司法判例是研究我国法人属人法实施效果的珍贵素材。通过对该法实施以来适用第14条的裁判文书进行实证研究,通过统计,③在样本判决书中适用“登记地”确定法人属人法的案件达87.6%。我国司法实践中“登记地”为确定法人属人法时优先且普遍适用的法律选择方法。相较于“登记地”的普遍适用,适用“主

① 2011年4月1日起施行的《法律适用法》第14条规定:“法人及其分支机构的民事权利能力、民事行为能力、组织机构、股东权利义务等事项,适用登记地法律。法人的主营业地与登记地不一致的,可以适用主营业地法律。法人的经常居所地,为其主营业地。”

② 参见邢钢:《“一带一路”建设与公司准据法的确定》,载《中国法学》2017年第6期。

③ 通过在中国裁判文书网、北大法宝、Icour等数据库中,以“《涉外民事关系法律适用法》第十四条”为法律依据检索,再以“公司有关纠纷”的一级案由和二级案由作为案由,以“《涉外民事关系法律适用法》”为法律依据检索,裁判决文书的起止时间,即2011年4月1日至2020年1月1日为搜索条件,共计检索到相关案件763例,经过初步筛选去掉重复案件16例,无关案件8例,最终得到有效样本739例。

营业地”确定法人属人法的案件仅为20例,占比仅为2.8%。[①] 如果剔除错误适用意思自治和最密切联系的案件,[②]则会发现我国法院在司法实践中大多倾向于成立地理论。因为相对于“主营业地”而言,“登记地”是更易于识别也更无争议的连结点。“登记地”适用的绝对化无法充分保护小股东、债权人等利益相关者的利益及公共利益。

三、真实本座理论的式微与转化

(一)真实本座理论的内在逻辑

真实本座理论的价值功能和规制方法,不同程度地在两大理论的融合与博弈中为成立地理论所借鉴和发展。目前,欧盟成员国在不同程度上舍弃真实本座理论的固有立场,但其适用范围仅限于欧盟成员国之间。

真实本座理论用来防范由公司迁移造成的外国公司法入侵和规避本国公司法,以此保障公司真实本座所在地国公司法律和政策得以完整适用,体现了平等对待和保护公平竞争的政策导向,该理论侧重保护该国公司法中需要优先保护的小股东、债权人、雇员的利益等。[③] 而真实本座理论不利于资本的跨境流动,而且在全球化的复杂商业模式中产生难以确定公司的真实本座的问题。[④]

真实本座理论为传统大陆法系国家所采纳,以法国和德国为典型。德国在公司资本、职工的共同管理权方面有着更加严格的要求,[⑤]为了保证本国法律价值不被减损,德国于2008年之前一直坚持公司只能选择其营业所在地作为其章程住所,而且管理机构与章程住所也必须具有同一性,在2002年于贝泽林案(Überseering)之前,德国认为公司的法律地位应依照其主要管理机构确定,其目的是防止滥用外国公司人格。德国将设立于外国但实际管理机构所在地在德国的公司视为虚假外国公司,其待遇具有惩罚性质,如在合并时的禁止性规定;被视为无权利能力因而无诉讼能

---

① 统计中排除了重叠适用其他连结点和适用强制性规定的案例。

② 仅以意思自治为确定方法的为29例占比3.9%,意思自治与登记地重叠适用的为29例占比3.9%。仅以最密切联系为确定方法的为12例占比1.6%,最密切联系与登记地重叠适用的为14例占比1.9%。最密切联系与强制性规范重叠适用的为2例占比0.3%,累计为28例占比3.8%。

③ 参见邢钢:《公司属人法的确定:真实本座主义的未来》,载《法学研究》2018年第1期;Stephan Rammeroo, *Corporations in Private International Law*, United Kingdom, Oxford University Press 2001, p.14。

④ See Stephan Rammeroo, *Corporations in Private International Law*, United Kingdom, Oxford University Press,2001, p.15.

⑤ See J. Borg Barthet, *The Governing Law of Companies in EU Law*, United Kingdom, Oxford Hart Publishing, 2012, p.52 – 66.

力,无法成为原告;有限责任公司和股份有限公司被视为合伙企业,相关股东丧失有限责任,将被追究无限连带责任,并考虑根据权利外观原则追究当事人的法律责任;德国联邦最高法院甚至曾有过判决认定此类社团不能善意获得实物。①

(二)真实本座理论的式微之辩

在欧盟法院作出的一系列旨在推动公司自由设立和自由迁徙的判决后,德国、法国、西班牙、奥地利均不同程度地改变了以往坚持的真实本座理论规范立场,被学者视为真实本座式微的表征。② 如德国于2008年颁布《对有限责任公司法进行现代化改革和反滥用的法律》,取消《股份有限公司法》第5条第2款和《有限责任公司法》第4a条的关于真实本座要求的规定。德国学者认为,为了与欧盟法所规定的设立自由原则相符,上述改变是恰当的。③ 在欧盟一体化的进程中,传统上采纳真实本座理论的国家都展开了与之相适的法人属人法改革。

不可忽视的是,放弃真实本座理论立场并不具有普遍意义。欧盟的上述改革仅适用于在欧盟成员国成立的公司,仅对其区域组织内部具有意义。对欧盟成员国以外的公司,上述各国并未放弃其真实本座立场。如德国适用成立地法是一种基于多边或双边条约的条约义务的优惠待遇,如对欧盟内部和对美国基于其双边条约的互相承认,并非对一切国家均适用。

真实本座理论的理论价值和规制方法在两种理论的博弈与融合中,被成立地理论所吸收和丰富。在成立地理论的修正路径中,不难看到真实本座理论的价值和方法。比如,美国《加利福尼亚州公司法》第2115条的成立地理论例外规则中以两个条件判断外国公司是否与加利福尼亚州存在重要商业联系,符合条件的外国公司应适用当地涉及股东和利益相关者保护的公司法条款。其一,一半以上的商业行为在加州做出,商业行为是以资产因素(the property factor)、工资因素(the payroll factor)、销售因素(sales factor)3个因素来衡量。④ 上述这3个因素在《加利福尼亚州税法》第25129条、第25132条和第25134条中予以界定,⑤以实现公法与私法、实

---

① 参见[德]托马斯·莱塞尔、吕迪格·法伊尔:《德国资合公司法》(第6版),高旭军等译,上海人民出版社2019年版,第68页。

② 参见邢钢:《公司属人法的确定:真实本座主义的未来》,载《法学研究》2018年第1期。

③ 参见[德]托马斯·莱塞尔、吕迪格·法伊尔:《德国资合公司法》(第6版),高旭军等译,上海人民出版社2019年版,第22页。

④ Cal. Corp. Code § 2115 (a) (1).

⑤ Cal. Rev. & Tax Code § § 25129, 25132, 25134.

体法与冲突法的联动。其二,一半以上的有投票权的公司股东为加利福尼亚州居民。① 美国《第三次冲突法重述》增加了《第二次冲突法重述》中未予规定的法人住所(domicile),并以简要明确为原则,以客观方法确定法人住所。其第2.01条规定法人住所以其商业中心(the place of principal place of business)作为特定问题的法律选择方法。第2.08条规定了法人住所的确定方法。② 主要考量因素有决策中心、主要财产所在地、注册文件中指定地点等。重述中充分考虑了现代商业世界中成立地、管理地和营业地高度分散以及公司去中心化的现实因素,注重结合个案确定与争点最适合的地域联系。③

(三)真实本座理论在我国的适用

真实本座理论在我国立法中体现为"主营业地"连结点的设置,司法实践中该条款面临着被虚置和认定标准不清晰的状况。由于《法律适用法》第14条及其司法解释均未对"主营业地"的界定方法和适用条件作出便于适用的进一步明确,使司法实践陷入困境并引发争议。而且"法人的主营业地与登记地不一致的,可以适用主营业地法律"中"可以"的措辞使规范立场游移不定,消解了"主营业地"作为真实本座的保护性功能。

"主营业地"作为真实本座,可起到规制虚假外国公司,保护本国交易安全的作用。我国学者认为,由于立法规定并没有就何种条件和情况下"可以适用法人的主营业地法律"给出明确的指引和标准,司法实践将导致不必然适用法人的主营业地法律直接转变为必然适用法人的主营业地法律的结果。④ 然而实施中恰恰相反,由于对"主营业地"缺乏便于适用的界定,而该法又赋予法院在登记地和主营业地不一致时对连结点的自由裁量权,法院对"主营业地"的认定存在畏难心理,导致"主营业地"极少得到适用。

在极少数适用主营业地的案件中,存在标准不清晰的情况。如以章程约定成立

① Cal. Corp. Code § 2115 (a) (2).

② See The American Institution: Restatement of the Law Third Conflict of Laws Tentative Draft No. 2 (March 25, 2021), p. 120 - 131.

③ Ibid., p. 123 - 124.

④ 邢钢:《"一带一路"建设与公司准据法的确定》,载《中国法学》2017年第6期。

目的,[1]合同的签订、履行地,[2]商业登记地[3]等为"主营业地"认定依据,甚至有对侵害商标权纠纷适用主营业地的判决。[4]"主营业地"的认定标准不清晰使真实本座连结点难以发挥其利益相关者保护和虚假外国公司规制的功能价值,导致"主营业地"条文虚置。

四、我国法人属人法规范立场改革

(一)避免自由与安全的价值偏废

成立地理论和真实本座理论的融合应体现为自由与安全的平衡,二者不可偏废。不应片面放大成立地理论在鼓励投资和提高经济效率方面的功能,应重视成立地绝对适用给经济安全和交易安全带来的风险。

在成立地理论的分化中,以特拉华州、维尔京群岛等离岸目的地为代表的成立地与东道国针对公司内部事务规制权产生冲突,分化为绝对适用和相对适用两个阵营,其背后是成立地和营业地利益的失衡。在成立地理论共识下所形成的法律市场中,资源禀赋弱的小经济体法域旨在谋求财政税收利益,吸引公司前去注册以提高财政收入、促进经济发展。而大体量经济体的法域则面临交易安全和经济秩序下多方利益平衡的问题,因而有更为强烈的动机对成立地理论进行优化和矫正。资源禀赋不具有竞争优势的法域以宽松的公司法和税法吸引公司前去设立以充实财政、提振经济。相应地,上述法域在法人属人法领域支持成立地理论绝对化排他性适用于公司内部事务以维持既得利益。很多跨国公司通常在特拉华州这样监管宽松、税收优惠的法域成立,而公司发展所需要的资金、劳动者、供应链和市场则往往需要向经济体量大的法域寻求,形成成立地和经营地的实质分离。对于该类法域而言,利益相关者大概率并非成立地居民,所以缺乏真正的立法动机保护利益相关者,而将吸引公司作为优先目标。[5] 而疏于监管的政策风险往往为大经济体法域所承受。

大经济体法域往往需要平衡多重利益,实现经济发展和经济安全、公司与公众、股东与管理层、股东与利益相关者等从宏观到微观,从内部到外部的多重利益平衡。

---

① 参见上海市杨浦区人民法院民事判决书,(2013)杨民二(商)初字第S883号;上海市第二中级人民法院民事判决书,沪中二民四(商)终字第S1474号;烟台市中级人民法院民事判决书,(2017)鲁06民初431号。

② 参见浙江省高级人民法院民事判决书,(2015)浙商外终字第50号。

③ 参见湖北省高级人民法院民事判决书,(2011)鄂民四初字第00001号;最高人民法院民事判决书,(2014)民四终字第33号。

④ 参见义乌市人民法院民事判决书,(2016)浙0782民初20585号。

⑤ Kent Greenfield, *Democracy and the Dominance of Delaware in Corporate Law*, 67 Law and Contemporary Problems, 141(2004).

由此,成立地与经营地之间利益和风险失衡往往体现为法律冲突。有学者认为,只有拥有大型内部市场和数量众多的外国公司的州才有规制外国公司内部事务的意愿。① 中国作为双向投资大国,也面临来自避税地的虚假外国公司滥用外国法人地位侵蚀税基、规避监管、消解外资法律制度等系统性风险。

在成立地理论的分化和修正中,一方面,成立地理论具有推动区域一体化,构建统一市场,实现公司自由设立和自由流动的功能价值,这使成立地理论走出传统英美法系国家,为更多国家所采纳。② 另一方面,采取成立地理论的国家形成了国际法律市场,在法律竞争中,一些小经济体国家借鉴新泽西和特拉华的发展策略,寻求以宽松监管和低廉税收吸引公司前去设立以充实财政,体现了"特拉华综合征"在全球的扩大化趋势。学者认为,我国以吸引外资为导向的优惠和自由政策将为离岸公司、WIE 模式及虚假外国公司留下套利空间,带来危及资本安全和税收流失的风险。③ 这使成立地理论的优化和修正成为我国目前具有紧迫性和必要性的议题。

(二)重视真实本座的安全价值

为实现"主营业地"所蕴含的安全价值,应厘定"主营业地"的适用条件和确定方法。针对我国司法实践中大多采用成立地理论的趋势,除了明确立法目的和规范立场,还应对主营业地进行界定,并通过司法解释和指导案例的方式动态更新"主营业地"的确定因素,达到"登记地"所代表的确定性和"主营业地"所代表的灵活性二者的动态平衡。虽然《法律适用法》第 14 条规定"法人的经常居所地,为其主营业地",但我国现行法律中尚无对"法人经常居所地"的界定,有学者认为此种解释徒增概念反而使解释陷入无限循环之中。④ "主营业地"的确定应充分考量与其商业模式、组织结构的关联因素,如主要收入来源地、主要经营决策地、公司重要决议作出地、公司重要文件所在地等;还应结合个案争议性质判断其主营业地,如在涉及公司决议效力时,公司重要决议作出地和重要会议召开地是否具有连贯性、一致性就是该问题中重要的考量因素。

我国作为双向投资大国,实践中既存在中国公司在离岸目的地注册离岸公司,再以外国公司的法律身份进行返程投资,套利外资优惠政策的情况,也有外国公司

---

① See William J. Carney, *The Political Economy of Competition for Charters*, 26 Journal of Legal Studies, 312 - 314(1997).

② 参见邢钢:《公司属人法的确定:真实本座主义的未来》,载《法学研究》2018 年第 1 期。

③ 参见邢钢:《公司属人法的确定:内部事务理论的规范路径》,载《湖南科技大学学报(社会科学版)》2019 年第 2 期。

④ 同上。

出于规避监管和避税的目的在离岸目的地设立离岸公司而在我国经营的情况,针对上述滥用外国法人地位的乱象我国现行法律中尚缺乏有效的规制措施。规制虚假外国公司的难点在于如何准确界定虚假外国公司,而要素界定方法引入税法的界定方法实现了精确量化,便于适用,有效降低了司法成本,使冲突法、公司法和税法等部门法间相互联动形成体系化的制度合力。

五、结语

法人属人法是我国涉外商事争议解决中的基础性议题,同时也为"一带一路"建设提供法律支持。从域外的立法实践来看,虽然各国的立法差异可以区别为成立地理论和真实本座理论,但这两种理论在具体的适用过程中也在不断克服自身理论缺陷而相互调和。因此,各国法人属人法为了促进企业在本国的健康发展,均以其本国国情和利益为导向,力图达到立法目的与规范立场的适配,体现出本国经济目标与立法选择的动态平衡,部门法之间的协调联动以构建外国法人规制体系。

针对我国存在的"登记地"适用倾向和"主营业地"被虚置的司法状况,应以法律解释明确二者的立法目的和功能价值,以司法解释和指导案例的方式对"主营业地"的认定方法提供动态更新的参考要素。在个案中,对"主营业地"的认定应结合涉案公司商业模式、组织结构等关联因素,结合争议性质判断适当的"主营业地"。纳税记录作为客观证据对于证明"主营业地"具有较强的价值。成立地理论和真实本座理论的融合应体现为自由与安全价值,确定性和灵活性的平衡,二者不可偏废。

法国国际私法中的主义之争*

丁　晓**

普遍主义和特殊主义两大学派的冲突贯穿了国际私法的发展过程，而在法国国际私法中，这种冲突格外显著。法国普遍主义学派以毕耶为代表，秉持国际私法统一观，寻求普遍适用的冲突法规则；特殊主义学派以巴坦和尼波耶为代表，认为国际私法是纯粹的国内性质，并尽量排除外国法的适用。两大阵营各执己见，争论不断。直至19世纪末比较法学派兴起，这种激烈的对抗才有所缓和。以福利克斯、莱尔保和巴蒂福尔为代表的法国学者，试图通过比较的方法，来调和两大阵营的矛盾，以实现各国法律制度的协调。我国的国际私法应在总体国家安全观的指引下坚持普遍主义道路，同时尊重人类命运共同体理念下的特殊主义立场，并加强比较研究法的广度和深度。

随着经济全球化的深入，世界各国之间已逐渐形成相互联系、相互依存的命运共同体。然而近年来，保护主义和单边主义抬头，使全球化愿景屡遭重创。归根结底，全球化与逆全球化的分歧在于普遍主义和特殊主义的抉择之上。对国际私法而言，普遍主义和特殊主义之间的矛盾，不仅涉及国际私法理论的价值原则和基本性质，而且决定了国际私法理论的发展脉络。

法国国际私法在两次世界大战前后，经历过如下难题：一面是普遍主义的自由包容，另一面则是特殊主义的保守封闭。当时，法国国际私法学界在上述两种思潮的碰撞之下，形成了泾渭分明的普遍主义学派和特殊主义学派，两个学派之间各执己见，争论不休。随后，法国兴起了主张折中主义和协调主义的比较法学派，该学派

* 本文是2019年度重庆市社会科学规划培育项目“后民法典时代中国国际私法立法模式研究”（项目编号：2019PY66）成果之一。

** 西南政法大学博士研究生，法国里昂大学硕士，重庆工商大学讲师。

提倡以比较的方法来实现各方利益的平衡与国内外秩序的协调。正是由于该学派的兴起,法国的国际私法学派之争才得以缓和,并由此打开了新的局面。

一、国际私法中的两大争议:普遍与特殊

普遍主义和特殊主义是国际私法学说史演进中的核心范畴,可以囊括所有关于法律适用的学说方案。遗憾的是,关于这一对核心范畴的研究目前尚显薄弱,除极少数文献有只言片语的触及外,还缺乏系统深入的学术梳理和研究。究竟何为普遍主义,何为特殊主义,两者如何界定,仍需进一步厘清。综观国际私法学说发展史,普遍主义呈现四个蓬勃发展的阶段,而特殊主义则贯穿整个国际私法发展的始终。

(一)普遍主义学派

普遍主义学派,又称为国际主义学派,以德国萨维尼(Savigny)、意大利孟西尼(Mancini)和法国毕耶(Pillet)①为代表。普遍主义学派思想的共同点是,首先承认冲突法的国际性,认为冲突法原则可以从超国家的国际法或自然法中推演而得,并且根据这些原则去构成一个普遍适用的冲突法规则体系,用以限定各国的立法管辖权,并对各国具有一般约束力。② 确切地说,普遍主义学派的发展,可归纳为以下四个阶段:

第一阶段,法则区别说时代。早在法则区别说时代,巴托鲁斯(Bartolus)凭借其对法则适用领域的探究,首次在一定程度上承认了外国法在域内的适用,从而揭开了普遍主义理论的序幕。但这一时期的普遍主义学说,仍然立足于城市国家立场上维护城市国家的利益和法律效力,③因此,此时的普遍主义学说只能算作普遍主义外衣之下的特殊主义。

第二阶段,法律关系本座说时代。真正体系化的普遍主义理论的形成,是以萨维尼提出的"法律关系本座说"和"法律共同体"思想为标志的。萨维尼认为,世界各国尤其是西欧各国的法律传统是建立在基督教义和罗马法的共同文化基础上的,构成了一个法律共同体。他坚信存在一种世界各国普遍适用的冲突规范,只要明确了该法律关系的"本座",则无论国际民商事案件在哪个国家起诉,所适用的法律和作出的判决都应当是一致的。④ 无疑,萨维尼的观点是客观而博大的,具有普遍主义

---

① 毕耶(Antoine Pillet,1857~1926年),法国国际法教授,研究领域为国际公法和国际私法,主要著作有《国际私法原理》(1903年)、《国际私法实践专论》(1923年)。

② 参见李双元:《国际私法(冲突法篇)》,武汉大学出版社2016年版,第108~112页。

③ 参见阎愚:《冲突法历史发展中的特殊主义与普遍主义》,载《政法论坛》2016年第6期。

④ 参见[德]萨维尼:《现代罗马法体系》(第8卷),李双元等译,法律出版社1999年版,第69页。

色彩。

第三阶段，国籍主义时代。19世纪以来，意大利学者孟西尼把国籍原则确立为国际私法的基础，把普遍主义推向了新的高度。他认为，国际交往中已经产生了统一的法律社会，因而各国不能仅从独立主权这个角度来考虑跨国民商事关系的法律适用问题。① 孟西尼所倡导的国籍主义的本质仍是出于国家主义的立场，那时意大利正在寻求政治统一，还没有固定的领土，他倡导普遍主义仅仅是借助国籍这个唯一的途径去保证内国法的实际适用。

第四阶段，向普遍主义归复的时代。随着全球经济、政治一体化的深入，国际私法的趋同化现象受到了诸多学者的关注。国际私法为了适应国际关系新发展，在其基本精神上也呈现由特殊主义向普遍主义转变的态势。因此，有学者把国际私法趋同化倾向的加强看作特殊主义向普遍主义的归复。②

如果说普遍主义思想的发展呈阶段性分布，那么特殊主义思想，自它诞生以来就贯穿始终。尤其在一些重大危机面前，特殊主义思想更是占据了上风。

（二）特殊主义学派

特殊主义学派，又称为国家主义学派或民族主义学派。特殊主义学派于19世纪末同时在德国、意大利和法国出现，以康恩（Kahn）、安齐洛蒂（Anzilotti）和巴坦（Bartin）③为代表。特殊主义学派明确了冲突法的国内法性质，认为各国普遍适用的冲突法规则体系是不能实现的，冲突规范的内容完全由各国凭借国家主权自主决定，该学派以不平等的态度对待内国法与外国法的适用。④

虽然孟西尼的普遍主义思想通过海牙私法会议的设立达到巅峰，但好景不长。经过第二次世界大战的破坏，各国政策开始紧缩，普遍主义的成果受到了特殊主义思潮的冲击。法国学者巴蒂福尔（Batiffol）⑤认为，孟西尼的观点在世界范围内已经

---

① 参见李双元：《国际私法（冲突法篇）》，武汉大学出版社2016年版，第100页。

② 参见李双元：《中国与国际私法统一化进程》，武汉大学出版社2016年版，第146页。

③ 巴坦（Étienne Bartin，1860～1948年），法国民法家、国际法学家，代表作有《国际私法研究》《国际私法原则》等。

④ 参见白桂梅、孟宪伟等主编：《北京大学法学百科全书：国际公法学·国际私法学》，北京大学出版社2016年版，第575页。

⑤ 亨利·巴蒂福尔（Henri Batiffol，1905～1989年），法国国际私法教授、曾任法国国际私法学会会长，著有《国际私法基础》（Traité élémentaire de droit international privé，1948年）、《国际私法之哲学基础》（Aspects philosophiques de droit internatonal privé，1956年）、《国际私法原理》（Principes de droit internatonal privé，1959年）等。

被淘汰,即使在其祖国意大利,也屡遭质疑和反对。①

另外,在欧洲和美国相继出现的各类学说,也开始有了明显的特殊主义倾向。譬如,胡伯(Huber)的"国际礼让说"、戴西(Dicey)的"既得权说"、库克(Cook)的"本地法说"以及柯里(Currie)的"政府利益分析说",这些学说都建立在捍卫国家主权和政府利益的基础之上,明确了国际私法的国内法性质,是特殊主义思想的集中体现。

(三)普遍主义和特殊主义的界定

普遍主义和特殊主义的分野是近一个多世纪以来,国内外学界激烈讨论的议题。结合诸多学者对这两者的阐释,笔者归纳出以下5点界定标准:

第一,国际主义和国家主义。普遍主义以国际公正和国际交往为出发点,认为各国地位平等,不应为本国利益而损害他国利益;而特殊主义则是站在民族国家本位的立场,②将国内秩序优先于国际秩序,将本国利益置于国际利益之上。

第二,属人主义和属地主义。往往持普遍主义观点的学者,也支持属人主义原则,承认并扩大法律的域外效力,同时他们也主张尊重各国独立主权;而特殊主义学派常以属地主义为特征,主张领土之上的绝对主权,对属地法极力追捧,力求最大限度捍卫本国法的权威和效力。

第三,冲突法的国际性和国家性。普遍主义认为,冲突法应该是适用于所有国家的共同规则体系,③而特殊主义认为冲突法从根本上受国家立法权的支配,④是各国特有的法律规范。

第四,冲突法的独立性和附属性。普遍主义认为,冲突法是独立存在的规则体系,而特殊主义则认为冲突法是依附于国内法,尤其是依附于国内民法的特殊规则体系。

第五,对外国法的接纳与排斥。普遍主义学者通常把外国法的适用与国家主权观联系在一起,主张平等地对待外国法和内国法,并积极探索法律的域外效力,而特殊主义则主张限制甚至拒绝外国法的适用。

---

① Henri Batiffol, Les Tendances doctrinales actuelles en droit international privé, Recueil des cours 72, 1948, p.6.

② 参见阎愚:《冲突法历史发展中的特殊主义与普遍主义》,载《政法论坛》2016年第6期。

③ 巴蒂福尔对普遍主义和特殊主义的界定是:冲突法是属于各国普遍适用规范还是各国国内特殊的规范。Henri Batiffol, Les Tendances doctrinales actuelles en droit international privé, Recueil des cours 72, 1948, p.9.

④ 参见杜涛:《德国国际私法:理论、方法和立法的变迁》,法律出版社2006年版,第238页。

综上可见,长久以来,特殊主义学派与普遍主义学派的对立成为国际私法历史发展中难以调和的矛盾。正是由于上述差异,有学者按照国际私法目的和性质的不同,将国际私法学派划分为普遍主义、特殊主义和比较学派。① 与普遍主义和特殊主义学派不同的是,国际私法中的比较学派,致力于通过研究各国法律制度的异同来找出共同元素,从而形成国际社会普遍接受的冲突规则体系。此种方式使普遍主义和特殊主义的两极之争,找到了更平衡合理的折中路径。

值得注意的是,近现代法国国际私法在普遍主义、特殊主义和比较学派这三大派别中,都涌现出大量典型学说和代表人物,淋漓尽致地呈现了这三者的演进历程与交替规律。法国国际私法的学派之争呈现出 3 个明显阶段:其一,完全的国际主义;其二,绝对的国家主义;其三,比较的折中主义。因此,本文选择以法国国际私法的学派之争作为研究对象。

二、法国国际私法中的三大阵营:普遍、特殊与比较法

19 世纪末,在启蒙运动的余晖之下,整个世界都倾向于普遍主义理念。加上萨维尼法律共同体思想,那时的学者认为,冲突规范应该是全世界统一的,追求判决的一致性应当是国际私法的目标之一。

在法国,普遍主义学派的观点是国际私法问题具有国际性质,因而应该存在一种国际普遍适用的解决办法。现有的各国国内的解决办法仅仅是权宜之计,应该予以排除。② 集研究国际公法和国际私法于一身的学者毕耶是支持普遍主义观点的代表人物。毕耶的普遍主义思想突出地体现在其国际主义、属人主义主张和对法律域外效力的探索上。

(一)毕耶:完全的国际主义

毕耶是“完全的国际主义者”,他反对把国际私法划分为国别的国际私法,③毕耶认为,国际私法应当在国际关系中充当“调解者”的角色,通过适用统一的规则来协调各国的利益。④ 在这种国际私法统一观的影响之下,毕耶开始对法律域外效力进行探索。他的主要观点如下:

其一,国际公法和国际私法的一元论。在其著作《国际私法原理》(1903 年)中,

---

① 参见李双元:《国际私法(冲突法篇)》,武汉大学出版社 2016 年版,第 108 页。

② 参见[法]亨利 · 巴蒂福尔、保罗 · 拉加德:《国际私法总论》,陈洪武等译,中国对外翻译出版公司 1989 年版,第 28 页。

③ 参见李双元:《国际私法(冲突法篇)》,武汉大学出版社 2016 年版,第 109 页。

④ Antoine Pillet, *Le droit international public*, *Ses éléments constitutifs*, *son domaine*, son objet, Revue générale de droit international public, 1894, p. 9.

毕耶通过国家主权原则将国际公法和国际私法连接起来,他认为法律冲突的根源是因为多个国家主权的存在。他对国际公法和国际私法持一元论观点,他认为法律的冲突是两个或以上的国家主权冲突,最重要的是明确本国国家主权在何种条件下对外国国家主权进行让步。① 在同一案件中,当选择了一国法律,就意味着另一国的国家主权受到了限制。从国家利益和各国相互间的义务出发,一国应该最大限度地尊重另一国的利益。既然是国家主权冲突,那么就应该立足于国际公法中,即各国普遍适用的法律原则中,去解决国际私法问题。因此,在连结点的确定方面,虽然受到萨维尼学说的影响,但毕耶反对从法律关系性质出发去确定连结点,他认为应该通过考察各国共有的组织原则和国际公法的基本原则去确定连结点。

其二,法律的属人性和属地性。毕耶从属人和属地的角度,将法律分为两种属性:一是普遍性(généralité),适用于某一领土的所有人,更好地保障社会秩序;二是连续性(permanence),对某一群体始终适用,无论此人位于何时何地,更好地保护当事人。这一种分类,本质上是对法律域外效力的探索。

进而毕耶明确地指出,在国际关系中,这两种法律属性事实上是不可兼得的,例如一个居住在法国的外国未成年人,基于法律的连续性,其本国法理应对其产生效力,但此时,法国法基于法律的普遍性,也对其行为具有拘束力。因此,毕耶认为需根据具体情形,牺牲掉其中一个相对不那么重要的属性,实现对国家主权的"最小牺牲"(principe du moindre sacrifice)②。

其三,法律社会目的说(But social de la loi)。基于对上述法律域内和域外效力的考察,毕耶根据不同社会目的将法律分为两大类:一是保障公共秩序;二是保护私人利益。如果出于保障公众秩序的目的,那么则优先法律的普遍性;如果出于保护私人利益,则优先法律的连续性。因此,毕耶把涉外法律归纳为"在本国领土适用于外国人的法律"和"在外国领土适用于本国人的法律"。因此,毕耶认为应寻找与立法权关系最密切的那一国的法律。在属人法层面,毕耶明确赞同适用本国法,他的依据是国家是个体的集合,因此"人"的重要性理应高于"地点"。

毕耶的普遍主义学说自成体系且内涵渊博,从法律的性质和目的出发,去探索法律的域外适用,并主张考察各国共有法律原则,在当时是极具进步性的,在法国引起了一定反响。

---

① [法]亨利·巴蒂福尔、保罗·拉加德:《国际私法总论》,陈洪武等译,中国对外翻译出版公司1989年版,第327页。

② Antoine Pillet, *Théorie continentale des conflits de lois*, Recueil des cours 2, 1924, p.467-471.

（二）瓦雷耶－索米耶、巴坦、尼波耶：绝对的国家主义

19世纪末，特殊主义思潮在意大利、德国和法国同时出现。在意大利，出于实证主义的考虑，学界的思想开始逐渐远离孟西尼的普遍主义思想。其中，学者安齐洛蒂（Anzilotti）指出，如果说国际私法规则在实质上是国际性质的，那么形式上则是国内性质的。在德国，康恩于1891年明确了适用法院地法来明确识别问题的解决办法，这也是当时向特殊主义迈出的第一步。[①]

在法国，萨维尼普遍主义思想直接催生了与之相对的特殊主义学派。法国著名的国际私法学者巴坦就是特殊主义的典型代表，巴坦在1930年至1935年出版的三卷《国际私法原理》（Principes de droit international privé），奠定了特殊主义学派的理论基石。特殊主义学派认为，国际私法要解决的问题是每个国家特有的问题，因此通常只能从国内渊源中找解决方案，该学派肯定了国内渊源的优先地位，认为国际渊源只能是一种例外，限于一些非常特殊的问题。[②] 法国的特殊主义学派以瓦雷耶－索米耶（Vareilles-Sommières）[③]、巴坦、尼波耶（Niboyet）[④]为代表人物。

1. 瓦雷耶－索米耶：出于礼让和义务的属地主义

瓦雷耶－索米耶是法国属地主义的坚定捍卫者，其著作《国际私法综述》（1897年）被看作属地主义的"启发者"。他认为每个国家在其领土之上有绝对主权，因此，需要遵守属地原则并适用属地法，如法院地法、物之所在地法和住所地法。不应在本国领土之上适用外国法，法国立法者和法国法院没有任何义务去适用外国法，除非出于国际礼让和法律义务的缘故。

瓦雷耶－索米耶将国际礼让与法律义务联系在一起，遭到了国际公法学者的抨击。在他们看来，国际礼让是纯粹的友好行为，与法律义务无任何关联。另外，把适用外国法建立在国际礼让之上，实质就是将冲突规范建立在经验主义之上，会造成司法实践含混不清的局面。

瓦雷耶－索米耶建立在属地主义之上的严格的教条主义，相较于当时盛行的孟西尼倡导的普遍主义，显得陈旧过时，因此其观点在当时影响有限，但瓦雷耶－索米

① 参见［法］亨利·巴蒂福尔、保罗·拉加德：《国际私法总论》，陈洪武等译，中国对外翻译出版公司1989年版，第337页。

② 同上书，第28页。

③ 瓦雷耶－索米耶（Gabriel de Labroue de Vareilles-Sommières，1846～1905年），法国国际私法教授，著有《国际私法综述》（1897年）等。

④ 尼波耶（Jean-Paulin Niboyet，1886～1952年），法国国际私法教授，1934年主持建立了法国国际私法学会，曾主持编纂法国国际私法法典草案。

耶对后期的尼波耶产生了影响。

2. 巴坦:立足国内法的国家主义

巴坦的学说自19世纪末起,对法国产生了重大影响。巴坦最初是民法学家,后来开始转而研究国际法,因此他的特殊主义思想是扎根于国内民法的。正因为其深厚的民法底蕴,所以他对冲突法的研究才更加丝丝入扣,他所著的《国际私法原理》详细阐释了关于识别、反致和公共秩序问题,是当时最深刻和最具创新性的著作。① 巴坦的观点中有明显的特殊主义色彩,表现在他坚持冲突法的国内法属性而作出的"本体和影子"的论述和否认国际主义学者所提出的法律共同体观点这两方面。

第一,"本体与影子"——国内法与冲突法的包含与从属关系。巴坦1899年的《国际私法研究》实际上是由3篇分别探讨识别、反致和公共秩序的著作汇编而成。在该书前言中,巴坦便开宗明义,指出冲突规范是每个国家的国内法,两者的关系如同身体和影子的关系,冲突规范是国内法投射到国际层面的影子。因此,冲突规范具有国内私法的性质,从根本上说,是各国自己的私法。因此,他认为统一冲突规范是不可能的任务,因为各国的法律体系中都有各自的观念,冲突规范的差异是无法抹去的,甚至会不断扩大。② 冲突规范的不同,必然导致判决的不同,因此国际私法规范的制定必须建立在对国内法的分析之上。

巴坦对于冲突法与国内法关系的论述,对法国国际私法学界的影响是巨大的,时至今日,绝大多数法国学者仍然坚信,国际私法是源自民法的私法,而不是脱离国家法律秩序的纯粹的国际法。

第二,法律共同性的缺失——国内法的差异性。萨维尼的学说通过巴坦被引入法国,与萨维尼一样,巴坦认为,法律的适用取决于所处的法律关系。对于不同法律关系,需要明确其本座,找出最恰当的连结点。这对当时法国一贯沿袭的法则区别说造成了冲击。但巴坦并没有局限于对萨维尼的法律关系本座说的借鉴,他在一些方面也提出了自己的独特见解,甚至可以说在普遍主义和特殊主义这一国际私法基本精神上与萨维尼截然相反。

萨维尼曾指出,外国法的适用是由于法律观念的共同性,而巴坦却否认此种共性,认为萨维尼的法律共同体的说法是不成立的,即使在罗马法下的欧洲大陆国家也是如此。他还明确,不是各国冲突规则缺乏共同性,而是各国国内实体规则缺乏

① Maurice Picard, *Étienne Bartin*, Revue trimestrielle de droit civil, 1949, p. 5.

② Etienne Bartin, *Études de droit international privé*, A. Chevalier-Marescq&Cie, Paris, 1899, p. Ⅱ.

共同性。法律共同体观点的缺陷和对公共秩序的捍卫使得与国内法内容相差甚远的外国法难以适用,如多配偶制问题。因此,巴坦认为去寻找萨维尼倡导的一致的解决方案是徒劳无果的。

由于巴坦的学说体系完善,且与萨维尼的思想关系甚密,他被诸多学者视为"法国现代国际私法之父"。[①] 虽然巴坦的学说有着浓厚特殊主义色彩和时代的局限性,但他对法国国际私法的影响是不可忽视的。

3. 尼波耶:基于政治考量的国家主义

极端特殊主义的代表主要是法国学者尼波耶。尼波耶是毕耶的学生,后期受到第二次世界大战和纳粹主义的影响,脱离了毕耶的普遍主义学说,重回属地主义阵营。他的主要著作都是在第二次世界大战肆虐欧洲期间(1938～1950年)发表的,此时的国际公法已被摧毁殆尽,尼波耶对毕耶的普遍主义失去信心,具有悲观主义色彩。尼波耶的特殊主义思想体现在他对冲突法的政治考量和对外国法的排斥两方面。

第一,冲突法的政治性。由于经历了两次世界大战,国际关系空前紧张,尼波耶的学说中带有明显的政治色彩。他认为立法者为本国制定冲突规范,本身就是一种政治行为,应当建立在国情需要之上。例如,他认为一个移民迁出国和移出迁入国的冲突规范应当是有区别的。法国作为移民迁入国,出于对国家利益的考虑,在属人法层面,住所地法应优于本国法,能更好地管理居住在法国的外国人,保障法国的利益。

第二,对外国法适用的排斥。为了避免外国法的适用,尼波耶提出一个政治性的解决办法,类似于公共秩序保留制度,但更加广泛和强硬。即一旦法国人涉案,那么就当然地排除外国法的适用。此种方法根本不考虑与外国法的协调和判决的一致性。他认为奢望普遍主义是徒劳的,各国都会首先捍卫其国内利益。他认为,如果缺乏一个完整且可行的内国体系,国际关系将无从谈起,这也是为什么此种激进的国家主义从未取得大规模的影响力。

特殊主义学派的观点符合国家发展利益,具有实用价值。但是,更加扩大了国家间的差异。特殊主义学派启发了后期的莱尔保(Lèrebours-Pigeonnière)[②]和巴蒂福尔,他们并不否认对国家利益的捍卫,并且承认国际私法主要依赖国内渊源,但他

---

① Bernard Haftel, Droit international privé, Dalloz, Paris, 2018, p. 8.

② 莱尔保(Paul Lerebours-Pigeonnière,1874～1954年),法国民法、国际私法教授、法官,1938～1948年任法国最高法院推事,1934年任法国国际私法学会第一任会长,主张国际私法中判例法的运用。

们更注重不同法律制度之间的协调。另外,与孟西尼不同的是,他们不认为要依靠国际条约来实现统一,而是依靠比较法来研究各国制度,以单边的方式来实现趋同。

(三)福利克斯、莱尔保、巴蒂福尔:比较的折中主义

随着孟西尼学说的式微,国际私法中一种新型的普遍主义学说应运而生——比较法学派,该学派于19世纪末兴起,由著名比较法学家拉贝尔(Rabel)开创。[①] 他认为比较法方法能得到更实用的解决办法,并可以实现普遍适用。他通过比较法开辟了实用主义角度的新型普遍主义道路。另外,冯巴尔(Von Bar)、康恩(kahn)、尼迈耶(Niemeyer)、沃尔夫(Wolff)、克格尔(Kegel)、温格勒尔(Wengler)等学者也是比较法的支持者,他们客观地看到了普遍主义和特殊主义之间的冲突,认为研究不同法律制度之间的现实与历史关系,有助于阐明国际私法和引向判决的一致。[②] 上述比较法学者不仅介绍了外国法律制度,还突破了两大法系之间的鸿沟,同时也受到美国盛行的实用主义的影响,他们的著作具有深深的社会学烙印。

在法国,第二次世界大战过后20多年,国际关系开始复苏,展现出寻求合作的开放局面,主要表现在对教条主义的摒弃和对比较法的青睐。为了平衡普遍主义和特殊主义长期对抗的状态,诸多学者尝试通过比较的方法寻求一种折中的解决办法。法国国际私法中比较法视野出现在乌尔曼(Ullman)教授在巴黎法学院的讲义之中,随后巴黎法学院院长莫里(Maury)[③]1936年的《冲突法一般规则》一文,为比较法研究开辟了道路。其中值得一提的是,福利克斯(Foelix)[④]在法国国际私法中引入了比较研究方法,莱尔保通过比较的方法实现折中主义,巴蒂福尔通过考察各国判例,形成兼具确定性和灵活性的新型国际私法范式。

1. 福利克斯:比较法的奠基人

福利克斯是首位用法语"私国际私法"(Droit international privé[⑤])来命名的学者,其著作《国际私法》(1843年)是首部法语综合性国际私法教程。巴蒂福尔认为,

---

① 参见吴一鸣:《国际私法中的比较法学派:从实然走向应然》,载《西南政法大学学报》2009年第4期。

② Henri Batiffol, *Les Tendances doctrinales actuelles en droit international privé*, Recueil des cours 72, 1948, p. 23.

③ 莫里(Jaques Maury, 1889~1981年),法国民法、国际法教授,著有《法国民法实用论》《国际私法》等。

④ 福利克斯(Jean Jaques Gaspard Feolix, 1791~1853年),德裔法国籍学者,精通德语、法语、意大利语和英语,致力于国际私法中的比较法研究,著有《国际私法》。

⑤ 在法语中,"Droit international privé"这一组词,严格来讲,是指"私国际法",此说法已沿用至今。

此著作是国际私法的拓荒佳作,是旧法以来的首创,其后40年间再无作品能与之比肩。[①] 福利克斯在面对特殊主义与普遍主义的挣扎时,他开始投身于比较研究方法。下文将论述其从观点摇摆到思路明朗的过程:

第一,特殊主义与普遍主义的摇摆。福利克斯把法律冲突归结为,由于互惠原则引起的国家主权冲突,他认为"每个国家都太渴望独立自主,而不会去承认一个更高的主权"。[②] 他认为适用外国法是对国家主权的让步,每个国家有自己的制度,对普遍主义的寻求是很难实现的理想状态,这表明了其特殊主义观。但矛盾的是,在各国编纂国际私法典的浪潮之中,福利克斯重新产生对普遍主义的怀旧之情,他开始试图统一国家间的共同规则,他认为这些共同规则可适用于那些成文法律条款中没有规定外国法适用和外国人地位的国家。因此可以认为,福利克斯的观点是游离于特殊主义和普遍主义之间的。

第二,比较法的先驱。福利克斯1791年生于德国,1829年入法国国籍,精通德语、法语、意大利语和英语。由于他的国际化背景和语言能力,他认为国际私法学说不能仅限于国内法的研究,他倡导研究外国立法、判例以及学者观点。他在论证普遍主义观点时运用的比较方法在当时是独树一帜的,涉及了42个国家的法律制度,[③]因此可以认为,福利克斯是法国国际私法领域运用比较法的先驱。

2. 莱尔保:折中主义

莱尔保与尼波耶同时期,却与尼波耶的国家主义观点截然相反。他赞同巴坦关于冲突法与国内法联系的论述,但作了独特的延伸和阐释。巴坦认为统一冲突规范是不可能的,而莱尔保认为在编写冲突规范时,除了考虑国内法,还应考虑国际因素,实现部分有条件的统一冲突规范。并且,他反对将法律的属人主义和属地主义绝对地一决高下,他脱离了单边冲突规范的极端模式,采取了一种折中主义立场,主要体现在以下方面:

第一,国内秩序和国际秩序的平衡。莱尔保认为,由于国际社会规则的缺失,法官不得不从国内判例中总结规律和经验,从这个层面来讲,他是站在国内秩序的立场出发的。但是,构成国际私法的要素并不完全是特殊主义的,还应考量国际贸易

---

① 参见[法]亨利·巴蒂福尔、保罗·拉加德:《国际私法总论》,陈洪武等译,中国对外翻译出版公司1989年版,第57页。

② See Carine Brière, *La pensée de Foelix: entre universalisme et particularisme*, Revue critique du droit international privé, 2019, p. 67.

③ Carine Brière, *La pensée de Foelix: entre universalisme et particularisme*, Revue critique du droit international privé, 2019, p. 69.

因素以及国家政治利益。但是这些考量,仍然是从国家视角出发的。[1] 国际关系不能按照国内关系相同的方式来处理,所以他提出,在制定冲突规范之前,应当考虑国际贸易秩序、国际社会秩序、国家政治利益、法院地司法秩序等要素间的平衡。

第二,私人利益和公共利益的协同。莱尔保指出,国际私法不可否认地包含着国家利益,但此种利益与相互尊重主权问题无关,而仅仅涉及各国在国际贸易交往中的利益。因此,莱尔保明确冲突规范首要任务是处理私人利益冲突而非国家主权冲突,国际私法的首要任务是找到协调私人利益关系的解决办法。但他也强调,跨国民商事交往并非丝毫不涉及公共利益,他认为公共利益和私人利益之间存在着整体与局部的互动关系,例如,私人利益涉及离婚与合同的问题,而公共利益则统领家庭关系和贸易关系这类更大的层面。

3. 巴蒂福尔:温和的国际主义

巴蒂福尔是法国当代国际私法的领军人物。他的观点处于毕耶的教条的普遍主义和巴坦的激进的特殊主义之间,被称为"温和的国际主义"(internationalisme tempéré)[2]。与毕耶相反,他认为国际私法首先处理的是私人关系,与国家主权无关。与巴坦不同,他不执着于国内法律秩序的构建,而是强调各国法律体系共存的必要性,让私人关系在公正平等的国际司法环境中自由流通。巴蒂福尔"温和的"中间立场主要体现在以下方面:

第一,协调主义。巴蒂福尔的"协调"思想在于,他认为在还未达成理想化的统一规则之前,在尊重各国立法体系的独立性的前提下,国际私法应致力于实现不同法律制度之间的协调,来使这些法律体系得以共存,短期内实现国际判决的一致性。这一点,是巴蒂福尔思想中最具亮点之处。

在国内秩序和国际秩序关系上,巴蒂福尔反对从国家主义和国际主义层面去把一方凌驾于另一方之上。他认为,从历史的角度看,国内秩序的形成先于国际秩序,并且比国际秩序更加完善。因此,当国际关系缺乏相应的调整规范时,应该从国内法和国内判例中去寻找答案,并通过对国际社会特殊性的考量,把国内规则转化为适用于国际社会的规则。

---

① See Henri Batiffol, *Les Tendances doctrinales actuelles en droit international privé*, Recueil des cours 72, 1948, p. 33.

② 此说法由弗朗西斯卡基斯(Phocion Franciskakis)提出,是指试图在国际秩序和国内秩序之间寻求平衡的国际法学者。Lequette Yves, *L'influence de l'œuvre d'Henri Batiffol sur la jurisprudence française*, Droit international privé: travaux du Comité français de droit international privé, 1994, p. 41.

第二，现实主义。巴蒂福尔将各方利益划分为私人利益、集体普遍利益和国际社会利益。[①] 他主张在判决中考虑到一切可能的因素，分析各因素的关系和特点，致力于协调对各方利益的协同。以连结点问题为例，与萨维尼略显隐秘的法律关系本座说相比，巴蒂福尔简化了连结点的确定标准。他认为任何法律关系都会通过多种"外部标志"（signes extérieurs）表现出来，而非仅仅凝缩在唯一连结点之上。[②] 此种见解具有较高的现实意义：其一，既可以使个人能合理预见适用的法律和最终的判决，满足私人利益；其二，基于人的客观行为确定的管辖权分配，变得无可指摘，可以满足集体普遍利益，其三，作出的判决有可能被各当事国接受，从而实现真正的判决一致，满足国际社会利益。[③] 可见，巴蒂福尔的现实主义思想是与其对各方利益的重视密切相关的。

第三，比较法研究。巴蒂福尔认为，国际私法的未来在于比较法，应当对各国的法律体系进行比较研究。[④] 1935～1938 年，巴蒂福尔在美国和德国游学，结识了比尔（Beale）和拉贝尔（Rabel）等学者，加之他对外国法的熟知以及对英语、德语和俄语的精通，他开始投入比较法研究。在方法论上，巴蒂福尔反对从先验主义出发的逻辑演绎方法，主张在系统考察各国法律制度和司法判例的基础上，采用实证主义的方法，对不同法律制度进行协调。[⑤] 巴蒂福尔认为，比较的方法既不像特殊主义那样把国内的私法体系生搬硬套地运用到涉外案件中，也不像普遍主义那样，试图确立适用于所有国家的抽象的法律原则，比较法的任务更加复杂和广泛，即令不同法律体系和谐共存。[⑥] 可以说 20 世纪以来，巴蒂福尔以比较法为依托的"协调论"的提出，有力地促进了特殊主义向普遍主义的回归。

三、中国国际私法的抉择

从上述法国国际私法学派之争可以看出，从毕耶的普遍主义，到尼波耶和巴坦为主的特殊主义，再到莱尔保和巴蒂福尔引领的向普遍主义归复的趋势，普遍主义和特殊主义呈周期性交替的发展态势。这两种价值导向的选择，很大程度上取决于

---

① Henri Batiffol, Aspects philosophiques du droit international privé, Paris, Dalloz, 1956, p. 229.

② Francescakis Phocion, *Perspectives du droit international privé français actuel*, *A propos de la deuxième édition du Traité de M. Henri Batiffol*, Revue internationale de droit comparé, 1955, p. 356.

③ Lequette Yves, *L'influence de l'œuvre d'Henri Batiffol sur la jurisprudence française*, Droit international privé: travaux du Comité français de droit international privé, 1994, p. 32－54.

④ Henri Batiffol, *Principes de Droit international privé*, Recueil des cours 97, 1959, p. 443.

⑤ 参见韩德培主编：《国际私法新论》，法律出版社 2001 年版，第 76 页。

⑥ Henri Batiffol, Aspects philosophiques du droit international privé, Dallozv, Paris, 1956, p. 16.

世界政治和经济格局。战争时期,各国为了捍卫国家利益,倾向于特殊主义的策略,而和平时期,各国则乐于国际合作,倾向于普遍主义的理念。

与此同时,比较方法在国际私法中的运用极大地调和了普遍主义和特殊主义两大阵营的矛盾。因此,在国际私法领域,比较法研究的运用仍然至关重要。基于此,笔者认为,我国国际私法的主义抉择应当考虑以下三个方面。

(一)总体国家安全观下的普遍主义

普遍主义理念中蕴含了多边主义、开放包容和合作共赢等内涵,这与我国现阶段实行高水平对外开放的现实需求不谋而合,是我国开拓合作共赢新局面的必由之路。然而,适合我国的普遍主义道路并非无约束的普适和放任的自由,而应当实行的是在我国总体国家安全观的规制之下的高水平对外开放。

2014 年,习近平总书记提出总体国家安全观,确定了保障国内安全以促进国际安全的方略,那么,法律界也应同频共振,巩固国内法治以发展国际法治。正如巴蒂福尔教授所说的,由于国内秩序形成的时间先于国际秩序,国内秩序也更加成熟和健全,国内秩序和国际秩序,无须一分高下。因此,我国国际私法应当遵循的普遍主义,也应以我国人民、政治、经济、军事、文化、社会的安全为前提,有理、有利、有节地实行高水平对外开放。

(二)人类命运共同体理念下的特殊主义

一个多世纪以来,萨维尼的法律关系本座说统领了国际私法的法律选择方法,我国《涉外民事关系法律适用法》与此种学说也几乎完全一致。然而,此种学说解决法律冲突的思路是为涉外民事关系确定一个唯一的准据法,在这一点上法律关系本座说具有单一主义思维。前文讲到,法国学者巴蒂福尔教授指出,任何法律关系都会通过多种"外部标志"(signes extérieurs)表现出来,而非仅仅凝缩在唯一连结点之上。那么,充分考察与案件相关联系的各国法律和制度,才能更加全面地保障实质正义。

人类命运共同体理念具有崇高的国际道义优势,构建人类命运共同体并不是要否认民族国家的特殊性,而是在承认并尊重特殊性的前提下,强调妥善处理人类共同利益和国家利益的关系。人类命运共同体下的国际私法,应在充分尊重各国主权和肯定外国法平等地位的基础上,弱化"法律冲突"概念,摒弃用一贯的单一思维去找寻唯一连结点,充分考察与涉外民事关系相关联的各国特有的法律原则和制度,在追求本国利益的同时,兼顾他国的合理关切,通过协调和合作,在谋求本国发展中促进各国共同发展。

(三)又广又深的比较法研究

我国学者高度注重比较法在国际私法中的作用,认为比较法是国际私法之母,要研究国际私法,必须对各国的民商事法律进行比较。[①] 的确,比较法在国际私法的识别、外国法证明、虚假冲突、公共秩序等方面都发挥着举足轻重的作用。

笔者认为,我国国际私法的比较研究应该在广度和深度上更进一步。综观我国现有国际私法的比较研究,仍主要集中于英语国家和德国。偶有其他国别的研究,但都仅限于个别零星著作,还尚未形成成熟的体系,因此,我国现阶段的比较法研究的广泛程度着实还需要加强。

另外,我国现阶段的国际私法比较研究处于比较国际法与国内法、不同国家国内法的异同的规范层面。在实际运用层面,如法律解释、法律适用方法以及司法实践层面的研究较为薄弱。除此之外,还应当从法治文化的角度,去探究法律规则背后的历史根源、社会背景、政策追求和利益诉求。[②]

通过对比较研究法的广度和深度的双向提升,才能真正做到美人之美,博采众长,最终实现我国国际私法理论和实践的创新和飞跃。

四、结束语

从法国的实践来看,毕耶将国际私法公法化的主张,不再符合私权发展的需求;巴坦将国际私法国别化,尼波耶将国际私法政治化的做法,也不再适应政治经济一体化的趋势。唯有巴蒂福尔以及莱尔保等学者倡导的通过比较的方法,对各方利益进行协调,对国内外秩序进行统筹,才是国际私法平衡和协调发展的折中之道。

当今世界正经历百年未有之大变局,国际格局和力量对比正加速演变,全球治理体系正被深刻重塑。我国国际私法正肩负着"继古开今"的使命,鉴于此,我国国际私法应当坚持总体国家安全观之下的普遍主义道路,尊重人类命运共同体理念之下的特殊主义选择,同时开展广泛且深入的比较法研究,从而使我国国际私法走上自主创新和全面发展之路。

---

① 参见韩德培:《国际私法》(第3版),高等教育出版社、北京大学出版社2014年版,第13页。

② 参见肖永平:《论法治中国建设背景下的中国国际法研究》,载《法制与社会发展》2015年第4期。

“法律的域外适用”研究

论具有域外效力的美国联邦公法之立法表达*

郭玉军** 王 岩***

美国法卷帙浩繁，美国联邦法律特别是联邦公法法律域外适用条款亦比比皆是。有关立法具有较鲜明的特点：从立法领域看，多为公法监管法，在社会法、私法中也并不鲜见。从制定主体看，法案多由美国国会众议院或参议院提出，最终由国会两院通过形成联邦法律。从立法技术看，立法表达方式各异，主要包括明确规定"域外管辖"或"域外适用"条款、使用"在美国外""外国""服从美国管辖"等词语明确地域范围、界定规制对象等实现将美国法律域外适用的目的。从立法目的看，部分法律会明确美国法律域外适用的国内或国际两个方面的利益关切，带有国际关切的立法名称上通常会冠以"国际"二字。中国应积极思考研究涉我国国家利益立法的反制应对措施，高度警惕美国较为隐蔽的具有域外效力的法律，我国企业在国际经贸交往过程中也应密切关注此类立法，加强合规工作，谨防违反相关美国法。

一、引言

美国国内法域外适用的立法领域广泛，内容丰富，为其后续的国内法域外适用活动提供了法律依据。为应对美国滥用"长臂管辖"，构建我国法域外适用法律体系，有必要深入研究美国法域外适用的运行机制，而首先必须了解美国法特别是联邦法中有关域外适用的规定，明晰美国域外立法管辖权的现状，弄清美国法域外适用是什么。由于美国法律体系较为复杂，法律、法规、条例等浩如烟海，故本文将以

* 本文为国家社科基金重大项目"国际私法视域下中国法域外适用的制度构建研究"（项目编号：20&ZD203）和相同题目的武汉大学自主科研项目（人文社会科学）的阶段性研究成果，受到"中央高校基本科研业务费专项资金"资助。

** 武汉大学国际法研究所教授、博士研究生导师，武汉大学国际法治研究院核心团队首席专家、武汉大学艺术法研究中心主任。

*** 武汉大学国际法研究所2019级博士研究生。

联邦公法(federal public laws)[①]作为研究对象,基于文本分析,探求归纳美国联邦公法域外适用立法的表述方式,为应对其滥用及对我国法域外适用的立法提供借鉴。

本文收集具有域外效力的美国联邦公法的方式如下:(1)在《美国法典》网站[②]以域外(extraterritorial)为关键词,搜索到72个词条,判断其是否与域外管辖或域外适用相关,若有关则根据其下列明的汇编成该条的若干部法律的公法号在美国国会网站[③]找到对应的法律文本,以域外、国外、海外、外国、服从美国管辖(subject to the jurisdiction of the United States)等为关键词搜索全文,并结合上下文内容判断是否具有域外效力;(2)在美国国会网站上,将搜索对象限定为立法(legislation),以域外为关键词,将立法状态(status of legislation)设定为"成为法律"(became law),共搜索到65部成文法,判断方式同上;(3)核对学界认为具有域外效力的法律法规。综合上述三种方式,目前收集整理了具有域外效力的美国联邦公法共计80余部。下文将从表达方式角度对之进行梳理,并探讨域外适用的联邦公法的特点。

二、立法表达方式

(一)明确规定"域外"

此种规定方式是指在文本中出现"域外"一词。多数为在条文标题上使用"域外管辖"(extraterritorial jurisdiction)或"域外适用"(extraterritorial application)的术语,明确某款性质为域外管辖条款或域外适用条款,或在条文标题中未写明但在条文表述中明确出现域外管辖的字眼;部分虽未写明域外管辖或域外适用,但出现"域外"一词,用以指明该条文适用于域外的某种行为。例如,《预防虐待动物和酷刑法》第2(a)条将《美国法典》第18卷第48(b)条修改为域外适用条款,以行为为判断标准,规定若参与录制虐待动物视频的人意欲或有理由知晓该视频将在美国境内传播,或该视频已在美国境内传播,则发生在美国境外的视频录制、传播、销售等行为将受本法规制。《罗琴科夫反兴奋剂法》第3(b)条是域外管辖条款,规定美国对发生在本条项下的犯罪行为有域外联邦管辖权。

明确规定域外效力的联邦公法共计35部,具体可见表1。

① 本文所称"公法"源于美国国会官网上的类别"Public Law"。

② See Office of the Law Revision Counsel, *United States Code*, available at https://uscode.house.gov/, visited on Sept. 8, 2021.

③ See Congress, *Public Laws*, available at https://www.congress.gov/public-laws/117th-congress, visited on Sept. 8, 2021.

表1　明确规定域外适用的联邦公法

序号	法律名称	公法号/编号	提出机构	通过时间	法条
1	《杰米·札帕塔和维克多·阿维拉联邦官员和雇员保护法》	P. L. 117 – 59 S. 921	参议院	2021 年 11 月 18 日	第 2 条、第 3 条
2	《罗琴科夫反兴奋剂法》	P. L. 116 – 206 H. R. 835	众议院	2020 年 12 月 4 日	第 3(b)条
3	《预防虐待动物和酷刑法》	P. L. 116 – 72 H. R. 724	众议院	2019 年 11 月 25 日	第 2(a)条
4	《2017 财年国防授权法》	P. L. 114 – 328 S. 2943	参议院	2016 年 12 月 23 日	第 5451 条
5	《促进旅游、商业和国家安全法》	P. L. 114 – 316 H. R. 6431	众议院	2016 年 12 月 16 日	第 2(b)条
6	《跨国贩毒法》	P. L. 114 – 154 S. 32	参议院	2016 年 5 月 16 日	立法目的
7	《2013 财年情报授权法》	P. L. 112 – 277 S. 3454	参议院	2013 年 1 月 14 日	第 310(a)(4)(B)条
8	《食品和药物管理安全和创新法》	P. L. 112 – 144 S. 3187	参议院	2012 年 7 月 9 日	第 718 条
9	《禁止对碾压动物录像法》	P. L. 111 – 924 H. R. 5566	众议院	2010 年 12 月 9 日	第 3(a)条
10	《多德 – 弗兰克华尔街改革和消费者保护法案》(以下简称《多德 – 弗兰克法案》)	P. L. 111 – 203 H. R. 4173	众议院	2010 年 7 月 21 日	第 531(b)条、第 929P(b)条
11	《威廉·威尔伯福斯贩运受害者保护再授权法》[1]	P. L. 110 – 457 H. R. 7311	众议院	2008 年 12 月 23 日	第 223 条
12	《毒品贩运船只禁止法》	P. L. 110 – 407 S. 3598	参议院	2008 年 10 月 13 日	第 102(a)条

续表

序号	法律名称	公法号/编号	提出机构	通过时间	法条
13	《电话记录和隐私保护法》	P. L. 109 - 476 H. R. 4709	众议院	2007 年 1 月 12 日	第 3(a)条
14	《亚当·沃什儿童保护及安全法》	P. L. 109 - 248 H. R. 4472	众议院	2006 年 7 月 27 日	第 206(a)(5)条
15	《美国爱国者改进和再授权法》	P. L. 109 - 177 H. R. 3199	众议院	2006 年 3 月 9 日	第 306(a)条
16	《保护人口贩运受害者重新授权法》[2]	P. L. 109 - 164 H. R. 972	众议院	2006 年 1 月 10 日	第 103(a)条
17	《情报改革和防止恐怖主义法》	P. L. 108 - 458 S. 2845	参议院	2004 年 12 月 17 日	第 6602(b)条、第 6603(d)条
18	《2005 财年罗纳德·里根国防授权法》	P. L. 108 - 375 H. R. 4200	众议院	2004 年 10 月 28 日	第 1088 条
19	《立即终结对儿童剥削的起诉救济及其他手段法》	P. L. 108 - 21 S. 151	参议院	2003 年 4 月 30 日	第 506(3)条
20	《提供适当手段阻止或避免恐怖主义以团结并强化美国的法律》	P. L. 107 - 56 H. R. 3162	众议院	2001 年 10 月 26 日	第 377 条
21	《军事域外管辖法》	P. L. 106 - 523 S. 768	参议院	2000 年 11 月 22 日	全文
22	《退伍军人计划增强法》	P. L. 105 - 368 H. R. 4110	众议院	1998 年 11 月 11 日	第 212 条
23	《反恐及有效死刑法》	P. L. 104 - 132 S. 735	参议院	1996 年 4 月 24 日	第 303(d)条
24	《联邦法院管理法》	P. L. 102 - 572 S. 1569	参议院	1992 年 10 月 29 日	第 1003 条

续表

序号	法律名称	公法号/编号	提出机构	通过时间	法条
25	《民权法》	P. L. 102 – 166 S. 1745	参议院	1991 年 11 月 21 日	第 109(a)、(b)条
26	《反恐法》(位于《军事建设拨款法》中)	P. L. 101 – 519 H. R. 5313	众议院	1990 年 11 月 5 日	第 132(b)(2)条
27	《生物武器反恐法》	P. L. 101 – 298 S. 993	参议院	1990 年 5 月 22 日	第 3(a)条
28	《期货交易法》	P. L. 99 – 641 H. R. 4613	众议院	1986 年 11 月 10 日	第 103 条
29	《综合外交安全和反恐怖主义法》	P. L. 99 – 399 H. R. 4151	众议院	1986 年 8 月 27 日	第 1202 条
30	《被害人及证人保护法》	P. L. 97 – 291 S. 2420	参议院	1982 年 10 月 12 日	第 4(a)条
31	《修改〈美国法典〉第 18 编的第 351 条和第 1751 条处罚针对内阁官员、最高法院法官和总统府工作人员的犯罪行为的法律》	P. L. 97 – 285 S. 907	参议院	1982 年 10 月 6 日	第 1 条、第 3(a)条
32	《颁布为〈美国法典〉第 31 卷“货币和金融”的法律》	P. L. 97 – 258 H. R. 6128	众议院	1982 年 9 月 13 日	第 3725 条
33	《情报人员身份保护法》	P. L. 97 – 200 H. R. 4	众议院	1982 年 6 月 23 日	第 604 条
34	《国际紧急经济权力法》	P. L. 95 – 223 H. R. 7738	众议院	1977 年 12 月 28 日	第 202 条

续表

序号	法律名称	公法号/编号	提出机构	通过时间	法条
35	《颁布为〈美国法典〉第18卷"犯罪和刑事诉讼"的法律》	ch. 645 H. R. 3190	众议院	1948年6月25日	第3042条、第3183条、第3187条

〔1〕该法是对《保护人口贩运受害者法》的重新授权,使其在2008~2011年继续有效。该法在《美国法典》第18卷第77章中增加第1596条,即"对某些人口贩运罪行的额外管辖权"。

〔2〕该法是对2000年《保护人口贩运受害者法》的重新授权,并在《美国法典》第18卷增加了第212A章,即"对某些犯罪的域外管辖"。

在以上35部美国联邦法律中,直接在标题规定域外管辖的共计19部,规定域外适用的共计4部;标题无但条文中直接出现域外管辖的共计5部;标题及条文中未出现域外管辖、域外适用等字眼,但出现域外用以指明调整对象位于美国境外的共计9部。由此可见,在意欲将联邦法律域外适用时,国会多会以明示的方式点明法律条款的性质,但会将域外管辖与域外适用相区分,且多将条款定性为域外管辖。在《杰米·札帕塔和维克多·阿维拉联邦官员和雇员保护法》中,更是明确表明国会的意图是美国法院对该法禁止的行为享有域外管辖权。①

对于域外管辖条款,美国联邦法律部分表述为"对本条规定的犯罪/禁止行为有域外(联邦)管辖权";②部分进一步说明了有域外管辖权的条件,如犯罪分子是美国公民(citizen)或拥有美国永久居留权的外国人,③或在美国境外实施的恐怖活动针对的是美国国民(national),④或违法物品将进口至美国或导致违法发生的行为发生在美国。⑤ 域外适用条款的规定方式与域外管辖条款相类似,多规定为某条的内容在某些条件下应适用于发生在美国境外的某些行为;⑥部分规定在兜底条款中,将犯罪行为发生地扩展至美国领域外。⑦ 未在标题处规定域外管辖但在条文中出现的,多表述为"对本章规定的犯罪有管辖权,包括域外管辖权"。⑧ 部分法律虽未明确有

① See Jaime Zapata and Victor Avila Federal Officers and Employees Protection Act, P. L. 117 – 59, § § 2 – 3 (2021).

② See Rodchenkov Anti-Doping Act of 2019, P. L. 116 – 206, § 3(b) (2019).

③ See Intelligence Identities Protection Act of 1982, P. L. 97 – 200, § 2(a) (1982).

④ See Omnibus Diplomatic Security and Antiterrorism Act of 1986, P. L. 99 – 399, § 1202(a) (1986).

⑤ See Food and Drug Administration Safety and Innovation Act, P. L. 112 – 144, § 718 (2012).

⑥ See Preventing Animal Cruelty and Torture Act, P. L. 116 – 72, § 2(a) (2019).

⑦ See National Defense Authorization Act for Fiscal Year 2017, P. L. 114 – 328, § 5451 (2016).

⑧ See USA PATRIOT Improvement and Reauthorization Act of 2005, P. L. 109 – 177, § 306(a) (2005).

域外管辖权或可域外适用,但部分条文表明针对的对象为域外雇佣(extraterritorial employment)①或域外儿童色情制品犯罪(extraterritorial child pornography offenses)②。少数法律通篇的规定便是针对域外的行为,这主要是在立法目的③或在法律名称④中予以规定的。此外,域外适用条款或域外管辖条款的上一条款通常为列举构成违法情形的条款,下一条款通常为处罚方式条款,再下一条款为例外条款。

多数法律的域外管辖或域外适用条款并非赋予整部法律域外适用性,而是有针对性地对某一条中规定的内容有域外管辖权。行使域外管辖权的条件,多为基于属人原则或保护原则,部分基于普遍原则,还有的基于客观属地原则或主观属地原则。此外,在明确规定"域外"的联邦公法中,有22部法律中的域外适用条款或域外管辖条款位于《美国法典》第18卷"犯罪及刑事程序"中,3部位于第50卷"战争和国防"中,2部位于第21卷"食品和药品"中,2部位于第28卷"司法部门和司法程序"中,2部位于第42卷"公共健康和福利"中,1部位于第10卷"武装部队"中,1部位于第12卷"银行业与银行"中,1部位于第31卷"货币和金融"中,1部位于第38卷"退伍军人福利"中。由是观之,明确规定域外的联邦法律多为刑法及军事、金融、公共健康等相关法,其他领域相对较少。

(二)明确规定不予或排除域外管辖或域外适用

部分联邦法律则宣称不予或排除域外适用。此种规定方式主要表现为,明确声明放弃域外主权,或规定放弃将本条款适用于外国主体等。⑤

排除域外效力的联邦公法共计14部,具体可见表2。

表2 排除域外适用的联邦公法

序号	法律名称	公法号/编号	提出机构	通过时间	法条
1	《2018年度海岸警卫队授权法》	P. L. 115-282 S. 140	参议院	2018年12月4日	第401(a)条

① See Veterans Programs Enhancement Act of 1998, P. L. 105-368, § 212 (1998).

② See Adam Walsh Child Protection and Safety Act of 2006, P. L. 109-248, § 206(a)(5)(2006).

③ See Transnational Drug Trafficking Act of 2015, P. L. 114-154 (2015).

④ See Military Extraterritorial Jurisdiction Act of 2000, P. L. 106-523 (2000).

⑤ 通过在美国国会网站上的搜索,能够发现明确声明放弃域外主权的法律有且仅有3部,分别为《美国商业太空发射竞争法》《皇家邮轮泰坦尼克号海洋纪念馆法》《深海海底硬矿物资源法》。其余明确排除的法律是通过阅读运用其他关键词搜索到的法律文本查知的。

续表

序号	法律名称	公法号/编号	提出机构	通过时间	法条
2	《2016年度综合拨款法》	P.L. 114-113 H.R. 2029	众议院	2015年 12月18日	第143(4)条、第7080条
3	《美国商业太空发射竞争法》	P.L. 114-90 H.R. 2262	众议院	2015年 11月25日	第403条
4	《威廉·威尔伯福斯贩运受害者保护再授权法》	P.L. 110-457 H.R. 7311	众议院	2008年 12月23日	第233(a)条
5	《爱国者法》	P.L. 107-56 H.R. 3162	参议院	2001年 10月26日	第365(a)条、第411(c)条
6	《温德尔·H.福特航空投资与面向21世纪的改革法》	P.L. 106-181 H.R. 1000	众议院	2000年 4月5日	第708(a)条
7	《联邦存款保险公司改革法》	P.L. 102-242 S. 543	参议院	1991年 12月19日	第306(k)条
8	《民权法》	P.L. 102-166 S. 1745	参议院	1991年 11月21日	第109(b)条
9	《反恐法》(位于《军事建设拨款法》中)	P.L. 101-519 H.R. 5313	众议院	1990年 11月5日	第132(a)条
10	《反毒品滥用法》	P.L. 100-690 H.R. 5210	众议院	1988年 11月18日	第4804(b)条
11	《购买美国法》(位于《综合贸易与竞争法》第7卷)	P.L. 100-418 H.R. 4848	众议院	1988年 8月23日	第7002(2)条
12	《期货交易法》	P.L. 99-641 H.R. 4613	众议院	1986年 11月10日	第101条
13	《皇家邮轮泰坦尼克号海洋纪念馆法》	P.L. 99-153 S. 2048	参议院	1986年 10月21日	第8条
14	《深海海底硬矿物资源法》	P.L. 96-283 H.R. 2759	众议院	1980年 6月28日	第3(a)条

在上述联邦法律中,3 部法律的条款标题为“放弃域外主权的声明”;1 部法律在条文标题处写明避免对外国银行的域外适用;其余几部虽未在标题处写明不予域外适用,但字里行间明确体现了该意图。

除《深海海底硬矿物资源法》规定在总则部分外,另两部联邦法律的放弃域外主权的声明条款规定在法律文本的最后,主要表述为:“通过颁布本法,美国并不主张对[…]的主权(sovereignty)、统治权(sovereign)、专属权利或管辖权或所有权(ownership)。”①《联邦存款保险公司改革法》第 306(k)条的标题规定为“避免对外国银行域外适用”,指出不能仅因外国银行在美国有投保分行(insured branch)而将该法适用于外国银行。② 其他法律部分规定为,本条款中任何规定均不适用于或放弃适用于位于美国境外的某行为或某对象,或不适用于非受美国人控制的对象。③《民权法》规定,如果遵循该法会导致违反所在外国的法律,则从事该法所禁止的行为不应被认定为违法。④

(三)对“美国境外”的主体或行为适用

此种规定方式是指在条文中写明该条的规制对象位于美国境外、⑤美国(属地)管辖领域外、⑥美国领土边界外⑦等。多数法律并未在标题处即写明美国境外,而是在条文中予以说明;部分法律在标题处即写明美国境外。例如,《国际反贿赂和公平竞争法》第 2(c)条规定了对发生在美国境外的行为的替代管辖权(alternative jurisdiction)。

通过“美国境外”等表述方式表明域外效力的联邦公法共计 30 部,具体可见表 3。

---

① See Deep Seabed Hard Mineral Resources Act, P. L. 96 – 283, § 3(a) (1986).

② See Federal Deposit Insurance Corporation Improvement Act of 1991, P. L. 102 – 242, § 306(k) (1991).

③ See Consolidated Appropriations Act of 2016, P. L. 114 – 113, § 143(4) (2015).

④ See Civil Rights Act of 1991, P. L. 102 – 166, § 109(b) (1991).

⑤ See William Wilberforce Trafficking Victims Protection Reauthorization Act of 2008, P. L. 110 – 457, § 222(e)(3) (2008).

⑥ See Antiterrorism Act of 1990, P. L. 101 – 519, § 132(b)(2) (1990).

⑦ See Antiterrorism and Effective Death Penalty Act of 1996, P. L. 104 – 132, § 232(a) (1996).

表3 对美国境外的主体或行为适用的联邦公法

序号	法律名称	公法号/编号	提出机构	通过时间	法条
1	《预防虐待动物和酷刑法》	P. L. 116 – 72 H. R. 724	众议院	2019 年 11 月 25 日	第 2(a)条
2	《2017 财年国防授权法》	P. L. 114 – 328 S. 2943	参议院	2016 年 12 月 23 日	第 5451 条
3	《通过实现权利和确保有效的纪律监督团结和强化美国法》(《美国自由法》)	P. L. 114 – 23 H. R. 2048	众议院	2015 年 6 月 2 日	第 301 条、第 804 条
4	《食品和药物管理安全和创新法》	P. L. 112 – 144 S. 3187	参议院	2012 年 7 月 9 日	第 1123 条
5	《禁止对碾压动物录像法》	P. L. 111 – 924 H. R. 5566	众议院	2010 年 12 月 9 日	第 3(a)条
6	《多德 – 弗兰克法案》	P. L. 111 – 203 H. R. 4173	众议院	2010 年 7 月 21 日	第 929P(b)条
7	《威廉·威尔伯福斯贩运受害者保护再授权法》	P. L. 110 – 457 H. R. 7311	众议院	2008 年 12 月 23 日	第 222(e)(3)条
8	《外国情报监控法修正案》	P. L. 110 – 261 H. R. 6304	众议院	2008 年 7 月 10 日	第 102 条
9	《2008 年度补充拨款法》	P. L. 110 – 252 H. R. 2642	众议院	2008 年 6 月 30 日	第 6102 条
10	《保护美国法》	P. L. 110 – 55 S. 1927	参议院	2007 年 8 月 5 日	第 2 条
11	《完成〈美国法典〉第 46 卷"航运"编纂的法律》	P. L. 109 – 304 H. R. 1442	众议院	2006 年 10 月 6 日	第 10(1)条
12	《美国爱国者改进和再授权法》	P. L. 109 – 177 H. R. 3199	众议院	2006 年 3 月 9 日	第 122 条、第 305(a)条、第 306(a)条

续表

序号	法律名称	公法号/编号	提出机构	通过时间	法条
13	《保护人口贩运受害者重新授权法》	P. L. 109 - 164 H. R. 972	众议院	2006 年 1 月 10 日	第 103(a)条
14	《情报改革和防止恐怖主义法》	P. L. 108 - 458 S. 2845	参议院	2004 年 12 月 17 日	第 1011(a)条、第 1012 条、第 6906 条
15	《立即终结对儿童剥削的起诉救济及其他手段法》	P. L. 108 - 21 S. 151	参议院	2003 年 4 月 30 日	第 506(3)条
16	《提供适当手段阻止或避免恐怖主义以团结并强化美国的法律》	P. L. 107 - 56 H. R. 3162	众议院	2001 年 10 月 26 日	第 302(b)(4)、(5)、(7)条，第 311(a)条，第 319(b)条，第 371(c)条，第 374(a)条，第 377 条，第 622(b)条，第 814(d)(1)条
17	《军事域外管辖法》	P. L. 106 - 523 S. 768	参议院	2000 年 11 月 22 日	立法目的、第 2(a)条
18	《航空器安全法》(位于《温德尔 · H. 福特航空投资与面向 21 世纪的改革法》第 5 卷)	P. L. 106 - 181 H. R. 1000	众议院	2000 年 4 月 5 日	第 506(c)(1)条
19	《国际反贿赂和公平竞争法》	P. L. 105 - 366 S. 2375	参议院	1998 年 11 月 10 日	第 2(c)条、第 3(d)条
20	《经济间谍法》	P. L. 104 - 294 H. R. 3723	众议院	1996 年 10 月 11 日	第 101(a)条
21	《1997 财年情报授权法》	P. L. 104 - 293 H. R. 3259	众议院	1996 年 10 月 11 日	第 814(a)条

续表

序号	法律名称	公法号/编号	提出机构	通过时间	法条
22	《反恐及有效死刑法》	P. L. 104－132 S. 735	参议院	1996年 4月24日	第232(a)条、第233(a)(2)条、第501(a)(12)条、第521(a)条、第702(a)条、第704(a)条、第721(c)(2)条、第721(d)(2)条、第721(e)(2)条、第721(f)(1)条、第722(2)条、第725(4)条
23	《暴力犯罪控制及执行法》	P. L. 103－322 H. R. 3355	众议院	1994年 9月13日	第60009(a)条、第60019(a)条、第60021(a)条、第60023(a)条、第120003(a)条、第160001(a)条
24	《联邦法院管理法》	P. L. 102－572 S. 1569	参议院	1992年 10月29日	第1003(a)(2)条
25	《反恐法》(位于《军事建设拨款法》中)	P. L. 101－519 H. R. 5313	众议院	1990年 11月5日	第132(b)(2)条
26	《反毒品滥用法》	P. L. 100－690 H. R. 5210	众议院	1988年 11月18日	第4602条、第7521(a)条、第7608(a)条
27	《综合贸易与竞争法》	P. L. 100－418 H. R. 4848	众议院	1988年 8月23日	第2308(a)条、第2418(a)条、第4205(a)条
28	《综合外交安全和反恐怖主义法》	P. L. 99－399 H. R. 4151	众议院	1986年 8月27日	第502(a)(2)条、第504(2)条、第1101条、第1202(a)条

续表

序号	法律名称	公法号/编号	提出机构	通过时间	法条
29	《情报人员身份保护法》	P. L. 97 – 200 H. R. 4	众议院	1982 年 6 月 23 日	第 604 条
30	《国际紧急经济权力法》	P. L. 95 – 223 H. R. 7738	众议院	1977 年 12 月 28 日	第 202(a)条

以上 30 部法律中,8 部法律在域外管辖或域外适用条款的条文中使用美国境外等表述。① 7 部法律在条文标题处和条文中均写明美国境外,如将标题规定为“对发生在美国境外的行为的可适用性”,在条文中规定,若犯罪分子为具有美国永久居留权的自然人或依据美国法设立的组织,或在美国实施了助长犯罪的行为,则本章的规定亦适用于发生在美国境外的行为。② 1 部法律在地域范围条款中规定,若犯罪分子是美国人、案涉航空器被美国人所有、助长犯罪的行为发生在美国,则该条的规定适用于发生在美国境外的行为。③ 1 部法律在扩展地域管辖权条款中规定,即便行为发生在美国地域管辖范围外,某条款的内容仍得被适用。④ 其余在标题中未规定,但在条文中出现,多数表述为对在美国境外的美国国民造成损害、行为发生在境外且犯罪分子为美国人、在美国境外犯罪的行为人进入美国境内等。⑤

部分规定有“美国境外”字眼的法律并不具有域外效力,需要结合上下文的规定具体判断。对于具有域外效力且规定有“美国境外”的联邦公法,多数基于属人管辖、保护管辖、普遍管辖获得域外效力。

(四)对“外国”对象适用

此种规定方式是指在条文中出现“外国的”,采用外国人、外国国家、外国政府、外国组织、外国官员等表明该法的规制对象,需结合上下文的具体规定来判断相应条文是否具有域外效力。例如,《反恐及有效死刑法》第 301(a)(2)条规定,美国国

---

① See Dodd-Frank Wall Street Reform and Consumer Protection Act of 2010, P. L. 111 – 203, § 929P (b) (2010).

② See Economic Espionage Act of 1996, P. L. 104 – 294, § 101(a) (1996).

③ See Aircraft Safety Act of 2000, P. L. 106 – 181, § 506(c)(1) (2000).

④ See An act to complete the codification of title 46, United States Code, “Shipping”, as positive law, P. L. 109 – 304, § 10(1) (2006).

⑤ See USA PATRIOT Improvement and Reauthorization Act of 2005, P. L. 109 – 177, § 122 (2006).

会有权对参与恐怖活动的外国组织制定刑罚。①

作此规定的法律较多,据不完全统计,共计33部,具体可见表4。

表4 对外国对象适用的美国联邦公法

序号	法律名称	公法号/编号	提出机构	通过时间	法条
1	《预防虐待动物和酷刑法》	P. L. 116 - 72 H. R. 724	众议院	2019年 11月25日	第2(a)条
2	《伊拉克和叙利亚种族灭绝救济和责任法》	P. L. 115 - 300 H. R. 390	众议院	2018年 12月11日	第5(b)条
3	《2017财年国防授权法》	P. L. 114 - 328 S. 2943	参议院	2016年 12月23日	卷12
4	《为国家资助恐怖主义的美国受害者伸张正义法》(位于《2016年度综合拨款法》第404条)	P. L. 114 - 113 H. R. 2029	众议院	2015年 12月18日	第404(c)(2)(A)(ii)条、第404(d)(5)(A)条、第404(j)(4)条、第404(j)(7)条、第404(j)(8)条
5	《2016年度综合拨款法》	P. L. 114 - 113 H. R. 2029	众议院	2015年 12月18日	卷5
6	《增税预防法》	P. L. 113 - 295 H. R. 5771	众议院	2014年 12月19日	第135条
7	《食品和药物管理安全和创新法》	P. L. 112 - 144 S. 3187	参议院	2012年 7月9日	第702条
8	《禁止对碾压动物录像法》	P. L. 111 - 924 H. R. 5566	众议院	2010年 12月9日	第3(a)条

① See Antiterrorism and Effective Death Penalty Act of 1996, P. L. 104 - 132, § 301(a)(2)(1996).

续表

序号	法律名称	公法号/编号	提出机构	通过时间	法条
9	《威廉·威尔伯福斯贩运受害者保护再授权法》	P. L. 110－457 H. R. 7311	众议院	2008年 12月23日	第103条、第404(b)条
10	《外国情报监控法修正案》	P. L. 110－261 H. R. 6304	众议院	2008年 7月10日	第101条
11	《2008财年国防授权法》	P. L. 110－181 H. R. 4986	众议院	2008年 1月28日	第829(d)条、第1083条、卷12
12	《保护美国法》	P. L. 110－55 S. 1927	参议院	2007年 8月5日	第2条
13	《电话记录和隐私保护法》	P. L. 109－476 H. R. 4709	众议院	2007年 1月12日	第3(a)条
14	《完成〈美国法典〉第46卷“航运”编纂的法律》	P. L. 109－304 H. R. 1442	众议院	2006年 10月6日	第6(c)条
15	《美国爱国者改进和再授权法》	P. L. 109－177 H. R. 3199	众议院	2006年 3月9日	第303(a)条、第404条
16	《保护人口贩运受害者重新授权法》	P. L. 109－164 H. R. 972	众议院	2006年 1月10日	第2(3)条、第103(a)(1)条、第105(b)(1)条
17	《情报改革和防止恐怖主义法》	P. L. 108－458 S. 2845	参议院	2004年 12月17日	第4025条、第5502条、第6602条、第6803(c)(2)条
18	《立即终结对儿童剥削的起诉救济及其他手段法》	P. L. 108－21 S. 151	参议院	2003年 4月30日	第105(a)条

续表

序号	法律名称	公法号/编号	提出机构	通过时间	法条
19	《国际打击洗钱与反恐怖主义资助法》(位于《爱国者法》第3卷)	P. L. 107－56 H. R. 3162	众议院	2001年 10月26日	第302(a)(6)、(7)、(8)条,第302(b)(4)、(5)、(7)条,第317条,第320条
20	《军事域外管辖法》	P. L. 106－523 S. 768	参议院	2000年 11月22日	第2(a)条
21	《温德尔·H. 福特航空投资与面向21世纪的改革法》	P. L. 106－181 H. R. 1000	众议院	2000年 4月5日	第708(a)条
22	《退伍军人计划增强法》	P. L. 105－368 H. R. 4110	众议院	1998年 11月11日	第212条
23	《国际反贿赂和公平竞争法》	P. L. 105－366 S. 2375	参议院	1998年 11月10日	第4条
24	《经济间谍法》	P. L. 104－294 H. R. 3723	众议院	1996年 10月11日	第101条
25	《反恐及有效死刑法》	P. L. 104－132 S. 735	参议院	1996年 4月24日	第221条、第302条、第322条、第721(c)条、第721(e)条
26	《暴力犯罪控制及执行法》	P. L. 103－322 H. R. 3355	众议院	1994年 9月13日	第60002(a)条、第60003(a)(5)条、第60009条、第120002条、第320101(b)条、第320916(a)条
27	《联邦法院管理法》	P. L. 102－572 S. 1569	参议院	1992年 10月29日	第602(a)条、第906(b)条
28	《民权法》	P. L. 102－166 S. 1745	参议院	1991年 11月21日	第109条

续表

序号	法律名称	公法号/编号	提出机构	通过时间	法条
29	《反海外腐败法修正案》(位于《综合贸易与竞争法》第5卷)	P. L. 100 - 418 H. R. 4848	众议院	1988年 8月23日	第5003条
30	《期货交易法》	P. L. 99 - 641 H. R. 4613	众议院	1986年 11月10日	第103条
31	《颁布为〈美国法典〉第31卷"货币和金融"的法律》	P. L. 97 - 258 H. R. 6128	众议院	1982年 9月13日	第3725条
32	《深海海底硬矿物资源法》	P. L. 96 - 283 H. R. 2759	众议院	1980年 6月28日	第301条
33	《外国情报监控法》	P. L. 95 - 511 S. 1566	参议院	1978年 10月25日	第109条、第110条

在上述美国联邦公法中,7部法律的外国字眼出现在域外管辖条款、域外雇佣条款、域外送达条款中,①或域外适用或域外管辖条款的前一条款,域外适用条款用于解释该含有外国字眼的条款在一定情形下可域外适用。② 23部法律在标题中即出现外国字眼,通过结合条文内容判断该款具有域外效力。③ 13部法律虽然在标题中未出现外国字眼,但在条文中出现外国国民④、外国政府⑤等表述。

与规定在美国境外的联邦公法相同,仅凭在美国境外或外国很难确认相关条款具有域外效力,需要结合条文本身的规定判断。⑥ 此外,相关条款的域外效力基础多为普遍原则、保护原则、国籍原则等。出现此类规定方式的法律多为涉及虐待动物、人口贩卖、打击恐怖主义等刑法类法律中,少数出现在期货交易等金融管理类法律

---

① See Trafficking Victims Protection Reauthorization Act of 2005, P. L. 109 - 164, § 103(a)(1) (2006).

② See Animal Crush Video Prohibition Act of 2010, P. L. 111 - 294, § 3(a) (2010).

③ See Iraq and Syria Genocide Relief and Accountability Act of 2018, P. L. 115 - 300, § 5(b) (2018).

④ See Deep Seabed Hard Mineral Resources Act, P. L. 96 - 283, § 301 (1980).

⑤ See Economic Espionage Act of 1996, P. L. 104 - 294, § 101 (1996).

⑥ See Restatement (Fourth) of Foreign Relations Law, § 404 Presumption Against Extraterritoriality, Reporters' Note 7 (2018).

或劳动保护类法律中。

(五)对"服从美国管辖"的主体适用

部分法律通过规制"服从美国管辖"的主体实现将该法域外适用的目的。根据第二种搜集方法,在美国国会网站上检索到222部法律包含服从美国管辖的表述。例如,《反海外腐败法》第104(a)(3)条规定了服从美国管辖的机构的雇员实施贿赂行为应受到处罚。①

鉴于采取此种立法表达的法律数量过多,本文将仅列举2010年以降的立法,结合上下文分析后收集到共计19部,具体可见表5。

表5 对服从美国管辖的主体适用的联邦公法

序号	法律名称	公法号/编号	提出机构	通过时间	法条
1	《2021财年国防授权法》	P. L. 116-283 H. R. 6395	众议院	2021年 1月1日	第8345条
2	《2021年度综合拨款法》	P. L. 116-260 H. R. 133	众议院	2020年 12月27日	第103(b)(6)条、第1205(j)(1)条
3	《2020财年国防授权法》	P. L. 116-92 S. 1790	参议院	2019年 12月20日	第5707(c)(3)条、第7213(a)(4)条、第7213(a)(5)条、第7213(a)(6)(A)条
4	《出口管制改革法》(位于《2019财年国防授权法》第17卷副卷B)	P. L. 115-232 H. R. 5515	众议院	2018年 8月13日	第1741(1)条

① See Foreign Corrupt Practices Act of 1977, P. L. 95-213, § 104(a)(3) (1977).

续表

序号	法律名称	公法号/编号	提出机构	通过时间	法条
5	《出口管制法》(位于《2019财年国防授权法》第17卷副卷B第一部分)	P.L. 115-232 H.R. 5515	众议院	2018年8月13日	第1753(a)(1)条
6	《通过制裁打击美国对手法》	P.L. 115-44 H.R. 3364	众议院	2017年8月2日	第235(a)(7)条、第235(a)(8)条、第235(a)(9)(A)条
7	《确保进入太平洋捕鱼法》	P.L. 114-327 H.R. 6452	众议院	2016年12月16日	第204(a)(2)条
8	《加强制裁朝鲜及政策法》	P.L. 114-122 H.R. 757	众议院	2016年2月18日	第104(b)(2)条
9	《海岸警卫队授权法》	P.L. 114-120 H.R. 4188	众议院	2016年2月8日	第314(b)条
10	《非法、未报告和无管制的捕捞活动执行法》	P.L. 114-81 H.R. 774	众议院	2015年11月5日	第203条、第206条、第304(d)条、第305(a)(1)条、第305(c)条、第306条、第307条
11	《美国自由法》	P.L. 114-23 H.R. 2048	众议院	2015年6月2日	第802(a)条、第811(a)条、第812(c)(4)条
12	《实施〈美国法典〉第54卷"国家公园服务和相关计划"的法律》	P.L. 113-287 H.R. 1068	众议院	2014年12月19日	第100751(b)条

续表

序号	法律名称	公法号/编号	提出机构	通过时间	法条
13	《霍华德·柯柏海岸警卫队和海上运输法》[1]	P. L. 113-281 S. 2444	参议院	2014年 12月18日	第320(a)条
14	《乌克兰自由支持法》	P. L. 113-272 H. R. 5859	众议院	2014年 12月18日	第4(c)(5)(A)条、第4(c)(6)条
15	《海岸警卫队和海上运输法》[2]	P. L. 112-213 H. R. 2838	众议院	2012年 12月20日	第217(1)条
16	《减少伊朗威胁和保障叙利亚人权法》	P. L. 112-158 H. R. 1905	众议院	2012年 8月10日	第502(d)(1)(B)(i)条、第502(d)(6)条
17	《2012年度综合拨款法》	P. L. 112-74 H. R. 2055	众议院	2011年 12月23日	第119条
18	《多德-弗兰克法案》	P. L. 111-203 H. R. 4173	众议院	2010年 7月21日	第929J(1)条
19	《全面制裁伊朗、问责与撤资法》	P. L. 111-195 H. R. 2194	众议院	2010年 7月1日	第102(b)(1)条、第109(a)(2)条

〔1〕该法的目的之一是授权对海岸警卫队2015财年的拨款,在《美国法典》第46卷第111章中新增第11113条,其中第d款第5项规定了服从美国管辖的船舶的定义。

〔2〕该法的目的之一是授权对海岸警卫队2013~2014财年的拨款,修改了《美国法典》第14卷第1章第1条,其中规定有海岸警卫队在美国管辖水域的执法权限。

"服从美国管辖"的立法表达均出现在条文中,而未在标题中出现。此外,此种立法表达多出现于制裁、船舶管控、出口管制等领域的法律中。一般而言,制裁问题的条文多表述为"禁止任何服从美国管辖的外汇交易"或"禁止在金融机构之间,或通过任何金融机构,或向任何金融机构进行任何信贷转移或付款,只要这种转移或付款服从美国管辖"。① 无论是外汇交易、信贷转移或付款,主要涉及的便是美元,

① See Countering America's Adversaries Through Sanctions Act, P. L. 115-44, § 231 (2017).

美国通过使用服从美国管辖的立法表达使使用美元交易成为美国行使域外管辖权的依据。船舶管控的表述多为“服从美国管辖的船舶/港口/场所”,[①]有的法律会在同一条款中同时出现“美国的船舶或服从美国管辖的船舶”,[②]并解释服从美国管辖的船舶不包括由美国、美国国家或其政治分支或外国所拥有或根据光船租赁经营的船只。[③] 由此可见,服从美国管辖的船舶可能包括由外国人所有的船只,基于此,美国可能行使域外管辖权。在出口管制方面,规定受管控的(controlled)物品是指出于美国国家安全和外交政策等而服从美国管辖的物品,无论该物品位于何处,总统应当管控服从美国管辖的物品的出口、再出口和国内转移,无论其所有人是美国人还是外国人。[④]

(六)针对特定外国国家或地区

美国针对特定外国国家或地区,制定了为数众多的联邦公法,鉴于针对特定外国国家或地区的法律非常多,本文仅列举介绍部分有代表性的联邦公法。

美国打着人权与自由的幌子,通过制裁等方式,实施打压他国的霸权行径,对他国造成了严重的消极负面影响,如《朝鲜制裁和加强政策法》[⑤]等。针对其他国家的具有域外影响的立法,美国也出台了相应的阻断法,如《欧盟排放交易计划禁止法》[⑥]等。美国针对中国也制定了数以百计的法律。根据第二种收集方法,在美国国会网站上检索到以中国为关键词的447部、以“台湾”为关键词的149部、以“香港”为关键词的59部、以“西藏”为关键词的55部、以“新疆”为关键词的11部、未使用“新疆”而仅以“维吾尔”为关键词的3部,尚无与“澳门”相关的联邦公法成文法律。针对中国的立法,美国相关法律由早期的禁止进口中国产品、禁止提供援助,转向了对中国内政的干涉、遏制打压中国科技发展等,体现出我国实力的日益强大引发了美国的恐慌情绪。

美国最早提及中国的联邦公法应为1951年《贸易协定延长法》,规定禁止从中国进口动物皮毛。[⑦] 美国最早正式出现我国国名“中华人民共和国”的联邦公法是

---

① See Coast Guard and Maritime Transportation Act of 2012, P. L. 112 – 213, § 217(1) (2012).

② See Coast Guard Authorization Act of 2015, P. L. 114 – 120, § 314(b) (2015).

③ See Howard Coble Coast Guard and Maritime Transportation Act of 2014, P. L. 113 – 281, § 320 (a) (2014).

④ See Export Controls Act of 2018, P. L. 115 – 232, § § 1752(2), 1753(a)(1) (2018).

⑤ See North Korea Sanctions and Policy Enhancement Act of 2016, P. L. 114 – 122 (2016).

⑥ See European Union Emissions Trading Scheme Prohibition Act of 2011, P. L. 112 – 200 (2011).

⑦ See Trade Agreements Extension Act of 1951, P. L. 82 – 50 (1951).

1962 年《对外援助法》,规定禁止对包括中华人民共和国在内的社会主义国家提供援助。①

三、特点与问题

(一)立法领域与立法目的

美国法域外适用的领域广泛,以公法监管法领域为主,主要涉及反恐、反海外腐败、反洗钱、经济制裁与进出口管制、金融监管、食品药品化妆品监管、税收、人权、环境保护、动物保护等。例如,打击洗钱领域的《国际打击洗钱与反恐怖主义资助法》等;金融监管领域的《多德-弗兰克法案》等;动物保护领域的《预防虐待动物和酷刑法》等;数据保护领域的《澄清境外数据的合法使用法》等。在社会法方面,《美国残疾人保护法》等将美国的劳工保护法律适用于位于美国境外的美国人。

制定具有域外效力的法律的根本目的,多为捍卫美国国家安全、维护美国国家利益,②利用本国法为美国人的域外活动提供法治保障,③或为将美国标准推向世界。④ 美国希望对在外国领土上从事针对美国行动的外国人主张域外管辖权,却不太愿意为其对待这些外国人的行为承担域外义务。⑤ 部分法律明确规定了其国内关切,部分法律则明确旨在维护国际社会秩序,此类法律多冠以"国际"之名,关注国际社会的共同关切。例如,《杜绝、瓦解、阻止野生动植物走私法》的立法目的为支持全球反偷猎工作、加强伙伴国家打击野生动物贩运的能力等。还有一些立法明显旨在通过单边主义方法干涉他国主权和内政。由此可见,美国以世界警察和世界法官自居,对本国制度十分自信,认为本国的立法可以促进他国的发展,意欲将其本国标准推向世界,成为相关领域世界规则体系的领军者和方向标,⑥从而实现其国际政治意图。⑦ 当然,不能全盘否定美国具有域外效力的立法,在国际反腐败领域,美国的

① See Foreign Assistance Act of 1962, P. L. 87-565 (1962).

② 例如,所谓的"香港自治法"第 8 条规定若符合美国国家安全利益则可对被指定的某外国人士或某外国金融机构豁免制裁,说明该法名义上意图打击所谓的"中国对香港特别行政区的义务的破坏或削弱的行为",实质上仍是为美国国家安全利益服务。

③ 例如,《赫尔姆斯—伯顿法》第三章"保护美国国民的财产权",如果美国公民在 1959 年 1 月 1 日以后被古巴没收财产,可以向美国法院起诉以索取 3 倍赔偿,为美国国民创设了私人诉权。

④ See Christian Johnson, *Regulatory Arbitrage, Extraterritorial Jurisdiction, and Dodd Frank: The Implications of US Global OTC Derivative Regulation*, Nevada Law Journal, Vol. 14, 2014, p. 615.

⑤ See Richard Shapcott, *Human Rights, Extraterritoriality and the Good International Citizen: A Cosmopolitan Perspective*, International Relations, Vol. 34, No. 2, 2020, p. 251.

⑥ 参见杨云霞:《经济全球化下的法律帝国主义与中国应对》,载《马克思主义与现实》2020 年第 1 期。

⑦ 参见徐飞彪:《美长臂管辖的起源、扩张及应对》,载《中国外汇》2019 年第 14 期。

《反海外腐败法》的域外适用对《反腐败公约》的制定出台发挥了重要作用。①

(二)管辖基础多符合习惯国际法规则

美国域外管辖权的行使,多基于属人原则或保护原则,部分基于普遍原则,还有的基于客观属地原则或主观属地原则,大多符合习惯国际法规则。例如,《情报人员身份保护法》第2(a)条规定,犯罪分子是美国公民(citizen)或拥有美国永久居留权的外国人,则获得域外管辖权。② 该条规定便基于属人原则。《综合外交安全和反恐怖主义法》第1202条规定,在美国境外实施的恐怖活动针对的是美国国民(national),则获得域外管辖权。③ 该条规定体现的是保护原则。《食品和药物管理安全和创新法》第718条规定,在违法物品将进口至美国或导致违法发生的行为发生在美国时,拥有域外管辖权。④ 该条则体现了属地原则。而针对恐怖主义的诸多立法,则是普遍原则运用的实例。而且,以《联邦存款保险公司改革法》等为代表的明确不域外适用的规定,体现了立法阶段的礼让理念,说明美国立法机关在一定时期内表现出对维护外交关系稳定的重视。

但其部分管辖基础遭到了质疑,其中饱受诟病的管辖基础便是美元交易,仅凭部分美元交易在美国境内通过代理账户完成清算便主张与美国领土存在联系进而可以行使制裁管辖权被认为不具有合理性,存在过分管辖之嫌。⑤《全面制裁伊朗、问责与撤资法》第102(b)(1)条禁止金融机构之间经由、通过或向任何金融机构转移信贷或付款,只要这种转移或付款受美国管辖并涉及受制裁者的任何利益。第104(c)条禁止参与涉及与伊朗交易的外国金融机构在美国开设或维持代理账户。⑥所谓的"香港自治法"的制定目的是"制裁参与破坏和削弱中国对香港特别行政区的某些义务的外国人士",⑦其实施制裁的基础便是美元交易的普遍性。⑧ 然而,细究其实施制裁的法律依据,不难发现是《中英联合声明》和《中华人民共和国香港特

---

① 参见赵骏、吕成龙:《〈反海外腐败法〉管辖权扩张的启示——兼论渐进主义视域下的中国路径》,载《浙江大学学报(人文社会科学版)》2013年第2期。

② See Intelligence Identities Protection Act of 1982, P.L. 97-200, § 2(a) (1982).

③ See Omnibus Diplomatic Security and Antiterrorism Act of 1986, P.L. 99-399, § 1202 (1986).

④ See Food and Drug Administration Safety and Innovation Act, P.L. 112-144, § 718 (2012).

⑤ 参见石佳友、刘连炻:《美国扩大美元交易域外管辖对中国的挑战及其应对》,载《上海大学学报(社会科学版)》2018年第4期。

⑥ See Comprehensive Iran Sanctions, Accountability, and Divestment Act of 2010, P.L. 111-195, § 102(b)(1), § 104(c) (2010).

⑦ See Hong Kong Autonomy Act, P.L. 116-149 (2020).

⑧ 参见蔡开明等:《美国〈香港自治法〉的深度解读及应对策略》,载观察者网2020年7月16日,https://user.guancha.cn/main/content?id=348674。

区基本法》。无论是《中英联合声明》还是《中华人民共和国香港特区基本法》,都与美国无涉,美国以此为由实施制裁实为不合理、不合法。①

(三)立法表达技术多元

以上立法规定方式并非完全区分,有可能在一部法中同时采用几种方式。部分法律法规在同一条文中也可能同时使用多个表述,以表明该款的域外适用性。《立即终结对儿童剥削的起诉救济及其他手段法》第 506 条的标题为"在美国发行的儿童色情制品的域外制作",规定处罚以制作录像为目的雇佣、强迫、诱使儿童在美国境外从事性明示行为者。②

此外,并非全部适用或全部不适用,同一部法律可能明确规定某条不可域外适用,但另外的条款明确允许域外适用。《1988 年反毒品滥用法》第 4804(b)条规定,《美国法典》第 41 编第 701 条注释第 5152 条不得解释为赋予该条规定的域外适用性,但该法第 7608(a)条规定,根据总检察长的指示,可在美国境内外调查逃犯事项。

(四)部分域外适用的规定较为隐蔽

美国国会偏好制定未明确是否可域外适用或域外管辖的沉默法规(silent statutes),也正因如此,联邦法院便产生推定无域外效力(presumption against extraterritoriality)的解释性规则。③ 联邦法规可能包含一些具有域外效力的条款,而其他条款并不具有,故而法院适用推定无域外效力这一解释性规则必须逐条进行。④ 特别是部分法律中虽未使用域外字眼,但明确指出应审查某一国家的产品,从而事实上会产生限制进口该国产品的效果,最终也会产生域外效力。这些规定通常较为隐蔽,出现于授权法的某一条款中。因此,需要对美国一年一颁布的《综合拨款法》《国防授权法》等多加关注研究,此类法律中的某卷、某节甚或某条即有可能存在针对中国的规定。⑤ 例如,美国在《2021 财年国防授权法》第 1078 条规定,应审查购买

---

① 参见张小帅:《美国"香港自治法案"不合理、不合法》,载《光明日报》2020 年 7 月 16 日,第 2 版。

② See Prosecutorial Remedies and Other Tools to End the Exploitation of Children Today Act of 2003, P. L. 108 – 21, § 506 (2003).

③ 参见田静:《美国公法域外管辖的理论分析与实践探讨》,载王海龙主编:《南开法律评论》总第 14 辑,中国检察出版社 2020 年版。

④ See Restatement (Fourth) of Foreign Relations Law, § 404 Presumption Against Extraterritoriality, Reporters' Note 9 (2018).

⑤ 参见郭永虎、李晔:《美国国会拨款法案中的涉华条款》,载《外国问题研究》2011 年第 4 期。

转售的货物是否是从"强迫劳动"(如新疆维吾尔自治区)的地区生产或进口的。[①]《约翰-S-麦凯恩2019财年国防授权法》中包含《外国投资风险评估现代化法》《出口管制改革法》等,而所包含的法律中便有具有域外效力的相关规定。

(五)域外适用条款的性质不明

虽然明确规定"域外"的立法中多将条款定性为"域外管辖"条款,但仍有部分立法将条款定性为"域外适用"条款。然而,规定有"域外适用"条款的法律中有的未规定有管辖权条款,[②]在此情况下,域外适用条款是否暗含美国法院享有域外管辖权没有明确答案。虽然有观点认为《预防虐待动物和酷刑法》第2(a)条中规定该法的域外适用情形是碾压动物视频将要或已经被运入美国或其领土或属地,据此美国法院便可行使管辖权,[③]但未说明为何立法者不在该法中如大多数法律一样规定域外管辖条款。

(六)要求国会明确立法意图的呼声增强

在对基奥贝尔案[④]、杰斯纳案[⑤]、雀巢案[⑥]等作出判决后,美国最高法院几乎已明确《外国人侵权法》不可域外适用,由此几乎彻底关上了跨国公司人权侵犯行为受害者在美国寻求公司赔偿其损失的大门。然而,对公司问责、为人权侵犯行为受害者提供救济在世界范围内已是大势所趋。[⑦] 为此,诸多学者纷纷进言,建议国会修改现行法或制定专门立法,明确《外国人侵权法》的域外效力。[⑧]

四、结论

美国域外管辖立法表达技术具有一定的规律。其立法领域广泛,立法目标明确,少数立法滥用域外管辖权,干涉他国主权和内政,但也有立法体现出礼让原则,

---

① See William M. (Mac) Thornberry National Defense Authorization Act for Fiscal Year 2021, P. L. 116-283, § 1078 (2020).

② 如《预防虐待动物和酷刑法》和《禁止对碾压动物录像法》。

③ See Megan Paschke, *Applying U. S. Animal Law Extraterritorially to Improve Animal Welfare Standards Abroad and Avoid a Race to the Bottom*, Denver Journal of International Law and Policy, Vol. 49, 2021, p. 24.

④ Kiobel v. Royal Dutch Petroleum Co., 133 S. Ct. 1659, 1669 (2013).

⑤ Jesner v. Arab Bank, PLC, 138 S. Ct. 1386 (2018).

⑥ Nestlé USA, Inc. v. Doe, 141 S. Ct. 1831, 1941 (2021).

⑦ See Oona A. Hathaway, et al., *Has the Alien Tort Statute Made a Difference? A Historical, Normative, and Empirical Assessment*, Cornell Law Review, Vol. 107, 2022, p. 64-69.

⑧ See Oona A. Hathaway, *Nestlé USA, Inc. v. Doe and Cargill, Inc. v. Doe: The Twists and Turns of the Alien Tort Statute*, in Steven D. Schwinn (ed.), ACS Supreme Court Review 2020-2021, 5th ed., American Constitution Society for Law and Policy, 2021, p. 177.

立法管制对象多样化,立法技术多元化,有些域外管辖立法较为隐蔽。为应对美国滥用域外管辖立法,应重点做好以下工作:一是积极思考研究涉我国国家利益立法的反制应对措施;二是高度警惕美国较为隐蔽的具有域外效力的法律,我国有关部门、智库等对美国《综合拨款法》《国防授权法》应加大研究力度,积极思考应对之策;三是我国企业在国际经贸交往过程中也应密切关注此类立法,加强合规工作,谨防违反相关美国法。

大国竞争背景下《中华人民共和国反间谍法》的域外适用*

曹夏天**

我国作为正在崛起的大国，同时面临发达国家和新兴国家的双向竞争，需要警惕和防范境外间谍。无论从国际法规则层面还是学理层面来看，现行国际法难以规制境外间谍。《中华人民共和国反间谍法》以保护性原则为依据规定了域外适用条款，为规制境外间谍提供了可行路径。然而，《中华人民共和国刑法》与《中华人民共和国反间谍法》有关间谍行为的规定不一致，可能使境外间谍游离于《中华人民共和国刑法》之外；不加区分地适用商业秘密保护模式规制经济间谍，混淆了商业秘密保护与国家安全机制。《中华人民共和国刑法》与《中华人民共和国反间谍法》的衔接路径存在立法论与解释论的选择差异，我国应以《中华人民共和国反间谍法》第38条为基础修改《中华人民共和国刑法》间谍罪，实现对境外间谍的源头规制。此外，应当适当区分商业秘密保护与国家安全机制，通过有条件地适用间谍罪实现对经济间谍的精准规制，同时也要注意避免将经济问题政治化。

改革开放以来，中国经济持续高增长，企业核心竞争力不断增强。中国的崛起正逐步改变全球产业链分工，推动形成新的国际格局，同时也面临诸多的竞争和挑战。美国《2021年战略竞争法案》旨在提高本国竞争力和应对中国崛起，①印度推出“印度制造”计划欲取代中国全球制造业中心地位。② 在日益激烈的国际竞争中，境

* 本文系国家社科基金重大项目“国际私法视域下中国法域外适用的制度构建研究”（项目编号：20&ZD203）的阶段性研究成果。

** 武汉大学国际法研究所博士研究生。

① 参见刘国柱：《美国国会启动对华战略竞争法案立法进程》，载《世界知识》2021年第9期。

② 参见宁胜男：《莫迪政府“印度制造”——效果评析与前景展望》，载《印度洋经济体研究》2017年第3期。

外间谍针对我国的窃密行为,严重威胁我国国家安全。如力拓间谍案给我国造成7000多亿元的损失,①斯诺登案表明我国是美国秘密监控的主要目标。② 近期曝光的美国国家安全局利用丹麦情报部门对欧盟领导人监听事件,再次引发人们对间谍行为和国家安全的关注。③ 美国作为谍报大国,专门制定《经济间谍法》并赋予其域外效力。2020年美国司法部以涉嫌网络攻击盗取数据为由起诉4名中国军人,在美国司法部起诉的经济间谍案中,涉及中国的案件占比高达90%。④ 我国反间谍法的域外适用既是规制境外间谍的现实要求,也能够起到反制美国《经济间谍法》域外适用的作用。

一、大国竞争背景下需要警惕境外间谍

间谍行为可以追溯到人类文明的初期。在西方,距今4000多年的陶土碑记载了苏美尔时期的间谍活动:巴比伦城内的间谍利用烟火信号传递城内布防情况;《圣经旧约》记录了摩西派遣12名间谍侦察迦南的事件。⑤ 在东方,《孙子·用间篇》论述了五种间谍的配合使用;⑥《政事论》提及设置专门间谍机构以发挥间谍在维护统治和侦察敌情等方面的作用。⑦ 追溯古代间谍史,可以发现早期的间谍活动主要是为战争服务,意在收集军事情报和伺机破坏。

第二次世界大战结束后,间谍行为突破战争的范畴,成为国家竞争的重要手段。冷战期间,美苏两国为争夺世界霸权展开了全方位竞争。为此,两国改革情报机构并加大资金投入,向重要目标派遣间谍渗透策反,获取核心秘密,从而在国家竞争中占据优势地位。美国非常重视间谍和反间谍工作,构建了多部门协同参与的现代情报体系。⑧ 苏联通过境外间谍获取了大量科技情报,缩小了与美国的技术差距,苏联

① 参见周九常:《新形势下我国企业情报保护体系的基本构架》,载《情报理论与实践》2010年第11期。

② 参见互联网新闻研究中心:《美国是如何监视中国的——美国全球监听行动纪录》,人民出版社2014年版,第16页。

③ 参见《外交部:美国监听全球不可容忍》,载中央政府网,http://www.gov.cn/xinwen/2021-06/03/content_5615343.htm。

④ See *Deputy Attorney General Rod J. Rosenstein Announces Charges Against Chinese Hackers*, the United States Department of Justice (20 December 2018), https://www.justice.gov/opa/speech/deputy-attorney-general-rod-j-rosenstein-announces-charges-against-chinese-hackers.

⑤ 参见[美]厄内斯特·沃克曼:《间谍的历史》,刘彬、文智译,文汇出版社2009年版,第12页、第28页。

⑥ 参见熊剑平:《孙子用间理论再考察》,载《情报杂志》2021年第3期。

⑦ 参见张金翠:《〈政事论〉与印度外交战略的古典根源》,载《外交评论(外交学院学报)》2013年第2期。

⑧ 参见蒋剑云:《中美俄情报法律制度比较》,载《中国刑警学院学报》2019年第5期。

解密档案显示,核间谍在其原子弹研制中发挥了重要作用。[①] 冷战结束后,美国失去了竞争对手,成为唯一的超级大国,美国间谍活动进入短暂的低谷期。与此同时,各国间谍活动的重心由传统的军事领域转向非军事领域,间谍活动主战场由两大对立阵营转向资本主义国家内部。法国、德国、日本等国在美国企业中安插“鼹鼠”,获取科技情报和经济数据,以助力本国经济发展。[②] 20 世纪 90 年代,美国企业每年因经济间谍遭受约 1000 亿美元的损失。[③] “9·11”事件以后,美国加强了情报机构建设和跨部门合作,在全球范围内监控竞争对手,2013 年的斯诺登事件即是典型例证。上述事实表明,现代间谍行为主要服务于国家竞争,国家竞争越激烈,间谍行为越频繁。

中国作为正在崛起的大国,同时面临发达国家和新兴经济体的双重竞争,可以预见在未来相当长的一段时间内,针对我国的间谍行为会愈加频繁。改革开放以来,我国经济持续高增长,国内生产总值(Gross Domestic Product,GDP)年均增幅高达 9.3%。[④] 受新冠肺炎疫情的冲击,2020 年全球经济下滑,美国、欧盟和日本 GDP 同比下降 3.5%、6.6%、4.8%,主要经济体中只有中国实现了正增长。[⑤] 然而,中国的崛起也面临诸多的竞争和挑战。欧盟在《欧中战略展望》中将中国视为 5G 等关键领域的经济竞争者和政治上的全面对手,[⑥]美国通过的《2021 年战略竞争法案》旨在提高本国竞争力和应对中国崛起,[⑦]印度推出“印度制造”计划欲取代中国全球制造业中心地位。[⑧] 在日益激烈的国际竞争中,间谍行为因其成本低、收益大、见效快而受到重视。近年来,境外间谍组织以我国党政机关为目标刺探内政外交核心机密,境外机构、组织和个人针对我国经济、科技、金融、能源等领域的渗透也越发突出。笔者以“间谍”为标题词在北大法宝数据库中检索,共检索到 529 份案例与裁判文书。境外机构、组织和个人通过互联网等隐蔽方式跨境实施,或资助他人实施,或

---

① 参见张泽宇:《核间谍与苏联原子弹研制——基于苏联解密档案的研究》,载《军事历史研究》2014 年第 1 期。

② 参见辛田农:《日趋激烈的经济间谍战》,载《兰州学刊》1993 年第 3 期。

③ 参见李航:《有效管理者:竞争优势》,中国对外经济贸易出版社 1998 年版,第 159 页。

④ 参见国家统计局官网:https://data.stats.gov.cn/search.htm? s = GDP。

⑤ 参见张国洪、李婧婧、王庭锡等:《世界经济深度衰退 复苏面临潜在风险——2020 年世界经济形势回顾和 2021 年展望》,载《全球化》2021 年第 3 期。

⑥ 参见冯怡然:《欧盟对华政策三大新变化及中欧关系发展趋势》,载《国际论坛》2021 年第 4 期。

⑦ 参见刘国柱:《美国国会启动对华战略竞争法案立法进程》,载《世界知识》2021 年第 9 期。

⑧ 参见宁胜男:《莫迪政府“印度制造”——效果评析与前景展望》,载《印度洋经济体研究》2017 年第 3 期。

与境内主体相勾结非法窃取重要情报,严重威胁我国国家安全和发展利益。在此背景下,需要加强对境外间谍的法律规制。《中华人民共和国反间谍法》(以下简称《反间谍法》)是防范、制止和惩治间谍行为的基础性法律,该法第6条规定的域外适用条款对规制境外间谍提供了指引。

二、现行国际法难以规制境外间谍

国际法有关间谍行为的直接规定主要与战争相关。《海牙第四公约》的附件《陆战法规和惯例公约》对间谍概念作了界定,明确允许在战争中使用间谍,间谍应当被当作战俘对待,未经审判不得惩处。①《日内瓦公约第一附加议定书》第46条区分了间谍行为与非间谍行为,战俘权利和间谍待遇,规定了间谍人员在何种情形下享有战俘身份的权利、被予以间谍的待遇。② 国际法对间谍的规定是零散的、间接的,少数的直接规定主要与战争有关。国际法并不反对各国在战争中使用间谍,同时也赋予主权国家依法处罚间谍的权力,这反映出国际法对间谍活动的矛盾态度,各国既希望通过间谍活动获取外国情报,又担心外国间谍威胁本国安全。③

国际法并无直接和专门规范规定和平时期的间谍行为,这使间谍行为在国际法上成为"灰色地带"。理查德·福克(Richard Falk)教授在20世纪60年代指出"传统国际法显然对和平时期的间谍行为视而不见",④半个多世纪后,这种状况依然没有改变。有关和平时期间谍行为的讨论可以分为三种观点:第一种观点认为,根据国际法,和平时期的间谍行为是合法的(或不违法的);第二种观点认为,根据国际法,和平时期的间谍行为是违法的;第三种观点横跨在两派之间,认为和平时期的间谍行为既不合法也不违法。⑤ 支持第一种观点的学者认为,由于国际法并未明确禁止和平时期的间谍行为,根据"荷花号"案判决确立的"国际法不禁止即为允许"之原则,间谍行为并不违反国际法,此外,各国实际上普遍从事间谍行为,因此国际社

① 参见《陆战法规和惯例公约》,载红十字国际委员会网,https://www.icrc.org/zh/doc/resources/documents/misc/hagueconvention4-18101907.htm,最后访问日期:2022年5月10日。

② 参见《1949年8月12日日内瓦第四公约关于保护国际性武装冲突受难者的附加议定书》,载红十字国际委员会网,https://www.icrc.org/zh/doc/resources/documents/misc/additional_protocol_1.htm,最后访问日期:2022年5月10日。

③ 参见黄志雄:《论间谍活动的国际法规制——兼评2014年美国起诉中国军人事件》,载《当代法学》2015年第1期。

④ Richard A. Falk, Foreword, in Roland J. Stanger (ed.), *Essays on Espionage and International Law*, Columbus: Ohio State University Press, 1962, p. V.

⑤ See John Radson, *The Unresolved Equation of Espionage and International Law*, 28 Michigan Journal of International Law 595, 602(2007).

会已经形成了允许间谍行为的习惯国际法。① 主张间谍行为违反国际法的学者认为，间谍行为违反《联合国宪章》，构成对他国领土主权的侵犯，②各国通过国内法处罚间谍行为，也表明了各国认可间谍行为的非法性。第三种观点的支持者认为，间谍行为在解决某些特殊问题上可以为国际社会带来功能性利益，比如恐怖主义、种族冲突、疾病传播等问题，但距离达成国际社会对间谍行为合法性的共识，仍有差距。③

从学理上看，间谍行为是否违反国际法存在巨大争议，无论是合法论、违法论还是折中论均存在学理上的漏洞。首先，合法论者所依据的“国际法不禁止即自由”原则并非绝对性原则，其适用范围有严格的限定，而且各国通过国内法中的反间谍条款确认了间谍行为的违法性，国际上并未形成有关间谍行为的习惯国际法规则。其次，违法论者强调的《联合国宪章》领土主权条款，从严格的文义解释角度，难以规制境外间谍，特别是网络间谍。最后，折中论认为某些间谍行为因存在功能性利益而具有合法性，但是究竟哪些间谍活动对国际社会具有功能性，在实际操作中很难判断。

无论从国际法规则层面还是学理层面来看，现行国际法都难以规制境外间谍。形成统一的国际法规则，无疑是规制境外间谍的优选路径，一方面，可以解决跨国追诉难的问题；另一方面，可以敦促有关国家履行国际义务，从而限制和减少间谍行为。④ 但是，国际法的形成需要协调各国利益，某些间谍大国未必同意和接受这种妥协，而且国际法形成过程极其复杂和漫长，无法解决当下我国所面临的境外间谍问题，因此，必须寻求其他方式规制境外间谍。

三、反间谍法的域外适用是规制境外间谍的可行路径

（一）国内法域外适用缘起

国内法的域外适用，是指一国国家机关主动适用本国法管辖本国领域外的人、

① See Jeffrey H. Smith, *State Intelligence Gathering and International Law*, 28 Michigan Journal of International Law 543, 544 (2007).

② See Quincy Wright, *Espionage and the Doctrine of Non-Intervention in Internal Affairs*, *in Roland J. Stanger* (ed.), Essays on Espionage and International Law, Columbus: Ohio State University Press, 1962, p. 12.

③ See Christopher D. Baker, *Tolerance of International Espionage: A Functional Approach*, 19 American University International Law Review 1091, (1094 – 1095) 2004.

④ 参见曹亚伟:《经济间谍的国际法规制路径新探》，载《甘肃社会科学》2019 年第 3 期。

事和行为。[1] 从主体上看,国内法域外适用强调本国国家机关的主动适用,外国法院或国内法院基于当事人合意或依据冲突法选择适用国内法,属于国际私法范畴,不属于国内法的域外适用。从适用内容上看,本国国家机关适用的国内法包括所有具有域外效力的规范性法律文件。从适用的对象上看,既包括涉及领域外本国人的事件和行为,也包括可能与本国利益有关或对本国产生影响的外国人、事和行为。

法律适用的地域范围是划分国内法与国际法的重要标准,[2]国内法具有严格的属地性。一般而言,一国国内法只在本国领域内发挥作用,本国国家机关不会适用本国法律管辖领域外的人和事。法律的属地性缘起于封建社会时期,在此之前,规则的适用依人的种族归属而定。封建社会之所以强调属地性,一方面,是因为统治者和公民领土观念的增强,将其视为衡量国家实力和社会地位的标志,而法律作为统治者意志的反映,需要与领土建立密切联系;[3]另一方面,是因为交通闭塞导致人员和产品的跨地区流动较少,不具备域外适用的动力因素。

技术进步和经济全球化所导致的利益分布全球化和行为效果的跨国性是国内法域外适用的两大动力。现代交通和信息技术为跨国交往提供了极大的便利,经济全球化将各国卷入世界经济体系之中,任何国家无法偏安一隅、独立存在,人员、货物、资本、信息的跨境流动成为一种常态。各种要素频繁地跨境流动使得国家利益和私人利益从一国领域之内向全球扩展,一国领域之外的行为也可能在本国领域内产生作用。在国际法保护机制缺失、国际法治尚未形成的情况下,国内法域外适用作为一种维护国家利益和私人利益的可行方式而受到重视。[4]

(二)反间谍法域外适用的法律基础

反间谍法的域外适用是指我国国家机关对领域外主体针对我国的间谍行为适用我国法律的过程。我国《反间谍法》第6条规定:"境外机构、组织、个人实施或者指使、资助他人实施的,或者境内机构、组织、个人与境外机构、组织、个人相勾结实施的危害中华人民共和国国家安全的间谍行为,都必须受到法律追究。"这一条款为反间谍法的域外适用提供了依据,我国反间谍法不仅适用于境内间谍,还适用于境外主体在领域外实施或参与的针对我国的间谍行为。

---

① 参见廖诗评:《国内法域外适用及其应对——以美国法域外适用措施为例》,载《环球法律评论》2019年第3期。

② 参见张文显主编:《法理学》,高等教育出版社2018年版,第91页。

③ 参见杜涛、肖永平:《全球化时代的中国民法典:属地主义之超越》,载《法制与社会发展》2017年第3期。

④ 参见廖诗评:《中国法域外适用法律体系:现状、问题与完善》,载《中国法学》2019年第6期。

为了保障反间谍法对境外主体的规制效果，我国《反间谍法》第27条规定了法律责任条款，明确了可以适用刑事法律追究境外间谍的刑事责任；对实施间谍行为后有自首、立功或重大立功表现的，可以从轻、减轻、免除处罚，或给予奖励。《反间谍法》第28条规定对在境外受胁迫或者受诱骗从事间谍活动后及时向有关国家机关说明情况的，可以不予追究。此外，《反间谍法》第34条规定了境外人员限期离境或驱逐出境的责任承担方式。《反间谍法》区分主动参与和被动胁迫等不同情形，视情况减免处罚和给予奖励，表明了我国宽严相济、惩罚与保护相结合的反境外间谍理念。

(三)反间谍法域外适用的法理基础

根据《反间谍法》第6条的规定，我国反间谍法适用于域外主体实施的危害国家安全的间谍行为，这说明，我国反间谍法域外适用的依据是“保护管辖原则”。有关国家间管辖权的分配，国际法确立了属地原则、属人原则、保护原则和普遍原则的合法性。[①] 属地原则根植于主权原则，法律适用范围与本国领域范围相挂钩，后3项原则是用本国法律管辖领域外的人和事，构成对属地原则的突破。

保护性管辖权缘起于西方刑法理论，是刑法与国际法理论结合的产物。[②] 虽然保护性管辖的内涵和外延存在争议，但是也有两点基本共识：一是保护性管辖主要针对的是危害国家安全的犯罪，其出发点是维护国家安全和利益；二是保护性管辖适用于外国人在本国领域外的犯罪行为，弥补了属地原则的不足。维护国家安全是改革和发展的前提，也是《反间谍法》的立法宗旨。当前，我国面临内外双重安全压力，各种风险因素明显增多。境外间谍通过技术手段跨境实施，或指使、资助他人实施，或与境内主体勾结实施间谍行为，窃取国家机密，进行敌对破坏活动，严重威胁我国国家安全，而这些犯罪行为既无法得到国际法的有效规制，也不可能被外国国家机构处罚，从而使境外间谍逍遥于法网之外。我国以保护性管辖为理论基础规制境外间谍，具有国际法法理上的正当性，有利于惩治境外间谍行为，落实总体国家安全观。

(四)反间谍法域外适用的实践基础

自1945年铝业公司案以后，美国不断扩大其国内法适用的范围和领域，以其国内法管辖境外实体和个人。近年来，美国频繁对中国企业和个人行使“长臂管辖”，妄图实现遏制中国崛起的战略目的。在反间谍领域，美国于1917年制定了《间谍

① 参见肖永平：《“长臂管辖权”的法理分析与对策研究》，载《中国法学》2019年第6期。

② 参见俞世峰：《保护性管辖权的国际法问题研究》，法律出版社2015年版，第9页。

法》,1961 年废除了该法适用地域的限制,1996 年制定的《经济间谍法》规定了域外效力条款,赋予美国对境外经济间谍的管辖权,自此,美国构建起对经济间谍的专门规制路径。2014 年美国司法部以涉嫌窃取企业机密为由起诉 5 名中国军人,①2020 年美国司法部以涉嫌网络攻击盗取数据为由起诉 4 名中国军人,②在美国司法部起诉的经济间谍案中,涉及中国的案件占比高达 90%。我们需要深入剖析相关涉华案例,驳斥其违法性和不合理性,增强我国反间谍法域外适用的正当性。

反垄断领域是中国法域外适用学理讨论最多和实践最为丰富的领域,为反间谍法的域外适用提供了实践经验。受美国反托拉斯法的影响,我国反垄断法学者自 20 世纪 90 年代开始讨论反垄断法的域外适用问题,迫切要求制定《中华人民共和国反垄断法》(以下简称《反垄断法》)并规定域外适用条款,以规制境外的限制竞争行为。③ 几十年来,反垄断法不仅成为域外适用理论探讨最多的部门法,而且在域外适用实践方面也积累了较为丰富的经验。比如,国家发改委曾对 8 家日本汽车零部件企业开出 8.31 亿元罚单,对 4 家日本承轴企业处以 4.03 亿元罚款。④ 此外,我国积极开展反垄断国际合作,减少管辖权冲突。反垄断法的域外适用从无到有、从学习借鉴到成熟适用经历了几十年的发展历程,为反间谍法的域外适用提供了经验。

四、反间谍法域外适用的制约因素

(一)《刑法》与《反间谍法》有关间谍行为的规定不一致

《中华人民共和国刑法》(以下简称《刑法》)与《反间谍法》有关间谍行为的规定不一致。《反间谍法》第 38 条列举了 4 类间谍行为以及一项兜底条款,⑤可进一步

---

① See *U.S. Charges Five Chinese Military Hackers for Cyber Espionage Against U.S. Corporations and a Labor Organization for Commercial Advantage*, the United States Department of Justice, http://www.justice.gov/opa/pr/2014/May/14-ag-528.html

② See *Chinese Military Personnel Charged with Computer Fraud, Economic Espionage and Wire Fraud for Hacking into Credit Reporting Agency Equifax*, the United States Department of Justice(10 February 2020), https://www.justice.gov/opa/pr/chinese-military-personnel-charged-computer-fraud-economic-espionage-and-wire-fraud-hacking.

③ 参见包锡妹:《反垄断法的域外适用及其冲突》,载《法制与社会发展》1998 年第 2 期。

④ 国家发展改革委价监局:《日本十二家企业实施汽车零部件和承轴价格垄断被国家发展改革委罚款 12.35 亿元》,载《中国价格监管与反垄断》2014 年第 9 期。

⑤ 《反间谍法》第 38 条规定:本法所称间谍行为,是指下列行为:(一)间谍组织及其代理人实施或者指使、资助他人实施,或者境内外机构、组织、个人与其相勾结实施的危害中华人民共和国国家安全的活动;(二)参加间谍组织或者接受间谍组织及其代理人的任务的;(三)间谍组织及其代理人以外的其他境外机构、组织、个人实施或者指使、资助他人实施,或者境内机构、组织、个人与其相勾结实施的窃取、刺探、收买或者非法提供国家秘密或者情报,或者策动、引诱、收买国家工作人员叛变的活动;(四)为敌人指示攻击目标的;(五)进行其他间谍活动的。

具体化为12类间谍行为。[①]《刑法》第110条规定了两类间谍行为构成间谍罪,[②]涉及《反间谍法》第38条第2项与第4项。《反间谍法》第38条第1项、第3项、第5项所规定的间谍行为无法通过间谍罪予以规制。由此所带来的问题是,《刑法》间谍罪的规定是否需要与《反间谍法》间谍行为之规定相一致?

有学者认为,《刑法》与《反间谍法》的不一致是可以理解的:第一,《刑法》规制的是犯罪行为,而《反间谍法》属于行政法,规制的是违法行为,并非所有的违法行为都需要由《刑法》处罚;第二,《刑法》由全国人大制定,而《反间谍法》由全国人大常委会制定,《刑法》的效力高于《反间谍法》,无须与其保持一致。[③]

但是,上述观点忽略了间谍行为的特殊性。首先,间谍行为并非普通的违法行为,其所侵害的法益是国家安全,涉及国家核心利益,间谍行为本身即具有严重的危害性,因此,《刑法》应当是规制间谍行为的主要法律规范,《刑法》与《反间谍法》有关间谍行为的规定需要在大体上保持一致。其次,虽然《刑法》属于全国人大制定的基本法,《反间谍法》属于全国人大常委会制定的非基本法,但是《反间谍法》是新法,而全国人大制定的旧法与全国人大常委会制定的新法效力高低存在争议,[④]因此《刑法》的效力未必高于《反间谍法》。

我国《刑法》与《反间谍法》有关间谍行为规定的不一致,可能会使境外间谍游离于《刑法》之外。从法条上看,《刑法》规定的两类间谍行为属于境内间谍,未触及境外间谍,而《反间谍法》第38条第1项规定的间谍组织及其代理人、第2项规定的间谍组织及其代理人以外的其他境外主体主要涉及境外间谍,二者规定的不一致可能导致《刑法》对境外间谍规制的遗漏。从间谍行为的根源上看,境内间谍往往是受境外间谍的指使或诱导而实施间谍行为,间谍行为的源头并非境内的实施者,而是指使、资助、策动、引诱境内主体从事间谍行为的境外间谍。我国《刑法》间谍罪将规制重心放在了间谍行为的具体实施者上,忽视了对更为源头的境外间谍的规制,限缩了间谍罪的惩罚范围,不利于总体国家安全观的实现。

---

① 参见马涛:《犯罪化论题内间谍行为的刑法规制》,载《汕头大学学报(人文社会科学版)》2018年第10期。

② 《刑法》第110条(间谍罪)规定,有下列间谍行为之一,危害国家安全的,处十年以上有期徒刑或者无期徒刑;情节较轻的,处三年以上十年以下有期徒刑:(一)参加间谍组织或者接受间谍组织及其代理人的任务的;(二)为敌人指示轰击目标的。

③ 参见马涛:《犯罪化论题内间谍行为的刑法规制》,载《汕头大学学报(人文社会科学版)》2018第10期。

④ 参见韩大元:《全国人大常委会新法能否优于全国人大旧法》,载《法学》2008年第10期。

(二)境外经济间谍规制

中国企业核心竞争力的增强,引发外国企业和政府的担忧。近年来,我国在航天科技、高速铁路、超级计算机、5G网络、疫苗研发等多个领域走在了世界前列,涌现出像华为、中兴、大疆、海康威视等一批国际知名跨国企业,逐步缩小了与发达国家的技术差距,由中国制造转向中国创造。随着科技的进步,中国企业在同发达国家企业竞争过程中的技术"短板"得到补足,在某些领域甚至形成了相对的技术优势,这种变化提升了中国企业的国际竞争力,同时挤占了外国跨国企业的生存空间,也逐步改变全球产业链分工,推动形成新的国际格局。

针对重点企业的经济间谍行为削弱了企业的竞争力,严重威胁我国的经济安全。境内外跨国公司以我国重点企业为目标,采取各种手段窃取、刺探、收买关键企业核心机密,以谋求竞争优势。外国政府情报机构以维护国家安全为借口,将中国企业视为主要监控对象,据报道,美国国家安全局曾多次窃取华为公司产品源代码、客户资料和机密文件。[①] 外国企业和政府针对我国的经济间谍行为,扭曲了市场竞争机制,削弱了我国企业的核心竞争力,使我国企业在国际竞争中处于不利地位。更为严重的是,重点企业事关国家经济命脉和核心竞争力,对重点企业的窃密和监控已经威胁到了我国国家安全。

面对日益频繁的经济间谍行为,我国采取商业秘密保护模式规制经济间谍。从立法上看,我国并没有专门的经济间谍立法,现行的间谍罪也未涉及经济间谍行为,主要通过《中华人民共和国反不正当竞争法》第17条解决恶意侵犯商业秘密的民事赔偿问题,适用《刑法》第219条对严重侵犯商业秘密的行为给予刑事处罚。2020年通过的《中华人民共和国刑法修正案(十一)》第23条增设"为境外窃取、刺探、收买、非法提供商业秘密罪",通过配置更高刑罚区别于普通侵犯商业秘密罪,试图为境外经济间谍提供专门规制。在此之前,经济间谍只能通过普通的侵犯商业秘密罪处罚,量刑较轻。

不加区分地统一适用商业秘密保护模式规制经济间谍,混淆了商业秘密保护与国家安全机制,不利于我国应对日益增多的经济安全威胁。尽管立法者已经注意到我国对经济间谍规制不足的问题,试图通过提升量刑标准区分经济间谍行为与普通的侵犯商业秘密犯罪,但是这种修法仍然是在商业秘密保护的框架内规制经济间谍。侵犯商业秘密行为与间谍行为既有联系又有区别,从侵害主体上看,侵犯商业

① 参见互联网新闻研究中心:《美国是如何监视中国的——美国全球监听行动纪录》,人民出版社2014年版,第21页。

秘密的主体是企业或个人,而间谍行为的主体包括个人、企业和外国政府;从侵害法益上看,侵犯商业秘密危害的是市场经济秩序,而经济间谍不仅涉及商业秘密,更威胁国家安全。力拓间谍案中胡某某被上海市第一中级人民法院以侵犯商业秘密罪定罪,判处10年有期徒刑,并没收财产和罚金100万元。虽然该案的判决体现了罪刑法定原则,但不可否认的是,该案给我国造成7000多亿元的损失,①以侵犯商业秘密罪定罪与其对国家经济安全的危害性不相符,不利于维护国家经济安全。

五、完善我国反间谍法域外适用的建议

(一)《刑法》与《反间谍法》衔接的路径选择

有关《刑法》与《反间谍法》的衔接路径存在解释论与立法论的选择差异,解释论的支持者认为可以通过共同犯罪理论以及法律解释使《刑法》与《反间谍法》在实质上保持一致。法律条文的一致性不仅包括形式的一致性,还包括实质的一致性。所谓形式的一致性是指法律条文表述相同或相似,实质一致性则是指法律条文虽然表述不同,但是具有内在一致性,往往需要借助法律解释等技术性手段实现。解释论者认为《刑法》与《反间谍法》的不一致只是法条表面形式的不一致,通过共同犯罪理论以及相应的法律解释可以将《反间谍法》第38条第1项以及第3项归结为《刑法》第一章中其他类型的危害国家安全犯罪,从而使二者在实质上保持一致,不会导致《刑法》对间谍行为规制的遗漏。比如,《反间谍法》第38条第1项中的间谍组织及其代理人资助他人实施的危害国家安全的活动,可以直接适用《刑法》第107条资助危害国家安全犯罪活动罪。② 又如,《反间谍法》第38条第3项规定的间谍组织及其代理人以外的境外主体指使、资助他人实施的策动、引诱、收买国家工作人员叛变之行为,可以依据共同犯罪理论,以《刑法》第108条投敌叛变罪的教唆犯和帮助犯处罚。③

解释论只能解决部分衔接问题,需要通过立法修正《刑法》与《反间谍法》的衔接。首先,《反间谍法》第39条规定了"间谍行为以外的其他危害国家安全行为",《反间谍法实施细则》第8条对该条进行了细化,明确列举了8种"间谍行为以外的其他危害国家安全行为",包括分裂国家、颠覆国家政权、实施恐怖活动、煽动民族分

---

① 参见周九常:《新形势下我国企业情报保护体系的基本构架》,载《情报理论与实践》2010年第11期。

② 参见胡江:《〈反间谍法〉颁行后间谍罪认定的疑难问题研究》,载《南都学坛》2015年第5期。

③ 参见马涛:《犯罪化论题内间谍行为的刑法规制》,载《汕头大学学报(人文社会科学版)》2018年第10期。

裂等行为,这表明立法者强调间谍行为的特殊性、区分间谍行为与其他危害国家安全行为的意图,将应该属于间谍罪规制的对象交由其他罪名规制与立法意图不符。其次,共同犯罪理论或许可以解释境外间谍指使、资助他人实施,或者境内外主体相勾结实施的间谍行为,但是境外主体直接实施的间谍行为,如网络间谍活动,就难以通过共同犯罪理论解释,因此,解释论无法解决所有的衔接问题,可能导致《刑法》对境外间谍行为处罚的遗漏。最后,《刑法》间谍罪自 1997 年以来,未做过任何修订,难以满足新时代打击间谍行为的政策要求。比如,《刑法》第 110 条第 2 项的表述为"轰击"而非"攻击",侧重的是传统国家安全,未能覆盖频繁出现的网络攻击等行为。《反间谍法》作为新法,反映了新时期国家安全工作的需要,与总体国家安全观相适应,笔者认为应当以《反间谍法》第 38 条为基础修改《刑法》间谍罪,使二者保持一致,从而弥补间谍罪对境外间谍规制的不足,推动对间谍行为的源头治理。

(二)适当区分商业秘密保护与国家安全机制

外国对经济间谍的法律规制可以归纳为两种模式:第一种是以美国为代表的经济间谍专门立法模式,第二种是以德国等为代表的商业秘密保护模式。[①] 20 世纪 90 年代,为应对经济间谍导致的科技成果流失、经济受损以及由此引发的国家经济竞争力下降等问题,美国制定了《经济间谍法》,区分经济间谍罪与盗窃商业秘密罪,试图通过专门立法的方式对经济间谍予以特别规制,2012 年美国进一步提高了经济间谍罪的处罚金额。德国则将经济间谍视为商业秘密犯罪的加重情形,通过反不正当竞争法中的商业秘密罪加以处罚。

两种规制模式体现了不同的保护理念,各有利弊。美国对经济间谍单独立法,体现了其对国家经济安全的高度重视,与自身频繁遭受的经济间谍侵扰有关,这种立法模式的好处在于区分了侵犯商业秘密行为与经济间谍行为,有利于维护国家经济安全;其弊端在于容易导致经济问题政治化,从而产生干预市场机制的反效果。美国近年来的案例表明,《反经济间谍法》的适用范围不断扩大,逐渐沦为美国政府打击外国企业的工具。[②] 德国以商业秘密保护模式规范经济间谍,将经济间谍视为侵犯商业秘密的加重情节,体现了其对市场经济秩序的重视,有利于保障公平竞争的市场环境,避免将经济问题政治化,但是这种做法忽略了商业秘密保护机制与国家安全机制的区别,与反间谍行为的立法目的相违背。

① 参见曹亚伟:《论经济间谍的双重法律性质及其法律界定》,载《政治与法律》2015 年第 9 期。

② 参见曹亚伟:《经济间谍规制中国家安全与商业秘密保护的冲突与协调——基于美国〈经济间谍法〉的实践反思》,载《法学论坛》2021 年第 3 期。

我国需要适当区分经济间谍规制的商业秘密保护与国家安全机制，但不宜在立法上直接规定"经济间谍罪"，可以在司法上有条件地适用间谍罪实现对经济间谍的精准治理，同时要注意避免经济问题政治化。经济间谍行为与侵犯商业秘密行为在侵害主体和侵害法益上存在区别，属于不同类型的犯罪行为。在总体国家安全观的指引下，经济安全成为国家安全的重要组成部分，需要通过危害国家安全罪对经济间谍进行准确治理。实际上，《刑法》间谍罪根据《反间谍法》修改后，司法机关可以通过兜底条款将经济间谍解释为"进行其他间谍活动的"，也能够实现对经济间谍行为的国家安全规制。值得注意的是，为了避免间谍罪沦为类似于美式的经济制裁工具，维护市场运行机制，法院需要对适用间谍罪规制经济间谍进行严格限制。用间谍罪规制经济间谍至少应当符合技术先进性、损害范围广阔性和受害企业在国民经济中的重要性三个标准之一，[①]对于非国家关键技术、波及行业不多、受损企业的重要性程度不高的窃密行为，通过侵犯商业秘密保护即可。

六、结语

总结上述研究，可以得出如下结论：

第一，间谍行为的频率与国家竞争的激烈程度呈正相关，我国作为正在崛起的大国，面临日益激烈的国际竞争，可以预见在未来相当长的一段时间内，针对我国的间谍行为会越来越多。间谍行为的源头在于境外间谍，我国需要警惕和防范境外间谍。

第二，虽然现行国际法无法规制境外间谍，但是形成统一的国际法规则无疑是规制境外间谍的优选路径。国际造法是一个复杂而漫长的过程，无法解决我国当下面临的境外间谍问题，必须寻求其他方式规制间谍行为。

第三，我国《反间谍法》第6条规定了域外适用条款，为规制境外间谍提供了指引；该条以保护性原则为基础，具有法理上的正当性；相关国家和领域的域外适用实践，为反间谍法的域外适用提供了参照。因此，反间谍法的域外适用是规制境外间谍的可行路径。

第四，我国反间谍法的域外适用面临两方面的制约因素：一是《刑法》与《反间谍法》有关间谍行为规定的不一致，《刑法》间谍罪侧重打击的是境内间谍，忽略了间谍行为的源头，可能导致境外间谍游离于《刑法》之外；二是经济间谍规制模式失范，不加区分地统一适用商业秘密保护模式规制经济间谍，混淆了商业秘密保护与

---

① 参见曹亚伟：《论经济间谍的双重法律性质及其法律界定》，载《政治与法律》2015年第9期。

国家安全机制,不利于维护我国经济安全。

第五,为完善反间谍法的域外适用,我国需要加强《刑法》与《反间谍法》的衔接,法律解释无法解决所有衔接问题,有必要以《反间谍法》第38条为基础修改《刑法》间谍罪,实现对境外间谍的源头治理。此外,我国需要适当区分商业秘密保护与国家安全机制,但不宜在立法上直接规定"经济间谍罪",可以在司法上有条件地适用间谍罪以实现对经济间谍的精准治理,同时也要注意避免将经济问题政治化。

个人数据保护法的域外效力冲突与国际法协调*

张新新**

新一轮立法中,各国扩大本国个人数据保护法的适用范围可能引发域外效力冲突,即使是行使域外立法管辖权,主权国家也应根据国家主权原则、国际礼让原则、合理原则等国际法原则协调国内法域外效力冲突,还应通过双边协议、区域合作及国际公约的模式加强与其他国家的对话与交流。以国家间的数字贸易为基础,寻求个人数据保护共识,就数据主体、国家和企业三个层面的数据保护达成共识,寻求个人数据保护与数据自由流动的平衡之策,缓解法律域外效力冲突,以主权国家之间的双边或多边合作方式取代主权国家的单边管辖。

常设国际法院在1927年“荷花号”案中确定了根据当事人境外行为的境内效果所赋予的国内法域外效力,各国国内公法立法及司法实践也表现出赋予国内法域外效力的倾向。随后,主权国家积极扩大本国法的适用范围,如出口管制法、反垄断法、竞争法、劳动法、环境保护法等领域形成了较为成熟的国内法域外适用的理论、法律规范及司法实践。随着经济全球化的发展和个人数据的频繁流动,个人数据保护法、电子商务法等新兴部门法的域外效力也越发被重视。虽然主权国家将国内法的适用范围延伸至“虚拟”网络空间,有利于主权国家加强对网络空间的治理,维护数据主体的权益和数据安全,但可能导致各国法律效力重叠,影响全球数字贸易发展。为避免国内法域外效力冲突,各国在制定本国个人数据保护法时应当符合国际

* 本文系国家社科基金重大项目“国际私法视域下中国法域外适用的制度构建研究”(项目编号:20&ZD203)的阶段性研究成果。

** 武汉大学国际法研究所博士研究生。

法原则,顾及他国主权及利益,①并加强与其他国家的对话与交流,积极进行双边及多边合作,探索缓解个人数据保护法域外效力冲突的有效模式。

一、个人数据保护法的域外效力冲突

个人数据保护法作为兼具公私效力的混合法,由于私法的空间效力不受严格属地原则的限制,其域外效力争议不大。但一国国内公法与其主权利益密切相关,②因此一般认为国内公法的效力仅及于本国领域范围内。在多种原因的推动下,主权国家倾向于扩展本国国内法的适用范围,学界对国内法的域外效力也进行了深入研究,但相关概念界定不清,基本概念等尚未达成共识,对国内法域外效力的界定等问题多有争议。

(一)国内法的域外效力之内涵

法律效力即法律的约束力,③其中空间效力又可分为域内效力与域外效力。国内公法的效力范围与国家主权密切相关,而主权以领土为基础,根据传统理论,域外就是国家管辖领域之外。④ 但在网络空间中,难以根据现实物理世界中管辖对象的所在位置确定管辖,⑤依据传统管辖规则,将管辖客体所在位置作为管辖依据,而数据的本质特征是自由流动,⑥数据的特性使其位置难以确定。而且由于个人数据被第三方控制,数据主体不清楚其数据被存储于何处,以数据存储位置为管辖依据可能使数据主体被难以预见到的法律规范规制,不符合法律规范适用的可预见性要求。由于数据的特性和主权国家管辖依据的发展,数字时代背景下仅建立在属地原则基础上的管辖权不再明显。

在新的个人数据治理模式中,尚无统一的界定管辖标准,仍需以传统管辖原则为依据。现实物理空间中,对于域外的界定,可以区分为规制行为与主权国家没有任何领土联系、没有真实领土联系和非排他性领土管辖权,⑦对主权国家管辖领域的

---

① 参见王先林:《论我国反垄断立法中的域外适用制度》,载《法学杂志》2006 年第 1 期。

② 参见曹亚伟:《国内法域外适用的冲突及应对——基于国际造法的国家本位解释》,载《河北法学》2020 年第 12 期。

③ 参见周永坤:《法理学》(第 2 版),法律出版社 2004 年版,第 101 页。

④ 参见廖诗评:《中国法域外适用法律体系:现状、问题与完善》,载《中国法学》2019 年第 6 期。

⑤ See Paul de Hert and Michal Czerniawski, *Expanding the European Data Protection Scope beyond Territory: Article 3 of the General Data Protection Regulation in its Wider Context*, 6(3) International Data Privacy Law 230(2016).

⑥ 参见顾伟:《警惕数据跨境流动监管的本地化依赖与管辖冲突》,载《信息安全与通信保密》2018 年第 12 期。

⑦ See Susan Emmenegger, *Extraterritorial Economic Sanctions and Their Foundation in International Law*, 33 Arizona JournalofInternational & Comparative Law 631(2016).

界定以国家领土为界限。而承认个人数据与有形财产、自然人等不同,并不等于抛弃传统管辖规则,而是在互联网背景下赋予其新的内涵。虽然在互联网空间中无法准确界定国家领域边界,但数据主体所在地、数据处理行为地、数据存储地、数据收集地、个人数据控制者(处理者)所在地均可归属于现实物理世界,因此个人数据保护法的域外效力即一国个人数据保护法在本国领域外的效力。

域外管辖(extraterritoriality, extraterritorial jurisdiction)是一个较为宽泛的概念,对其没有广泛接受的定义,相关界定也缺乏明确性和一致性。① 联合国国际法委员会将域外管辖界定为:"域外管辖权是在没有国际法有关规则的情况下主权国家试图以本国的立法、司法或执行措施管辖在境外影响其利益的人、财产或行为。"②《布莱克法律词典》中对"extraterritorial jurisdiction"的界定是法院在其领土范围外行使权力,③其主体仅指向法院。而"extraterritoriality"被解释为治外法权,是指外交官、外交大臣和皇室成员在其临时居住国所管辖范围内的豁免权。④ 我国《法学大辞典》中将域外管辖解释为治外法权,"指国家法律在国家领土之外的效力,包括属人管辖、消极管辖等,一国任意扩大域外管辖权是对他国管辖权的侵犯,违反了国际法上的不干涉内政和主权平等原则"。⑤ 域外管辖是一国法律在主权国家领域外产生效力,与过度管辖(exorbitant jurisdiction)之间的界限不明,⑥学者多对其持否定态度,主张其为不合法的管辖权,对域外管辖的界定标准也多有困惑。⑦ 但也有学者提出,管辖权的域外判断是事实和客观问题,域外管辖涉及是否对本国领域外的人、物或行为行使管辖权,而过度管辖带有贬义,含有管辖权行使不合理之义,⑧域外管辖包括过度管辖,但并非所有域外管辖均不合理。

对域外管辖进行字面解释,域外可以理解为是对管辖权的形容或者限定,仅是

---

① See Christopher Kuner, *Extraterritoriality and International Data Transfers in EU Data Protection Law*, 5 International Data Privacy Law 237(2015).

② International Law Commission(ILC), *Report on the Work of its Fifty-Eighth Session*(1 May - 9 June and 3 July - 11 August 2006) UN Doc A/61/10, Annex E, para. 2.

③ See Bayan A. Garner, *Black's Law Dictionary* (8th ed.), Thomas West, 2004, p. 2493.

④ Ibid, p. 1766.

⑤ 王铁崖主编:《中华法学大辞典(国际法学卷)》,中国检察出版社 1996 年版,第 646 页。

⑥ See Christopher Kuner, *Extraterritoriality and International Data Transfers in EU Data Protection Law*, 5 International Data Privacy Law 238(2015).

⑦ See Dan Jerker B. Svantesson, *Extraterritoriality and Targeting in EU Data Privacy Law: The Weak Spot Undermining the Regulation*, 5 International Data Privacy Law 226(2015).

⑧ See Dan Jerker B. Svantesson, *Extraterritoriality in Data Privacy Law*, Copenhagen, Ex Tuto Publishing A/S, 2013, p. 37.

一国管辖权向本国领域外的延伸。域外管辖权也具备管辖权的所有权能,只不过具体到某一项具体管辖权能时受到比国内管辖更为严苛的不同程度的限制,如域外执行管辖权须以国际条约为基础,域外立法管辖和司法管辖则更多受习惯国际法影响。① 国际法上区分了三类管辖权,即一国有权对特定的人或行为制定或适用法律(立法管辖权),对行为的合法性进行司法裁判(司法管辖权),对违法行为实行制裁以实施其法律(执行管辖权)。② 域外管辖权也包括三项权能:域外立法管辖权、域外司法管辖权和域外执行管辖权。

从域外效力与国内法的域外适用的关系来看,在相关文献中域外效力与域外适用往往一同出现。有学者提出域外效力是权力机关在本国领域内(特殊情况下为本国领域外)针对发生在本国领域外的行为适用或执行本国法,侧重域外执行,是有权机关主动行使公权力,调整公法关系,救济途径也主要是在国家层面寻求救济,而域外适用仅指特殊情况下的域外效力。③ 也有学者主张,域外效力是法院或行政机关实施管辖权,使本国法在一国管辖范围外具有效力,域外适用实现域外效力。④ 还有一种观点认为,域外适用是有权机关适用本国法规制境外的人和事,包括国际私法上的法律选择规则,⑤是有权机关将国内立法适用于管辖领域外的人、物及行为的过程。⑥

从二者的关系来看,域外效力仅指域外立法管辖权,侧重的是静态的结果;而域外适用则侧重国家有权机关适用法律过程中需遵守的相关规则,强调的是动态的适用过程。域外效力是"因",而域外适用是"果"。⑦ 法律效力源于立法规定和相关判例,也就是立法上明确法律是否具有域外效力,而域外效力是否能够真正实现,需要在司法实践中落实,域外效力和域外适用关系密切,域外效力是域外适用的基础,同时只有实践中得到适用才能真正落实法律效力,否则域外效力仅能起到宣示性

---

① 参见黄志雄主编:《网络空间国际规则新动向:〈塔林手册2.0版〉研究文集》,社会科学文献出版社2019年版,第100页。

② 参见[美]巴里·E.卡特、艾伦·S.韦纳:《国际法》(下),冯洁菡译,商务印书馆2015年版,第872页。

③ 参见霍政欣:《国内法的域外效力:美国机制、学理解构与中国路径》,载《政法论坛》2020年第2期。

④ 参见廖诗评:《国内法域外适用及其应对——以美国法域外适用措施为例》,载《环球法律评论》2019年第3期。

⑤ 参见李庆明:《论美国域外管辖:概念、实践及中国因应》,载《国际法研究》2019年第3期。

⑥ See Charles Doyle, *Extraterritorial Application of American Criminal Law*, 1 Congressional Research Service (2016).

⑦ 参见宋晓:《域外管辖的体系构造:立法管辖与司法管辖之界分》,载《法学研究》2021年第3期。

作用。

国内法的域外效力是一国法律对发生在其管辖范围外的某些事项所具有的法律拘束力,主权国家在立法上扩张法律的适用范围是主权国家行使立法管辖权的外在表现,而且法律的效力源于立法,因此从狭义上理解域外效力仅指主权国家的域外立法管辖权。

(二)个人数据保护法的域外效力

因国内法的域外效力仅是主权国家在立法层面制定法律而没有司法实践或执行,因此认为国内法的域外效力冲突仅是理论上的争议。但域外立法管辖是域外司法管辖和域外执行的基础和起点,若立法中未明确法律的域外效力,有权机关在司法实践中也就缺乏法律适用的根据,而且原则上实体法律规范的权威来源于立法,①因此,域外立法管辖权是域外司法管辖和执行的先决条件。② 目前对个人数据保护法域外效力问题的研究仅停留在立法和理论探讨上,司法实践中涉及的实际案例较少,如欧盟议会与欧盟理事会 1995 年《关于涉及个人数据处理的个人保护以及此类数据自由流通的第 95/46 号指令》(以下简称欧盟《第 95/46 号指令》)第 4 条中虽然规定了成员国法律适用条款,但仅有个别案例涉及成员国国内法的域外效力问题,该条第 3 款(因国际法原则适用成员国法)至今没有在司法实践中适用。但大数据技术的飞速发展及主权国家在新一轮立法中赋予国内法域外效力的倾向导致各主权国家个人数据保护法的适用范围重叠,未来司法实践中可能会出现更多问题。

新一轮立法中,主权国家竞相赋予本国个人数据保护法域外效力可能会造成法律效力冲突,体现在:对跨国商业公司来说,一方面,可能使跨国商业公司处于双重或多重管辖之下,③增加跨国公司负担,跨国公司因不同国家监管要求不同而不得不增加数据合规成本。尤其是欧盟《通用数据保护条例》(General Data Protection Regulation, GDPR)中并未限制经营者规模等,适用对象包括小型商业公司,提高了公司的合规成本,无形中增加了小型商业公司的经营负担,提高了市场准入门槛,不利于不同规模的跨国公司之间的公平竞争。另一方面,还可能使跨国公司面临不同国家冲突的监管要求,而难以选择遵守哪一规则,因为无论违反哪一规则都将受到

---

① 参见[美]巴里·E. 卡特、艾伦·S. 韦纳:《国际法》(下),冯洁菡译,商务印书馆 2015 年版,第 873 页。

② 参见邵怿:《网络数据长臂管辖权——从“最低限度联系”标准到“全球共管”模式》,载《法商研究》2021 年第 6 期。

③ 参见王慧:《对跨国公司管辖权冲突的分析》,载《法学杂志》1998 年第 1 期。

惩罚,如面临相冲突的披露数据命令与严格的保护个人数据禁止披露的要求。从国家层面来看,会加剧赋予个人数据保护法域外效力的国家与未明确域外效力的国家之间的冲突。未明确个人数据保护法域外效力的国家一般经济发展水平、科技水平较低,其本国经济发展程度、科技实力不足以支撑其明确本国个人数据保护法的域外效力,若对其所属的跨国公司适用较高的个人数据保护标准,不利于其本国跨国公司的发展和开拓国际商业市场,影响其国际贸易发展。个人数据保护法的域外效力冲突还可能加剧数据本地化趋势,主权国家为加强对本国个人数据的监管和规制,严格要求个人数据存储于本国境内,限制个人数据跨境传输,实质上造成了国家之间的数字贸易壁垒。主权国家的单边管辖还可能使各国间的对抗性立法更加严重,各国制定的个人数据保护标准各不相同,不利于形成统一的国际规则。

经济全球化和互联网信息技术的发展,密切了各国之间的政治、经济往来,而各主权国家个人数据保护理念的不同及争夺数据资源的现实需要,尤其是目前尚无统一的国际公约,赋予本国个人数据保护法域外效力不是某一国家或地区的单独做法,而成为新一轮立法的普遍趋势,为缓解因此引发的域外效力冲突,应探索缓解域外效力冲突的有效方法。

二、协调个人数据保护法域外效力冲突的国际法原则

立法管辖权是各主权国家宪法上承认的国家立法机关制定相关法律规范的最高权力,主权国家对本国立法具有专属性,因此立法应当首先符合本国宪法规定。总体来看,国内法上对立法管辖权的限制较少,但在主权国家立法规制本国境外的人、物、行为及法律关系时,需符合国际法层面的规则。① 因此,主权国家行使域外立法管辖权时应遵守国际法原则,以缓和与其他国家之间的法律效力冲突。

(一)尊重国家数据主权

立法管辖权是主权国家选择其认为必要的事项制定法律规则的权力,②各主权国家的立法管辖权彼此平行。尽管主权国家可自由制定法律,但不能违反国际法基本原则。③ 国际法对主权国家的基本和主要限制是一国不能在他国领土范围内行使主权,即不能违背国家主权原则,国家主权具有对内最高性和对外独立性,其对外独

① 参见何叶华:《论数据保护法的域外效力》,载《北京理工大学学报(社会科学版)》2021 年第 5 期。

② 参见佟欣秋:《基于国家主权的反垄断法域外管辖权的实现机制》,载《大连海事大学学报(社会科学版)》2010 年第 4 期。

③ 参见[英]奥本海,[英]詹宁斯、瓦茨修订:《奥本海国际法》(第 1 卷第 1 分册),王铁崖等译,中国大百科全书出版社 1995 年版,第 327 页。

立性表现为主权国家之间平等,不受其他国家或者国际组织的干涉。[①] 随着互联网、云计算及大数据技术的普及,网络空间成为各国争相占领的"第六空间",国家主权在大数据时代表现为数据主权。[②] 主权国家行使数据主权主要体现为规范跨境数据调取和跨境数据流动,越来越注重对网络空间及个人数据的监管。虽然网络空间中国家疆域界限不明,但主权国家对数据的监管依然需要符合国际法原则。

国际法上主权平等和不干涉原则适用于调整国际法主体之间的关系,是当代国际关系的基本准则,传统上以国家领土为基础。[③] 但在互联网技术的影响下,国家权力可能超越国界,与国家领土之间的联系减弱,两项原则同样适用于网络空间,在网络空间中所强调的意义与现实空间无异。[④] "《联合国宪章》确立的主权平等等原则是当代国际关系的基本准则,覆盖国与国交往的各个领域,其原则和精神也应该适用于网络空间。"[⑤]

主权国家间相互尊重,平等主权国家之间无管辖权,一国不能对他国主张管辖权,[⑥]各国在管辖权上互相尊重,应尽量避免管辖冲突。[⑦] 国际法上为各国个人数据保护立法留有空间,在不违反国际法的前提下各主权国家的立法管辖权不受限制,但一国行使域外立法管辖权时须尊重他国主权利益。各主权国家平等地享有数据主权,与国家强弱和技术水平无关,不受外来强权干涉,独立自主地制定本国相关数据法律规范,依照本国意志规划和确定本国数据战略,[⑧]他国不能强制其他国家接受本国个人数据保护的相关法律规范及标准,主权国家扩大本国个人数据保护法的适用范围,不能对他国管辖造成不合理的影响。在新一轮个人数据保护法立法中,虽然各国立法中明确规定了域外管辖连结点,但这些管辖连结点大多含义模糊,界限不明,需依赖司法实践中有权机关的解释。但对国家域外立法管辖权的理解不能扩张到对全球数据主体或者数据处理行为的管辖,主权国家所管辖的事项或者数据主

① 参见徐伟功:《论次级经济制裁之阻断立法》,载《法商研究》2021 年第 2 期。

② 参见张晓君:《数据主权规则建设的模式与借鉴——兼论中国数据主权的规则构建》,载《现代法学》2020 年第 6 期。

③ 参见陈一峰:《论当代国际法上的不干涉原则》,北京大学出版社 2013 年版,第 279 页。

④ 参见刘天骄:《数据主权与长臂管辖的理论分野与实践冲突》,载《环球法律评论》2020 年第 2 期。

⑤ 习近平:《在第二届世界互联网大会开幕式上的讲话》,载《人民日报》2015 年 12 月 17 日,第 2 版。

⑥ 参见[英]劳特派特修订:《奥本海国际法》,王铁崖等译,商务印书馆 1989 年版,第 201 页。

⑦ 参见李智:《国际私法中互联网管辖权制度研究》,厦门大学出版社 2009 年版,第 18 页。

⑧ 参见齐爱民、祝高峰:《论国家数据主权制度的确立与完善》,载《苏州大学学报(哲学社会科学版)》2016 年第 1 期。

体应当与本国(地区)具有一定联系,而不能无限扩张本国个人数据保护法的适用范围,尤其不能对他国管辖造成不适当的影响。

(二)坚持国际礼让

如果主权国家不加限制地赋予本国法域外效力并适用于本国境外的相关行为,可能导致大量冲突和风险,这种过度的域外管辖不仅损害了他国主权,而且不利于开展国际合作,不符合国际礼让(international comity)。因此主权国家行使域外立法管辖权时应当考虑符合国际礼让,尊重他国管辖利益。国际礼让强调国家之间对彼此主权与利益相互尊重,尊重对方国家的立法、行政或司法行为。① 国际礼让要求当本国与他国对某一事项均有管辖利益时,为避免管辖对象受到双重管辖或收到相冲突的命令,而由他国管辖更为合理时,主权国家在行使域外立法管辖权时应适当让渡本国的域外立法管辖权,而由他国进行管辖。

在个人数据保护法的域外立法管辖权国际礼让问题上,主权国家在注重保护和监管个人数据的同时,也应当适当考虑他国对个人数据传输、储存及披露等数据处理行为的限制和监管,应当在立法中明确,若他国个人数据法规对个人数据存储等进行较为严格的限制,而且适用他国法律更为合理时,应当限制本国法的适用。也就是说,主权国家在行使域外立法管辖权时应当进行利益衡量,当本国法律规定与其他国家法律相冲突而由他国管辖更为合理时,应当考虑避免本国法管辖,以避免域外效力冲突。如美国《云法》(Clarifying Lawful Overseas Use of Data Act,CLOUD Act)规定:服务提供者应当向有权机关提供其控制或拥有的用户数据,但若提供数据可能实质性地违反适格外国政府(qualifying foreign governments)的法律,则可要求撤销或修正法律程序。在适用这一规定时需要考虑:第一,服务提供者是否会实质性地违反适格外国政府的法律,第二,所涉个人数据所有者既非美国公民,也未居住在美国;第三,综合案件所有情况,为维护司法公正,是否要求撤销或修正法律程序。② 适格外国政府和相关因素的考量是美国在立法中考虑国际礼让的体现,限制本国国内法的域外效力,虽然外国适格政府、相关因素的确定完全由本国自由裁量,③但与不加限制地扩大本国法的适用范围相比,该规定体现了域外立法管辖权的国际礼让。

---

① See Dan E. Stigall, *International Law and Limitations on the Exercise of Extraterritorial Jurisdiction in U. S. Domestic Law*, 335 Hastings International and Comparative Law Review 35(2012).

② § 2713. Required preservation and disclosure of communications and records, CLOUD Act.

③ 参见许可:《数据主权视野中的 CLOUD 法案》,载《中国信息安全》2018 年第 4 期。

而且与主权国家强制推行单边管辖的措施相比,国际礼让更能实现主权国家的管辖目的,因为主权国家的域外立法可能因域外执行困难而难以落实,而国家之间的双边或多边合作能减少主权国家之间的摩擦和纠纷。通常主权国家立法中并不会明确规定国际礼让,而是通过双边合作的方式落实国际礼让。① 如美国在通过单边主义实现其竞争法的域外效力受挫时,转而采取缔结双边条约的方式,与欧盟、日本缔结了《美国政府与欧洲共同体委员会关于竞争法适用的协定》《美国政府与日本政府关于反竞争活动方面合作的协定》,较好地解决了国内法的域外效力冲突问题。国家之间就法律适用缔结的双边协议较为典型地体现了积极礼让原则,也有利于实现其立法目的。

(三)符合合理原则

立法管辖权的行使的合理性是习惯国际法规则,②主权国家只能在其本国领土范围内行使权力,即使主权国家扩大本国法的适用范围,也往往需要明确所管辖事项与本国之间存在真实有效的联系,③真实联系表现在主权国家与被规制对象之间的联系,如本国国民、机构、行为等。只有主权国家与所管辖事项存在真实联系时,主权国家主张域外立法管辖权的理由才是合理和充分的。④ 若立法管辖权的行使不合理,则主权国家不能行使立法管辖权。合理原则(principle of reasonableness)一般要求主权国家与所管辖事项之间存在相当密切的联系,而且有理由超越其他国家的竞争性权力,同时还要考虑合理性的判断因素。⑤

主权国家在竞争法、反垄断法等经济管制法中明确法律域外效力的同时,还运用合理原则缓和域外效力冲突问题。根据美国相关法律,仅因为部分情形适用反垄断法律规范,规制对美国的出口商所造成伤害的行为,《反托拉斯国际操作执行指南》中也列出了应当考虑的相关合理因素。经济管制法中的"合理"标准主要包括不对他国利益造成不合理损害和本国利益大于他国利益。⑥ 合理原则在立法中要求

① See Andrew T. Guzman, *Cooperation, Comity, and Competition Policy*, New York, Oxford University Press, 2010, p. 35 – 43.

② 参见彭岳:《美国金融监管法律域外管辖的扩张及其国际法限度》,载《环球法律评论》2015 年第 6 期。

③ 参见廖诗评:《中国法域外适用法律体系:现状、问题与完善》,载《中国法学》2019 年第 6 期。

④ See Brigitte Stern, *Can the United States Set Rules for the World? A French View*, 11 Journal of World Trade 31(1997).

⑤ 参见郭玉军、王岩:《美国域外管辖权限制因素研究——以第三和第四版〈美国对外关系法重述〉为中心》,载《国际法研究》2021 年第 6 期。

⑥ 参见徐崇利:《论涉外经济管制法的域外适用冲突问题》,载《法律科学》1993 年第 4 期。

较为明显,如美国《对外关系法重述(第四次)》规定根据属地原则、国籍原则、效果原则、保护性原则和普遍性原则国会可行使域外立法管辖权,但应当评估行使域外立法管辖权的因素,仅在所管辖事项与本国有足够密切的联系时,国会才能行使域外立法管辖权。如相关行为发生在本国领土之外,但在领土内产生或可能产生实质效果的行为,本国国民在领土之外实施的,危害该国国家安全或特定国家利益的行为。[①] 主权国家的域外管辖权应建立在合理原则的基础上,即使是立法管辖权,也不能无限扩张,不能毫无根据地将本国法的适用范围扩展至全球。

互联网虽然割裂了网络空间与现实物理空间之间的联系,但主权国家对网络空间的管制仍然需要满足合理原则的限制。《塔林手册2.0版》为主权国家在网络活动中行使域外立法管辖权提供了理论依据,提出了主权国家在网络空间中行使域外立法管辖权的基本原则:(1)网络活动为该国国民在境外实施;(2)网络活动在一国境外的但具有该国国籍的船舶或航空器上实施;(3)网络活动由外国国民在境外实施,旨在严重破坏一国核心国家利益;(4)网络活动是一定条件下外国国民针对该国国民实施的;(5)网络活动根据普遍性原则规定国际上的犯罪。属人原则、属地原则、保护性原则和普遍管辖原则[②]依旧是网络空间中主权国家行使域外立法管辖权的依据。从其规定可以看出,即使主张主权国家可行使域外立法管辖权,但其管辖权并非不受限制,需要存在合理管辖依据。主权国家行使域外立法管辖权规制相关网络活动时,应尊重他国利益,不能对与本国没有实质联系的人或活动行使管辖权。[③] 从个人数据保护法立法来看,虽然欧盟GDPR通过目标指向标准扩大了其适用范围,但同时也要求被管辖对象与欧盟领土具有相当联系,[④]数据控制者(处理者)所提供商品或服务的对象或被监控的数据主体应当位于欧盟境内,为保护欧盟境内的数据主体行使域外立法管辖权。

合理原则要求主权国家的域外立法管辖权建立在所管辖事项与本国有相关联系的基础上,与国际私法上的最密切联系原则相似,但不用达到“最”密切联系的程

---

① Restatement (Fourth) of Foreign Relations Law § 402 (2018).

② 参见[美]迈克尔·施密特总主编:《网络行动国际法塔林手册2.0版》,黄志雄等译,社会科学文献出版社2017年版,第100页。

③ 参见甘勇:《〈塔林手册2.0版〉网络活动国际管辖权规则评析》,载《武大国际法评论》2019年第4期。

④ See Paul de Hert and Michal Czerniawski, *Expanding the European Data Protection Scope beyond Territory*: *Article* 3 *of the General Data Protection in Its Wider Context*, 6 International Data Privacy Law 230 (2016).

度,因为与所管辖事项具有最密切联系的国家只有一个,但与所管辖事项有合理联系的国家不止一个。从所保护的数据主体来看,欧盟 GDPR 与美国 CCPA 中规定的居住标准比国籍标准、住所地标准或惯常居所地标准的要求都要低,有利于扩大本国法的适用范围,但过于宽泛的适用范围可能造成域外管辖不当。如出于过境目的而在欧盟境内暂时停留的外国人,其手机中的相关软件收集、处理个人数据的数据处理行为是否应适用 GDPR? 服务提供商的目标客户并非欧盟境内居民,所收集的个人数据也非欧盟居民数据,仅因其收集在欧盟境内临时停留的数据主体的个人数据而对其进行管辖,显然不尽合理。即使主权国家基于保护人权的目的保护个人数据,其所保护的主体范围也并非全球数据主体,而仅是与本国有一定联系的数据主体,应对本国个人数据保护法所保护的数据主体范围进行必要限制,如居住期限、在本国境内从事一定活动等,只有建立在合理联系基础上主权国家的域外立法管辖权才是合理的。

(四)遵循比例原则

虽然从个人数据保护法立法来看各主权国家的立法目的、理念等不同,但比例原则是公法的“帝王条款”,[①]体现了立法衡量,是立法中需要考虑的重要原则。[②] 数据主权使主权国家的管辖范围超越国家领土边界,但数据主权的行使应具有谦抑性,符合比例原则,即符合妥当性原则、必要性原则和均衡性原则。

从个人数据保护法的立法目的来看,其主要是为了保护本国个人数据权益,规制个人数据处理行为,或为了开发利用个人数据,保障个人数据安全有序自由流动。互联网背景下,个人数据安全存在巨大隐患,个人数据泄露和滥用情况多发,而且随着跨国公司的发展,数据在国际商业贸易中发挥着越来越重要的作用。无论是出于保护人权还是规范商业数据流通的目的,主权国家扩大本国个人数据保护法的适用范围,对个人数据处理行为适用本国法无疑有利于保护本国数据主体的个人数据,因此扩大个人数据保护法的适用范围符合妥当性原则。

在个人数据保护方面,主权国家为加强对本国个人数据的保护和管理,有多种方法可以选择。如可采取数据本地化措施,严格限制个人数据跨境流动,将个人数据完全留存在本国境内,这一措施无疑最有利于加强主权国家对本国个人数据的监管,但该措施限制了数据自由流动,与数据特性不符,也不利于数字贸易的发展,不

① 参见陈新民:《德国公法学基础理论》,山东人民出版社 2001 年版,第 389 页。

② 参见张舵:《刍议跨境数据流动的公共利益保护》,载《河北法学》2018 年第 5 期。

符合国际商事交易规则,且容易被认定为贸易保护主义,①实践中这一措施较少得到支持。除此之外,主权国家还可以通过国家间的双边或多边合作方式加强对个人数据的保护和监管,但由于各主权国家对数据管辖的标准不同,且司法协助方式耗费时间较长,成本较高,效率较低,双边或多边合作方式也难以达到有效保护个人数据的目的。而且短时间内各国也难以就个人数据保护达成多边条约,依靠国际公约的方式难以有效保证个人数据安全。在当前国际上没有统一适用的国际条约,其他国际协助机制也不健全的背景下,由主权国家赋予本国个人数据保护法域外效力,进行单边管辖,加强对个人数据处理行为的规制是较为有效的方法,由主权国家赋予本国个人数据保护法域外效力的做法符合必要性原则。

主权国家赋予个人数据保护法域外效力,使本国境外的数据控制者(处理者)受本国个人数据保护法管辖,加强了对数据控制者(处理者)的规制要求,但此种扩大管辖权的做法不能没有任何根据,而是需要建立在一定联系的基础上。应根据数据的不同类型对数据控制者(处理者)实施不同规制措施,而不能因管辖需要规制全球数据控制者(处理者)。主权国家出于维护个人数据安全与有序流通的目的,对数据控制者(处理者)所施加的限制不能超过合理的度。因此,主权国家行使数据主权赋予本国个人数据保护法域外效力应符合合理的"度",在维护个人数据安全与促进数字经济发展之间寻求合理的平衡。

三、协调个人数据保护法域外效力冲突的模式

主权国家除了在本国自身利益上作出让步外,②还应在符合国际法原则的基础上,与其他国家进行必要的谈判、协商,形成国家间合作和协调国内法域外效力冲突的模式,缓和各国个人数据保护法的域外效力冲突。

(一)双边协议模式

各国个人数据保护理念不同,但出于利用个人数据和维系国际商业交往的现实需要,主权国家需要缓和因个人数据保护法域外效力所引起的冲突。双边协定是协调法律冲突的常用方法,从国际实践来看,双边合作也是解决国内法域外效力冲突的有效途径,在个人数据保护方面,主权国家之间的双边合作,共同监督、审核数据保护制度执行,建立个人数据保护的争端解决合作机制。国家间直接就国内法适用范围达成双边协议是缓和法律效力冲突的最有效途径,但从现实来看,为争夺数据

① 参见顾伟:《警惕数据跨境流动监管的本地化依赖与管辖冲突》,载《信息安全与通信保密》2018年第12期。

② 参见刘宁元:《自我约束的单边方法和国际协调》,载《政治与法律》2011年第11期。

主权和保护基本人权的现实需要,目前主权国家可能难以就个人数据保护法的适用范围达成一致。当前在个人数据保护法方面,国家间的协定主要是针对个人数据传输等方面的。虽然国家之间的个人数据传输协议并不能阻止主权国家适用其本国的个人数据保护法,但由双方达成的统一的个人数据保护标准、争议解决方式一定程度上有利于缓和法律域外效力冲突。而且传输数据条款也是个人数据保护法域外效力的一个表现,因为主权国家仅向与本国有相似的个人数据保护标准的国家传输个人数据,想要与其他国家建立个人数据传输机制的国家需要根据输出国法律要求修订本国个人数据保护法,①为个人数据提供适当的保护标准。因此从当前来看,国家间的双边个人数据传输协定也是缓和国内法域外效力冲突的一种方式。

欧盟议会与欧盟理事会《第95/46号指令》规定个人数据在得到当地法律或合同安排的保护下,可以自由传输到欧盟境外。由于经济全球化及国家间经贸交流的现实需要,2000年欧盟与美国签订“安全港协议”(Safe Harbor Principles),主要内容包括:在美国遵守数据保护标准并在接受欧盟联邦贸易委员会的监督之下,欧盟可向美国传输相关商业数据。尽管“安全港协议”饱受批评,但在欧盟指令和美国法的规定下实现了隐私标准的统一,其主要优势在于依靠行业争端解决机制、美国法律解释原则以及美国法院和行政机构审理索赔。

但由于技术和国家立法更新的现实情况,国家间的双边合作也面临一些新的问题。从欧美双边协议来看,“安全港协议”签订之初,欧盟第29条工作组(WP29)便表达了对“安全港协议”的担忧,认为该协议没有包含欧盟法律中对个人数据保护的关键性原则,对持续性数据传输缺乏保护,对个人的救济手段过于复杂,且未对美国情报机构大规模收集数据进行排除和限制。② 而在实际操作过程中,也出现了大量问题,尤其是2013年斯诺登事件爆发后,欧盟及其成员国严重担忧其本国个人数据在美国的受保护程度。2015年,在马克西米利安·施雷姆斯诉爱尔兰数据保护专员一案③中,欧盟法院认为,欧盟委员会在审议通过“安全港协议”时,未能确保美国采取充分保护措施,且该协议使个人隐私保护受制于国家安全、公共利益及执法需求,宣布“安全港协议”无效。

---

① See Liane Colonna, *Article* 4 *of the EU Data Protection Directive and the Irrelevance of the EU-US Safe Harbor Program* ?, 4 International Data Privacy Law 204 (2014).

② WP 15 Opinion 1/99 the level of data protection in the United States and the ongoing discussions between the European Commission and the United States Government Adopted by the Working Party on 26 January 1999.

③ Maximillian Schrems v. Data Protection Commissioner of Ireland (Case C-362/14).

"安全港协议"无效后,依据该规定向美国进行数据传输的行为违法,很多商业公司受到影响。在"施雷姆斯案"中,欧盟法院对转移到其他国家的个人数据是否会面临当地有权机关的不当规制,侵犯欧洲基本人权提出了疑问。WP29 提出根据相关法律规定,个人数据保护建立在人权保护基础之上,同时借鉴相关案例,提出有权机关对个人数据的规制未超出必要范围的 4 项必要担保(european essential guarantees):第一,数据处理应建立在清晰、准确的规则基础上;第二,须证明所追求之目标的必要性和相称性;第三,应存在独立的监督机构;第四,须向数据主体提供有效的救济措施。①

2016 年,美国与欧盟又重新签订了"隐私盾协议"(Privacy Shield),②"隐私盾协议"是欧盟和美国间因商业目的传输个人数据的法律框架,适用于从欧盟向美国传输个人数据。③ 该协议继承了"安全港协议"中的大部分条款,增加了透明度原则、为欧盟数据主体提供了多重救济措施、对公司的隐私政策规定了更明确的细则及不合规处罚等。但在 2020 年数据专员与爱尔兰脸书公司案④中,欧盟法院认为欧盟委员会审核"隐私盾协议"时,虽然对美国公权力下的政府监控进行了评估,但这些程序操作过程中与欧盟法规定的严格必要及目的成比例不符,而且对欧盟数据主体缺乏有效的司法赔偿救济,不符合《欧盟基本权利宪章》的规定,最终撤销了"隐私盾协议"。

除美欧之外,2019 年,日本和欧盟也就个人数据传输达成了双边协议,欧盟成员国与日本之间同意承认彼此的个人数据保护具有同等地位,双方之间可自由进行数据传输。除了国家间专门的个人数据传输的双边协议,由于数据在跨国商事交易中具有重要意义,许多双边和多边自由贸易协定中也包含传输个人数据的条款。

主权国家之间的双边协议是促进合作,缓解法律域外效力冲突的较快和便捷的方法,主权国家较易对有关商事交易方面的个人数据达成共识,但个人数据往往关涉其他方面的重要利益,尤其是关涉国家安全方面的重要利益。如欧盟在与他国达成双边协议时,会对第三国、第三国境内某一区域或特定行业进行评估,考虑特定的

---

① WP237 Working Document 01/2016 on the justification of interferences with the fundamental rights to privacy and data protection through surveillance measures when transferring personal data (European Essential Guarantees) Adopted on 13 April 2016, 5.

② WP238 Opinion 01/2016 on the EU-U. S. Privacy Shield draft adequacy decision.

③ WP238 Opinion 01/2015 on the EU-U. S. Privacy Shield draft adequacy decision Adopted on 13 April 2016.

④ Data Protection Commissioner v. Facebook Ireland Ltd Data Case (C-311/18).

第三国遵守法律规则、国际人权规范和标准以及一般部门法的情况,包括公共安全、国防、国家安全、公共秩序以及刑法等领域的立法,考量因素较多,尤其在国家安全方面的数据传输分歧较大。随着主权国家明确国家数据主权战略,制定或修订法律对协议各方影响都较大,但协议双方在保护个人数据的最低标准上达成共识是双方合作的基础,促进数字贸易发展是双边协作的动力也是双方的共同愿望,可通过技术手段对个人数据进行处理促进其在国际商事交易中的利用。国家之间就个人数据传输达成的协议虽然不能解决因主权国家本身立法存在的域外效力问题,但能在一定程度上减弱因传输数据引起的域外效力冲突。

(二)区域合作模式

按照有的学者观点,数据权利主体包括国家和公民,①其法律关系也包括两个层面:宏观层面,国家享有数据主权,划定国家管辖范围,制定法律规范;微观层面,数据主体、数据控制者(处理者)和有权机关在国家设定的法律框架内,在不同的场景内进行具体数据安排。个人数据保护法中也关涉国家对个人数据的保护及国家与国家之间数据主权的协调,在区域协作方面欧盟的经验可资借鉴。

GDPR 直接适用于欧盟各成员国,致力于为其境内数据主体提供同等数据保护,成员国同等监督,违法行为受同等处罚,促进个人数据在欧盟境内自由流动,禁止对数据流动施加不合理限制,成员国数据保护机构合作执法。

虽然欧盟成员国对个人数据进行同等保护,数据保护机构也进行合作,但并不意味着成员国完全让渡数据主权,某些特殊数据保护问题仍由成员国自行规定。主要体现在:第一,特殊领域的个人数据保护问题允许成员国保留,依照其本国法进行规定及解释,如涉及公共健康和社会保障、雇佣、养老和健康保障及儿童的数据处理由各成员国自行规定。第二,与国家公共安全相关的数据由成员国自行规定,出于维护国家安全、防卫、公共安全,以及刑事犯罪的预防、调查、侦查、起诉或者刑事处罚的执行,包括对公共安全威胁的防范和预防,欧盟或成员国一般公共利益的其他重要目标等事项,成员国可以通过本国立法措施限制数据控制者(处理者)的义务。第三,成员国拥有法律解释权。对于个人数据处理遵守法律义务、执行有关公共利益的任务或行使控制者被授予的官方职权,成员国有权在本国法律内解释适用。

欧盟的个人数据保护区域协作是其高度一体化的政治经济体系的产物,也与其

① 参见曹磊:《网络空间的数据权研究》,载《国际观察》2013 年第 1 期。

重视个人数据保护有关。欧洲理事会1981年制定了《关于个人数据自动化处理的个人保护公约》,立法目的是保护缔约方管辖范围内每一个体(而不论其国籍或住所)的个人数据在被处理时均得到保护,尊重个体权利及基本自由,特别是隐私权。后欧盟委员会于1995年发布的《第95/46号指令》为协调欧盟各成员国在个人数据保护上的一致性增加了很多可操作性规定。GDPR进一步完善了《第95/46号指令》的规定,即只要数据控制者(处理者)为欧盟境内数据主体提供商品或服务,或对数据主体进行监控,而不论其是否在欧盟境内设立机构,均适用GDPR。相同的个人数据保护理念,统一的个人数据保护法律规定和区域内各成员国一定的自主权,强调不同类型数据的规制重点,有利于区域内各国法律规范的协调与统一。

各国短时间内无法就个人数据保护达成共识,而且保护标准、理念各异,可能难以达成统一全面的个人数据保护国际公约。在区域层面,与周边国家就个人数据保护达成共识并进行合作可能成为缓解域外效力冲突的有效方式。借鉴欧盟的个人数据保护模式,个人数据保护法方面的区域协作方向是:寻求区域内各国个人数据保护的基本标准、原则中的共识,在区域范围内建立各国数据立法均应遵循的规则体系,制定同等的个人数据保护标准,加强个人数据保护方面的协作。对不同类型的数据进行分类规制,建立商业贸易数据自由流通机制,而与国家安全、社会公共利益及特殊群体保护相关的数据保护由各国自行规定,寻求共识,循序渐进地建立区域个人数据保护机制,统一适用的区域性个人数据保护法律规则和体系。

(三)国际公约模式

维护国家数据主权和基本人权的客观需要使主权国家扩展了本国个人数据保护法的适用范围,从短期来看,主权国家的单边立法措施有利于维护本国相关权益。但主权国家的单边管辖会造成国家之间的法律效力冲突,引起主权国家之间的对抗和冲突,因此在国际层面形成统一协调的国际公约有利于缓解各国个人数据保护法的域外效力冲突。主权国家为争夺数据主权和保护基本人权,可能难以就个人数据保护法的适用范围达成完全一致,即使将来达成国际层面的公约,可能也难以就国内法的适用范围达成一致,而仅能进行原则性规定,规定各主权国家制定规则的大方向,而具体内容仍由主权国家自行规定。如目前国际上关于个人数据保护的重要原则是经济合作与发展组织颁布的《关于隐私和个人数据跨国流通指导原则》中关于个人数据保护的8项原则,[①]许多国家的个人信息保护立法均以此为原则。

① 8项原则包括:公开原则、个人参与原则、责任原则、使用限制原则、数据质量原则、收集限制原则、目的明确原则和安全保障原则。

国际层面的个人数据保护，需要主权国家在保护基本人权、国家主权和企业数据自由流通三个层面达成一致。但目前尚未形成对各国有普遍强制力的保护个人数据的国际公约，即使将来产生了国际公约，也需要尊重各国主权，考虑发展中国家和发达国家的不同情况。发达国家与发展中国家个人数据保护的标准不同，不可能用统一的个人数据保护标准强制要求所有国家。各国可以就个人数据保护基础达成一致，以保护基本人权为基础，同时就各国管辖基础等进行规定，促进各国在个人数据保护方面的协作和一致。国际层面各国可以就本国个人数据保护法的适用范围达成原则性意见，在保护基本人权等方面达成共识，主权国家在符合国际条约的前提下规定本国的个人数据保护法的适用范围。

四、结语

在经济全球化和互联网技术发展的背景下，各国经济贸易往来密切，联系空前加强，个人数据保护理念不同及争夺数据主权的现实需要导致各主权国家个人数据保护法的域外效力冲突。而域外立法管辖权是域外司法管辖和域外执行的前提和基础，现阶段处于新一轮个人数据保护立法过程中，缓解域外立法管辖权冲突应是关注的重点。主权国家对互联网空间的治理，也需要遵守国际法原则。因此主权国家在个人数据保护法的域外立法管辖权上，应遵守国家数据主权平等和不干涉原则，域外立法管辖应当建立在与本国有合理联系的基础上，当本国的管辖利益与他国冲突时，应遵循国际礼让。主权国家除了在立法上自我限制外，还应加强与他国进行对话与交流，为构建统一协调的个人数据保护国际体系而努力。

国际民商事争议解决机制

我国西北边疆地区跨境商事争议解决的模式选择与制度建构*

周 园**

运转良好的跨境商事争议解决机制是区域经济发展的重要保障,我国西北边疆地区与周边邻国不断深入的商事交往产生大量跨境商事争议,但这类争议难以得到高效解决,影响了西北边疆地区的进一步发展。国际社会已经出现了国际私法模式、国家合作模式、海湾地区模式和新加坡模式,为我国引领构建跨境商事争议解决机制提供了有益的借鉴。我国与西北边疆邻国将立足于司法合作的整体定位,充分发挥边疆地区法院的全球治理功能,通过缔结小型横向司法合作协议、增加边疆地区法院的适度自主权及信息技术的运用,走符合区域实际的特色化道路是我国西北边疆地区跨境商事争议解决模式运行的方向。

一、引言

"边疆"最基本的含义指边境线、国界一侧的沿边地带。从地理范围讲,我国西北边疆地区包括新疆和甘肃两省区,与"一带一路"沿线8国①接壤,地域宽广、资源丰富、民族多元,在环中国的边疆带中,西北边疆堪称"中国西部门户""边土长城"。随着我国全面扩大对外开放特别是"一带一路"倡议的加速推进和现代化立体交通的迅猛发展,西北边疆地区正从以前与周边邻国"背靠背"的偏远闭塞地区,发展成为如今与周边邻国"面对面"的对外开放的前沿和通道。② 甘肃和新疆地处新亚欧

---

* 本文受中国博士后基金项目"海外国有资产流失的法律规制问题研究"(项目编号:2019M653895XB)支持。

** 西北政法大学国际法学院博士后,陕西师范大学法学系讲师,法学博士。

① 分别是蒙古国、俄罗斯、哈萨克斯坦、吉尔吉斯斯坦、塔吉克斯坦、阿富汗、巴基斯坦和印度。

② 参见刘有军、谢贵平:《"一带一路"视域下西部边疆非传统安全:威胁及应对》,载《太平洋学报》2020年第7期。

大陆桥经济合作走廊,新疆还地处中蒙俄经济走廊,也是中国—中亚—西亚经济走廊和中巴经济合作走廊的起点,"一带一路"经济走廊直接将西北边疆地区与周边邻国联系在一起,不断实现西北边疆地区与邻国的互联互通,既使得来自西北边疆地区和周边邻国的个人及企业等私主体彼此间跨境商事往来不断加深加强,又使得西北边疆面临的跨境商事法律纠纷随之增多。

这些纠纷涉及多国法律与不同国家当事人间的利益冲突,法律差异及司法保护主义的存在使得解决纠纷不再是一国法院能独立处理的问题。区域内日渐丰富的跨境商事交流使得私主体对于法治环境,尤其是各国法律的稳定性和可预测性提出了更高的要求。现有纠纷解决途径缺乏实效性,导致纠纷解决难的问题在近年愈显突出,严重影响了西部边疆地区的对外经贸乃至进一步的繁荣发展。在此背景下,本文通过梳理分析我国西北边疆地区跨境商事争议解决现状,比较借鉴国际社会已有的跨境商事争议解决模式,以此探究我国西北边疆地区跨境商事争议解决的高效模式及具体制度设计,以期以法律保障我国西北边疆地区推进更高水平对外开放。

二、我国西北边疆地区跨境商事争议解决现状

我国西北边疆两省区的跨境商事交易主要与其邻国展开,以边境小额贸易居多。例如,哈萨克斯坦和蒙古国是甘肃省的前两大贸易伙伴,[①]哈萨克斯坦和俄罗斯等是新疆的主要贸易伙伴,2020 年新疆边境小额贸易进出口额约人民币 699.9 亿元。[②] 仲裁和诉讼通常被认为是解决跨境商事争议的主要机制,然而这两种机制在我国西北边疆地区跨境商事争议解决中却没有发挥主要功效,实践中当事人主要通过自力救济解决,但该方式不仅缺乏法律保障,还可能因措施不当导致违法犯罪的情况发生,为我国西北边疆地区与邻国的跨境商事纠纷解决埋下隐患。

(一)法院诉讼

笔者检索了"中国裁判文书网"、北大法宝和法信等法律数据库中自 2013 年"一带一路"倡议提出后,2014 年至 2020 年西北边疆两省区法院所审理的涉及边疆邻国的民商事案件,检索结果显示新疆法院审理的涉周边邻国商事案件仅 19 件(其中,涉哈萨克斯坦 13 件、吉尔吉斯斯坦 2 件、塔吉克斯坦 4 件),甘肃法院审理的涉邻国

---

① 2020 年甘肃省对哈萨克斯坦进出口 71.9 亿元,对蒙古国进出口 34 亿元。参见《2020 年甘肃外贸进出口情况》,载兰州海关网 2021 年 2 月 1 日,http://lanzhou.customs.gov.cn/lanzhou_customs/553178/553180/3535749/index.html。

② 参见《2020 年新疆外贸发展形势简析》,载乌鲁木齐海关网 2021 年 2 月 3 日,http://ltj.customs.gov.cn/urumqi_customs/556675/556651/556655/556657/3539727/index.html。

商事案件则为0件,这些案件主要为涉外合同纠纷。理论上,西北边疆地区与周边邻国间逐年增长的商事交流应该导致较多的跨境商事法律争议产生,但检索结果却显示当事人鲜少诉诸法院解决这类争议。究其原因,主要在于涉外民事诉讼程序烦琐且面临"送达难、取证难、查明难、执行难"等问题。

第一,基于涉外案件的特殊性,《中华人民共和国民事诉讼法》(以下简称《民事诉讼法》)规定法院审理涉外案件可以不受审理期限的限制,①当事人可能担心法官因此拖延办案。第二,外方当事人在我国法院起诉应诉只能委托中国籍律师,且如果在我国境内没有住所的外方当事人委托我国律师或其他人代理诉讼,则授权委托书将从我国领域外寄交或托交,且应当经所在国公证机关证明,并经我国驻该国使领馆认证或履行相关证明手续才有效力。② 这客观上会增加外方当事人的负累且耗费时间。第三,在西北边疆地区8个邻国中,我国目前仅与其中5个邻国签订了双边民事司法协助条约,尚未与巴基斯坦(只签订了刑事司法协助条约)、阿富汗(只签订了引渡条约)和印度3国签订民事司法协助条约。③ 已签订的5个双边条约虽然构成了我国与这些国家进行民商事司法协助的基本依据,但这些条约签订时间较早,其内容本身存在一些缺陷、形式单一、范围狭窄。④ 例如,内容上没有引入互联网电子信息技术的司法运用,无法适应当前需求;⑤司法协助内容不一致,有的不包含判决与裁决的承认与执行等;对"民事"和"商事"的概念缺乏界定,影响司法协助的具体开展;指定的中央机关送达或转交司法机关等途径影响诉讼效率等。送达、取证的困难并未因双边司法协助条约的缔结而得到解决,如遇到需适用外国法的情

---

① 《民事诉讼法》第277条规定:"人民法院审理涉外民事案件的期间,不受本法第一百五十二条、第一百八十三条规定的限制。"

② 《民事诉讼法》第270条规定:"外国人、无国籍人、外国企业和组织在人民法院起诉、应诉,需要委托律师代理诉讼的,必须委托中华人民共和国的律师。"第271条规定:"在中华人民共和国领域内没有住所的外国人、无国籍人、外国企业和组织委托中华人民共和国律师或者其他人代理诉讼,从中华人民共和国领域外寄交或者托交的授权委托书,应当经所在国公证机关证明,并经中华人民共和国驻该国使领馆认证,或者履行中华人民共和国与该所在国订立的有关条约中规定的证明手续后,才具有效力。"

③ 参见外交部条约数据库,http://treaty.mfa.gov.cn/Treaty/web/index.jsp,最后访问日期:2021年5月1日。

④ 参见徐宏:《国际民事司法协助》,武汉大学出版社2006年版,第33页。

⑤ 例如,当前国内外实践中引入电子邮件或网络公告送达,还有新兴的视频、电话会议、交换电子文件等取证方式。

形,因查明较为复杂耗时,因此实践中呈现法官尽量适用中国法的趋势。[①] 即使当事人获得胜诉判决,也常因被执行人在国内没有财产而需请求外国法院承认和执行判决,这一步骤因条件严格、手续复杂、成本较高等令当事人望而却步。

此外,国际司法协助机制也较难利用,目前仅有4个邻国[②]加入《关于向国外送达民商事司法文书与司法外文书的公约》(简称《海牙送达公约》),3个邻国[③]加入《关于从国外调取民商事证据的公约》(简称《海牙取证公约》),大部分邻国经济较为落后、法治水平参差不齐、司法效率较低,缺乏开展司法协助必要的能力。此外,部分邻国政策和法规更迭频繁,使双边商事交易缺少稳定的制度基础。我国法院及当事人对周边邻国的立法、执法和司法制度了解较少,虽然我国举办了多起大型司法交流论坛,如甘肃于2017年设立"中国—中亚—西亚国家法官交流培训基地",但与邻国司法机关的合作重视政治表态、实际合作不足、重视刑事而轻视民商事合作。上述原因阻碍了西北边疆地区跨境商事争议解决中法院司法保障作用的发挥。

(二)商事仲裁

大部分从事跨境商业的私主体非常抗拒选择其交易客户所在地的法院,原因主要有对司法腐败、司法保护主义以及不熟悉外国法律、语言和习俗等的担忧。[④] 有学者指出,在跨境贸易和投资越来越频繁的同时,跨境商事参与者在不考虑国界的情况下更加注重业务和利润的增长,内国法院的变革却无法满足跨境商业的需求,毕竟内国法院是建立在公认的主权和民族传统之上的,对外国当事人而言,内国法院总会存在偏袒本国人的倾向。[⑤] 跨境商事参与者眼中的这些法院诉讼弊端成为助力国际商事仲裁发展的因素。因其中立、灵活的性质及1958年联合国《承认及执行外国仲裁裁决公约》(简称《纽约公约》)对国际商事仲裁裁决在世界范围内承认及执行的有效推动,仲裁获得了跨境商事从业者们更多的青睐,成为解决国际商事争议的重要途径。在跨境商事参与者看来,选择仲裁既可以有效规避内国法院陌生的诉

---

① 虽然《中华人民共和国涉外民事关系法律适用法》第10条及《关于适用〈中华人民共和国涉外民事关系法律适用法〉若干问题的解释(一)》第17条、第18条对外国法查明作出规定,但因规定的诸多疏漏导致实践中近乎虚置。参见马明飞、蔡斯扬:《"一带一路"倡议下外国法查明制度的完善》,载《法学》2018年第3期。

② 分别为俄罗斯、哈萨克斯坦、印度和巴基斯坦。

③ 分别为俄罗斯、哈萨克斯坦和印度。

④ See F. Peter Phillips, *The Challenges of International Commercial Dispute Resolution*, Accessed May 21, 2021, https://www.businessconflictmanagement.com/pdf/BCMpress_01.pdf.

⑤ See W. Laurence Craig, *Some Trends and Developments in the Laws and Practice of International Commercial Arbitration*, 50 Texas International Law Journal 699(2016).

讼流程和语言,又能防止内国法院法官的个人偏好甚至偏见。除阿富汗外,我国与西部边疆其余7个邻国都是《纽约公约》的缔约国,看似在双边承认和执行生效的仲裁裁决上不存在法律障碍,但实践中,西北边疆地区的跨境商事纠纷却难以有效利用仲裁机制来化解,原因主要在于:首先,这类跨境商事纠纷的标的额较小,可能不具备仲裁的受理条件,亦可能仲裁费用过高而不符合经济原则;其次,仲裁需要当事人共同作出选择,如果有一方当事人不同意,仲裁也无法获得运用;再次,国际商事仲裁中的财产保全和证据保全较难,去国外申请执行裁决的成本高昂、程序复杂;最后,仲裁过程缺乏严格的司法监督,仲裁效率也难以保证。

三、四种制度化的区域跨境商事争议解决模式①及生成机理

跨境商事交流的增加同时加剧了私主体间商事争议发生的可能性,若该区域内有公正、高效解决争议的第三方机构,则其解决争议的良好效果可以促进合同的签订并推动交易的持续运转。解决跨境商事争议的能力已成为世界各国营商环境的核心竞争力。② 典型且理想的模式是公正的争议解决机构加上便捷可用的争议解决机制。专门设立一个区域性的跨境商事争议解决机构是目前国际社会推动区域经济一体化和合作发展的主要举措。但是,理想的争议解决模式还需综合考量区域经济、政治一体化的程度及区域内各国的法治和争端解决文化,而不是孤立存在的。目前已有的区域跨境商事争议解决模式可被概括为四种类型,即国际私法模式、国家合作模式、海湾地区模式及新加坡模式。基于跨境商事争议解决模式的规范性、制度性和程序性是考察其实效的重要维度,也是揭示区域国家间互动状况的重要因素,下面将侧重从这四种模式的规范、制度和程序设计等维度进行考察,探究这四种典型区域模式的表征及生成机理。

(一)国际私法模式

在国际私法模式下,内国法院依然是解决跨境商事争议的主力军。法院根据国际私法规则解决涉外商事争议,而国际私法规则主要由国内立法组成,这些规则规定了内国法院的管辖权、法律适用及外国判决的承认和执行问题。然而,一旦缺乏协调一致的共同国际私法规则,各国立法必然会在国际私法的这些关键领域中产生不同(或冲突)的立场。即使在同一个国家内部,不同法域间也会存在国际私法规则

① 本文因篇幅问题暂不探讨欧盟复杂的"一体化"模式,笔者认为欧盟模式在世界其他区域短期内不具有可复制性。

② See World Bank, *Doing Business* 2020, Accessed May 21, 2021, https://openknowledge.worldbank.org/bitstream/handle/10986/32436/9781464814402.pdf.

的冲突问题。[①] 例如,我国自香港、澳门回归后,通过一系列标志性的区际民商事司法协助安排解决了部分区际私法冲突问题,但在协调管辖权和统一实体法方面依然有较大改进空间。[②] 中国与西北边疆邻国(俄罗斯除外)几乎都属于亚洲国家,从其国际私法实践来看,普遍存在较为保守和被动的倾向。例如,1971 年海牙《承认和执行外国民商事判决公约》(Convention on the Recognition and Enforcement of Foreign Judgments in Civil and Commercial Matters)仅有 5 个国家加入,这些国家中没有任何亚洲国家。[③] 以色列是唯一签署 1965 年海牙《选择法院公约》(Convention on the Choice of Court)的国家。2005 年《选择法院协议公约》于 2015 年生效,目前有 36 个缔约国,我国于 2017 年 7 月签署了该公约(尚未批准),我国西北边疆 8 个邻国均未签署该公约,亚洲地区仅有新加坡批准了该公约。批准该公约被视为重新确认了内国法院在跨境商事争议解决中的重要地位和影响力,正如国际商会(International Chamber of Commerce,ICC)对该公约的期望,"《选择法院协议公约》有潜力在国际民事诉讼领域取得《纽约公约》在国际商事仲裁领域取得的辉煌成就"。[④] 该公约旨在保障跨境商事案件当事人的选择权,海牙国际私法会议(Hague Conference on Private International Law, HCCH)总结了该公约的 3 项基本原则:(1)被选择的法院原则上应当受理案件(第 5 条);(2)任何未被选择的法院均应拒绝受理案件(第 6 条);(3)所选法院作出的任何判决都应得到所有缔约国的承认和执行,但符合拒绝理由的除外(第 8 条和第 9 条)。[⑤] 鉴于目前尚未有生效的关于法律选择的国际公约,2015 年 3 月 19 日通过的《国际商事合同法律选择原则》未来有可能得到广泛认可,其内容旨在进一步在法律选择中加强当事人的意思自治理念。

(二)国家合作模式

国家合作模式目前主要分为两种,均由一定区域范围内的国家基于主权原则发

---

① 早在香港、澳门回归前,我国国际私法学家韩德培、黄进等就针对我国的区际私法作出了前瞻性研究。参见黄进:《区际冲突法研究》,学林出版社 1991 年版,第 15 页。

② 参见涂广建:《港、澳回归后的我国区际私法:成就、反思与展望》,载《国际法研究》2021 年第 2 期。

③ 这 5 个国家分别是:阿尔巴尼亚、塞浦路斯、科威特、荷兰和葡萄牙,因此该公约并未对国际民商事争议解决产生重要影响。参见海牙国际私法会议网,https://www.hcch.net/en/instruments/conventions/status-table/? cid=78,最后访问日期:2021 年 5 月 12 日。

④ ICC, *ICC Calls on Governments to Facilitate Cross-border Litigation*, Accessed 21 May, 2021, https://iccwbo.org/media-wall/news-speeches/icc-calls-on-governments-to-facilitate-cross-border-litigation/.

⑤ See HCCH, *The Hague Convention of* 30 *June* 2005 *on Choice of Court Agreements Outline of the Convention*, Accessed 21 May, 2021, https://assets.hcch.net/docs/89be0bce-36c7-4701-af9a-1f27be046125.pdf.

起建立,这些国家之间经济法律水平差异较大,但均属发展中国家。这种模式或初见成效或处于探索中,究竟在何种程度上进行优化和发展还需要进一步的实践和观察。

1. OHADA 模式

非洲商法协调组织(L'Organisation pour l'Harmonisation en Afrique du Droit des Affaires,OHADA)是非洲西部和中部地区一个非常权威的政府间国际组织,成立于1993年,其目的是对17个成员国的商法进行统一,推动仲裁成为解决商事争议的手段,为成员国的商业发展提供良好的法律环境。① OHADA 部长会议通过的统一法案成为成员国法律体系的组成部分,该组织目前通过了10部统一法案,分别是《调解法》《仲裁法》《与会计法和财务信息有关的统一法》《破产法》《商业公司和经济利益集团法》《商法》《证券法》《公司法》《公路货物运输合同法》《债务追偿简易程序及执行措施统一法》。

司法与仲裁共同法院(Common Court of Justice and Arbitration,CCJA)成立于1998年,是 OHADA 的主要机构,其被赋予3项关键职能:第一,确保统一法草案与 OHADA 条约保持一致,②以此使得未来的统一法案不会与 OHADA 组织文件相冲突。第二,监督 CCJA 机构仲裁,③监督范围限于任命和确认仲裁员、听取仲裁程序进展情况及审查仲裁裁决内容。④ 第三,确保对 OHADA 条约的统一解释与适用,这对于商事争议的解决非常重要。⑤ CCJA 既可以提出咨询意见,又可以受理来自成员国最高法院的上诉。⑥ CCJA 由13名法官组成,任期7年,不可连任,其裁决不可上诉且在全体成员国领土内具有既判力(*res judicata*)。⑦ 值得注意的是,OHADA 成员国的法律体系既有大陆法系又有普通法系,CCJA 尽力对此进行平衡,减少区域内不同法系国家间的法律冲突。只要商事争议涉及对统一法的解释,CCJA 就拥有

---

① 参见 OHADA 官网,https://www.ohada.org/en/missions-and-goals/,最后访问日期:2021年5月12日。

② 参见《非洲商法统一条约》(Treaty for Harmonisation of Business Law in Africa)第6条和第7条。

③ 参见《非洲商法统一条约》第21条。

④ 根据《非洲商法统一条约》第24条的规定,在签署部分或最终裁决书之前,仲裁员应将拟定的裁决书提交 CCJA,CCJA 可建议对该裁决书进行任何正式的修正。

⑤ 参见《非洲商法统一条约》第7条。

⑥ 参见《非洲商法统一条约》第20条,它只能作为最高上诉机构行使管辖权,只能受理成员国国内上诉法院处理过的涉及统一法适用及解释的案件。

⑦ See Charles Manga Fombad, *Some Reflections on the Prospect for the Harmonisation of Business Law in Africa: OHADA and Beyond*, 59 Africa Today Journal 65(2013).

对来自同一国家当事人之间争议的管辖权。OHADA 不仅努力实现实体商法的统一,还通过 CCJA 受理的案件实现对实体商法的统一解释。CCJA 的裁决具有判例价值,不要求用尽当地救济原则,当事人可绕过国内上诉法院直接将争议上诉至 CCJA。OHADA 机制集立法与解释于一身,有助于法律的不断发展完善。此外,CCJA 还有一个地区高等司法学校,负责对成员国法律职业人员进行关于 OHADA 条约及统一法知识的培训,促进并改善成员国的法治环境。OHADA 模式也有明显的局限性,例如,统一法案虽然经由成员国国内立法机关批准,但经由法国及其法律专家主导并推动的程序存在合法性问题,只关注大额商事争议、忽略常见的小额纠纷等。① 总体上看,作为一种区域性商事争议解决模式,OHADA 模式已经并将继续发挥重要功效。

2. 加勒比模式

加勒比模式是在加勒比共同体和共同市场(Caribbean Community and Common Market,CARICOM)的主持下建立的。CARICOM 是加勒比地区的经济组织,其根据巴巴多斯、圭亚那、特立尼达和多巴哥及牙买加总理 1973 年 7 月签署的《查瓜拉马斯条约》于 1973 年 8 月 1 日正式建立,目前由 15 个成员国和 5 个准成员国组成,具有岛国地理环境、语言和民族多样、成员国发展差异较大等特点。② CARICOM 于 2001 年建立加勒比法院,共 12 个成员国签署了《建立加勒比法院的协议》。③ 加勒比法院于 2005 年 4 月 16 日开始正式工作,具有一审管辖权和上诉管辖权,前者针对条约事项,后者针对刑事和民事事项,④各成员国需要专门通过国内立法接受加勒比法院的管辖权。该法院还取代了一些前英国殖民地国家的枢密院作为最终上诉法院,已有 4 个国家即巴巴多斯、多米尼加、圭亚那和伯利兹同意将加勒比法院作为替代枢密院的最终上诉法院。格林纳达议会曾于 2016 年试图推动加勒比法院替代枢密院,在最终全民公决中失败。可见,就上诉管辖权而言,加勒比法院要想获得所有成员国的支持还有很长的路要走,但它的存在为协调这些成员国间的民事和商事法

---

① See Charles Manga Fombad, *Some Reflections on the Prospect for the Harmonisation of Business Law in Africa: OHADA and Beyond*, 59 Africa Today Journal 66(2013).

② 参见 CARICOM 官网信息, https://caricom. org/our-community/who-we-are/, 最后访问日期: 2021 年 5 月 12 日。

③ Agreement Establishing the Caribbean Court of Jusitice(CCJ), 载 CARICOM 网, https://caricom. org/treaties/agreement-establishing-the-caribbean-court-of-justice-ccj/, 最后访问日期: 2021 年 5 月 12 日。

④ See Salvatore Caserta, Mikael Rask Madsen, *Between Community Law and Common Law: The Rise of the Caribbean Court of Justice at the Intersection of Regional Integration and Post-Colonial Legacies*, 79 Law and Contemporary Problems 90(2016).

律提供了路径,为促进区域经济一体化并摆脱殖民地法律束缚提供了基础条件。

(三)海湾地区模式

这种模式呈现在海湾地区,一些特殊金融自由区对于跨境商事争议解决的探索实践逐渐发展为一种有特色的区域模式。迪拜、阿布扎比和卡塔尔是3个司法管辖区,其实践表明依地理划分的金融中心内的商事争议可以通过没有常规法院参与的专门法院来解决。

第一种专门法院是2006年开始运作的迪拜国际金融中心(Dubai International Financial Centre,DIFC)法院。迪拜于2004年作出在迪拜建立国际金融自由贸易区的决定,同年建立了迪拜国际金融中心的法律体系和司法体系。DIFC法院设立一审法庭和上诉法庭体系,诉讼程序公开进行且以英语为工作语言(一般法院的官方语言为阿拉伯语)。① 只有在阿拉伯联合酋长国(以下简称阿联酋)政府承认的任何司法管辖区担任高级司法职务,并且在普通法体系中作为合格的、具有丰富经验的律师或法官的人选,才有资格被任命为DIFC法院的法官。这意味着虽然迪拜自身是大陆法系,但可以选任国际法官,且候选人应在普通法系中具备相应法律资格。法官对其履行职务过程中非由恶意导致的已完成或未完成的事务享有豁免权。一审法庭对金融中心内所有民商事争议以及对在中心注册的机构、公司有关的民商事争议具有专属管辖权。最初,DIFC法院的管辖权在地理上仅限于DIFC司法管辖区域的当事方,随后通过修订法律,允许DIFC以外的当事方通过协议向DIFC法院提起诉讼。DIFC颁布的实体法②、《关于迪拜国际金融中心司法管理的第12号法律》(Law No.12 of 2004 in Respect of the Judicial Authority at Dubai International Financial Centre)及双方当事人选择的任何法律都能作为DIFC法院认可和适用的法律。DIFC在民商事争议解决领域进行了大规模的统一实体法的立法,相当于将普通法系中的民商事规定系统移植到了另一个以大陆法系为主体的司法管辖区内。DIFC使用的证据规则在DIFC立法中有明确规定,其大量借鉴了英国的证据规则。DIFC法院的法官可以就其审理的任何事项任命一位独立的相关领域专家,协助法官解决DIFC法院诉讼程序中出现的任何专业问题。此外,DIFC法院可以应当事人

---

① See DIFC Law No. 10 of 2004, Accessed May 21, 2021, https://www.difc.ae/business/laws-regulations/legal-database/court-law-difc-law-no10-2004/.

② DIFC颁布了大量实体法,其中包括合同法、公司法、雇佣法、破产法、损害赔偿法和救济、义务法、不动产法、动产法等。参见https://www.difc.ae/business/laws-regulations/legal-database/,最后访问日期:2021年6月9日。

的申请,将任何与诉讼程序有关的事项转交仲裁员处理。

第二种专门法院是卡塔尔金融中心法院(Qatar Financial Centre Courts,QFCC),该法院成立于2009年并于2010年开始运作,是卡塔尔追随其邻居迪拜模式的产物。该法院依据2005年《卡塔尔金融中心法》第8条①设立,与DIFC使用英语工作不同的是,QFCC的工作语言包括英语和阿拉伯语两种,法院体系也包括一审和上诉两级。QFCC对于金融中心内外的当事人之间的民商事争议具有管辖权,经其他法域当事人同意也可受理案件。该法院适用在卡塔尔金融中心内实施的实体法和规则,以及任何经由双方当事人选择且不与卡塔尔公共秩序冲突的法律。② 和竞争对手DIFC一样,QFCC的法官也来自普通法系(以英国为主)。③

第三种专门法院是阿布扎比全球市场法院(Abu Dhabi Global Market Court,AGMC),④阿布扎比酋长国是阿联酋最大的酋长国,该法院和同为阿联酋酋长国的迪拜所设立的DIFC一样,也定位于国际商事法院。该法院成立于2016年,由一审和上诉两级法院体系组成,以英国司法系统为蓝本,该法院官方网站声称"这种方法确保建立一个一致、公认和可接受的法律框架和司法系统,承认其法官的公正性和独立性的重要地位"。⑤ "'全球市场'金融自由区"区域内的当事人既可以选择排除该法院的管辖,也可选择仲裁解决商事争议。与DIFC不同的是,AGMC对该金融自由区以外的争议没有管辖权。另一个不同之处是该法院并未编纂任何普通法规则,仅依据2015年《英国法适用条例》(Application English Law Regulations 2015)适用一些英国法,从而使阿布扎比成为唯一自愿接受英国法律来解决商事争议的前殖民地中东国家。

(四)新加坡模式

新加坡作为一个知名的国际商业和金融中心,成立解决国际商事争议的机构具

① See Qatar Financial Centre Version No. 4 [QFC] Law No. (7) of 2005, Accessed May 21, 2021, http://www. qfc. qalen/Documents/ResourcesDocuments/QfcLawlRebranded% 20QFC% 20Law% 2OBrochure. pdf.

② See QFC Law No. (7) of Year 2005, Schedule 6 - The Civil and Commercial Court, art. 8.

③ See The Qatar International Court of View, Accessed May 23, 2021, https://www. qicdrc. gov. qa/tribunal/overview.

④ 阿布扎比全球市场是一个金融自由区,是一个从阿拉伯联合酋长国独立出的单独管辖区域,其不受阿联酋的民商法管辖,而是以普通法原则为原型,为满足该地区具体需求而量身定制的,由注册局、金融服务监管局和法院组成。

⑤ See Abu Dhabi Global Market Court, Accessed May 23, 2021, https://www. adgm. com/faqs/courts#what-are-adgm-courts.

有得天独厚的优势。由伦敦玛丽皇后大学国际仲裁学院和美国伟凯律师事务所联合发布的《2021 年国际仲裁调查报告》(2021 International Arbitration Survey)显示新加坡是全球最受欢迎的仲裁地,成立于 1992 年的新加坡国际仲裁中心(Singapore International Arbitration Centre,SIAC)是全球排名第二的仲裁机构。[①] 新加坡国际商事法庭(Singapore International Commercial Court,SICC)成立于 2015 年,最初提议设立 SICC 也是为了与 SIAC 在国际商事争议解决领域互为补充,以发展法律服务业并扩大新加坡法律的国际化和影响力。[②] SICC 模式意欲避免现有国际商事仲裁机制的一些缺陷,如仲裁成本过高、合法性存疑、裁决不一致、没有上诉救济和第三方无法加入等问题。对于跨境商事争议的当事人而言,除了上述仲裁的缺点外,还存在一些其他因素促使其更青睐诉讼而非仲裁,例如"某些案件更适合相对公开和透明的程序,配备上诉机制、具有可合并审理的选择以及法院判决的权威性保证"。[③]

从管辖权来看,SICC 隶属于新加坡最高法院,是经过立法特别授权建立的专门审理国际商事纠纷的特别法庭,与英国商事法院、特拉华衡平法院及维多利亚最高法院商事法庭[④]等有一定的相似性,都是为了一国法院得以适应跨境交易当事人的需求而作出的设计。SICC 的法官来自世界各地,但由新加坡自行严格挑选和任命。SICC 仅受理国际商事争议,如果当事人对于 SICC 是否有权管辖其争议存有疑惑时,可以诉诸诉前证明程序。仲裁的保密性某种程度上受到当事人的青睐,SICC 程序也允许通过预审决定审理过程的保密性,以回应部分当事人的担忧。尽管这种情况下不能公开判决,如果法院认为该判决具有重要法律利益,可以指示受理该案的法官在法律报告或专业出版物中发表相关内容。SICC 也没有诸如海湾地区模式中商事法院的地理限制,只要双方当事人同意接受 SICC 管辖即可。就准据法而言,SICC 允许当事人自主做出选择;在查明外国法方面,SICC 也做出了较大的创新,即代理律师无须单独聘请专家证人,律师自己的法律陈词起到和专家证人一样的作

---

① 参见《2021 年国际仲裁调查报告》,载中国仲裁法系研究会网,http://caal.chinalaw.org.cn/portal/article/index/id/1187.html。

② See Singapore International Commercial Court, the beginnings of the SICC, Accessed May 24, 2021, https://www.sicc.gov.sg/about-the-sicc/establishment-of-the-sicc.

③ See Chief Justice Sundaresh Menon, International Commercial Courts: Towards a Transnational System of Dispute Resolution, Opening Lecture for the DIFC Courts Lecture Series 2015, Accessed May 24, 2021, https://www.supremecourt.gov.sg/docs/default-source/default-document-library/media-room/opening-lecture---difc-lecture-series-2015.pdf.

④ 关于这些国际商事法院的特点,参见何其生:《国际商事法院研究》,法律出版社 2019 年版,第 96~104 页。

用,这可以节省当事人大量的费用,让律师也从中获得信任感。① 从证据规则来看,SICC不受新加坡国内立法中关于证据的法律规则的约束,这意味着其他外国证据规则可以得到适用。在律师代理方面,外国律师②也可在SICC出庭进行正式代理,且在案件中的权利义务和新加坡律师一样,只需进行形式上的注册。SICC的判决并非如仲裁一般一裁终局,可以被上诉到上诉法院,但当事人可以以书面形式放弃、限制或变更其对SICC判决的上诉权。SICC一旦确立了管辖权,允许共同原告、共同被告或有独立请求权的第三方加入。如果SICC的判决或裁决在新加坡被请求执行,则由新加坡高等法院负责。如果执行地位于新加坡境外,则需依据双边司法协助条约或互惠关系进行。由于新加坡签订的此类司法协助条约数量不多,所以SICC所作判决目前主要依赖英联邦国家之间互相执行法院判决的框架安排予以承认和执行。

四、我国西北边疆地区跨境商事争议解决框架模式选择及具体制度建构

"为依法及时公正审理国际商事案件,平等保护中外当事人合法权益,营造稳定、公平、透明、便捷的法治化营商环境",我国最高人民法院于2018年设立国际商事法庭,从顶层设计看,我国国际商事法庭的设立在现有制度框架内充分借鉴了域外商事法庭的做法,并结合"一带一路"争端解决机构建设的需要,有着本土化的定位和特色。③ 然而,我国国际商事法庭目前却无助于西北边疆地区涉邻国的跨境商事争议解决,因我国国际商事法庭要求的受案范围是"标的额在人民币3亿元以上的国际商事案件",西北边疆地区跨境小额商事争议不符合该要求。同时,基于主权因素考虑及我国宪法、法官法的限制,我国国际商事法庭无法任命国际法官,这可能影响跨境商事争议审判的质效。因此,我国应在当前加快西北边疆发展与周边区域合作阶段,借鉴已有的跨境商事争议解决模式,结合西北边疆涉周边邻国跨境商事争议解决的实际需求,采取以我国与邻国"命运共同体"理念为指导的非正式和灵活的区域司法合作模式。

(一)区域司法合作模式选择

上述区域跨境商事争议解决模式主要采取国际私法层面的协调实体法、政府间

---

① 参见王江雨:《新加坡国际商业法庭的国际性和独立性》,载最高人民法院国际商事法庭网2018年7月13日,http://cicc. court. gov. cn/html/1/218/62/164/864. html。

② 目前已注册的外国律师以英美法系国家为主。See SICC: Representation by Foreign Lawyers, Accessed May 24, 2021, https://www. sicc. gov. sg/guide-to-the-sicc/representation-by-foreign-lawyers.

③ 参见卜璐:《"一带一路"背景下我国国际商事法庭的运行》,载《求是学刊》2018年第5期。

的合作模式抑或建立区域性国际商事法院(庭)。由于我国与西北边疆邻国之间存在区域多样性,区域内各国经济、政治、文化和法律发展水平差异较大,统一各国民商事实体法的国际私法模式尚不具备可能性。建立超国家的(或独立的)司法机构的海湾模式也不符合区域实际,因为区域内政治互信不足、经济一体化或自由化程度较低。[①] 我国已经建立的国际商事法庭和新加坡模式相似,都是"国家驱动型",但因主权和法律服务市场的考虑还有许多亟待发展的地方,因此在借鉴西北边疆涉邻国争议方面难以发挥功效。特别强调国家间合作的 OHADA 模式及加勒比模式虽然具有较强的地域特色,但其关于"合作"的理念和设计能够助力跨境商事争议的解决。

笔者认为,我国西北边疆地区与邻国间的跨境民商事纠纷,应当充分发挥法院的全球司法治理功能,实现路径为审理涉外案件尤其是涉外商事案件,分配全球司法治理权,进而确定案件当事人的权利义务。[②] 建立区域司法合作模式,即区域内法院之间在程序事项和实体问题方面展开合作及定期司法交流等,使得法院真正成为"天下"的"公器"。通过区域司法的互联互通,实现区域商事争议的公正高效解决,促进区域经济发展,保障区域稳定和安全。这种模式的优势是既保持和尊重各国国内民商法的特点,又充分发挥国际私法的功效,注重法律冲突的解决和各国法院的实质合作。诚然,只要多个独立的法律体系并存,跨境商事争议产生后,法院管辖权、准据法、民事诉讼程序和外国判决的承认与执行等国际私法问题就无法回避。区域司法合作模式建立在各国之间相互尊重和信赖的基础上,可以通过制度化的设计帮助跨境交易当事人提高准据法和管辖法院的可预测性,通过加强区域内不同国家法院之间的合作来简化国际民事诉讼流程,促进判决的区域性流通执行。[③] 例如,法院在其本国涉外民事诉讼程序的指引下解决跨境商事争议,通常涉及域外送达、取证、诉讼费用减免、判决的承认与执行等重要环节,其中每个环节都直接影响跨境商事争议解决的质效。司法合作的理念表现在各国通过缔结双边或多边条约来减少各个环节的阻碍,各国通过国内立法和司法实践单方面主动展开互惠先行,各国通过定期法律情报交流和案例分享增进法律了解和协调等方面。

---

① 参见刘有军、谢贵平:《"一带一路"视域下西部边疆非传统安全:威胁及应对》,载《太平洋学报》2020 年第 7 期。

② 参见吴卡:《中国法院参与全球治理的实践路径与可持续策略》,载《国际法研究》2021 年第 2 期。

③ See Zheng Sophia Tang, *The Belt and Road and Cross-Border Judicial Cooperation*, 49 Hong Kong Law Journal 8(2019).

(二)区域司法合作具体制度建构

一方面,缔结区域小型横向司法合作协议及备忘录。由我国主导与西北边疆地区5个邻国完善已有的双边司法协助条约,与其余3个邻国协商签订新的双边司法合作条约,这种双边司法合作模式看似能缓解一些国家对多边条约难以控制的担忧,但无法实现区域司法合作需求的全面高效。① 同时,无论是修改旧约还是签订新约,从谈判到签订需要花费数年且任务过于繁重。② 制定正式的、国家主导的司法合作区域公约的成效已经得到欧盟的实践证明,但我国与西北边疆地区8个邻国间的区域实际与欧盟成员国差异较大,区域内也没有如欧盟般起到统一协调作用的权威性政府间国际组织,因此这种模式难以实施。目前,可以先授权最高人民法院,针对西北边疆地区法院在审理跨境商事争议解决中遇到的阻碍,与邻国最高法院签订小型横向司法合作协议,主导谈判区域司法合作备忘录,采用共同标准协调法律适用,在管辖权方面侧重规制平行诉讼,其他程序的合作、交流则落实《南宁声明》③和丝绸之路(敦煌)司法合作国际论坛④共识。小型横向司法合作协议及备忘录是对该区域共同经济发展利益的确认,是区域内各国法院承诺采取统一行动的规约,特别要注意该协议及备忘录的鼓励性大于强制性、原则性大于规制性,明确攻守利益,⑤同时在责任分担方面,给予较为落后的国家一定的照顾。

另一方面,实施多元化的举措。国内层面不仅要积极完善现有法规,而且应探索授权西北边疆地区法院与邻国同级别法院间直接就部分问题开展合作的方法,在不影响国家司法主权的前提下增加双边地区法院间司法合作的适度自主权。可以采取的关键措施包括:建立区域法律研究机构收集各国立法司法信息,提供纠纷咨询和法律服务;利用我国已经发展较为成熟先进的智慧法院技术,协助邻国法院开展争议网上立案、电子技术送达取证、远程出庭等信息化建设,提高诉讼程序效率;西北边疆地区法院形成需求响应与反馈机制,提升国际司法职能,全面建立口岸法

---

① See Zheng Sophia Tang, *The Belt and Road and Cross-Border Judicial Cooperation*, 49 Hong Kong Law Journal 25(2019).

② 参见高兰英:《中国—东盟民商事司法协助问题研究》,中国政法大学出版社2016年版,第164页。

③ 参见《第二届中国—东盟大法官论坛南宁声明》,载最高人民法院官网2017年6月9日,http://www.court.gov.cn/zixun-xiangqing-47372.html。

④ 参见《丝绸之路(敦煌)司法合作国际论坛圆满闭幕》,载最高人民法院官网2017年9月27日,http://www.court.gov.cn/zixun-xiangqing-62042.html。

⑤ 参见邹国勇、吴琳玲:《TPP、RCEP背景下的中国—东盟自贸区建设:挑战与应对》,载《吉首大学学报(社会科学版)》2016年第2期。

庭等。

五、结语

中国共产党第十九次代表大会报告要求“加快边疆发展”，我国西北边疆地区与周边邻国的合作交流有效推动了我国与周边国家的融合发展，为我国与周边邻国构建命运共同体创造了良好条件。然而，不断加深加强的商事往来导致了跨境商事争议的急剧增长。这些争议涉及多国法律与不同国家当事人间的利益冲突，法律差异及司法保护主义的存在，使解决纠纷不再是一国法院能独立处理的问题。现有纠纷解决途径缺乏实效性，导致纠纷解决难的问题在近年愈显突出，严重影响了西北边疆地区的对外经贸发展。国际社会已经充分认识到建立运转良好的跨境商事纠纷解决机制对区域经济发展的重要推动和保障作用，国际私法模式、国家合作模式、海湾地区模式和新加坡模式分别在各自区域内发挥功效，但没有任何一种模式能够普遍适用于全球各地的跨境商事争议解决，每个区域都必须根据该区域内的实际情况和需求来设计选择可行性的模式。对于我国西北边疆地区与邻国的商事争议解决，运转良好的区域司法合作机制是破解难题的有效路径。中国应发挥引领、示范和推动作用，从制度构建、规范设计和程序创新三方面入手，实施区域司法合作模式。

我国格式消费仲裁条款的共同治理模式探索[*]

郑　洁[**]

由于消费合同中经营者与消费者缔约地位不平等以及格式仲裁条款具有排除消费者向法院诉讼的后果,各国对格式消费仲裁条款实施了不同的治理模式。本文从欧盟和美国对格式消费仲裁条款的治理模式入手,比较分析其背后的法律和社会因素。我国目前没有独立的格式消费仲裁制度,立法上未明确格式消费仲裁条款的效力,司法上也未统一消费仲裁条款的效力认定标准。为了预防与整治经营者滥用格式仲裁条款、侵害消费者权益的行为,本文提出我国应采用公共治理与私人治理相结合的"共同治理模式",发挥政府和市场主体的双重功效,更有效规范我国的格式消费仲裁条款。

一、问题的提出

格式消费仲裁条款是指经营者一方事前起草的、缺乏与消费者协商而订立的、强制消费者在争议发生后将争议提交仲裁解决纠纷的一种契约方式。尽管我国学者对消费仲裁制度已有前期的研究基础,[①]但鲜有学者从社会治理模式的角度来研究消费仲裁条款的效力问题。社会治理模式讲求从多元治理的角度来规范消费仲裁条款的使用与其效力判定,有助于弥补我国目前在立法和司法上对格式消费仲裁

---

* 本文受中央高校基本科研业务费专项资金资助,项目名称:"电子商务平台多元纠纷解决机制研究"(项目编号:2021110002)。

** 上海财经大学上海国际组织与全球治理研究院助理研究员,法学博士。

① 参见袁奇、华国兴:《略论消费纠纷仲裁》,载《政治与法律》1992 年第 1 期;江伟、常延彬:《论消费者纠纷专门仲裁解决机制的构建》,载《河北法学》2007 年第 11 期;孙颖:《论消费者纠纷的解决机制》,载《法学评论》2008 年第 3 期;姚敏:《中国消费仲裁的问题与进路——基于美国消费仲裁的启示》,载《河北法学》2019 年第 3 期。

条款缺乏有效规制的漏洞。

格式消费仲裁条款的效力判定是保护消费者程序救济权利的第一道防线,只有在确保消费者对争议的类型具有充分的程序选择权的前提下,才能在后续合法开展消费仲裁程序。域外对格式消费仲裁条款治理模式根据参与主体的不同,大致可以分为公共治理模式、私人治理模式和共同治理模式。"公共治理模式"强调国家运用公权力对社会公共事务实施管理,欧盟成员国对格式消费仲裁条款采取的就是以立法和司法为主的公共治理模式。"私人治理模式"侧重市场主体对自身的管理,美国对格式消费仲裁条款采取的则是以仲裁机构自治为主的私人治理模式,兼具有限的司法审查制度。"共同治理模式"则是政府和市场主体共同协作参与社会管理的一种治理模式,可以有效弥补前两种模式单一化的不足。① 通过共同治理模式,可以发挥政府与市场协调治理的作用,更有效促进对格式消费仲裁条款的管理。

本文将比较欧盟的公共治理模式与美国的私人治理模式之间的差异,并分析促成这种差异的法律制度、政策偏好和社会文化方面的原因。通过总结欧盟和美国在格式消费仲裁条款治理方面的经验,结合我国对格式消费仲裁条款的规制现状,提出更适合我国格式消费仲裁条款的共同治理模式。基于对社会公益的保护需求,通过推动政府与市场主体对消费仲裁条款的共同治理可以保障消费者公平而自由地参与仲裁程序并获得公正的裁决。

二、格式消费仲裁条款治理的特殊性

"仲裁"一词源于拉丁文"*arbitra*",是指双方当事人依据争议发生前或争议发生后所达成的仲裁协议,自愿将争议交付给独立的第三人,由其按照一定程序进行审理并作出对双方都有约束力的裁决的一种非司法程序。② 实践中,出于对提高交易效率、降低交易成本的考量,③绝大多数经营者与消费者订立的消费仲裁协议均包括

---

① Linda Senden, *Soft Law*, *Self-regulation and Co-regulation in European Law*: *Where do they Meet*?, 9 Electronic Journal of Comparative Law 1 (2005); Inter-Institutional Agreement on Better Law-Making, Official Journal of the European Union, December 2003, 2003/C 321/01, paras. 18 – 20,载欧盟官网, https://ec. europa. eu/info/files/inter-institutional-agreement-better-law-making_en,最后访问日期:2022 年 1 月 16 日.

② 参见陈治东、沈伟:《商事仲裁法:国际视野和中国实践》,上海交通大学出版社 2020 年版,第 1 页。

③ See Christopher R. Drahozal & Samantha Zyontz, *Private Regulation of Consumer Arbitration*, Tennessee Law Review 289, 79 (2011); Andreas von Goldbeck, *Consumer Arbitrations in the European Union*, 18 Pepperdine Dispute Resolution Law Journal 271(2018).

在销售或服务合同中,具有类型化的特点。[①] 本文的研究对象是由经营者单方拟定的、缺乏与消费者的协商而直接订立的、在争议发生之前就与消费者订立的仲裁协议。格式消费仲裁条款既有其合同的属性,又具有独特的社会公益性。

首先,格式消费仲裁条款是当事人约定将争议提交给仲裁解决的一种程序性契约。因此,双方都要对选择仲裁解决争议达成充分且一致的意思表示。充分性体现在消费者是否理解仲裁条款的内容与法律意义并且在此前提下同意适用该仲裁条款。问题在于,格式消费仲裁条款的订立缺乏双方的协商过程,而是由经营者单方拟定的,因此对格式消费仲裁条款的合法性审查应重点关注消费者对仲裁条款的同意与否,以及该条款是否具有显失公平或者不公平不合理的内容。

其次,鉴于格式消费仲裁条款排除了消费者选择向法院起诉的权利,因此还需要考虑到社会公共利益对消费仲裁条款进行特别的规定。由于消费者没有充分的机会在签订合同前仔细阅读条款,绝大多数消费者盲目签署合同却并不了解其中的内容。[②] 此外,消费者不一定具备相关的法律知识,即使阅读了相关的条款,也不会理解格式仲裁条款对其权利和义务的影响。随着电子商务的发展,消费者通过网站与经营者达成网上购物或服务协议已经成为典型现代人生活的一部分,但是电子化的交易方式加剧了双方缔约地位的不平等。据电子商务消费纠纷调解平台大数据显示,2018 年全年受理的投诉案件同比增长 38.36%,其中网购投诉占全部投诉的 55.19%。[③] 一方面网购合同纠纷居高不下,另一方面我国对格式消费仲裁条款缺乏明确的立法和司法规制,造成消费仲裁并不能发挥其应有的替代性解纷功效,反而沦为经营者滥用优势地位侵害消费者诉权的工具。[④] 在我国双循环经济新模式下,能否规范消费仲裁条款的效力影响消费者获得司法保护的能力和消费者对市场的信心,也影响了我国电子商务行业的健康发展。

---

① 参见武建华、郝洁:《对完善我国定式合同中不公平条款立法规制之思考》,载《法律适用(国家法官学院学报)》2001 年第 5 期。

② Yannis Bakos, Flrencia Marotta-Wurgler & David R. Trossen, *Does Anyone Read the Fine Print? Consumer Attention to Standard-Form Contracts*, 1 The Journal of Legal Studies 32 - 33(2014); Shmuel I Becher and Tal Zarsky, *Online Consumer Contracts: No One Reads, But Does Anyone Care?*, 12 Jerusalem Review of Legal Studies 109 - 118(2015). 参见《拿回"芝麻"先交"西瓜",不能这么欺负消费者》,载《工人日报》2020 年 8 月 19 日,第 5 版。

③ 参见《2018 年电子商务用户体验与投诉监测报告》,载网经社网 2019 年 3 月 26 日,http://www.100ec.cn/detail--6501474.html。

④ 例如,在 P2P 网络金融借贷案件中,网贷平台利用仲裁条款,由仲裁机构出具大量先予仲裁的裁决,直接侵害了贷款人的陈述申辩权。参见《微众银行网贷仲裁执行申请被两地法院驳回》,载搜狐网 2019 年 11 月 11 日,https://www.sohu.com/a/353046106_140464。

三、域外格式消费仲裁条款治理的主要模式

(一)以欧盟为代表的公共治理模式

公共治理模式主要是指具有公权力的国家机关参与社会管理的方式,在本文论域内主要包括了立法机关以及司法机关对格式消费仲裁条款的规制方式。欧盟对格式消费仲裁条款采取了公共治理模式,包括在立法中明确争议发生前格式消费仲裁条款的效力认定标准以及针对消费仲裁裁决作出后的司法审查制定统一的适用标准。近年来,为了实现对欧盟消费者更高水平的保护,欧盟通过制定一系列的统一规则,从实体和程序上增强了对消费者救济权利的保障,也进一步明确了对格式消费仲裁条款效力的认定标准。

首先,欧洲经济共同体理事会1993年4月5日《关于消费合同中不公平条款的第93/13号指令》①(以下简称《消费合同不公平条款指令》)第3条从实体法角度对格式消费仲裁条款作出规范:"经营者未与消费者协商而单独拟定的合同条款,一旦违背了诚实信用原则,并由此导致双方权利和义务分配不均,造成对消费者不利的后果,就应被视为不公平条款。"为了进一步明确"不公平条款"的范围,附件Ⅰ以灰名单②的方式列举了可能被认为不公平的条款,其中第q项是"排除或妨碍消费者选择诉讼或其他救济渠道,特别是强制要求消费者通过仲裁解决争议的条款"。第6条进一步确立了对消费者合同中不公平条款的效力认定:"成员国应在立法中规定消费者合同中的不公平条款对消费者不产生效力。"根据此规定,经营者的格式仲裁条款如果对消费者造成了不利的后果,就可能因此被法院判定为不公平条款而不能对消费者产生法律约束力。

其次,欧盟议会及理事会2013年5月21日《关于针对消费者纠纷的替代性纠纷解决指令》③(以下简称《消费争议ADR指令》)从程序法的角度规范了欧盟境内的消费仲裁制度。其第10条规定的自由原则(principle of liberty)进一步明确了《消费合同不公平条款指令》附件Ⅰ第q项列举的格式仲裁条款的效力认定,明确了双方在争议产生之前订立的仲裁条款如果剥夺了消费者诉讼的权利,则不对消费者生效。

---

① Council Directive 93/13/EEC of 5 April 1993 on Unfair Terms in Consumer Contracts, OJ L95/29. p. 29 – 34.

② 所谓"灰名单"制度就是名单上列举的条款仅具有指示性的效果,并没有穷尽所有的情形。该灰名单上列巨额的条款也只是"可能"构成不公平条款,还需要法院结合案情进行最终判定。

③ Council Directive 2013/11/EU of the European Parliament and of the Council of 21 May 2013 on Alternative Dispute Resolution for Consumer Disputes, OJ L165/63, p. 63 – 79.

除了立法规制,欧盟对消费条款的公共治理还表现为严格的司法控制。根据《欧洲联盟运行条约》①第267条的规定,欧盟成员国法院可以就有关欧盟法律的问题请求欧盟法院以“先决裁决”(preliminary ruling)的形式对该问题作出解释,由欧盟法院作出的判决对成员国法院的审判具有拘束力。因此,欧盟法院的判例也构成了对欧盟法的重要补充。② 欧盟法院在艾丽莎玛丽亚诉千禧移动中心案③(以下简称玛丽亚案)和阿斯特可姆电信公司诉克里斯提那案④(以下简称阿斯特可姆案)中统一了成员国法院审理消费仲裁条款效力的适用标准。

按照欧盟法的程序自治原则(procedural autonomy),在欧盟法没有规定的情况下,欧盟成员国应该按照本国的程序法来保障公民享有欧盟法所赋予的权利。⑤ 换言之,成员国基于程序自治原则有权规定各自国内的消费仲裁制度。但是,如果成员国的国内程序法律不能充分保障欧盟公民的基本权利,那么欧盟法院就可以通过判例的形式限制成员国国内的程序法以保障欧盟法律的统一适用。⑥ 在玛丽亚案中,消费者向西班牙的法院以消费仲裁条款无效为由提起撤销仲裁裁决的申请。但是,根据西班牙第36/1988号《仲裁法》第45条的规定,如果消费者未能在仲裁程序中提出对仲裁条款效力的抗辩,那么仲裁一旦作出就具有终局效力。欧盟法院在本案中指出,尽管消费者未能在仲裁程序中而是在仲裁裁决作出后才提出对仲裁协议效力的抗辩,但是根据欧洲经济共同体《消费合同不公平条款指令》第6条第1款对消费合同格式条款的要求,成员国法院依然应当实质审查仲裁协议是否构成不公平

---

① Treaty on European Union and the Treaty on the Functioning of the European Union 2012/C 326/01.

② 参见范明志:《论欧盟法院的先行裁决》,载《法学评论》2002年第6期;汪建成、何兵:《论欧盟法院的司法审查权》,载《中外法学》1996年第4期。

③ Case C-168/05, Elisa Maria Mostaza Claro v. Centro Móvil Milenium SL [2006] ECR I-10421).

④ Case C-40/08, Asturcom Telecomunicaciones SL v. Christina Rodriguez Noguerira [2010] ECR I-09579.

⑤ Case 33/76, Zewe-Zentralfinanz eG and Rewe-Zentral AG v. Landwirtschaftskammer für das Saarland [1976] ECR 1989, para. 19; Case 45/76, Comet BV v. Produktschap voor Siergewassen [1976] ECR 2043, para. 13.

⑥ 基于平等原则(principle of equivalence)要求欧盟成员国国内的程序法对欧盟法下权利的行使不应低于对国内法下权利的行使。基于有效原则(principle of effectiveness)要求国内的程序法不能阻碍欧盟法下公民权利的行使。

条款,从而保障消费者的程序性救济权。① 在阿斯特可姆案中,②经营者向法院申请执行已经生效的消费仲裁裁决。不同于玛丽亚案是由消费者主动提出仲裁协议无效的抗辩,在阿斯特可姆案中则是由法院依职权(*ex officio*)主动援引欧盟法律来保护消费者的程序性救济权,由此可见欧盟法律对成员国司法程序的影响力之大。欧盟法院进一步指出,尽管消费者并未主动申请撤销仲裁裁决,成员国法院依然有义务主动审查该消费仲裁条款是否违反《消费合同不公平条款指令》第 6 条第 1 款的规定,因而对消费者不生效。由于仲裁裁决已经生效并处于一方当事人申请执行阶段,法院一般只有在有限的条件下才能拒绝该执行申请,因此欧盟法院此举实际上是将《消费合同不公平条款指令》第 6 条第 1 款的规定③上升为拒绝承认与执行仲裁裁决的公共政策保留之情形。这既能保证欧盟成员国法院在审理有关格式消费仲裁条款时统一适用欧盟法律,又能充分保障欧盟消费者对救济程序的选择权。

(二)以美国为代表的私人治理模式

私人治理模式是依靠市场主体自身的管理来实现对社会的管理。相比欧盟经营者习惯使用管辖条款来解决与消费者之间的争议,美国的经营者则更多在与消费者的合同中使用仲裁条款。这主要是因为美国采取了以仲裁机构自我约束为主的私人治理模式,鼓励仲裁机构的自治,以有限的司法审查来规制格式消费仲裁条款。

美国《联邦仲裁法》(Federal Arbitration Act)④为了推动仲裁的发展,给予仲裁协议广泛的效力和可执行性,并且也未对消费仲裁条款作特别的规定。美国对仲裁条款的治理模式采用了"自由市场模式"(laissez-faire approach,也可译为"放任型市场模式"),并不主动干预消费者与经营者缔结的格式仲裁条款。在 2011 年审理的 AT&T 移动有限责任公司诉康塞普西翁案⑤中,美国联邦最高法院认定排除集体诉讼的格式消费仲裁条款有效,确认了美国《联邦仲裁法》的至高效力,并禁止美国各州以消费者保护的相关立法限制经营者利用仲裁条款排除消费者提起集体诉讼的行为。美国联邦最高法院认为,消费仲裁条款只有在违背合同法基本原则即意思自

① 《关于针对消费者纠纷的替代性纠纷解决指令》第 6 条第 1 款规定:成员国应当在国内法中予以规定,消费者与经营者签订的合同中不公平条款对消费者不产生约束力。

② Case C – 40/08, Asturcom Telecomunicaciones SL v. Christina Rodriguez Noguerira [2010] ECR I – 09579.

③ 《消费合同不公平条款指令》第 6 条第 1 款规定,成员国应保证在国内法中明确规定消费者与销售者或供应商之间签订的不公平条款对消费者不生效,但不影响合同其他条款的效力。

④ The Federal Arbitration Act (USA) Section 2, Title 9, US Code, Section 1 – 14.

⑤ AT&T Mobility LLC v. Concepcion, 131 S. Ct. 1740, 1753 (2011).

治原则与公平原则等时才可能被判定无效。

由于合同法的规制对象主要是法律地位平等的合同当事人,因此未能针对性地考虑处于弱势地位的消费者的特殊利益,而经营者为了追求利益的最大化,完全可能牺牲消费者的权利。因此,美国通过从管理消费仲裁机构和规范消费仲裁规则这两方面来弥补美国市场机制对格式消费仲裁条款的规制不足。美国的各大仲裁机构都制定了专门的消费仲裁规则①以及相关的正当程序规则,以提高消费仲裁条款的合法性和消费仲裁程序的公正性。正当程序规则要求经营者在与消费者达成仲裁条款时应以合理提示的方式让消费者了解该条款的内容和法律后果。② 因此,仲裁机构在受理案件之前,应依照规则审查仲裁条款的效力。

以美国仲裁协会为例,对格式消费仲裁条款的审查主要分为两个阶段。第一阶段,美国仲裁协会在争议发生前对经营者的格式消费仲裁条款进行登记和审查。自2016年起,美国仲裁协会要求凡是使用其消费仲裁服务的经营者须在合同生效前30日向其报备相关的消费仲裁条款。美国仲裁协会将依照《美国消费仲裁机构正当程序规则》(AAA Consumer Due Process Protocol: Statement of Principles,以下简称《AAA消费仲裁正当程序规则》)审查该条款的效力,对于符合要求的消费仲裁条款予以登记并供消费者在其网站查询。第二阶段,对于争议金额在75,000美元以下的消费仲裁案件,由美国仲裁协会在争议发生后对消费仲裁条款进行审查;对于争议金额在75,000美元以上的消费仲裁案件,由仲裁员在消费仲裁程序中对仲裁条款进行审查。对于符合正当程序规则和消费仲裁规则的仲裁条款,方可受理案件;对于不符合要求的条款,当事人可以选择提交合适的法院进行诉讼。③ 可见,尽管没有法院的介入,美国仲裁机构也会通过内部的管理流程,对格式消费仲裁条款进行反复筛选,以避免经营者滥用该仲裁条款。

正当程序规则还表现在对消费仲裁程序作出原则性规定。首先,规则限定消费者所需支付的仲裁费用,将绝大多数案件的审理费转交由经营者支付,减少消费者

① 《美国仲裁协会消费仲裁规则》(AAA Consumer Arbitration Rules)生效日期为2014年9月1日,载美国仲裁协会网,https://www.adr.org/sites/default/files/Consumer_Rules_Web_0.pdf,最后访问日期:2022年1月16日;《美国仲裁协会非约束性消费仲裁规则》(AAA Non-binding Consumer Arbitration Rules)生效日期为2016年1月1日,载美国仲裁协会网,https://www.adr.org/sites/default/files/document_repository/Non-Binding_Consumer_Arbitration_Rules.pdf,最后访问日期:2022年1月16日。

② 《JAMS最低程序公正规则》第2条;《AAA消费仲裁正当程序规则》第11条。

③ 《美国仲裁协会消费仲裁规则》规则1(d)。

的经济负担。① 其次,对仲裁员的公正性作出规定。虽然仲裁员一般由仲裁机构选任,但是根据数据统计显示由仲裁机构选任的仲裁员并不会作出对消费者不利的裁决。② 这主要归功于美国仲裁协会巨大的仲裁员数据库,③当机构随机从中选任仲裁员时,就可以避免出现同一个仲裁员多次参加包含同一个经营者的消费争议的情形。再者,仲裁程序应选择在便利当事人的地点进行。④ 鉴于很多消费仲裁是书面审理或者在线审理的,因此也节省了当事人可能因为旅途而产生的时间和费用。通过对消费仲裁作出程序性规定,可以在一定程度上提高消费仲裁程序的公正性。

(三)欧盟和美国对消费仲裁条款治理模式之比较

欧盟强调对消费仲裁条款的公共治理,在立法和司法中统一成员国法院对争议前的格式消费仲裁条款的效力认定标准。美国的法院则以仲裁机构对消费仲裁的自治管理为主,法院以"推定同意"规则作为判定当事人意思表示真实的标准,只在仲裁条款显失公平时才介入。探究这两种治理模式背后深层次的原因,主要体现在法律制度、政策偏好以及社会文化差异等方面。

首先,欧盟和美国的治理模式深受其法律制度的影响。尽管欧盟各成员国的法律都有消费者代表诉讼制度,⑤但是欧盟目前仅有 19 个国家的法律规定了消费者集体诉讼。有别于消费者集体诉讼,消费者代表诉讼仅允许消费者权益保护组织或者其他公益组织代表消费者提起诉讼。即使是在有消费者集体诉讼的国家,消费者要提起集体诉讼的成本和难度也相当大。欧盟委员会在 2019 年 4 月提出了有关增强消费者保护的新方案,要改善欧盟的消费者代表诉讼制度。⑥ 但是欧盟的消费者代表诉讼的目的不是惩罚经营者,而是补偿消费者,因此与美国的路径有所区别。美国的经营者之所以如此青睐仲裁当然也与美国法律制度中的司法制度紧密相关。⑦

---

① 《AAA 消费仲裁正当程序规则》规则 6;《JAMS 最低程序公正规则》第 7 条。

② David Horton and Andrea Cann Chandrasekher, *After the Revolution: An Empirical Study of Consumer Arbitration*, Geo LJ 104 121(2015).

③ 据统计,美国仲裁协会的仲裁员有 5513 名,载美国仲裁协会网,https://www.adr.org/sites/default/files/document_repository/ArbitratorDemographicData_01132020.pdf.最后访问日期:2022 年 1 月 16 日。

④ 《AAA 消费仲裁正当程序规则》规则 7。

⑤ 《欧盟消费者权利保护指令》(EU Council Directive 2011/83/EU of 25 October 2011 on Consumer Rights)第 23 条允许消费者组织或社会公益机构提起代表诉讼。

⑥ Proposal for a Directive of the European Parliament and of the Council on representative actions for the protection of the collective interests of consumers, and repealing Directive 2009/22/EC (SWD 2018 96 final).

⑦ See Christopher R. Friel Drahozal, Raymond J., *Consumer Arbitration in the European Union and the United States*, NCJ Int'l L & Com Reg 28 389(2002).

第一,大多数民事案件都可以使用陪审团,因此有理由怀疑陪审团会倾向于同情处于弱者的消费者,因而对经营者作出不利判决。第二,担心消费者会提起集体诉讼,导致高额赔偿。第三,美国的侵权赔偿中有惩罚性赔偿制度,经营者通过使用格式仲裁条款可以规避消费者进行集体诉讼。第四,美国律师的风险代理制度也鼓励了惩罚性赔偿请求的提起,如果败诉消费者不需要承担一分钱,律师根据判决结果再进一步与消费者分成。① 因此,对美国经营者而言,消费者提起诉讼对其造成的风险要远高于仲裁。

其次,欧盟和美国对消费仲裁条款的不同治理模式也体现了社会各利益集团之间的博弈。在欧盟,立法者认为成员国对消费者保护程度的不均衡会影响欧盟共同市场的公平竞争,因此将保护消费者作为至高的立法目标,保障消费者在不同成员国能获得欧盟法下相似的司法救济。在美国,以美国商会为代表的商人利益集团的影响力要大于消费者保护团体,导致规制消费仲裁条款的立法草案迟迟不能通过。

最后,欧盟和美国社会对仲裁制度的接纳程度也有所区别。在欧盟,消费者和经营者对替代性纠纷解决机制缺乏了解和信任,因此消费者还是以诉讼为主要的救济渠道。这也是后来欧盟通过立法规范消费替代性纠纷解决机制的动因之一。② 在美国,仲裁已经发展成为常态化的纠纷解决方式。自20世纪70年代开始,美国法院鼓励当事人选择仲裁解决争议,最终美国《联邦仲裁法》被赋予了高于州法律的效力。③ 仲裁机构为了提高仲裁的公正性,也会自愿在仲裁程序中加入正当程序规定,以提高仲裁的透明度和仲裁裁决的合法性。

四、我国对格式消费仲裁条款的治理现状及共同治理模式的探索

(一)我国消费仲裁制度的现状

我国目前没有独立的消费仲裁制度,现有的消费仲裁业务主要依靠我国的民间商事仲裁机构与各地消费者权益保护机构之间的合作。④ 但是这种合作机制由于缺

---

① See Janet Cooper Alexander, *Contingent Fees and Class Actions*, DePaul Law Review 47 347 (1997).

② Directorate General for Internal Policies Internal Market and Consumer Protection, Cross-border Alternative Dispute Resolution in the European Union, IP/A/IMCO/ST/2010-15, p.49.

③ See Deborah R. Hensler & Damira Khatam, *Re-Inventing Arbitration: How Expanding the Scope of Arbitration Is Re-Shaping Its form and Blurring the Line between Private and Public Adjudication*, Nev LJ 18, 386(2017). Moses H. Cone Memorial Hospital v. Mercury Construction Corporation, 460 U. S. 1, 24 (1983).

④ 主要包括消费者协会、工商行政部门(现市场监管局)和行业协会。

乏透明度和长效性，也未能从制度上监督格式消费仲裁条款的合理使用以及保障消费仲裁程序的公正性。① 首先，我国提供消费仲裁的商事仲裁机构数量有限，且对消费仲裁规则披露不透明。尽管国内的仲裁机构曾经推出过消费仲裁规则，但是笔者查询了国内各大提供消费仲裁服务的仲裁机构的网站，都没有找到有关消费仲裁规则的内容及收费标准。② 笔者推测，造成这种情况的主要原因是仲裁机构提供的消费仲裁服务由于收费低无法维持消费仲裁服务的长期运作，这也是我国需要改革消费仲裁机构设置的原因之一。③ 其次，我国商事仲裁机构缺乏对消费争议特别的程序保障规则。鉴于消费者与经营者之间经济和社会地位的不平等以及消费者权益保护的公益性，应在普通商事仲裁规则之外另行制定消费仲裁程序规则，并在仲裁员的选任、仲裁地的确定、仲裁费用的分担等问题上更注重保护消费者的权利。最后，仲裁机构内部缺少对消费仲裁条款效力的专门性审查制度，造成经营者滥用格式消费仲裁条款侵害消费者权益。尤其严重的是在个人网络金融借贷（peer-to-peer, P2P）纠纷中，经营者通过格式仲裁条款约定借款人放弃申请仲裁员回避、提供证据、答辩等基本程序性权利，继而在仲裁裁决作出后到法院申请强制执行该违反程序公正的裁决。例如，湛江仲裁委曾经与玖富集团、团贷网等多家大型网贷公司合作，在2017年以仲裁先予执行模式在全国大范围受理网络仲裁案件150余万件，标的额400余亿元。④ 对此，最高人民法院于2018年专门作出批复，认定这种侵害当事人程序权利的仲裁裁决无效。⑤ 通过在北大法宝司法案例库中进行相关的案例检索，笔者发现仅以“仲裁机构先予执行”作为关键词就能找到80件个人小额网贷纠纷案件，可见在最高人民法院出台批复之后，仍有不少经营者企图滥用格式仲裁条款侵害消费者程序性权利的存量案件。⑥ 此外，综观各大类型的电商平台，在用户

---

① 参见姚敏：《中国消费仲裁的问题与进路——基于美国消费仲裁的启示》，载《河北法学》2019年第3期。

② 包括广州仲裁委员会、哈尔滨仲裁委员会、石家庄仲裁委员会、荆门仲裁委员会、杭州仲裁委员会等。

③ 例如，上海市仲裁委和广州仲裁委均在2003年推出过费用低廉的小额消费争议仲裁，但其后该小额消费仲裁就淡出了公众视野。参见《广州制定消费争议特别规定：五万元纠纷当天仲裁》，载搜狐网，http://news.sohu.com/2003/11/18/98/news215709820.shtml。

④ 参见《网贷纠纷“先予仲裁”被厦门中院否定，湛江仲裁委模式是创新还是违法?》，载凤凰广东网，https://gd.ifeng.com/a/20180604/6626239_0.shtml。

⑤ 最高人民法院《关于仲裁机构“先予仲裁”裁决或者调解书立案、执行等法律适用问题的批复》（法释〔2018〕10号）。

⑥ 北大法宝司法案例库：pkulaw.com/case，检索时间：2022年1月16日。

协议中使用格式消费仲裁条款的也不在少数。[①]

(二)我国对格式消费仲裁条款的立法规制

我国《仲裁法》第16条规定仲裁协议应满足三个基本要件:当事人合意、约定的仲裁机构以及明确的仲裁事项。由于《仲裁法》并没有专门规定消费仲裁制度,对消费仲裁与商事仲裁在协议效力和程序方面的规定也未加以区分。因此,只能借助于其他相关法律对消费仲裁条款的效力进行判定。我国《民法典》和《消费者权益保护法》[②]规定,作为格式条款的起草方,经营者至少有两项义务:首先是对于那些与消费者权利义务有重大影响的条款尽到合理提示义务。我国《民法典》第496条第2款规定(原《合同法》第39条第1款),采用格式条款订立合同的,应采取合理方式提请对方注意免除或者限制其责任等与对方有重大利害关系的条款,按对方要求,对该条款予以解释。我国《消费者权益保护法》第26条第1款进一步细化了合理的提醒注意义务的对象,将消费合同中有关商品或服务的质量和数量、价款或费用、履行期限和方式、安全注意事项和风险警示、售后服务以及民事责任等与消费者有重大利害关系的内容都纳入其中。虽然在《民法典》合同编和《消费者权益保护法》针对合理提示义务的对象中都没有直接提到争议解决条款,但是鉴于争议解决条款会影响消费者程序性救济权利的行使,笔者认为仲裁条款也应属于经营者须提醒消费者注意的合同条款内容之一。

其次是经营者须保证所提供的格式条款公平、合理,否则由经营者单方作出的对消费者不公平、不合理的格式仲裁条款内容无效。我国《民法典》第496条规定当事人可以主张经营者提供的格式仲裁条款由于排除或限制其主要权利而无效。并且,根据《消费者权益保护法》第26条第2款的规定,经营者作出排除或限制消费者权利、减轻或免除经营者责任、加重消费者责任等对消费者不公平不合理的格式条款当然无效。但在对无效的格式条款解释中,对于是否能适用《民法典》第496条以及《消费者权益保护法》第26条对消费仲裁条款进行规制也存在认识上的差异。一种观点认为,《消费者权益保护法》第26条的适用范围应限于有关合同实体权利义务的分配,而不包括有关争议解决的程序性事项。[③] 另一种观点则认为,第26条第2款采用了列举的方式,并没有穷尽"其他可能对消费者不公平不合理的规定",因

① 例如,网易考拉、京东国际、速卖通等平台的用户协议中都约定使用格式仲裁条款。

② 我国《民法典》第496条(原《合同法》第39条);《消费者权益保护法》第26条。

③ 何山:《中华人民共和国消费者权益保护法释义及实用指南》,中国民主法制出版社2013年版,第90页。

此可以援引该条规定来判定格式消费仲裁条款的效力。例如,我国《消费者权益保护法实施条例(送审稿)》第15条就细化了“其他”的内容,其第7项就包括了“排除或者限制消费者依法投诉、举报、选择诉讼或者仲裁的权利”。笔者认同第二种观点,因为根据诉讼契约理论,争议解决条款在没有其他程序法的规定时,特别是在合同双方缔约地位不平等、仲裁条款具有强制性并且排除了消费者寻求诉讼救济权利的情形下,也可以适用实体法对其效力进行判断。①

(三)我国司法判例对格式消费仲裁条款的效力认定

由于我国对格式消费仲裁条款并未制定专门的法律,法院一般参照《民法典》合同编和《消费者权益保护法》针对格式条款的规定审理相关争议。但是,实践中依然会出现法院对格式消费仲裁条款的效力认定错误以及适用标准不统一的问题,并造成经营者滥用格式消费仲裁条款、侵害消费者程序救济权的现象。② 在司法判例中,主要有以下几种判定类型:

第一,根据最高人民法院《关于适用〈中华人民共和国民事诉讼法〉若干问题的解释》(以下简称《民诉法司法解释》)第31条来判定格式消费仲裁条款无效。③ 该条对格式管辖条款作出专门规定,经营者未以合理方式提请消费者注意格式管辖协议的,消费者可主张该管辖协议无效。有的法院在审理时,直接套用该条规定认定格式消费仲裁条款无效。例如,在宁波江东泓诚信息技术有限公司诉陈某某一案④中,双方签订了移动app产品服务合同,并在合同背面的客户须知中约定了将争议提交中国国际经济贸易仲裁委员会仲裁解决。但由于该仲裁条款系客户须知中的格式条款,且双方均未在上面签名,经营者也未对该仲裁条款作合理提示,法院适用《民诉法司法解释》第31条的规定,将“管辖协议”的范围扩大解释为包括仲裁协议在内,因而判定该仲裁条款无效。又如,在苹果电子产品商贸(北京)有限公司与张某买卖合同纠纷管辖权异议一案⑤中,法院同样根据该条判定《Apple Store官方旗

---

① 参见巢志雄:《民事诉权合同研究——兼论我国司法裁判经验对法学理论发展的影响》,载《法学家》2017年第1期。

② 根据笔者的案例统计,涉及消费合同中仲裁协议效力认定的案件较多,主要涉及保险、房屋销售、网络服务、旅游服务、网络购物等合同中的仲裁条款。

③ 《民诉法司法解释》第31条规定:经营者使用格式条款与消费者订立管辖协议,未采取合理方式提请消费者注意,消费者主张管辖协议无效的,人民法院予以支持。

④ 参见陈某某与宁波江东泓诚信息技术有限公司管辖权争议案,浙江省宁波市中级人民法院民事裁定书(2016)浙02民辖终113号。

⑤ 参见苹果电子产品商贸(北京)有限公司与张某买卖合同纠纷管辖权异议上诉案,湖南省岳阳市中级人民法院民事裁定书(2017)湘06民辖终120号。

舰店销售和退款政策》中的仲裁条款属于格式条款,且没有证据证明上诉人(苹果公司)已向被上诉人(消费者)履行了提示注意义务。因此,该仲裁条款对消费者不产生仲裁的约束效力。但是,也有法院认为对"管辖协议"应作狭义理解,并不包括仲裁协议。例如,在徐某某诉乐山新和置业有限公司申请确认仲裁协议效力纠纷案①中,法院认为《民诉法司法解释》第31条是针对法院诉讼中地域管辖所作的细化规定,对本案中的仲裁协议并不适用。根据文义解释方法,笔者也赞同后一种看法,《民诉法司法解释》第31条的规定只适用于诉讼管辖条款,但是格式消费仲裁条款的确也存在与约定管辖的格式条款相似的特点,即对消费者程序救济权利的行使造成经济成本和时间负担,有必要对格式消费仲裁条款的效力实施统一的裁判标准。

第二,仅以《仲裁法》第16条作为判定标准,并不对消费合同和普通商事合同中的仲裁条款加以区分。持该观点的法院认为,格式消费仲裁条款不属于《民法典》第497条(原《合同法》第40条)和《消费者权益保护法》第26条第2款规定的"排除或限制消费者权利、减轻或免除经营者责任、加重消费者责任"的格式条款,而应充分尊重双方当事人对选定仲裁程序的意思自治。② 例如,在孙某某与北京拜克洛克科技有限公司申请确认仲裁协议效力案③中,北京市第四中级人民法院对消费者与北京拜克洛克科技有限公司通过微信服务协议订立的格式仲裁条款效力作出判定,认为选择仲裁方式解决纠纷对合同各方主体是平等的,不能认为是对一方当事人主要权利的排除。

第三,以经营者是否履行了合理提示义务作为判定标准。绝大多数法院在适用《民法典》第496条(原《合同法》第39条)和《消费者权益保护法》第26条第1款的规定时,只要订立合同一方(经营者)对仲裁条款作了合理的提示,就判定双方意思表示一致,该仲裁条款即为有效。④ 但是这种仅根据合理提示义务来认定格式消费仲裁条款效力的做法依然构成了对消费者程序救济权的剥夺。首先,网络服务协议

① 参见徐某某诉乐山新和置业有限公司申请确认仲裁协议效力纠纷案,四川省乐山市中级人民法院民事裁定书(2015)乐民特字第4号。

② 参见陈某某与北京火币天下网络技术有限公司申请去人仲裁协议效力纠纷,北京市高级人民法院民事裁定书(2017)京03民特监8号。

③ 参见孙某某与北京拜克洛克科技有限公司申请确认仲裁协议效力案,北京市第四中级人民法院民事裁定书(2020)京04民特376号。

④ 参见余某某与杭州网易严选贸易有限公司等网络购物合同纠纷案,杭州铁路运输法院民事裁定书(2017)浙8601民初2926号;范某某诉杭州网易严选贸易有限公司等网络购物合同纠纷案,杭州铁路运输法院民事裁定书(2017)浙8601民初2933号;屈某某诉杭州网易雷火科技有限公司等网络购物合同纠纷案,杭州铁路运输法院民事裁定书(2017)浙8601民初2713号。

或网购合同的内容一般都比纸质的合同更长、更复杂,这主要是因为电子合同的长度不再受到物理环境的限制,而经营者为了规避法律风险也更不遗余力地在合同中加入大量对己方有利的免责条款。① 尽管经营者会以特殊字体的方式对消费者作一定的提示说明,但是这种文字性标示对消费者而言也并没有多大意义。消费者可能由于缺乏相关的法律知识和合同缔结经验,根本无法分辨这些条款对其程序性权利的限制性影响。其次,网购合同的缔结方式更隐蔽,消费者需要点击超链接或者拖动工具条才能阅读合同的相关条款。② 此外,网站合同种类繁多也消耗了消费者有限的精力。消费者很难区分用户注册协议、用户服务协议、隐私保护协议以及交易条款,更难注意到已嵌入其中的仲裁条款。③ 最后,格式仲裁条款在选定仲裁机构时也并没有指定适用特别的消费仲裁规则,而是使用普通的商事仲裁规则。鉴于消费争议的标的往往不大,而适用商事仲裁机构普通仲裁程序的费用远远高于消费争议的标的,明显不成比例。④ 对于消费者而言,往往会因为仲裁费用远高于争议标的而放弃申请仲裁。

由此可见,以上这三种司法判例都存在一定认识上的误区。第一,不能直接套用《民诉法司法解释》第 31 条,将格式消费管辖条款理解为包含格式消费仲裁条款。第二,不能直接排除《民法典》和《消费者权益保护法》对认定格式消费仲裁条款效力的适用,而应结合仲裁条款是否排除了消费者选择诉讼的权利、是否选择了独立的消费仲裁规则、是否给消费者造成了不合理的负担等因素来判定是否构成无效的情形。第三,不能仅以经营者是否尽到合理提示义务来认定格式消费仲裁条款的效力,因为这种规定并不能充分保护消费者程序性的救济权利。

(四)探索具有兼容性的共同治理模式

在对格式消费仲裁条款进行效力规制时,欧盟的公共治理模式与美国的私人治理模式分别体现出各自的利弊。公共治理的问题在于其规制的能力和效果无法充

---

① Jeffrey H. Dasteel, *Consumer Click Arbitration: A Review of Online Consumer Arbitration Agreements*, 9 Arbitration Law Review 1 – 2(2017). 根据调查,发现同一经营者线下合同的条款内容要比网购合同的内容精简很多,并且也没有强制仲裁的条款。

② 例如,在余某某与杭州网易严选贸易有限公司等网络购物合同纠纷案中,消费者在购买商品时,网站只是以链接将《网易考拉海购服务协议》呈现给消费者,如果不点击链接,消费者也根本无法获取仲裁条款的内容。

③ See Florencia Marotta-Wurgler & Robert Taylor, *Set in Stone: Change and Innovation in Consumer Standard-form Contracts*, 88 New York University Law Review 240(2013).

④ 对于标的较小的消费仲裁程序,使用人民法院的简易程序诉讼费仅为 50 元人民币,但是按中国国际贸易仲裁委员普通仲裁程序的仲裁费用至少要花费 6000 元人民币。

分满足社会多元化的需求,而完全依靠私人治理又可能导致市场资源配置的失灵、造成资源分配的不公。①

欧盟主张放宽对格式消费仲裁条款效力规制的原因在于《消费争议 ADR 指令》已经规定了消费仲裁的程序保障,因此没有必要通过立法过多干涉。② 此外,在一些欧盟国家,消费仲裁机构自身的公益性也是建议放宽规制的重要原因之一。在西班牙,消费仲裁机构是由国家通过立法设立的公益组织,并且只适用于消费者向经营者提起的仲裁。③ 在葡萄牙,虽然消费仲裁机构是私人机构,但其经费来源是司法部和行业协会的共同出资,避免了由经营者支付仲裁费用所可能产生的利益冲突。④ 消费者在这些国家选择消费仲裁的主要原因是诉讼费用偏高,而消费仲裁是免费的。欧盟的公共治理模式通过明确的立法为法院提供了统一的司法裁判标准,也为经营者提供了清晰的条款起草指引,其缺点在于对于已有完善的消费仲裁制度的成员国(如葡萄牙、西班牙等),一概限制消费仲裁条款未免过于严苛,反而可能会压制消费仲裁作为诉讼替代性救济措施所产生的高效、便捷解决纠纷的社会效果。

与之相对应的是,不少美国学者也建议应对消费仲裁条款进行专门的立法规制。他们认为过于高昂的消费仲裁费用一方面会阻碍消费者提起仲裁,另一方面也侵害了消费者提起诉讼的权利。⑤ 美国仲裁协会制定的消费仲裁规则和正当程序规则固然可以提高消费仲裁的合法性,但是私力救济依然无法保证消费者程序性救济权的充分行使。由于仲裁机构仍然是商业性组织,而仲裁机构在消费仲裁中大部分的受理费用和仲裁员的支出都是经营者支付的,因此无法像法院一样充分保护社会公益。美国对消费仲裁条款的私人治理模式侧重于仲裁机构自身对消费仲裁规则的完善,却弱化了立法对消费仲裁条款应有的监督作用。⑥ 因此,美国国内一直有立

---

① 参见刘亚平、游海疆:《"第三方规制":限制与未来》,载《宏观质量研究》2017 年第 4 期。

② See Andreas von Goldbeck, *Consumer Arbitrations in the European Union*, 2 Pepperdine Dispute Resolution Law Journal 18(2018).

③ See Pablo Cortés, *The New Regulatory Framework for Consumer Dispute Resolution*, Oxford University Press, 2016, p. 278.

④ Ibid. ,p. 261 - 262.

⑤ See Richard M. Alderman, *Pre-Dispute Mandatory Arbitration in Consumer Contracts: A Call For Reform*, 38 Houston Law Review 1237, 1247(2001). 奥尔德曼(Alderman)认为,消费仲裁协议以格式合同的形式强制消费者缔约; Mark E. Budnitz, *The High Cost of Mandatory Consumer Arbitration*, 67 Law and Contemporary Problems 133(2004)。巴德尼兹(Budnitz)认为,消费仲裁条款限制消费者选择法院诉讼的权利,并且由于仲裁的费用太高,很少有消费者会主动申请仲裁。

⑥ See Ronald G. Aronovsky, *The Supreme Court and the Future of Arbitration: Towards a Preemptive Federal Arbitration Procedural Paradigm*, Sw L Rev. 42 131,134(2012).

法提案主张限制经营者在争议发生前与消费者缔结消费仲裁协议。① 例如，美国国会2010年颁布《多德－弗兰克华尔街改革和消费者保护法案》就授权金融消费者保护局对金融消费合同中的强制仲裁条款进行合规性审查，并在有需要时制定相应法律。② 美国金融消费者保护局通过颁布《仲裁协议规则》禁止经营者通过仲裁条款剥夺消费者诉讼的权利。③ 但在2017年11月，美国总统签署决议否决了该提案。④ 2019年9月，美国众议院终于通过了《对不公平的强制仲裁予以撤销法》，⑤旨在修改《联邦仲裁法》，以限制经营者使用格式仲裁条款来排除消费者提起集体诉讼的权利。但是，鉴于美国既往对消费仲裁议案的一贯否决态度，笔者估计该法案最终能获得参议院通过、经总统签字生效的可能性依然微乎其微。⑥ 美国的私人治理模式更强调仲裁机构的行业自治，因此具有一定的灵活性，但是不能保障消费者选择小额诉讼或集体诉讼的救济权。

欧盟和美国对格式消费仲裁条款规制的经验说明对格式消费仲裁条款的治理模式应是多元化和多层次的，应结合一国的法律制度、政策偏好和社会文化差异进行相应的规制。在社会文化对仲裁的接纳程度上，我国的情况与欧盟比较接近，消费者并不熟悉仲裁这种纠纷解决方式，也不信任使用仲裁方式解决与经营者之间的消费纠纷。在法律制度的构建上，我国更接近美国，没有法定的消费仲裁制度，仅依靠现有的《民法典》(合同编)和《消费者权益保护法》中有限的格式条款规范来规制消费仲裁条款。

"共同治理"是欧盟立法者提出的一种新型治理模式，其内容是由政府立法确定规制行为的总体目的，并通过政策支持和引导市场主体，如经济领域的运营组织、社会团体、非政府组织或者行业联合会等，自行决定具体需要采取的步骤和方式以实

---

① 例如，《公平仲裁法》草案和由金融消费者保护局制定的《消费仲裁法》。

② Dodd-Frank Wall Street Reform and Consumer Protection Act, 124 Stat. 1376, July 21, 2010, Accessed January 17th, 2022, https://uscode. house. gov/statutes/pl/111/203. pdf.

③ Consumer Financial Protection Bureau, Arbitration Agreement Rules, Accessed January 17th, 2022, https://www. consumerfinance. gov/rules-policy/final-rules/arbitration-agreements/.

④ The Hill, Trump repeals consumer arbitration rules, wins banker praise, November 1st, 2017, Accessed January 17th, 2022, https://thehill. com/policy/finance/358297-trump-repeals-consumer-bureau-arbitration-rule-joined-by-heads-of-banking.

⑤ 《对不公平的强制仲裁予以撤销法》的前身是《仲裁公平法》(Arbitration Fairness Act)。Forced Arbitration Injustice Repeal Act, H. R. 143, 116th Congress (2019－2020), Accessed January 17th, 2022, https://www. congress. gov/bill/116th-congress/house-bill/1423/text.

⑥ 根据笔者在美国国会网站(Congress. Gov)调取到的资料，《公平仲裁法》的提案自2002年以来，已经被提交了10次之多，每次都未能通过立法程序。

现该总体目标。① 共同治理模式不单单是公私治理模式的结合,更为重要的是其强调政府与市场主体间的互动式合作。② 共同治理模式一方面可以发挥市场主体的自主性,另一方面通过政府或其他社会部门的监督保障立法目标的实现。用共同治理的模式可以打破公、私治理的二元结构,在政府与市场主体相互协作的方式下共同监督消费仲裁条款的使用与执行。③

公共治理模式与私人治理模式之间存在一定程度的张力,主要表现为政府在多大程度上让渡监管的权力并且使得市场主体的自我管理与政府监管之间达到平衡。因此,笔者提出通过公共治理与私人治理模式相结合的"共同治理模式",可以发挥政府和市场主体的双重功效并且达到治理的协同,从而更有效规范我国的格式消费仲裁条款。公共治理侧重于政府如何实现社会的共同目标,④具体表现为对格式消费仲裁条款的立法与司法规制。私人治理强调社会自治力量,主要涉及消费仲裁机构的自我规制。共同治理依靠政府和社会力量之间的协作,可由政府授权第三方机构(如建立全国消费仲裁机构联合会)对消费仲裁机构进行管理并制定消费仲裁的程序性标准,并且由政府监督消费仲裁机构的运作(见图1)。

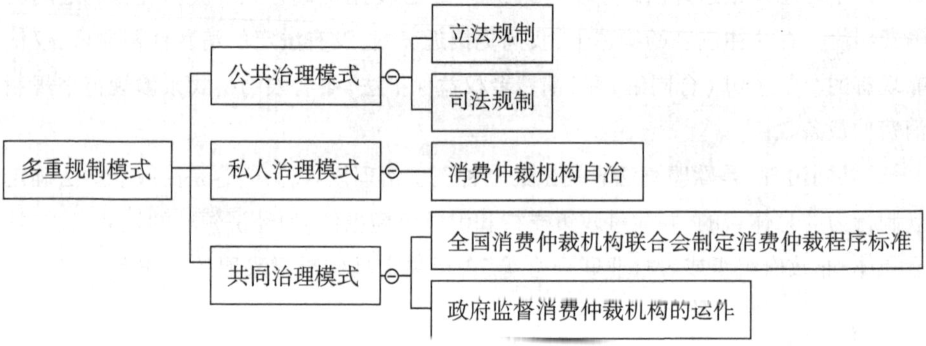

图1　消费仲裁的多重规制模式

针对我国现阶段的消费仲裁制度,第一,应从立法上规制消费仲裁条款。一是

---

① Christopher T. Marsden, *Internet Co-regulation and Constitutionalism: Towards European Judicial Review' International Review of Law*, Computers & Technology, Volume 26, 211 - 228(2012).

② European Economic and Social Committee Report on European Self-and Co-Regulation, July 18, 2013, Accessed January 16th, 2022, https://www.eesc.europa.eu/en/documents/eesc-report-european-self-and-co-regulation.

③ 参见张俊峰、韩松、吴贤丰:《国家与社会共同治理模式分析》,载《合作经济与科技》2010 年 7 月号。

④ 参见余军华、袁文艺:《公共治理:概念与内涵》,载《探索与争鸣》2013 年第 12 期。

制定消费仲裁法,将消费仲裁独立于现有《仲裁法》规定的商业仲裁。这主要是考虑到消费者与经营者之间的地位不平等,为了实现程序公正,需要对消费仲裁程序作适当调整。例如,可以在消费仲裁协议的达成方式上,规定经营者在争议发生之前与消费者订立的格式仲裁条款只对经营者单方有效,并不对消费者有约束力。另外,消费仲裁的裁决也只对经营者一方有约束力。换言之,如果消费者对仲裁裁决不服,可以径行向法院提起诉讼。二是在《消费者权益保护法实施条例》中,通过"黑名单制度"将格式消费仲裁条款列入可能构成"对消费者不公平、不合理规定"的条款序列。这样就可以依据《消费者权益保护法》第 26 条针对消费合同中无效格式条款的规定,直接认定格式消费仲裁条款由于排除了消费者向法院诉讼的权利而无效。

第二,在司法审查规制上,应统一各地法院对消费仲裁条款的效力判定依据与标准。最高人民法院应出台司法解释,规定各地法院应该结合经营者是否利用优势地位强制消费者同意仲裁条款、是否限制了消费者选择诉讼的权利以及是否构成对消费者不公平、不合理的规定等情形,依据《消费者权益保护法》第 26 条来判断消费仲裁条款的效力。

第三,通过市场主体的自我规制来保障消费仲裁制度的公平性。目前,我国的做法是由各仲裁委员会与消费者权益保护委员会或政府部门合作,设立消费争议仲裁中心。这种做法的不足在于,消费仲裁业务与商事仲裁业务混淆、消费仲裁与仲裁机构的业务收入直接挂钩可能影响消费仲裁的社会公益性,阻碍我国消费仲裁的健康发展。鉴于消费争议的特殊社会公共利益价值,笔者建议消费仲裁机构应独立于商事仲裁机构。消费仲裁机构是第三方非营利性机构,应由政府、消费者权益保护协会和行业协会联合出资,对争议当事人只收取基本的受理费。这样可以保证消费仲裁机构的相对独立性,防止经营者基于经济地位优势对消费仲裁机构的裁决施加不利影响。

第四,应保障我国消费仲裁程序的合法性和正当性。其一,我国应该借鉴消费仲裁机构内部审查机制,消费仲裁机构在受理案件之前,应由其秘书处审核格式消费仲裁条款是否符合消费仲裁的程序性标准,对于不符合的仲裁条款,应告知当事人向有管辖权的法院提起诉讼。其二,我国的消费仲裁机构应制定相应的消费仲裁规则,并且将其公布在各自的网站上,包括仲裁员的选任、仲裁费用的缴纳、证据的提交、审理的方式以及仲裁裁决的约束力等。其三,我国的消费仲裁机构应加强自身的专业化水平,与各行业协会合作,建立如金融消费仲裁中心、保险消费仲裁中心、电子商务消费仲裁中心等,解决消费争议的多元化需求。其四,制定行业标准条款,由行业协会牵头,向经营者推广对消费者更有利的争议解决条款。例如,提供对经营者单方有效的格式仲裁条款,赋予消费者对救济方式的选择权。

第五,发挥政府与市场主体协同治理的功能,既保障消费者的基本诉讼权利不受侵害,又满足经营者对纠纷解决便捷、高效的需求。建议在我国由政府牵头成立全国性的消费仲裁机构联合会,联动和管理全国各地的消费仲裁机构。消费仲裁规则所应满足的程序性标准由全国性消费仲裁机构联合会统一制定,各消费仲裁机构制定的仲裁规则应严格遵循该标准执行。消费仲裁机构的设立需要经过全国消费仲裁机构联合会的资质认证,并且由全国消费仲裁联合会对消费仲裁机构进行年检,根据其审理案件的质量以及接受投诉的数量来综合评定。对于不符合要求的消费仲裁机构,可以责其改正,严重情况下可以对其除名。全国性的消费仲裁机构联合会还应负责对消费仲裁机构仲裁员的培训和考核,确保仲裁员的专业性。

政府除了授权全国消费仲裁机构联合会实施对各地消费仲裁机构的管理外,也应实施对消费仲裁机构的有效监督,防止仅依靠私人治理而出现市场机制的失灵。具体而言,笔者建议,可以在立法中要求消费仲裁机构定期将裁决的情况上报给相关政府部门。[①] 虽然保密原则对商事仲裁而言是基石,但是在消费仲裁中保障正当程序与确保仲裁庭对法律的正确适用有着更为重要的社会意义。因此,要求消费仲裁机构定期公布其案件受理情况,既可以增加消费仲裁机构裁决的透明度,又可以方便政府对消费仲裁机构的相关活动实施有效监督。

五、结语

基于各国在法律制度、社会政策方面的差异,域外对消费仲裁条款的规制模式各有特色。以欧盟为代表的国家强调以政府为主体的公共治理模式,以事前的立法控制和事后的司法监督来限制经营者在争议发生前以格式条款的方式与消费者缔结仲裁条款;以美国为代表的国家以尊重意思自治为本,侧重于通过以仲裁机构自我审查和管理格式消费仲裁条款为代表的私人治理模式,对格式消费仲裁条款实施有限的司法审查。笔者建议我国应构建一套以立法、司法规制格式消费仲裁条款为基础,以消费仲裁机构内部监督、政府与有关社会团体共同参与为辅的共同治理模式,监督格式消费仲裁条款的使用,保障我国消费者的正当救济权利。

---

① California Code, Code of Civil Procedure, § 1281.96, 1 Stats. 2014, c. 870. 例如,美国《加利福尼亚州民事诉讼法》就要求仲裁机构每一季度向政府提交有关消费仲裁案件的数据,内容包括:胜诉率、费用、裁决、案由等。

论国际商事仲裁协议效力的边界*

丁莲芝**

随着司法越来越支持仲裁的政策导向和合同相对性原则的突破,具有契约性本质的国际商事仲裁协议也呈现效力扩大化趋势。仲裁协议效力扩大化背后存在诸多法理基础,也存在诸多理论和实践障碍,但这种效力的扩大化并不是没有边界的。首先,通过通用电气能源电力转换法国公司诉奥托昆普不锈钢美国公司案分析美国法院处理仲裁协议非签字方是否有权强制仲裁,进而扩展到《纽约公约》和美国国内法下衡平禁反言原则适用冲突的分析。其次,根据美国联邦法院对该案的判决,从3个维度分析仲裁协议扩大化问题:一是厘清美国判例法中出现的"非签字方"与仲裁协议第三人、仲裁第三人的概念;二是探讨作为美国法支持扩张仲裁协议的理论基础之一的衡平禁反言原则;三是主要从仲裁协议书面形式要件和仲裁意思自治不完全两个角度阐述仲裁协议效力扩张的限制要素。最后,结合该案体现的仲裁协议非签字方适用国内法优先的做法和中美经贸往来实践,提出我国在修改《仲裁法》时应有所应对,以顺应仲裁协议效力扩大化的国际趋势。

引　言

仲裁协议是当事各方就确定的法律关系(无论是否为合同关系)已发生或可能发生的全部或某些争议提交仲裁的协议,是仲裁意思自治的载体。在国际商事仲裁领域,仲裁协议的有效性问题历来受到理论界和实务界的关注。我国学者普遍认为,仲裁协议的有效性包括三个层面:对当事人的效力、对法院的效力和对仲裁庭的效力。其中,对当事人的效力是指受仲裁协议约束的当事人享有仲裁的权利和执行

* 福建省高校杰青科研人才培育计划"国际私法领域的民商事管辖权问题研究"阶段性研究成果(项目编号:JYJQ201802);福建省社科联一般项目"物流供应链法律体系建构研究"(项目编号:FJ2021B055)。

** 集美大学海洋文化与法律学院讲师,法学博士。

裁决的义务,且在此层面还存在"仲裁协议的'长臂'效力"。[①] 所谓长臂效力,是基础合同当事人设计的仲裁条款涵盖主体的范围,其中非常典型的是仲裁协议非签字方是否为仲裁协议当事人而受该协议约束的问题,实质上则是我国理论界所探讨的仲裁协议效力扩张问题。

在解决仲裁协议非签字方是否有权请求强制仲裁的问题过程中,美国联邦最高法院全体法官于2020年6月1日一致认为,美国国内法和1958年联合国《承认及执行外国仲裁裁决公约》[②](以下简称《纽约公约》)第2条并不冲突,非签字方是否有权请求强制仲裁的问题则留给下级法院重审。所涉案件就是通用电气能源电力转换法国公司诉奥托昆普不锈钢美国公司案[③](以下简称"通用能源案")。在国际商事仲裁领域,没有签字的关联合同主体援引基础合同中的仲裁条款时,基础合同的仲裁条款能否将效力扩展至以及多大程度上可以扩展至非签字方,是个尚无定论的话题。下文围绕这一美国判例,逐一剖析该判决的理论要点,解构国际商事仲裁条款的效力边界。

一、"通用能源案"简介

"通用能源案"原告奥托昆普不锈钢美国公司(Outokumpu Stainless USA, LLC,以下简称OU)是美国亚拉巴马州的一家钢铁厂运营商。2007年工厂还在建造时,当时的工厂主蒂森克虏伯公司(Thyssen Krupp,以下简称TK)与FL工业公司(F. L. Industries,以下简称FL)[④]签订了含有仲裁地在德国的仲裁协议的冷压机供应合同,合同界定了买方、卖方和当事人,特别是分立合同人(subcontractors)的范围,并在合同附件中列明了指定供应商名单,包括本案被告通用电气能源电力转换法国公司(GE Energy Power Conversion France SAS, Corp.,以下简称GE)。[⑤] 之后OU从TK接手了整个工厂,和GE订有发动机供应的分包合同,分包合同也包含了仲裁地在法

① 参见乔欣:《仲裁协议的"长臂"效力:突破与扩张》,载《司法改革论评》2009年第9辑。

② 中美两国分别于1987年和1970年加入该公约。

③ GE Energy Power Conversion France SAS, Corp. v. Outokumpu Stainless USA, LLC, et al. 140 S. Ct. 1637 (2020).

④ FL公司后变更为法孚公司(Fives),法孚是一家在美国的法国公司的子公司,参见Outokumpu Stainless USA LLC v. Converteam SAS, Not Reported in Fed. Supp. (2017),脚注8。另外,考虑到论述方便且基本不影响仲裁协议非签字方问题的探讨,上下文中FL概括指代更名前后的公司。

⑤ Outokumpu Stainless USA, LLC v. Converteam SAS, 902 F.3d 1316 (2018), p.1320-1321.

国的仲裁条款。① GE 供应的机器发生故障后,OU 在美国亚拉巴马州法院对 GE 起诉。涉案主体法律关系及主要涵盖的合同种类参见图 1。

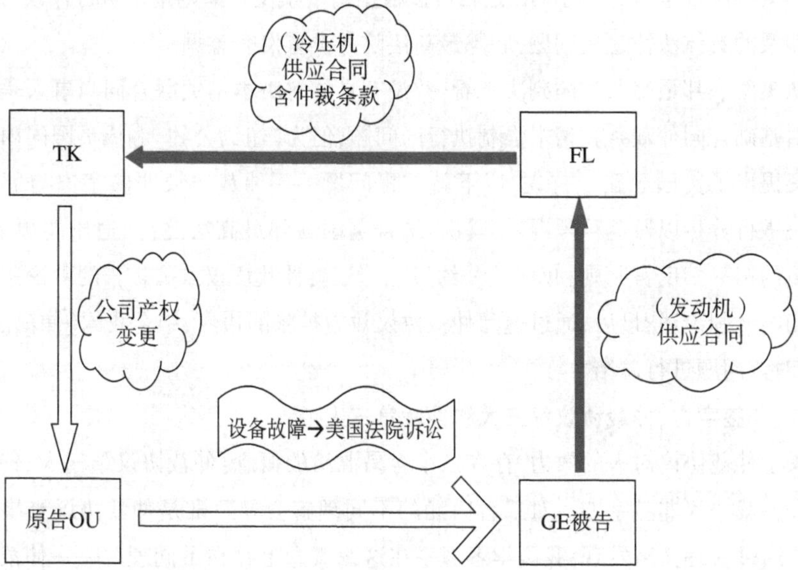

图 1 "通用能源案"法律关系

受理案件的美国州法院将案件移送给了有管辖权的联邦地区法院。一审法院认为,在作为本案基础合同的冷压机购销合同中,OU 为买方,FL 为卖方,双方都是合同当事人,并且卖方还包括诸多作为分立合同人的供应商,合同附件都有指定的供应商名单,GE 就是其中之一。因此,一审联邦地区法院批准了 GE 要求仲裁的动议,因为冷压机销售合同中的"卖方"和"当事人"都包含了分立合同人(subcontractors),从而认为 OU 和 GE 都是仲裁协议的当事人。

案件上诉后,一审判决被推翻。第十一巡回法院在上诉判决中认为,《纽约公约》只允许签订仲裁协议的当事人申请执行仲裁协议,而 GE 是非签字方(nonsignatory),如果允许 GE 依据州法(state law)下的衡平禁反言原则来执行仲裁协议,将会与《纽约公约》下的签字要求相冲突。

对于上诉法院认为的《纽约公约》禁止由非签字方实施仲裁协议的观点,美国联

① GE 和 FL 等签订的联营合作协议(Agreement for Consortial Cooperation)约定了法国为仲裁地、适用国际商会《仲裁规则》的仲裁条款,参见 Outokumpu Stainless USA, LLC v. Converteam SAS, 902 F. 3d 1316 (11th Cir. 2018), p. 1321。

邦最高法院对此发表了不同的观点:《纽约公约》与国内法上的衡平禁反言原则并不冲突,国内法禁反言原则下,仲裁协议的非签字方被允许申请执行仲裁条款。[①] 该案被发回上诉法院重审。至于GE是否可以根据衡平禁反言原则请求执行仲裁协议以及所涉及的具体法律适用问题,联邦最高法院并没有发表意见。

从美国联邦最高法院的判决来看,并没有具体解决本案关联合同当事人是否可以援引基础合同仲裁条款请求强制执行的问题,但为《纽约公约》和成员国国内法适用冲突提出了美国思路。首先,以下就前提问题——仲裁协议非签字方与邻近概念——进行分析以避免称呼混淆;其次,结合美国联邦最高法院在"通用能源案"反复援引的衡平禁反言原则和《纽约公约》第2条,就仲裁协议效力扩张的理论基础和限制问题分别论述;最后,通过追问仲裁协议效力扩张的边界,结合我国《仲裁法》的修改,对该问题进行总结。

二、非签字方、仲裁协议第三人和仲裁第三人

关于仲裁协议对人的效力,存在三个容易混淆的概念:仲裁协议第三人、仲裁第三人和仲裁协议非签字方。对三者内涵的不同理解会导致谁是仲裁协议当事人的疑问。通过梳理文献发现,我国学者似乎在这两概念上存在不同理解——仲裁第三人和仲裁协议第三人。[②]

(一)仲裁第三人

仲裁第三人类似于诉讼第三人,是民事诉讼法领域中诉讼第三人在仲裁法领域的镜像反射。它是指仲裁程序开始后,与仲裁案件处理结果有实体法上的牵连关系而主动介入或者被动加入仲裁程序中的非原仲裁协议当事人。第三人主动申请加入一项仲裁,即为仲裁第三人的介入(intervention);仲裁当事人一方或双方申请第三人参与仲裁,则为仲裁第三人的加入(joinder)。[③]

与仲裁第三人相对的概念是仲裁当事人。有学者认为,仲裁当事人是指受仲裁协议约束、以自己名义启动和参加仲裁程序并最终受仲裁裁决约束的主体,[④]也就是除了针对仲裁程序而言的当事人,还包括仲裁协议的当事人,照此逻辑,仲裁第三人也包括仲裁协议第三人。这从广义上理解也不是不可以,但是仲裁第三人侧重于强

---

① GE Energy Power Conversion France SAS, Corp. v. Outokumpu Stainless USA, LLC, et al. 140 S. Ct. 1637 (2020), p. 1648.

② 参见林一:《国际商事仲裁中的意思自治原则》,法律出版社2018年版,第162页。

③ 参见萧凯、罗骁:《仲裁第三人的法理基础与规则制定》,载《法学评论》2006年第5期。

④ 参见乔欣:《仲裁协议的"长臂"效力:突破与扩张》,载《司法改革论评》2009年第9辑。

调仲裁程序推进过程中的第三方,这第三方也有可能是仲裁协议的第三人。为了避免不必要的歧义,将仲裁第三人限制在仲裁程序语境下使用较为恰当。

实践中,《中国(上海)自由贸易试验区仲裁规则》(2014 年)分别在第 37 条和第 38 条创新性地规定了"其他协议方加入仲裁程序"和"案外人加入仲裁程序"追加仲裁当事人的机制。前者"其他协议方"即指仲裁协议效力扩张论下的当事人——仲裁协议第三人,而后者"案外人"则指除了仲裁协议第三人之外的仲裁第三人。

(二)仲裁协议第三人

就时间维度而言,仲裁第三人的使用是置于仲裁程序进行中的,相应地,仲裁协议第三人的使用更侧重于仲裁程序开始前,这一点上两者不容易混淆。从特征上而言,仲裁协议第三人与非签字方容易有交叉。

有学者认为,仲裁协议第三人基本特征就是没有在仲裁协议上签字。[①] 如果将仲裁协议第三人理解成所有未在仲裁协议签字或者不存在满足函电互换等形式要件的主体,一方面,这显示仲裁协议第三人和仲裁协议非签字方的特征存在重合;另一方面,需要注意的是,仲裁协议第三人虽然有不签字的特征,但不是所有不签字的主体都是仲裁协议第三人。比如,甲乙之间签订的包含仲裁协议的合同,所有其他没有签字的无任何法律关系的人都可以援引或约束的话,会有悖仲裁协议的合同相对性特征。

因此,只有符合特定条件的非签字方才是仲裁协议第三人,如当存在法定的突破合同相对性事由,或者需要保护非签字方权益之特定情形等,仲裁协议第三人才存在。如在代理合同情形中,委托人虽然没有在其所授权的代理人和交易对象签订的买卖合同上签字,但属于非签字方的委托人也可以基于代理理论受买卖合同当中仲裁协议的约束。[②]

(三)仲裁协议非签字方

"通用能源案"中一直反复出现的措辞是非签字方(nonsignatory),美国联邦最高法院判决中出现了 15 处"nonsignatory"和 11 处"nonsignatories",但没有出现"第三人"(third party)这类表述。可以说,美国判例法中常见非签字方(nonsignatory)这

---

① 参见石育斌、史建三:《运用"刺破公司面纱原则"引入仲裁第三人——兼论对我国〈仲裁法〉的完善》,载《法学》2008 年第 10 期。

② 中国海事仲裁委员会在 2002 年 5 月 20 日作出的一份仲裁条款效力争议案裁决书(【法宝引证码】CLI. AA. 419)显示,其依据我国原《合同法》第 128 条,认为仲裁条款不仅约束协议的签署人,而且在签署人的委托人之间具有可执行性。

一措辞,字面上是指未在仲裁协议或含有仲裁条款的合同上签字的一方。无论是从措辞还是对其是否有权请求强制签字方仲裁或者是被签字方请求强制仲裁的争议来看,非签字方不是仲裁协议当事人,只是仲裁协议当事人以外的第三人,属于仲裁协议第三人的一种。但是,作为仲裁中意思自治原则的例外,即便在第三人与原仲裁协议当事人之间缺少仲裁合意的情形下,基于某些现实的理由,也有必要赋予该第三人以仲裁参与权。① 非签字方由于现实的需要而被不断地置于仲裁协议效力扩张范围内。

中国法下,仲裁协议非签字方是否被仲裁协议所涵盖,要综合分析其是否具有被仲裁协议并入的意思表示,②也就是看是否具有仲裁的合意,如果存在仲裁的合意,司法实践可以被认定为和仲裁协议当事人一样受到仲裁协议的约束。鉴于突破仲裁协议本身的相对性,将非签字方纳入仲裁协议约束的主体范围中来,是仲裁协议效力扩张论的意图所在。从法律上讲,是将非表面签字人推定为仲裁协议的当事人,从而开始仲裁程序。③ 尽管如此,非签字方即使在某些情况下被视为仲裁协议当事人,受到仲裁协议的约束,与仲裁协议的原始当事人(original parties)相比,这种拟制的认定具有特殊性——不同国家、不同法院、不同仲裁机构在不同的时间点,尚无法达成一致的结论。因此,仲裁协议非签字方属于仲裁协议第三人的一种,并非仲裁协议当事人。④

(四)结论

仲裁第三人是类似于诉讼第三人的程序法上的概念,是指非仲裁程序的当事人由于与仲裁案件存在利害关系,经过一定条件加入仲裁程序中的一方。而仲裁协议第三人针对的是仲裁协议这份契约而言的第三方,是不同维度上的概念。仲裁协议效力扩张理论下的仲裁协议第三人与仲裁第三人规则之间也可能存在适用上的竞

① 除了非签字方,国外学者对其称呼还有“非签字第三人”(Non-Signatory Third Parties)、“第三方非签字人”(Third-Party Non-Signatory),参见 D. Scott Crawford, *Inextricably Intertwined: The Yin and Yang of the New York Convention, FAA, and Non-Signatory Third Parties*, 43 TUL. MAR. L. J. 115(2018);第三人(Third Parties),See Gerhard Wagner, Jan Philipp Koester, *Originalism Meets International Arbitration: The US Supreme Court's Interpretation of the New York Convention*, 2 Journal of International Arbitration 163 – 186 (2021)。无论何种称呼,都显示非签字方属于第三人。

② 参见桂艳:《仲裁协议效力的扩张及其认定》,载《人民司法》2020 年第 5 期。

③ 参见萧凯、罗骁:《仲裁第三人的法理基础与规则制定》,载《法学评论》2006 年第 5 期。

④ 也有相反观点认为,仲裁协议效力扩张所及的主体应当被视为仲裁协议的一方当事人,而不是仲裁协议之外的第三人,参见刘东:《论仲裁裁决案外人利益的保护——以案外第三人撤销仲裁裁决之诉为中心的研究》,载《法治研究》2015 年第 2 期。

合,仲裁第三人规则构成仲裁协议效力扩张规则的兜底条款,在仲裁协议效力扩张规则无力解决实际问题时起弥补之用。① 仲裁协议非签字方只是仲裁协议第三人的下位概念,不属于仲裁协议当事人,虽然实践中受仲裁协议约束。

三、国际商事仲裁协议效力扩张的理论

仲裁协议效力扩张理论下,如果仲裁协议非签字方被视为仲裁协议当事人,其背后的理论基础是什么?美国联邦法院对于仲裁协议非签字方的判例法路径经历了长期发展。实际上,美国联邦巡回上诉法院之间就存在分歧,再加上仲裁协议效力扩张问题的处理实际上是合同法范畴的问题,而美国合同法主要是州法,各州规定并不一致。在国际商事仲裁协议领域,美国普通法认为,仲裁协议的效力扩张可以适用多种理论,如承担(assumption)、"刺破公司面纱"(piercing the corporate veil)、第二人格(alter ego)、指引并入(incorporation by reference)、第三方受益人理论(third-party beneficiary theories)、弃权(waiver)和禁反言(estoppel)。② 下文主要就"通用能源案"涉及的衡平禁反言原则进行阐述。

(一)衡平禁反言原则的要素构成

衡平禁反言原则(equitable estoppel doctrine)属于禁反言理论的一种,根据《布莱克法律词典》的定义,禁止反言(estoppe)源于法语单词"estoupe",意为"从那里停止",指对自己的行为不被允许反悔;衡平禁反言也指一种抗辩理论,当乙因为相信甲虚假的语言或行为而作出某种行为并遭受损害时,甲不能对自己早先的言行而反悔(A defensive doctrine preventing one party from taking unfair advantage of another when, through false language or conduct, the person to be estopped has induced another person to act in a certain way, with the result that the other person has been injured in some way)。③ 例如,非签字方利用合同有利条款逃避合同义务(如进行仲裁),或者签字方利用合同有利条款不履行进行仲裁等合同义务,都是该原则适用的情形。④

该学说是建立在英美法系欺诈理论基础之上的,包含5个基本要素:(1)存在虚假陈述或隐瞒重要事实;(2)作出陈述的一方(甲)已知该陈述是虚假的,或者当事

① 参见萧凯、罗骁:《仲裁第三人的法理基础与规则制定》,载《法学评论》2006年第5期。

② § 80:27. Enforcement of Arbitration Agreement by Nonsignatory, 15 Cyclopedia of Federal Procedure, May 2021 Update.

③ Bryan A. Garner (Editor in Chief), *Black's Law Dictionary* (11th ed.), online database, 2019, equitable estoppel.

④ 更多关于禁反言的介绍,参见杨良宜、杨大明、杨大志:《合约的履行、弃权和禁反言》,法律出版社2018年版,第350~355页。

人因疏忽不知道其虚假;(3)被告知的人(乙)认为该陈述是真实的;(4)作出陈述的一方(甲)打算对其采取行动,或者采取行动的人有理由假设这一意图;(5)主张禁反言的一方(乙)对作出陈述一方(甲)的行为将导致自己产生实质性损害,除非禁反言主张成功。[①] 美国自MS经销商服务公司诉富兰克林案[②]以来确立了衡平禁反言原则的适用标准。[③]

根据衡平禁反言原则,在包含仲裁条款的书面协议下,非签字方(乙方)可以要求仲裁,此时,该书面协议的签字方(甲方)必须依靠合同条款向非签字方(乙方)提起索赔之诉。也就是说,只有签字方(甲方)根据合同条款对非签字方(乙方)提起诉讼时,非签字方(乙方)可以凭合同中含有的仲裁协议要求仲裁。"通用能源案"中,之所以援引该原则,就是因为OU(甲方)对GE(乙方)的索赔是依靠了冷压机供应合同,所以也要遵守该合同所包含的仲裁条款。如果对方不遵守仲裁条款,GE因此可能遭受损害,所以为了避免乙方GE遭受损害,需要禁止甲方OU对其提起诉讼来逃避仲裁的义务。

(二)衡平禁反言原则的司法实践

"通用能源案"涉及仲裁协议非签字方GE是否可以依靠该原则要求原告OU仲裁的问题,美国联邦最高法院并没有作出明确肯定或否定的回答,而是从美国国内法的适用是否与国际公约相悖的宏观视角,对仲裁协议非签字方是否可以援引基础合同中的仲裁条款进行了理论高度的澄清。从该法院回避的态度可以推测,能否成功援引衡平禁反言原则来约束仲裁协议非签字方并不是一个单纯的法律问题,还涉及个案事实的判断。但究其根本,则是判断仲裁条款对人的效力的边界问题或者说仲裁协议效力扩张的程度问题,即哪些主体可以成为仲裁协议的当事人。

但美国司法实践中似乎并不严格遵守这五大要素的要求。在斯里尼瓦斯·苏甘达亚拉亚有限责任合伙诉塞蒂案[④](以下简称"塞蒂案")中,法院只强调了适用衡平禁反言原则的重要一点是争议事项和约定仲裁的合同密切相关,如果索赔完全和基础合伙协议没有关系,则不能适用该原则。[⑤]

---

① Bryan A. Garner (Editor in Chief), *Black's Law Dictionary* (11th ed.), online database, 2019, equitable estoppel.

② MS Dealer Service Corp. v. Franklin, 177 F.3d 942 (11th Cir. 1999).

③ 参见刘晓红:《论仲裁协议效力扩张的法理基础》,载《北京仲裁》2004年第1期。

④ Shrinivas Sugandhalaya LLP v. Setty, 141 S.Ct. 83 (Mem) (2020).

⑤ 参见下文第四部分"'通用能源案'的应用:'塞蒂案'"。

（三）衡平禁反言原则应用的批判

根植于美国联邦法院支持仲裁的政策，禁反言原则已发展到远远超出其普通法根源的领域，在司法实践中经常作为将仲裁协议效力扩张至非签字方的有力工具。在实际应用时，美国法院会进行扩大化解释，忽视禁反言的基本限制条件，如误述的要求和必须有损害，模糊签署人和非签署人之间的区别，让非签字方实际上享有和合同签字方几乎一样的权利和义务，成为迫使非签字方进行仲裁的最常见方式。①但是，禁反言原则仍只是传统合同法的要素之一，并没有给非签字方参与仲裁提供预见性，这属于静态理论适用于复杂的国际商务和仲裁政策的结果，需要从功能性目标视角采用综合处理实质上和形式上的交易元素以及公司架构的平衡标准。②

难怪美国学者直言，衡平禁反言原则给仲裁协议非签字方相比较其他合同条款更为广泛的执行仲裁协议的权利，会不恰当地扩大联邦支持仲裁的政策。③ 将原本是普通合同的仲裁条款视为超级合同，导致仲裁协议扩张边界的过度延伸。因此有学者提出，美国司法体系应该重构衡平禁反言原则，不愿意仲裁的签字方不能被愿意仲裁的非签字方强迫仲裁，确保该原则的适用是有真实的仲裁协议的，重点应该放在仲裁非签字方而不是仲裁签字方身上。④

四、国际商事仲裁协议效力扩张

仲裁协议效力扩张集中体现为对仲裁协议书面形式的突破，⑤正是仲裁协议书面形式的要求在各国国内法和国际公约层面理解得不一致，导致仲裁协议效力扩张边界的模糊化。但扩张也不是漫无边界，对“书面形式”的理解、仲裁协议是否存在合意等都成为仲裁协议效力扩张边界的缰绳。⑥

（一）“书面”要求

形式审查是美国联邦法院判断仲裁协议对非签字方是否有约束力的出发点。

---

① See Frankel Richard, *The Arbitration Clause as Super Contract*, 91 Washington University Law Review 587(2013).

② See Martinez-Fraga, Pedro J., *The Dilemma of Extending International Commercial Arbitration Clauses to Third Parties: Is Protecting Federal Policy While Accommodating Economic Globalization a Bridge to Nowhere*, 46 Cornell International Law Journal 319(2013).

③ See Frankel Richard, *The Arbitration Clause as Super Contract*, 91 Washington University Law Review 580(2013).

④ See Hui, Alexandra Anne, *Equitable Estoppel and the Compulsion of Arbitration*, 60 Vanderbilt Law Review 715(2007).

⑤ 参见杨秀清、韦选拾：《仲裁协议效力扩张若干问题研究》，载《仲裁研究》2007 年第 1 期。

⑥ 仲裁协议扩张的障碍有合同的相对性、仲裁协议书面形式要求、仲裁协议的独立性、未签字人的权利救济等，参见杨秀清、韦选拾：《仲裁协议效力扩张若干问题研究》，载《仲裁研究》2007 年第 1 期。

根据《纽约公约》第2.2条的规定,仲裁协议必须是由当事人签字的或包含在双方互换函电中的书面协议(agreement in writing)。[①] 各国国内法和国际公约对仲裁协议的形式要求都有相应不同的规定,或采用合同中的仲裁条款形式,或采用单独协议的形式,有的国家也可能承认口头的形式。[②]

从美国1970年加入《纽约公约》以来,对于公约所设定的书面形式要求并没有统一的意见。"通用能源案"之前,美国第二、第三、第九和第十一巡回法院认为,《纽约公约》要求有效的国际商事仲裁协议必须实际上签字,但第一、第五巡回法院在相关案件中并没有持严格的签字要求,而是根据合同和代理理论执行了国际商事仲裁协议。[③]

2020年,美国联邦最高法院在"通用能源案"中明确指出,上诉法院并没有分析《纽约公约》第2.3条[④]是否与衡平法禁反言原则冲突,而是认为《纽约公约》第2.1条[⑤]和第2.2条包含了这一要求:当事人是否实际上签署了仲裁协议以便要求仲裁,这些条款处理的是仲裁协议的承认问题,而非判断非签字方是否受被认可的仲裁协议约束的问题。《纽约公约》第2.1条只是要求缔约国承认"书面协议",第2.2条界定了"书面协议",要求这些协议都必须是书面且被签署的。只有第2.3条提到了谁可以提交仲裁协议下的仲裁申请,且不禁止适用国内法。但是,"公约并没有设定一个替代国内法的复杂体系,而是要求法院依靠国内法去填补公约的空白……从公约磋商和起草历史中挑选出来的普遍性,不能创设公约文本不支持的规则"。[⑥]

也就是说,美国联邦最高法院从国际条约的解释理论出发,认为《纽约公约》没有限制或排除国内法原则在国际仲裁案件中的适用,没有只认可书面形式的仲裁协议。《纽约公约》允许一国采用比《纽约公约》规定更为宽松的、更有利于仲裁的规

---

① 《纽约公约》第2.2条"书面协定"一词是指当事人所签订或在互换函电中所载明之合同仲裁条款或仲裁条款。

② 英国1996年《仲裁法》第81条。

③ See Meshel & Tamar, *GE Energy v. Outokumpu: Non-signatories Can Now Enforce International Commercial Arbitration Agreements on Equitable Estoppel Grounds*, 11 Harvard Business Law Review (Online) 3(2020).

④ 《纽约公约》第2.3条规定:"当事人就诉讼事项订有本条所称之协定者,缔约国法院受理诉讼时应依当事人一造之请求,命当事人提交仲裁,但前述协定经法院认定无效、失效或不能实行者不在此限。"

⑤ 《纽约公约》第2.1条规定:"当事人以书面协定承允彼此间所发生或可能发生之一切或任何争议,如关涉可以仲裁解决事项之确定法律关系,不论为合同性质与否,应提交仲裁时,各缔约国应承认此项协定。"

⑥ GE Energy Power Conversion France SAS, Corp. v. Outokumpu Stainless USA, LLC, et al. 140 S. Ct. 1637 (2020), p.1644 – 1646.

则。因此,美国国内法中的衡平禁反言等原则也可以适用于类似于“通用能源案”的国际仲裁案件。进一步而言,如果连联邦最高法院都允许非签字方援引衡平禁反言原则,鉴于遵循先例原则,下级法院今后就需要遵循联邦最高法院的做法,不再苛求援引仲裁协议的签字要求。“通用能源案”实际上确立了美国国内法优先于《纽约公约》第2.2条下的仲裁协议书面形式要求。虽然很多人认为缔约国法院对《纽约公约》项下的仲裁协议书面形式有效性的认定应优先适用《纽约公约》,因为这是一项统一的国际实体法规则,应优先于国内法适用,[①]但是由于书面交换与当代国际贸易惯例不相符合的事实,《纽约公约》第2.2条也被广泛质疑。早在2008年,范登伯格(van den Berg)教授在评述《纽约公约》时就指出援引国内法决定仲裁协议书面形式要求的国家也在递增。[②] 我国学界也有观点认为,《纽约公约》的书面形式要件并不局限于书信和电报,而是涵盖任何往来文件,[③]而当下美国联邦最高法院的判例正好契合了这一趋势。

(二)合意(consent)

仲裁的基本要素在于当事人的意思自治和国家司法的干预和协调,仲裁包括合同因素和司法因素……契约性是现代仲裁的根本特征。[④] 仲裁协议效力的扩张正是基于契约型主导的仲裁本质。[⑤] 未签字方是否可以/应当参与仲裁,应该判断的是该方进行仲裁的内心意图和作为载体的外在表现——“书面形式”。仲裁协议效力扩张的边界除了对“书面形式”的限制性/扩大化解释外,对非签字方内心意图的判断也是路径之一。没有仲裁的合意,仲裁协议便无法发挥作用。一般情形下,仲裁协议扩张以原先订有的仲裁协议为基础,因为一定法律事实的发生,而使该仲裁协议的效力及于原仲裁协议当事人之外的第三人。此时,原有的一方当事人可能因此退出了仲裁协议法律关系,而不再参加之后的仲裁程序。[⑥]

---

① 参见黄亚英:《论〈纽约公约〉与仲裁协议的法律适用——兼评中国加入〈纽约公约〉二十年的实践》,载于健龙主编:《〈纽约公约〉与国际商事仲裁的司法实践》,法律出版社2010年版,第27页。

② 范登伯格教授在文中指出,仲裁协议形式有效性方面,公约第2.2条优先于更严格要求的国内法的适用,也就是被认为《纽约公约》设定了最高国际标准。但是因为要求苛刻,第2.2条也被质疑是否是最低国际标准。See van den Berg, Albert Jan, *The New York Convention of 1958: An Overview*, Accessed January 3, 2022, https://cdn.arbitration-icca.org/s3fs-public/document/media_document/media012125884227980new_york_convention_of_1958_overview.pdf, p. 7.

③ 参见中国国际仲裁30人编著:《1958年〈承认与执行外国仲裁裁决公约〉(〈纽约公约〉)理论与适用》,法律出版社2020年版,第33页。

④ 参见杜新丽:《国际商事仲裁理论与实践专题研究》,中国政法大学出版社2009年版,第104页。

⑤ 同上书,第105页。

⑥ 参见杨秀清、韦选拾:《仲裁协议效力扩张若干问题研究》,载《仲裁研究》2007年第1期。

索托马约尔(Sotomayor)大法官特意在并存意见(concurring opinion)中强调了仲裁合意的重要性:适用国内法原则也要受到仲裁合意原则(principle of consent to arbitrate)的限制;根据《纽约公约》第2条执行仲裁协议,如果未反映出非签字方同意仲裁的意思,则将不能适用国内法的非签字方原则;虽然美国《联邦仲裁法》(Federal Arbitration Act)规定的同意原则本身很清楚,但很难设计一个清晰的测试标准,以判定某一特定的国内法非签字方原则是否反映了仲裁的合意,因为各个法域的非签字方规则都不尽相似……这就要求下级法院判断适用国内非签字方原则是否和《联邦仲裁法》本身的合意限制相冲突;《纽约公约》第2条留给缔约国更多操作的空间,而《联邦仲裁法》施加了极少限制,但无论如何都要遵守"仲裁是合意事项"(arbitration is a matter of consent)的《联邦仲裁法》根本原则。① 其实在"通用能源案"的口头辩论资料中,首席大法官约翰·罗伯茨(John Roberts)等就表达了合意的重要性。② 所以,美国联邦法院虽然积极秉持支持仲裁的价值取向,但也没有忽视合意之于仲裁条款的重要性。

仲裁协议非签字方和基础合同的仲裁协议签字方之间的合意问题,本质上是仲裁自治不足的构建问题。仲裁自治不足是指国际商事仲裁争议当事人之间存在仲裁合意的程度不充分、不完善的情况。③ 只有将这种不充分的程度补足,非签字方才会纳入仲裁协议约束的主体范围。其实这种仲裁自治不足的情形也是仲裁合意间接化的原因,并外化为仲裁条款是否以及如何在公司集团内部之间传递,在合同转让人及受让人之间传递,在合同相对人变更情况下传递,在相互关联的合同之间传递等等。如何区分开间接的仲裁合意与无仲裁合意,以及如何判断间接仲裁合意的有效性,都要诉诸法律适用问题,还可能涉及公共政策问题。④ 因此,仲裁协议效力扩张的边界由于各国法律文化和制度的不同更加不可捉摸,但确定何种外在形式将其视为当事人的意思表示则是一个法律解释的问题。虽然法律解释并非固定,但都应以公平合理为原则。⑤ 这样各国司法对仲裁协议效力扩张解释上便有了基本相似

① GE Energy Power Conversion France SAS, Corp. v. Outokumpu Stainless USA, LLC, et al. 140 S. Ct. 1637 (2020), p. 1649.

② GE Energy Power Conversion France SAS v. Outokumpu Stainless USA LLC, oral argument. Accessed January 3, 2022, https://www.oyez.org/cases/2019/18-1048.

③ 参见汪祖兴、郑夏:《自治与干预:国际商事仲裁当事人合意问题研究》,法律出版社2016年版,第113页。

④ 同上书,第177页。

⑤ 参见杜新丽、孙蓓:《仲裁协议在合同转让中的效力问题研究》,载《仲裁与法律》2003年第2期。

的价值判断。

即使《纽约公约》的目标之一,就是避免外国诉讼以及促进在公约签字国执行外国裁决,将非签字方纳入仲裁条款约束范围将会大大减损《纽约公约》的目标,[①]但是如果不对仲裁合意不足的情况进行司法干预,国际商事仲裁将无法在合同相对性原则突破的情况下实现法律逻辑自洽,也有损于仲裁的效率价值。

(三)“通用能源案”的应用——“塞蒂案”

“通用能源案”判决作出后,美国联邦法院又碰到了另一个类似案件即“塞蒂案”。该案两兄弟原来合伙在印度经营家族企业,父亲过世后订立了含有仲裁条款的合伙协议,之后该两兄弟自立门户,分别在印度不同的区域创业,后来其中一位以对方在美国市场从事误述、干预其经营活动、商业外观侵权、欺诈注册商标等理由在美国提起诉讼。另一方要求根据合伙协议执行仲裁协议。作为合伙协议非签字方的被告斯里尼瓦斯·苏甘达亚拉亚有限责任合伙孟买(Shrinivas Sugandhalaya LLP Mumbai,以下简称 SS LLP 孟买)[②]认为合伙协议的仲裁条款适用印度法,原告应该去仲裁而非起诉。但是,美国法院认为 SS LLP 孟买能否以非签字方的身份执行合伙协议首先是个“门槛问题”(threshold issue),就此需要审查合伙协议的内容;合伙协议显示,其仲裁条款适用于合伙人之间产生的争议,不适用于类似于 SS LLP 孟买的第三人,因此基于合伙协议,拒绝适用印度法。[③] 经过一系列诉讼程序,美国联邦最高法院推翻了第九巡回法院的判决,要求其根据“通用能源案”的判决重审。第九巡回法院重审后,以 2∶1 的比例作出了新的判决,最终没有适用印度法而是适用美国联邦普通法来判断被告是否可以请求强制原告仲裁的问题,其认为一审法院拒绝基于未决仲裁而中止诉讼的动议和驳回要求仲裁的动议都没有问题。理由是,根据“通用能源案”判决,《纽约公约》对于仲裁协议非签字方的法律约束力问题可以适用美国国内法来解决,针对仲裁协议非签字方或由非签字方提起的联邦索赔事项的可仲裁性问题,适用联邦实体法,因此《联邦仲裁法》适用于本案。[④]

通过“塞蒂案”对“通用能源案”的援用可以看出,针对国际商事仲裁协议非签

---

① See Martinez-Fraga & Pedro J., *The Dilemma of Extending International Commercial Arbitration Clauses to Third Parties: Is Protecting Federal Policy While Accommodating Economic Globalization a Bridge to Nowhere*, 46 Cornell International Law Journal 295(2013).

② SS LLP Mumbai 不是合伙协议的签字方,且也不是第三方受益人,只有原告 BS 先生一方是合伙协议的签字方,因为在合伙协议签订几年后 SS LLP Mumbai 才成立。

③ Setty v. Shrinivas Sugandhalaya LLP, 986 F.3d 1139 (2021), p. 1141.

④ Ibid., p. 1142.

字方是否可以强制签字方仲裁的判断,美国确定了优先适用本国法的做法。不过,鉴于美国各州和联邦法律体系的复杂性,可否执行仲裁协议、依据何法来执行还要进行个案分析,这也是联邦最高法院最终让上诉法院重审案件的原因。“塞蒂案”虽然适用美国法,但争议事项和约定仲裁的合同密切相关是适用衡平禁反言原则的重要依据,由于索赔完全和合伙协议没有关系,因此“塞蒂案”不能适用衡平禁反言原则,从而非签字方 SS LLP 孟买无权要求原告仲裁。可见衡平禁反言原则并非仲裁协议效力扩张理论的万能灵药,美国法院还是会根据个案进行分析,而这种判例法的适用实际上是给仲裁协议效力扩张套上了无形的枷锁。

五、未来展望:我国仲裁协议效力扩张的边界在哪里?

2021 年 7 月 30 日我国司法部官网发布的《中华人民共和国仲裁法(修订)(征求意见稿)》(以下简称“征求意见稿”)[①]在仲裁协议议题上以专章的形式(第三章)进行了大幅度变动,可见仲裁协议在仲裁法中的地位。对于仲裁协议的效力问题,该“征求意见稿”在第 24 条、第 25 条就主从合同仲裁协议不一致、公司企业代表诉讼等特殊情形下的仲裁协议该如何认定的问题予以明确,并且在第 28 条赋予了仲裁庭优先于法院的自主审查权。

与此同时,“征求意见稿”第七章就涉外仲裁问题专门进行了规定,未规定的适用该法其他规定。而此处并未提及涉外仲裁协议的效力问题,因此在国际仲裁领域的仲裁协议效力适用该法第三章。但是,第三章并未就仲裁协议效力的边界给予可延伸适用的空间,仅仅规定了主从合同和公司法领域的仲裁协议这两种典型情况。因此如果我国《仲裁法》在此问题上不进行充分论证,那么可能错失解决《纽约公约》在我国适用产生冲突的机会。

众所周知,传统上最宽泛的仲裁条款是调整与仲裁协议主体有关的争议。[②] 除了本文所论述的牵涉非签字方的仲裁协议主体争议,目前实践中还出现无限性仲裁条款(infinite arbitration clauses),其主要特征有:(1)适用事项不局限于与交易或争议合同相关的任何争议;[③](2)扩展到原合同方之外的其他主体;(3)没有落日条款,在服务终结或账户关闭后仍然存在。与其说是合同条款,更像是一种仲裁奴役

① “征求意见稿”,载中华人民共和国司法部网,http://www.moj.gov.cn/pub/sfbgw/zlk/202107/t20210730_432958.html。

② Horton David, *Infinite Arbitration Clauses*, 168 University of Pennsylvania Law Review 633(2019).

③ Ibid., p. 639.

(servitude)。[①] 但这种条款还有诸多先天问题有待克服,如无法纳入所有非签字方,也无法取得足够的理论、立法和司法的支持,没有边界性的国际商事仲裁协议并不具有可操作性。

但是与过去相比,目前仲裁协议的效力范围已经有所扩大,将来的仲裁协议效力范围应该会得到进一步扩展。[②] 通过适用禁反言原则,仲裁协议的非签字方进行仲裁的权利和义务只是特例,不能无限制扩大适用。[③] 现有国际趋势是将仲裁协议效力扩大化,因此我国立法也应该"采取宽松态度对待仲裁协议效力问题,并完善与仲裁协议效力扩张相关的制度"。[④] 但"征求意见稿"在对待涉外商事仲裁协议问题上呈现既重视又不周延的暧昧态度。

总之,仲裁作为和诉讼、调解等并列的争议解决机制在国际商事领域发挥着不可替代的作用。与国际民事诉讼领域的相关国际条约——如2005年《选择法院协议公约》相比,《纽约公约》作为有169个国家或地区加入的国际公约,[⑤]为仲裁裁决在全球范围内的流通奠定了规则基础。中美两国都加入了《纽约公约》,也存在大量经贸往来,再加上国际商事领域都青睐仲裁来解决纠纷,诸多客观因素决定了中美市场主体都面临自己并非仲裁协议签字方却可能请求或被要求强制仲裁的风险。进一步关注美国对于国际仲裁协议效力的边界,无疑有助于畅通中美经贸往来。

① Horton David, *Infinite Arbitration Clauses*, 168 University of Pennsylvania Law Review 640(2019).

② 参见赵健:《长臂的仲裁协议:论仲裁协议对未签字人的效力》,载韩德培等主编:《中国国际私法与比较法年刊》(第3卷),法律出版社2000年版,第532页。

③ 参见刘晓红:《论仲裁协议效力扩张的法理基础》,载《北京仲裁》2004年第1期。

④ 杨秀清、韦选拾:《仲裁协议效力扩张若干问题研究》,载《仲裁研究》2007年第1期。

⑤ 截至2021年12月底,《纽约公约》已经有169个国家加入,载《纽约公约》官网,https://www.newyorkconvention.org/list+of+contracting+states,最后访问日期:2022年1月4日。

国际投资仲裁中如何质疑仲裁员

——基于ICSID规则和IBA指引的研究

范冰仪*

近年来,国际投资仲裁中成功质疑仲裁员的实践稳步出现。实践显示,与文义解释的结果不同,ICSID规则特有的判定回避的明显缺乏标准与众多仲裁规则均采用的合理怀疑标准在适用时并无显著区别。决定主体的灵活性、IBA指引适用的分歧性以及决定理由的多样性是主要的实践特征。其形成首先有赖于当事方及决定主体对ICSID高标准的因应,主要表现为决定者在解释时有意识地淡化两大标准的语义差异。其次,由于投资仲裁正当性危机的浪潮及IBA指引与ICSID规则关于回避标准的字面之差,决定者在适用IBA指引时颇为保守。最后,在判定回避时,程度往往比类型更具决定性。投资仲裁中的质疑仲裁员问题宜从实践路径加以完善。当事人及ICSID可分别通过质疑多位仲裁员、认可当事人选择决定者等行为避免由仲裁庭剩余仲裁员决定回避。对于IBA指引可否适用,须识别当事人合意,确认其效力后再结合投资仲裁的特征加以判断。

一、问题的提出

在国际仲裁领域,由当事人任命仲裁员彰显了基于意思自治的程序优势,但这种由私主体驱动的任命易破坏仲裁员的公正性。① 具体到投资仲裁中,由于其往往

* 吉林大学法学院国际法专业2019级博士研究生。

① See Alec Stone Sweet & Florian Grisel, *The Evolution of International Arbitration: Judicialization, Governance, Legitimacy*, Oxford, Oxford University Press, 2017, p. 225.

对东道国的政治和经济产生深远影响,[①]质疑仲裁员制度在保障效率与公信力方面的价值更应得到重视。[②] 然而,这一制度的功效是否得到切实发挥尚有待审视。投资仲裁中质疑仲裁员的实践可追溯至 1982 年,[③]但近 10 年来,支持质疑的决定才偶有出现,使该制度不致陷入形同虚设的境地。

投资仲裁中质疑仲裁员公正性与独立性[④]适用的标准可分为两大类:第一类为以《关于解决国家与他国国民投资争端的公约》(以下简称《华盛顿公约》)及国际投资争端解决中心《仲裁规则》(以下简称 ICSID 规则)为代表的明显缺乏标准;第二类则为以联合国国际贸易法委员会《仲裁规则》(以下简称 UNCITRAL 规则)为代表的合理怀疑标准。前者要求被控事实必须是显而易见的,这意味着将由申请人承担收集充分、可信的证据用以证明仲裁员明显缺乏行使独立裁决权所需品质的举证责任,且该证据应具有客观性。[⑤] 除《华盛顿公约》及 ICSID 规则外再无其他仲裁规则采取这一标准,可谓独树一帜。后者意指当一方对于仲裁员的偏私产生主观上的顾虑时,这种顾虑的合理性才是最终的决定因素。[⑥] 诸多主要仲裁机构的仲裁规则均采用了这一标准。传统观点认为,“明显缺乏”与“合理怀疑”在程度方面差异显著,“明显缺乏”对申请人的举证责任要求更高,实践中很难达到。[⑦] 然而,此种判断多是基于文义解释抑或对个案的厘析,随着成功质疑仲裁员的案件在近年来屡屡出现,有必要重新检视这一论断正确与否。

目前,多数关于仲裁员质疑的研究倾向于将范围锁定在国际仲裁领域,不进行

---

① See Noah Rubins & Bernhard Lauterburg, *Independence, Impartiality and Duty of Disclosure in Investment Arbitration*, in Christina Knahr et al., *Investment and Commercial Arbitration: Similarities and Divergences*, Netherlands, Eleven International Publishing, 2010, p. 153.

② See Greg C. Nwakoby & Charles Emenogha Aduaka, *Challenge of Arbitrator under ICSID*, 36 Journal of Law, Policy and Globalization 170(2015).

③ Amco Asia Corporation and others v. Republic of Indonesia, ICSID Case No. ARB/81/1.

④ 一般情况下,对独立性的质疑着眼于仲裁员与一方当事人或其代理人之间的非正当关联,对公正性的质疑则聚焦于对案件中某些问题的预先判断。See William Park, *Arbitrator Bias*, Accessed June 27th, 2021, http://www.bu.edu/law/faculty/scholarship/workingpapers/2015.html.

⑤ See Greg C. Nwakoby & Charles Emenogha Aduaka, *Challenge of Arbitrator under ICSID*, 36 Journal of Law, Policy and Globalization 172(2015).

⑥ See David D. Caron, Lee M Caplan, *The UNCITRAL Arbitration Rules: A Commentary* (2nd), Oxford, Oxford University Press, 2013, p. 208.

⑦ 参见于湛旻:《论国际投资仲裁中仲裁员的回避》,载《武大国际法评论》2014 年第 1 期。See Chiara Giorgetti, *Challenges of International Investment Arbitrators: How Does It Work, and Dose It Work?*, 7 World Arbitration & Mediation Review 317 (2013). See Ana Stani, *Challenging Arbitrators and the Importance of Disclosure: Recent Cases and Reflections*, 16 Croatian Arbitration Yearbook 214(2009).

投资仲裁与商事仲裁的具体区分,仅有少量研究专门针对投资仲裁中的仲裁员质疑,其内容主要包括以下几方面:一是聚焦于ICSID规则中的质疑仲裁员制度;①二是对不同仲裁规则规定的标准及程序进行比较研究;②三是对国际投资仲裁中审查仲裁员质疑的某一标准、方法或常见情形进行阐释;③四是对个案中质疑仲裁员的具体情况进行检视。④ 总体而言,现有研究对于投资仲裁中质疑仲裁员的规则厘析已经较为全面,对于申请质疑的常见原因也已有所掌握。不足之处即对于质疑仲裁员的标准存在先验式的判断,未能甄别出ICSID规则下的明显缺乏标准与常见的合理怀疑标准在适用上是否切实存在差异。此外,对于在投资仲裁质疑仲裁员决定中屡屡出现的国际律师协会(International Bar Association, IBA)、《关于国际仲裁中利益冲突的指引》(IBA Guidelines on Conflict of Interest in International Arbitration,以下简称《IBA指引》),现有研究亦未明确其地位及适用方式。因此,笔者将投资仲裁实践中支持仲裁员质疑的决定进行了整理和分析,⑤以期对上述不足予以补正。

二、国际投资仲裁中基于ICSID规则和IBA指引质疑仲裁员的特征

若要探究适用ICSID规则质疑仲裁员的实然性标准,有必要将适用不同标准的实践情形进行对比分析。在投资仲裁实践中,支持仲裁员质疑的案件共有11起,⑥其中6起适用明显缺乏标准,5起适用合理怀疑标准,按照由ICSID裁决的国际投资案件(以下简称ICSID案件)和ICSID之外其他仲裁机构裁决的国际投资案件(以下简称非ICSID案件)进行划分,可呈现为以下两个表格(见表1和表2)。

---

① See Natalie Pita, *Sail We Must: Why ICSID Proceedings Should Not Lie at Anchor for Arbitrator Challenges*, Duke Journal of Comparative and International Law 30, 2019.

② See Charles B. Rosenberg, *Challenging Arbitrators in International Investment Treaty Arbitrations-A Comparative Law Approach*, Journal of International Arbitration 27, 2010.

③ 参见丁夏:《普通法方法下国际投资仲裁中的质疑仲裁员标准释析——以仲裁庭对"明显"的解释为线索》,载《社会科学》2015年第6期;Ina C. Popova & Jessica L. Polebaum, *Emerging Expectations for Arbitrators: "Issue Conflict" in Investor-State Arbitration and Beyond*, Fordham International Law Journal 41, 2018。

④ See Gabriel Bottini, *Should Arbitrator Live on Mars? Challenge of Arbitrators in Investment Arbitration*, Suffolk Transnational Law Review 32, 2009.

⑤ 首先,之所以选择支持仲裁员质疑的决定,原因在于,相对于绝大多数驳回申请的质疑决定,该部分决定更能够透视出国际投资仲裁中对于质疑仲裁员问题的认定标准及其尺度。其次,本文意图研究的是针对质疑仲裁员申请所作出的决定,而非仲裁员在受到质疑后的行为。因此,列表案件均已针对质疑申请作出了决定,包括公开的决定以及不公开但可通过IAreporter或Global Arbitration Review等网站查询到概要的决定。仲裁员在质疑申请未经决定时便主动退出仲裁庭的案件,不在本文考察之列。

⑥ 其中一案为附条件地支持质疑申请,但决定者认定对于仲裁员公正性的合理怀疑成立。

表 1　国际投资仲裁中质疑仲裁员获得支持的 ICSID 案件

案件名称	案号	申请者	决定者	决定年份	适用规则	支持理由
维克多·佩·卡萨多夫诉智利(Victor Pey Casadov. Republic of Chile,以下简称“维克多·佩案”)	ICSID Case No. ARB/98/2	东道国	ICSID 行政理事会主席	2006	ICSID 规则	无(直接决定)
佩伦科诉厄瓜多尔及厄瓜多尔国有石油公司(Perenco Ecuador Limited v. The Republic of Ecuador & Petroecuador,以下简称“佩伦科案”)	ICSID Case No. ARB/08/6	东道国	常设仲裁法院秘书长	2009	ICSID 规则,IBA 指引	案件争点为东道国是否构成征收。仲裁员在采访中以某一被认定为构成征收的国家为例对东道国进行评论
蓝色银行诉委内瑞拉(Blue Bank Ltd. v. Bolivarian Republic of Venezuela,以下简称“蓝色银行案”)	ICSID Case No. ARB/12/20	东道国、投资者	ICSID 行政理事会主席	2013	ICSID 规则	仲裁员所在律所正在一起以东道国为被申请人的相似案件中担任申请人的代理人
伯灵顿能源诉厄瓜多尔(Burlington Resources, Inc. v. Republic of Ecuador,以下简称“伯灵顿案”)	ICSID Case No. ARB/08/5	东道国	ICSID 行政理事会主席	2013	ICSID 规则	仲裁员在解释声明中对东道国代理律师的道德进行了指摘

续表

案件名称	案号	申请者	决定者	决定年份	适用规则	支持理由
卡拉图伯公司及德文奇诉哈萨克斯坦(Caratube LLP & Mr. Devincci v. Republic of Kazakhstan,以下简称"卡拉图伯案")	ICSID Case No. ARB/13/13	投资者	仲裁庭中未被质疑的仲裁员	2014	ICSID 规则	仲裁员曾在另一起与本案相似的案件中被本案东道国任命为仲裁员
巨空能源诉哈萨克斯坦(Big Sky Energy Corp. v. Republic of Kazakhstan)	ICSID Case No. ARB/17/22	投资者	仲裁庭中未被质疑的仲裁员	2018	ICSID 规则	未知,回避决定未予公开

表 2　国际投资仲裁中质疑仲裁员获得支持的非 ICSID 案件

案件名称	案号	申请者	决定者	决定年份	适用规则	支持理由
马来西亚电信公司诉加纳(Telekom Malaysia Berhad v. Republic of Ghana,以下简称"电信公司案")	PCA Case No. 2003 – 03	东道国	荷兰海牙地方法院	2004	荷兰《民事诉讼法典》第 1033 条[1]	仲裁员同时在另一相似案件的撤裁程序中担任代理律师
ICS 检控公司诉阿根廷(ICS Inspection and Control Limited v. The Republic of Argentina,以下简称"检控公司案")	PCA Case No. 2010 – 9	东道国	由常设仲裁法院指定的仲裁员	2009	UNCITRAL 规则,IBA 指引	仲裁员所在律所正在以东道国为被申请人的另一相似案件中担任申请人的代理人

续表

案件名称	案号	申请者	决定者	决定年份	适用规则	支持理由
CC/德瓦斯（毛里求斯）公司等诉印度［CC/Devas，Devas Employees，and Telcom Devas（Mauritius）Ltd. v. India，以下简称“德瓦斯案”］	PCA Case No. 2013－09	东道国	经被申请人要求而指派的国际法院法官	2013	UNCITRAL 规则	仲裁员曾四次对本案涉及的“根本安全利益”条款进行过相同或类似的解释
托马斯和罗伯特诉塞浦路斯（Tomasz Częścik and Robert Aleksandrowicz v. Cyprus）	SCC Case No. 2014/169	东道国	斯德哥尔摩商会仲裁院理事会	2018	斯德哥尔摩商会仲裁院仲裁规则	未知，回避决定未予公开
弗兰多·弗莱兹·特波特诉委内瑞拉（Fernando Fraiz Trapote v. Bolivarian Republic of Venezuela，以下简称“弗兰多案”）	PCA Case No. AA737	东道国	常设仲裁法院秘书长	2019	UNCITRAL 规则	仲裁员曾多次在涉东道国案件中担任投资者方的代理律师

注：虽然常设仲裁法院裁决的案件在公开性和透明度方面较 ICSID 案件有一定差距，但鉴于投资仲裁中获得支持的质疑仲裁员决定实属罕见，因此即使部分非 ICSID 案件的相关决定并不公开，在 IAreporter 或 Global Arbitration Review 等网站仍可见相关报道。

〔1〕以“合理怀疑”为判准。

(一)决定者的灵活性

仲裁规则对于质疑决定者通常有明确的规定。① 依据 UNCITRAL 规则第 12.1 条、第 13.4 条,在当事方无法一致同意质疑且被质疑仲裁员未从仲裁庭中退出时,应由委任机构对质疑作出决定。虽然 2010 年版 UNCITRAL 规则并未指明在特定情形下如何确定对回避作出决定的委任机构,但仍可在 1976 年版 UNCITRAL 规则的第 12.1 条中寻求指引。基于上述规则可知,对回避作出决定的应为当事人指定的或常设仲裁法院(Permanent Court of Arbitration,PCA)秘书长指派的委任机构。进一步说,经当事人指定者、经 PCA 秘书长指派者以及 PCA 秘书长均可成为作出回避决定的主体。因此,UNCITRAL 规则本身即具有灵活性。

相较于 UNCITRAL 规则,ICSID 规则对于回避决定者的规定灵活性相对较弱。根据《华盛顿公约》第 58 条的规定,在一般情况下,应当由仲裁庭中剩余仲裁员对质疑申请作出决定。当质疑申请是针对独任仲裁员提出或剩余仲裁员无法作出决定时,应由 ICSID 行政理事会主席作出决定。此外,ICSID 规则第 9.4 条进一步规定,除非质疑申请是针对仲裁庭中的多数成员提出的,否则余下仲裁员应立即对申请进行审查并投票表决;若票数各占一半,应立即将被质疑仲裁员提供的解释以及无法达成决定的情况告知主席。然而,在 ICSID 案件中,回避决定主体也体现出了相应的灵活性。在“佩伦科案”中,当事人在申请人提名仲裁员后即达成了协议,规定当对仲裁员的质疑被提出时,双方同意由常设仲裁法院秘书长决定。② 这里出现的问题在于,ICSID 规则并未规定回避决定主体可由当事方自行选择,因此无法直接对上述约定的效力予以确认。该案中,ICSID、PCA、仲裁庭成员及当事方进行了一系列的沟通,最终 PCA 秘书长接受了协议中的任命。由此可见,尽管 ICSID 规则中的有关规定未赋予当事人意思自治的空间,但实践中却尊重了当事人的意思自治。

(二)IBA 指引适用的分歧性

尽管各机构仲裁规则及 UNCITRAL 规则均对质疑仲裁员公正性与独立性的标准进行了规定,但并未对其进行细化。在这一方面,IBA 指引所发挥的作用不容忽视。IBA 指引包含了由当前仲裁实践中的典型情况所组成的非穷尽式清单,即红色

---

① See Christopher Koch, *Standards and Procedures for Disqualifying Arbitrators*, 20 Journal of International Arbitration, 332 - 333(2003).

② See Decision on Challenge to Arbitrator, *Perenco v. Ecuador*, ICSID Case No. ARB/08/6, p.9.

清单、橙色清单以及绿色清单。[①] 这些清单为仲裁员、当事方、仲裁机构及法院提供了具体指引。在上述11起质疑申请被支持的案件中,有6起案件均提及了IBA指引,但对于其可否适用判定不一。总体而言,这6起案件可分为如下三种情况:

首先,确认IBA指引可适用,在作出回避决定时对其加以援引的案件。该类案件仅有两起:一是"佩伦科案",该案当事人已就IBA指引的适用达成了协议,此时,IBA指引的适用基于当事人意思自治而得到确认;二是"检控公司案",该案中,当事双方均援引了IBA指引,常设仲裁法院指定的仲裁员认为尽管IBA指引对本案不具约束力,但其反映了国际最优实践并列举了可引发合理怀疑的具体情形,因此在作出回避决定时明确援引了IBA指引中的橙色清单。[②]

其次,认可了IBA指引的作用,但并未加以适用的案件。在"蓝色银行案"中,决定者肯定了IBA指引的参考价值,同时明确指出自己只受《华盛顿公约》标准的约束,回避决定也是基于该公约条款作出。[③] "伯灵顿案"中的阐释也是如此。[④] "弗兰多案"则略有不同,决定主体先阐释了IBA指引作为软法的非约束性,后又强调了当事双方未能就IBA指引的适用达成协议,进而指出回避决定所依据的法律标准仅有UNCITRAL规则。[⑤] 该案存在一个谬误,即当事双方均援引了IBA指引来支持自己的主张,其对于本案适用IBA指引的意图已非常明显。决定者注意到了这一点,却未能据此对双方意图作出正确的判断。在这种情况下,仍囿于不存在适用IBA指引的"协议"这一表象,无异于对当事方的主观真意视若无睹。

最后,有一起案件则指明IBA指引不可适用于本案。在"卡拉图伯案"中,决定者虽然肯定了IBA指引的借鉴价值与辅助作用,但同时指出,IBA指引是用以处理仲裁员披露义务的,无关乎回避问题。本案中并不存在关于披露的争议,因此IBA

---

① 红色清单分为"不可弃权"与"可弃权"两类,出现前者中的情形时,仲裁员不得继续担任本案仲裁员,出现后者中的情形时,双方当事人若对此知晓并明示同意仲裁员继续任职,视为对此情形放弃异议权。橙色清单中所列的是会对仲裁员的公正性和独立性产生合理怀疑的情形,仲裁员有义务披露。绿色清单中则是在客观角度无法产生合理怀疑的情形,仲裁员对此无披露义务。

② See Decision on Challenge to Arbitrator, ICS v. Argentina, PCA Case No. 2010 – 9, p. 4 – 5.

③ See Decision on the Parties' Proposals to Disqualify a Majority of the Tribunal, Blue Bank v. Bolivarian Republic of Venezuela, ICSID Case No. ARB/12/20, p. 62.

④ See Decision on the Proposal for Disqualification, Burlington v. Ecuador, ICSID Case No. ARB/08/5, p. 69.

⑤ See Decision on the Disqualification, Fernando v. Bolivarian Republic of Venezuela, PCA Case No. AA737, p. 49.

指引根本不存在适用空间。[①] 这种观点具有局限性,折损了IBA指引的应有价值。从内容来看,IBA指引聚焦的主要问题是披露及仲裁员的公正性与独立性。回避决定的作出本就基于对仲裁员公正性与独立性的判断,二者之间的联系是无法割裂的。值得一提的是,这起对IBA指引的适用进行绝对性否认的案件也是适用ICSID规则的。秉持相同观点的案件还有质疑申请被驳回的托塔尔诉阿根廷案(Total S. A. v. Argentine),该案同样适用了ICSID规则。[②]

(三)决定理由的多样性

尽管当事人对仲裁员提出的质疑难获成功,但在质疑被支持的国际投资仲裁案中,回避决定却是基于多样化的原因作出的,无论在适用UNCITRAL规则还是ICSID规则的案件中,这种多样性均存在,可笼统概括为基于身份和基于行为两大类事由。

1. 基于身份的回避事由

对于仲裁员的身份并不存在排他性要求,因此一位仲裁员完全可能在裁决某一案件的前期或同时享有其他身份。身份冲突依照时间特征分为两种:一种是同时存在的冲突,即身份重合引起的冲突;另一种是先后存在的,即身份接替引起的冲突。[③]

首先,有3起案件决定仲裁员回避的理由是仲裁员本人或其所在律所正在相似案件中为当事人一方提供代理。[④] 在"电信公司案"中,被质疑的仲裁员正在另一案件的撤裁程序中担任代理人。荷兰地方法院指出,被质疑仲裁员作为撤裁程序的代理人,将尽其所能提出对裁决的一切反对意见以履行职责。因此,仲裁员将很难做到在本案中保持公正。[⑤] 该案并未论证两起案件的相似性,但可推知,回避决定者默示认可了两起案件的相似性,尽管两起案件中当事双方均不同。另外2起案件均为所涉案件中有一方为本案当事方。在"检控公司案"中,被质疑仲裁员及其所在律所正在为投资者代理一起旷日持久的投资仲裁案。决定者认为,两起案件均是由大规模保护行为引发的对同一东道国的疑虑,因此具有相似性。决定者还强调,本案的关键在于仲裁员的代理而非律所的代理。然而,"蓝色银行案"中却不这样认为。该

---

① See Decision on the Proposal for Disqualification, Caratube v. Kazakhstan, ICSID Case No. ARB/13/13, p.59.

② See Decision on the Proposal to Disqualify Teresa Cheng, Total S. A. v. Argentine, ICSID Case No. ARB/04/01, p.98.

③ 参见林一飞:《商事仲裁实务精要》,北京大学出版社2016年版,第137~138页。

④ "电信公司案""检控公司案""蓝色银行案"。

⑤ See Petition No. HA/RK 2004. 667, Ghana v. Telekom, District Court if the Hague, p.6.

案中，被质疑仲裁员所在的律所是一家国际性律所。该仲裁员是该律所马德里办事处的合伙人及国际仲裁指导委员会成员，律所纽约办事处和加拉加斯办事处正在一起涉本案东道国的案件中为申请人一方提供代理服务。决定者指出，该律所不同地区办事处之间存在联系，接受律所总部的统筹协调，且律所代理的案件与本案存在争点方面的相似性，因此，仲裁员在表面上明显缺乏公正性。

其次，前述案件均为仲裁员的身份在同一时间重合的情况，而“弗兰多案”聚焦的则是被质疑仲裁员的既往经历。该案中，决定回避的理由在于被质疑仲裁员曾多次在以东道国为被申请人的案件中为另一方提供代理服务。决定者关注的既非另一案件是否在进行中，也非两起案件的相似性，而是这种代理人身份的频次，由于被质疑仲裁员频繁在涉东道国案件中担任对方的首席律师，这种经历很可能会影响其对案件中实体问题的判断。①

此外，重复任命的情况也属本部分讨论之列。在“卡拉图伯案”中，质疑被支持是由于仲裁员曾在另一起案件中被东道国任命为仲裁员。该案中，决定者通过对比，分别确定两起案件在事实上存在相似性，在法律争点方面也有重叠，因此被质疑仲裁员在前案中形成的认知将与本案相关联。② 该决定的先进性在于，在考察案件相似性时将事实争点与法律争点区分开来，并识别出后者才是影响仲裁员公正裁决的关键性因素。

2. 基于行为的回避事由

基于仲裁员行为而被支持的质疑申请共有 3 起：

首先，在“佩伦科案”中，实体部分的主要争点之一是东道国的行为是否构成征收。仲裁员曾在采访中就东道国对投资仲裁的态度发表评论，并以利比亚曾发生的征收为例。这说明仲裁员意欲将东道国与曾发生征收的利比亚进行类比，其在本案实体问题上很可能已形成预先判断。③

其次，在“德瓦斯案”中，决定者指出，仲裁员曾在 3 起涉东道国案件中对“根本

---

① Damien Charlotin & Lisa Bohmer, *In New Disqualification Ruling by PCA Secretary General, Arbitrator's Repeated Past Work as Counsel Adverse to State is Sufficient to Justify His Removal*. Accessed July 27th, 2021, https://www. iareporter. com/articles/in-new-disqualification-ruling-by-pca-secretary-general-arbitrators-repeated-past-work-as-counsel-adverse-to-state-is-sufficient-to-justify-his-removal/.

② See Decision on the Proposal for Disqualification, Caratube v. Kazakhstan, ICSID Case No. ARB/13/13, p. 71 – 88.

③ See Decision on Challenge to Arbitrator, *Perenco v. Ecuador*, ICSID Case No. ARB/08/6, p. 54 – 58.

安全利益”条款(the “essential security interests” clause)进行过相同或类似的解释,并在学术论文中第4次重申该观点,据此可认为仲裁员对于这一问题产生过预先判断。该案中,质疑申请方及回避决定者均提到了“争点冲突”(issue conflict),决定者富有洞见地指出,争点冲突不属于直接显示出支持或反对某一方的常见偏私情形,在应对这类质疑申请时,不能仅依据仲裁员表达过此类观点来判断,而要探寻仲裁员是否会在先前观点和其他相关条件的共同作用之下对有关本案的争点形成预先判断。①

最后,在“伯灵顿案”中,质疑申请方对仲裁员提出的质疑基于多重原因,决定者否定了其他几点原因,唯独认可了仲裁员解释声明中存在的问题。在解释声明中,仲裁员对作为被申请人的东道国的代理律师的道德进行了指摘。决定者认为,这与东道国提出的回避申请毫不相关,理性第三人将据此推断出仲裁员对于东道国及其代理律师在表面上缺乏公正性。②

综上可知,国际投资仲裁中决定仲裁员回避可基于多种事由,取决于案件的具体情况。即使在被公认为回避标准颇高的ICSID案件中,这种多样性仍然不减。

三、国际投资仲裁中质疑仲裁员特征之成因

由上文可以发现,ICSID案件和非ICSID案件在支持质疑仲裁员申请方面呈现的实践特征是颇为一致的。从表1和表2的案件情况来看,无论是在案件的数量、标准的解释以及决定的理由方面,适用两大标准的案件几乎不存在实质性差异。因此,在对国际投资仲裁中质疑仲裁员特征之成因进行厘析时,应当探寻ICSID规则中体现出的严苛标准为何未在实践中得到对应呈示。

(一)当事方及决定者对ICSID高标准的因应

有学者指出,严苛的回避标准使ICSID的质疑仲裁员机制招致了大量批评,且很少有质疑申请能够获得支持。③ 诚然,ICSID在质疑仲裁员问题上规定的高标准饱受诟病,但经过对投资仲裁中成功质疑仲裁员案件的搜集与分析,笔者认为,“ICSID仲裁中的质疑申请很难成功”这一说法至少是不严谨的。纵然ICSID的规

① See Decision on the Respondent's Challenge, CC/Devas v. India, PCA Case. No. 2013 – 09, p. 51 – 64.

② See Decision on the Proposal for Disqualification, Burlington v. Ecuador, ICSID Case No. ARB/08/5, paras. 70 – 80.

③ See Chiara Giorgetti, *The Arbitral Tribunal: Selection and Replacement of Arbitrators*, in Chiara Giorgetti ed., Litigating International Investment Disputes: A Practitioner's Guide, Leiden, Brill Nijhoff 159 – 160(2014).

定极易为当事人申请仲裁员回避设置障碍,但在实践中,该预期劣势并未有明显体现。笔者认为,原因主要在于ICSID不利于仲裁员回避的高标准催生了当事方和相关机构对其采取因应的举措,这种努力折抵了ICSID规定本身的严格性与刻板性。

就当事方的角度而言,约定适用IBA指引可增加质疑成功的可能性,典型实例为“佩伦科案”。该案中,当事双方知晓依据ICSID规则质疑仲裁员的困难性,因此通过约定适用IBA指引以保障申请仲裁员回避的权利得以实现。然而,期望当事人约定适用IBA指引治标不治本,攻克这一问题的根本仍在于如何对“明显缺乏”进行解释。现行实践中的决定者已认识到了这一问题,借鉴“合理怀疑”来解释“明显缺乏”已经成为投资仲裁中细化仲裁员回避标准的一种常见模式。① 决定者在解释和适用明显缺乏标准时向更易达到的合理怀疑标准靠拢,才是促成回避决定理由多样性的要点所在。即便不采用这种解释,决定者也应做到足够审慎,而非简单依据“明显缺乏”的字面含义否认质疑申请。在“维克多·佩案”中,ICSID行政理事会主席曾致函常设仲裁法院秘书长询问关于两位仲裁员质疑的建议,常设仲裁法院秘书长建议支持对其中一位仲裁员的质疑请求,驳回对另一位仲裁员的质疑请求,ICSID行政理事会主席遵从了这一建议。② 这既体现出ICSID质疑仲裁员制度在解释及适用方面的困难性,也彰显出决定者对于仲裁员质疑问题的审慎性。

(二)将IBA指引适用于投资仲裁的顾虑

现实情况是,当事方在申请及抗辩中多会援引IBA指引,但决定者却很少援引IBA指引来处理质疑问题。决定者的消极态度绕不开一个顾虑:滥觞于商事仲裁的IBA指引对于投资仲裁中产生的冲突能否切实发挥作用。③ 尽管IBA指引在介绍部分明确规定其可适用于投资仲裁,但投资仲裁和商事仲裁在仲裁员选任方面存在差异,④很难断定投资仲裁中的质疑仲裁员问题是否适宜由IBA指引来调整。最为明显的一点便是,投资仲裁中被申请人为东道国而非私主体,在橙色清单和红色清单

---

① See Maria Nicole Cleis, *The Independence and Impartiality of ICSID Arbitrators*, Leiden, Brill Nijhoff, 2017, p. 39 – 43.

② See Recommendation of the PCA Secretary-General, Victor Pey v. Chile, ICSID Case No. ARB/98/2. See Decision of the Chairman of the ICSID Administrative Council on the Disqualification, *Victor Pey v. Chile*, ICSID Case No. ARB/98/2.

③ See Noah Rubins, Bernhard Lauterburg, *Independence, Impartiality and Duty of Disclosure in Investment Arbitration*, in Christina Knahr et al., Investment and Commercial Arbitration: Similarities and Divergences, Netherlands, Eleven International Publishing, 2010, p. 153 – 154.

④ See Karl-Heinz Böckstiegel, *Commercial and Investment Arbitration: How Different are they Today?*, Arbitration International 28, 2012, p. 581 – 582.

中均有提及的仲裁员与当事人之间的关系即对应为仲裁员与东道国之间的关系,相对于仲裁员与某一私主体的关系,仲裁员与某一国家的关系将宽泛许多。身为东道国国民本身便可能使这种关联成立,更不必说许多仲裁员是一国公职人员,直接或间接由该国政府管理。此时,由于与当事人之间存在重大的经济或个人利益,本国仲裁员的任命将被红色清单所禁止。① 从这个角度来看,IBA 指引虽然具有明确、具体的优势,但未必与国际投资仲裁的鲜明特点完全契合。

另外,对于 ICSID 仲裁,决定者适用 IBA 指引的可能性更为有限。由于"明显缺乏"与"合理怀疑"单就文义解释的角度而言确实差异明显,许多 ICSID 裁决对于在质疑仲裁员问题中以 IBA 指引为法律标准产生过疑义。② 在潮水公司等诉委内瑞拉案(Tidewater v. The Bolivarian Republic of Venezuela)中,决定主体明确指出,ICSID 规则中的仲裁员回避标准与 IBA 指引所形成的"合理怀疑"并不同。③ 厄贝瑟诉阿根廷案(Urbaser v. The Argentine Republic)也是基于这一原因否定了 IBA 指引的适用。④

虽然决定者的顾虑不无道理,可若一味拒绝 IBA 指引适用于投资仲裁的质疑仲裁员问题,从实践的角度考量,无论是对于当事方还是决定主体,这样的做法均无益处。

(三)程度比类型更具决定性

从实践来看,作出回避决定依据的理由具有多样性的特征,且在这些事由中,有些被认为存在较大争议。回避决定中高频出现的"争点冲突"(issue conflict)即可被归为此类。

首先,需要厘清的是"争点冲突"的概念。仲裁员与争议中某一争点先前存在的关系,尤其在这种关系可能影响裁决时即被界定为争点冲突。⑤ 甚至有观点认为,争

---

① See Noah Rubins, Bernhard Lauterburg, *Independence, Impartiality and Duty of Disclosure in Investment Arbitration*, in Christina Knahr et al., Investment and Commercial Arbitration: Similarities and Divergences, Netherlands, Eleven International Publishing, 2010, p. 165.

② Loretta Malintoppi, Alvin Yap, *Challenges of Arbitrators in Investment Arbitration: Still Work in Progress?*, in K. Yannaca-Small ed., Arbitration Under International Investment Agreements; A Guide to the Key Issues, Oxford, Oxford University Press, 2018, p. 167 – 168.

③ See Decision on Claimants' Proposal to Disqualify Professor Brigitte Stern, Tidewater Inc., et al. v. The Bolivarian Republic of Venezuela, ICSID Case No. ARB/10/5, p. 43.

④ See Decision on Respondent's Proposal to Disqualify Professor Campbell McLachlan, Urbaser v. Argentina, ICSID Case No. ARB/07/26, p. 37.

⑤ See Ina C. Popova, Jessica L. Polebaum, *Emerging Expectations for Arbitrators: "Issue Conflict" in Investor-State Arbitration and Beyond*, 41 Fordham International Law Journal 938 (2018).

点冲突或许是对投资仲裁公信力影响最大的问题。[①] 争点冲突与身份冲突并不是泾渭分明的，二者在很大程度上有重叠。争点冲突包括仲裁员发表过的法律意见、学术观点、曾作出的裁决以及曾在相似案件中担任代理人等可能形成预先判断的情况。[②] 结合投资仲裁的特点加以分析可发现，其中部分事由并不宜成为仲裁员回避的基础，以仲裁员发表过的法律意见为例：其一，若从前发表的法律意见将引发对仲裁员公正性的怀疑，投资仲裁领域的专家将不再愿意将自己的专业知识公之于众，这对于整个投资仲裁体系只能起到反效果；其二，鉴于仲裁员的专业经历，未对案件所涉问题形成任何既有认知是不切实际的。[③] 应注意到，国际投资仲裁中存在"旋转门"（the revolving door）现象，即一位从业者身兼仲裁员、代理人、专家证人及仲裁庭秘书等多重身份，这些身份可能相继发生，也可能同时发生，后者多见于投资仲裁领域最有声望和影响力的仲裁员群体。[④] 这一现象的存在将使争点冲突在投资仲裁领域屡见不鲜，甚至常态化。

然而，在实践中，争点冲突数次成为决定仲裁员回避的事由。若单单以申请理由的类型来判断，此类回避决定似乎有悖于投资仲裁本身的特征，但决定质疑是否成功的因素不仅限于申请事由的类型，还包括程度，甚至可以说，后者发挥的决定性作用要优于前者。在"德瓦斯案"中，仲裁员曾对"根本安全利益"条款作出多达4次的阐释，且每次阐释均是近似的。这时便有理由基于仲裁员解释同一条款的次数之多，推测仲裁员已就此形成了预先判断。此外，还有一种争点冲突与身份冲突发生重合的情况，即仲裁员被某一当事方重复任命，不过，不同于商事仲裁，胜任投资仲裁员的从业者需要熟知包括习惯国际法在内的国际公法，这使得仅有一小部分高素质的仲裁员有被任命的机会。[⑤] 因此，在国际投资仲裁中，重复任命的现象并不罕见，仅因重复任命而取消仲裁员的任职资格是不合理的。在"德瓦斯案"中，决定者

---

① See ICCA, Report of the ASIL-ICCA Joint Task Force on Issue Conflicts in Investor-State Arbitration, The ICCA Reports No. 3, 2016, p. 6.

② See Anna-Maria Tamminen & Helen Lehto, *Issue Conflicts as Basis for Challenge of an Arbitrator-A new First in Nordic Arbitration Practice?*, 63 Scandinavian Studies in Law 344 – 347 (2017).

③ Lars Markert, *Challenging Arbitrators in Investment Arbitration: The Challenging Search for Relevant Standards and Ethical Guidelines*, 3 Contemporary Asia Arbitration Journal 263 (2010).

④ See Malcolm Langford et al., *The Revolving Door in International Investment Arbitration*, 20 Journal of International Economic Law 301, 328 (2017).

⑤ See Chiara Giorgetti, *Challenges of International Investment Arbitrators: How Does It Work, and Dose It Work?*, 7 World Arbitration & Mediation Review 155 – 156 (2013).

指出,当事方理应力求选任最好的仲裁员,既往经历便是仲裁员能力的充分保证。[①]该案中决定回避的理由并不在于重复任命,而在于仲裁员曾裁决的案件与本案的高度相似性,这种相似性的程度之高比重复任命本身更具决定性。

由此可见,质疑仲裁员成功与否的判断标准未必在于利益或联系的类别,更在于个案中事实或情况的轻重。很多时候涉及的是程度问题,一旦过了头,本不应成功的质疑就会成功。[②]

四、国际投资仲裁中质疑仲裁员的完善路径

在探索国际投资仲裁中质疑仲裁员的完善路径之前,笔者意欲明确一个备受争议的问题作为讨论的前提,即 ICSID 规则中的明显缺乏标准是否应修改为合理怀疑标准。[③] 笔者认为,答案是否定的。首先,ICSID 采取的明显缺乏标准表面看来比合理怀疑标准更高,这种设置是立法者有意为之的。根据公约多处用语可见,"缺乏"与"明显缺乏"是不同的,后者可对回避的成立门槛起到一种拔高作用,[④]可用于防范当事方在 ICSID 仲裁中将质疑仲裁员作为拖延程序的策略。[⑤] 实际上,这种高标准彰显了立法者对投资仲裁特征的考量。然而,若在适用时也严格遵循该标准,便等同于将质疑仲裁员制度束之高阁。概言之,"明显缺乏"的规则设置是对投资仲裁特殊性的回应,实践中对其进行趋近于"合理怀疑"的解释则是防止这一制度名存实亡的权宜之计。

其次,还要兼顾参考适用 UNCITRAL 规则的投资仲裁案。投资仲裁中质疑仲裁员问题的根本困境在于如何结合投资仲裁的特性。一方面,投资仲裁正当性危机的浪潮即源于其公法属性未得到应有关注,质疑仲裁员也不免面临这一问题。[⑥] 另一方面,若将投资仲裁中的仲裁员质疑与商事仲裁完全剥离,对前者适用标准的解

---

① See Decision on the Proposal for Disqualification, Caratube v. Kazakhstan, ICSID Case No. ARB/13/13, p. 108 - 109.

② 参见杨良宜、莫世杰、杨大明:《仲裁法:从 1996 年英国仲裁法到国际商务仲裁》,法律出版社 2006 年版,第 622 页。

③ 不少文章或著述提出了该建议。参见于湛旻:《论国际投资仲裁中仲裁员的回避》,载《武大国际法评论》2014 年第 1 期。See Y. Kryvoi, *ICSID Arbitration Reform: Mapping Concerns of Users and How to Address Them*, Accessed August 3rd, 2021, https://papers.ssrn.com/sol3/papers.cfm?abstract_id=3280782.

④ 参见于湛旻:《论国际投资仲裁中仲裁员的回避》,载《武大国际法评论》2014 年第 1 期。

⑤ Greg C. Nwakoby, Charles Emenogha Aduaka, *Challenge of Arbitrator under ICSID*, 36 Journal of Law, Policy and Globalization 175(2015).

⑥ 参见丁夏:《谁之公正与何种独立——ICSID 仲裁员公正性标准研判》,载《国际经济法学刊》2013 年第 3 期。

释将举步维艰。[1] 在投资仲裁的质疑仲裁员标准系借鉴商事仲裁的情况下,何处可与原本的设计兼容,何处要顾及投资仲裁的特征,才是完善投资仲裁中质疑仲裁员制度要思考的核心问题。对于这一问题,规则的修正很难解决,实践中的灵活变通才是要义。

(一)ICSID 规则下对于质疑决定者的变通

在 ICSID 仲裁中,仲裁员是否回避原则上由仲裁庭中其余未被质疑的仲裁员决定,而非交由外部主体。正如前文指出的,能够胜任国际投资仲裁员的群体规模较小,因此多数仲裁员是彼此相识甚至建立起长期专业关系的,在这种情况下,要对自己熟识的同事作出回避决定实属不易。此外,一个现实情况是,决定质疑的仲裁员很可能在日后与被质疑仲裁员角色互换,因此其作出决定时不得不思考再三。[2] 这就显示出一个问题:质疑仲裁员制度本身是为了保障仲裁员的公正性与独立性,但践行这一制度的决定者自身的公正性却无从保证。由实践可知,从不同主体的角度出发,可采取不同的做法避免这种情况:

首先,从当事方的角度出发,当事方可约定选择其认为合适的决定者来对质疑申请进行审查。此外,当事方还可对仲裁庭中至少两位仲裁员提出质疑申请,既可以由一方对仲裁庭主席和对方任命的仲裁员进行质疑,也可由双方互相对对方任命的仲裁员或仲裁庭主席进行质疑。此时,对于质疑的决定只能交由 ICSID 行政理事会主席作出。虽然上述做法带有策略性质,但并非出于拖延程序之目的,而是使得质疑申请得到更加公正的处理。

其次,从 ICSID 作为仲裁机构的角度出发,要主动对这一规定进行变通是困难的,且不具备驱动力。ICSID 能做到的仅是在当事方约定了质疑决定者的情况下保障这种意思自治的实现。由于当事人自主选择质疑决定者并无规则基础,此类选择的落实还需要多方的协调与配合。正如在"佩伦科案"中,ICSID、被协议选择的决定者所在机构、仲裁庭成员及当事方进行了一系列的协商,最终才使被选择的质疑决定者接受了任命。[3] 在这个过程中,ICSID 作为仲裁机构可发挥关键性作用,既需要对当事方选择其他质疑决定者的行为予以认可,还需要与被协议选择的决定者或其

---

① See William Park, *Arbitrator Bias*, Accessed June 27th, 2021, http://www.bu.edu/law/faculty/scholarship/workingpapers/2015.html.

② Natalie Pita, *Sail We Must: Why ICSID Proceedings Should Not Lie at Anchor for Arbitrator Challenges*, 30 Duke Journal of Comparative and International Law 177(2019).

③ See Decision on Challenge to Arbitrator, *Perenco v. Ecuador*, ICSID Case No. ARB/08/6, p.31.

所在机构进行充分的沟通、商讨,因为对于被选择的决定者而言,其并不必然接受当事方在协议中的任命。

(二)理性决定 IBA 指引的适用

由现行实践可知,决定者对于 IBA 指引的适用仍存有顾虑。这种顾虑主要来源于两方面,一是投资仲裁与商事仲裁的差异性,二是 ICSID 规则与 IBA 指引的仲裁员回避标准不同。笔者认为,这两方面均可通过解释予以补足。对于前者,需要明确的是,IBA 指引的适用本身并不必然代表着投资仲裁被“商事化”。① IBA 指引的适用范围不限于商事仲裁,②部分规定未能兼顾投资仲裁的特征可以通过实践被填补。对于后者,从前文表 1 和表 2 中所列案件的决定理由来看,“明显缺乏”与“合理怀疑”的差别已经不再明显。因此,只要解释得当,二者在文义上的差异并不必然构成障碍。

IBA 指引适用于投资仲裁的另一阻碍在于 ICSID 就仲裁员回避问题作出的一句说明:“尽管 IBA 指引无拘束力,但仍可为 ICSID 仲裁中的质疑仲裁员问题提供有益的参考。”③这句说明被不少质疑决定所援引,作为否认 IBA 指引适用的理由。④笔者认为,该说明的重点在于后半句,而多数质疑决定误将重点置于前半句。“无拘束力”针对的是 IBA 指引作为软法的效力,并非意指 IBA 指引不能适用于 ICSID 仲裁。恰恰相反,这句话旨在强调 IBA 指引对于 ICSID 仲裁中质疑仲裁员问题起到的积极作用。

综上,将 IBA 指引适用于投资仲裁并非不可行,需要进一步检视的是,IBA 指引能在何种情况下、在何种程度上被应用于投资仲裁,尤其是 ICSID 仲裁中的仲裁员回避事项。此外,对于投资仲裁中适用 IBA 指引的流程也缺乏澄清。⑤ 笔者尝试对投资仲裁中 IBA 指引的适用过程及情形区分提出以下构想:

首先,在当事方已协议选择 IBA 指引的情况下,IBA 指引的适用将被确认。然

---

① 投资仲裁正当性危机的主要来源之一便在于其运用解决私主体纠纷的商事仲裁中的技术来处理国际公法争端。See José E. Alvarez, *Reviewing the Use of "Soft Law" in Investment Arbitration*, Accessed August 17th, 2021, https://papers.ssrn.com/sol3/papers.cfm? abstract_id = 3258737.

② IBA Guidelines, Introduction, p. 5.

③ ICSID, *Disqualification of Arbitrators*, Accessed August 19th, 2021, https://icsid.worldbank.org/services/arbitration/convention/process/disqualification.

④ 例如,“蓝色银行案”“伯灵顿案”“弗兰多案”。

⑤ Anushka Mittal, *Can a Party Challenge the Application of the IBA Guidelines on Conflict of Interest?*, Accessed August 23th, 2021, http://arbitrationblog.kluwerarbitration.com/2018/02/22/can-party-challenge-application-iba-guidelines-conflict-interest/.

而,即便如此,也不意味着投资仲裁的特征将被摒弃。对于引发或可能引发合理怀疑的红色清单和橙色清单,IBA 指引所列举的情形是非穷尽式的,①因此可根据具体案件中所显示出的投资仲裁的实践特点予以填补;对于存在于绿色清单中的情况,若在投资仲裁的视阈下,这些情况可在表面上引发对仲裁员公正性和独立性的合理怀疑,可尝试通过程度、频次及规模等进行辅助解释,避免完全陷入类型化的规制。此外,当双方未协议适用 IBA 指引,但均对其进行了援引的情况下,相当于双方对适用 IBA 指引达成了默示性合意,因此与前述情况相同。

其次,在仅有一方当事人援引了 IBA 指引时,根据另一方的反应可分为两种情况。若一方援引了 IBA 指引,另一方未提出反对意见,便属于对 IBA 指引的适用达成了一种事后协议(ex-post agreement)。② 这便是单方援引 IBA 指引的第一种情况。第二种情况为另一方明确反对 IBA 指引的适用,此时,适用 IBA 指引的合意并未达成,但仲裁庭仍可基于其固有权力决定 IBA 指引的适用。但笔者认为,在国际投资仲裁中,质疑决定者主动适用 IBA 指引的情况应当有所限制。既然清单中列举的情形无法契合投资仲裁的特征,那么倒不如由仲裁员直接基于仲裁规则中的回避标准,结合投资仲裁的实践情况进行解释。决定者可根据需要对 IBA 指引中的内容加以借鉴,但并不需要将其作为回避决定所依据的标准。

最后,当双方均未援引 IBA 指引时,决定主体是否适用 IBA 指引应参照前文中一方援引 IBA 指引而另一方明确反对的情况,但在此基础上要更为审慎,因为可能由此引起双方对于裁决的挑战。

五、结论

现行观点普遍认为,ICSID 规则质疑仲裁员标准畸高,但这一论断多源于文义解释,无法排除适用合理怀疑标准的质疑不存在同样的困境。事实上,通过国际投资仲裁中成功质疑仲裁员的实践可知,适用合理怀疑标准和明显缺乏标准的案件数量基本持平,且在决定理由方面并无明显差异。这种趋同性本身并不会导致国际投资仲裁的特征被忽视,而能使 ICSID 的质疑仲裁员制度避免被“尘封”。在实践中,质疑决定者具有灵活性,这种灵活性不止源于规则本身,也有赖于当事方的行为及相关机构的协调配合,这种变通可被作为完善投资仲裁中质疑仲裁员实践的进路之

① See IBA Guidelines, Part Ⅱ, p. 2 - 3.

② Anushka Mittal, *Can a Party Challenge the Application of the IBA Guidelines on Conflict of Interest?*, Accessed August 23th, 2021, http://arbitrationblog.kluwerarbitration.com/2018/02/22/can-party-challenge-application-iba-guidelines-conflict-interest/.

一。此外,IBA 指引的适用在投资仲裁的质疑仲裁员实践中也引发了诸多争议。适宜的做法是在充分考虑当事人的合意是否存在之后,根据国际投资仲裁的特征对清单中的具体情形予以解释、调整和补充。同时,基于仲裁庭固有权力主动适用 IBA 指引的情况则应尽量被限制。

涉外诽谤管辖权之路径选择

许 偲*

各国通过不同的方式来平衡名誉权和言论自由两者之间的利益,导致各国的诽谤法存在实质性差异,进而产生了原告在涉外诽谤领域的挑选法院现象,即诽谤择地行诉。诽谤择地行诉中原告对诉权的滥用会导致对被告不公平、占用法院地国诉讼资源、对言论自由的"寒蝉效应"等问题。在传统的被告住所地和侵权行为地管辖权规则以外,涉外诽谤目前存在两种特殊的管辖权规则,最低限度联系原则和目标规则。综合考量对宽泛管辖权的限制、管辖权规则的可预见性、对言论自由的合理干涉等方面,通过比较分析并结合我国实际,目标规则相比最低联系原则是更为妥当的路径。

一、涉外诽谤中存在的挑选法院问题

各国保护名誉权和言论自由的实体法和冲突法规则之间的区别增加了挑选法院的风险,尽管挑选法院在某种程度上是国际私法的普遍问题,但在涉外诽谤案件中却具有特殊的意义。① 不同国家的历史、价值取向和政治制度大相径庭,对名誉权和言论自由的相对重要性权衡差异很大,进而导致不同国家诽谤法之间存在差异。正因如此,同一诽谤案件在不同国家法院起诉,当事人可能获得特殊的利益不同,从而产生了原告在诽谤领域的挑选法院现象,即诽谤择地行诉(*libel tourism*)。诽谤择地行诉会造成对被告不公平、大量占用法院地国诉讼资源的问题;更严重的是,它将对言论自由产生"寒蝉效应"(chilling effect),影响新闻媒体对重大事件的报道。通过合理的涉外诽谤管辖权规则设计,对不同国家之间的名誉权和言论自由冲突进行

* 武汉大学国际法研究所博士研究生。

① See Jan-Jaap Kuipers, *Towards a European Approach in the Cross-Border Infringement of Personality Rights*, 12 German Law Journal 1682 (2011).

协调和平衡,在全球化的当下具有现实意义。

(一)诽谤择地行诉中原告对权利的滥用

涉外诽谤纠纷中,如果存在管辖权竞合的多个国家法院,则原告会出于利益最大化、风险最小化的考虑,做出在哪个法院起诉的决定。原告在挑选法院时会综合考虑适用实体法的优势、程序和举证责任的优势、社会因素的优势、审判的方便、诉讼外的其他因素等几个方面,通过比较分析,最终选择对其最有利的法院起诉。① 现实中挑选法院给公共利益带来的负面影响往往为人们所忽视,挑选法院现象可能导致案件大量涌入某些国家而造成诉讼积压。

英国被认为是对诽谤原告友好的国家。英国在侵权案件中规定了相对宽泛的管辖权规则,给予了原告得以选择英国法院提起诽谤诉讼的机会。在英国通过网络访问到不当言论或者出现不当言论的出版物后,许多原告选择在英国起诉被告诽谤,导致英国法院案件量大增。尽管有些案例与英国没有密切的联系,但英国法院仍然进行审理,甚至存在没有任何一方居住在英国而在英国审判的案例。② 因此,不少来自世界各地的富人和名人选择在英国提起诽谤诉讼,正如英国丹宁勋爵(Alfred Thompson Denning)所说:"飞蛾被光所吸引,诽谤诉讼当事人也被吸引到英国。"③ 由于英国法院在大多数国际诽谤案件中都享有管辖权,并且适用英国法,美国等重视言论自由的国家抱怨英国法院损害了它们的自由。美国女星卡梅隆・迪亚兹(Cameron Diaz)、美国男星大卫・哈斯莱霍夫(David Hasslehoff)和澳大利亚影星杰森・多诺万(Jason Donovan)等名人就曾向英国法院提起诽谤诉讼要求损害赔偿。例如,卡梅隆・迪亚兹起诉美国《国家先驱者报》(*National Enquirer*)诽谤,索赔1000万美元,该报纸曾报道她与美国某电视节目已婚制片人之间有外遇关系。《国家先驱者报》从来没有在英国发售,但是电子版可以在包括英国在内的全世界通过互联网访问,英国法院由此确认对该案的管辖权。④

不同地方的诉讼程序和效率不同,挑选法院将导致倾向于保护原告利益的某国法院涌入大量跨国案件,无疑会给该国人民和法院带来额外的负担,该国因为救济

① 参见何其生:《比较法视野下的国际民事诉讼》,高等教育出版社2015年版,第141页。

② See King v. Lewis & Others [2004] EWCA (Civ) 1329; Khalid Salim Bin Mahfeuz v. Dr Rachel Ehrenfeld [2005] EWHC 1156; Vladimir Stoutsker v. Olga Romanova [2015] EWHC 2053.

③ Tevor C. Hartley, *International Commercial Litigation: Text, Cases and Materials on Private International Law*, Cambridge University Press, 2015, p. 277.

④ See Niri Shan & Taylor Wessing, *Celebrity Settles U. K. Libel Suit with National Enquirer*, Accessed March 6th, 2021, https://www.rcfp.org/celebrity-settles-uk-libel-suit-national-enquirer.

发生在另一国的损害,而造成对本国诉讼资源的占用以及各种费用的支出,这是难以容忍的。[①] 针对一名在英国居住的被告,其无须在英国有诽谤的出版物,原告就可对其在国外的出版物造成的损害向英国法院起诉;被告想要抗拒在英国的审理,需向英国法院证明国外存在一个更合适的法院。诽谤择地行诉本身是原告的一项权利,但原告滥用挑选法院的权利会造成对被告不公平、大量占用法院地国诉讼资源等问题,[②]因而有必要制定恰当的管辖权规则进行规制。[③]

(二)对言论自由的"寒蝉效应"

"寒蝉效应"是政治、法律、传媒学等领域的新兴名词,本文中特指对言论自由的负面效应,因噤若寒蝉的意旨分外传神,而以该词命名。除了诽谤择地行诉之外,某些外国的诽谤法还存在更严重的问题,如旨在阻止报道关乎公共利益的新闻,影响了新闻媒体的监督权。联合国人权委员会在审查英国履行《公民权利和政治权利国际公约》(International Convention on Civil and Political Rights)所规定的义务时表达了此类关切。鉴于互联网的使用和国际媒体间的传播,限制性诽谤法的实施可能"影响关于公共利益的言论在全球的表达"。[④] 联合国委员会曾发布报告认为,英国的诽谤法妨碍了新闻媒体对重大新闻的报道,影响了学者和新闻工作者发布作品。许多原告选择到英国进行诽谤诉讼,以至于律师为美国新闻媒体提供有关全球重大事件的报道建议时,如涉及国际金融、全球恐怖主义、名人的话题,会特别提醒其在外国的责任。[⑤]

选择到英国提起诽谤诉讼这一现象引发了其他国家立法者的担忧,在英国胜诉的诽谤判决将对其本国的言论自由产生"寒蝉效应"。此外,高昂的诉讼费用和潜在的高额赔偿金加剧了英国判决的"寒蝉效应"。"寒蝉效应"不仅限于发布相关出版物的国家,其影响远比这更广泛。只要在别的国家获得外国出版物,无论是通过纸质版本还是互联网获得,对言论的"寒蝉效应"都将扩展到这些国家。当美国的新闻机构抱怨英国的诽谤诉讼造成的"寒蝉效应"时,这种"寒蝉效应"也将扩展到英国,

---

① See Piper Aircraft Co. v. Reyno, 454 U. S. 235, 252 (1981).

② 参见李晶:《国际民事诉讼中的挑选法院》,北京大学出版社2008年版,第52~60页。

③ See Dan Jerker B. Svantesson, *Private International Law and the Internet*, Kluwer Law International, 2016, p. 117.

④ UN, Doc CCPR/C/GBR/CO/6, para. 25.

⑤ See the Committee of the Whole House on the State of the Union, Libel Tourism: Hearing on H. R. 6146 Before the Subcomm. on Commercial and Administrative Law of the H. Comm. on the Judiciary, 111th Congress (2009), p. 3.

影响英国读者的阅读内容。

互联网时代进一步加剧了诽谤择地行诉对言论自由的"寒蝉效应"。① 互联网上的内容可以在许多地方访问,诽谤游客(libel tourist)理论上可以选择世界上任何一个国内法院。诽谤游客可能仅需要让其律师在某国通过互联网访问该侵权信息,便构成该国法院行使管辖权的基础。如果诽谤游客能够利用宽泛的管辖权随意挑选外国法院,以便适用对其有利的实体法,则将产生压制全世界言论自由的影响。不知道有多少外国的被告由于担心在英国的审判而在诉讼开始之前和解,有人断言,由于担心在英国涉诉,外国新闻记者常常进行自我审查。② 对言论自由的打击不是表面数量所能体现的,有时仅仅是诉讼的威胁就能使被告屈服。

诽谤择地行诉现象压制了言论自由,甚至产生"寒蝉效应",为避免涉外诽谤原告对挑选法院权利的滥用,可考虑从管辖权层面予以规制。

二、涉外诽谤管辖权的传统路径

一般来说,侵权行为地作为涉外侵权案件中所普遍采用的管辖权规则,也被适用于涉外诽谤案件。德国和法国将完成不法行为的地方和不法行为效果发生的地方都认定为侵权行为地。③ 意大利、波兰、奥地利、日本等国规定侵权行为地是加害行为地。④ 美国法院主要依联系的程度来确定管辖权,行为与法院地的联系成为考量的重要因素,行为的产生以及行为本身的影响都会成为考量的因素。⑤ 欧盟议会及理事会 2012 年 12 月 12 日《关于民商事管辖权及判决的承认与执行的第 1215/2012 号条例(重订本)》⑥第 7 条第 2 款,即原先的《关于民商事管辖权及判决的承认与执行的布鲁塞尔公约》⑦(以下简称《布鲁塞尔公约》)第 5 条第 3 款的规定,将侵权案件的管辖权分配给"侵权事件发生或可能发生的地方"(the place where the

---

① See Berezovsky v. Michaels [2000] 1 WLR 1004; DowJones Inc. v. Gutnick (2002) 210 CLR 575.

② See Angela M. Wade, EPC on the Linkbetween Brussels Ⅰ and Rome Ⅱ in Cases Affecting the Media, available at http://conflictoflaws. net/2010/epc-on-the-link-between-brussels-i-and-rome-ii-in-cases-affecting-the-media, visited on 30 November 2021.

③ 参见[德]沃尔夫:《国际私法》,李浩培、汤宗舜译,法律出版社 1988 年版,第 109 页。

④ 参见刘力主编:《中国涉外民事诉讼立法研究》,中国政法大学出版社 2016 年版,第 93 页。

⑤ 参见何其生:《比较法视野下的国际民事诉讼》,高等教育出版社 2015 年版,第 109 页。

⑥ Regulation (EU) No. 1215/2012 of the European Parliament and of the Council of 12 December 2012 on Jurisdiction and the Recognition and Enforcement of Judgments in Civil and Commercial Matters (Recast).

⑦ 1968 Brussels Convention on Jurisdiction and the Enforcement of Judgments in Civil and Commercial Matters.

harmful event occurred or may occur)。据此,原告可以从侵权行为实施地或损害结果发生地择一起诉,具有管辖权的法院不得以不方便法院为由予以拒绝。

欧洲法院在人格权侵权最为重要和最具代表性的案件菲奥娜·谢维尔诉法国报刊联合公司案①中详细论述了《布鲁塞尔公约》第5条第3款规定的管辖权范围。该案中,法国的一家报纸发表了一篇文章,介绍了法国缉毒队在一家巴黎外汇交易公司内开展的行动。文章中提到了该公司以及一位名叫“菲奥娜·谢维尔”(Fiona Sheville)的年轻女子。报纸在法国售出约20万份,在英国售出大约230份。没有证据表明阅读过该文章的每一个人都知道索赔人或其雇主。原告认为该内容涉嫌诽谤,因为暗示其与贩毒网络有关。之后,原告选择到英国诉讼。该案中欧洲法院认为在涉及多个成员国均有发行的报纸的诽谤案件中,在报纸被阅读的国家均有损害发生,但造成损害的事件发生地只能是所涉报纸的出版商的设立地,因为那是不当行为起源的地方,诽谤是在那里发生并流传开来的。② 因而法国是侵权行为实施地,法国和英国皆为损害结果发生地。依据《布鲁塞尔公约》第5条第3款的规定,法国和英国法院皆具有管辖权。

从该案可以看出,以侵权行为地作为管辖权依据,固然有方便调查案件事实、利于评估损害等优点,但也存在缺点。被告较难以预测侵权行为地。被告在报纸上发表了诽谤文章,但对诽谤文章的报纸将流向哪里,被读者带至何处,在哪里造成损害将难以预测。一些法院对于侵权行为地的认定所采取的态度是比较宽泛的,承认多个侵权行为地的存在,意味着多个法院对相同诉因案件享有各自的管辖权,被告对自己将在何处被诉难以预测。当出现多个侵权行为地时,将使多国法院同时陷入重复劳动的泥沼之中,造成司法资源的严重浪费。传统上以侵权行为地作为管辖权确定依据,也易造成诽谤择地行诉的现象。

三、涉外诽谤管辖权路径的新发展

依前文所述,涉外诽谤管辖权传统路径存在局限,易造成诽谤择地行诉的现象及产生相应的问题。英国《2013年诽谤法》(Defamation Act 2013)对于涉外诽谤案件管辖权的行使条件作出修订,要求原告起诉时需证明受到严重损害,③并将多重发布规则(multiple publication)修改为单一发布规则(single publication)。④ 但与美国

① Fiona Sheville v. Presse Alliance SA (Case C-68/93) [1995] ECR I-415.

② See Fiona Sheville v. Presse Alliance SA (Case C-68/93) [1995] ECR I-415, para. 24.

③ See UK, Defamation Act 2013, Art. 1.

④ See UK, Defamation Act 2013, Art. 8.

法相比,英国仍然对原告更为有利,[①]英国《2013年诽谤法》施行以后,仍然有包括好莱坞影星约翰·邓普(Johnny Depp)在内的不少美国原告在名誉受损后选择向英国法院起诉。[②] 质言之,英国《2013年诽谤法》偏向于诽谤实体法的修订,而忽视了管辖权规则。为克服传统路径的局限,国际社会针对涉外诽谤管辖权发展出一些新路径,包括马赛克原则、利益中心规则、最低限度联系原则和目标规则等。其中,最低限度联系原则和目标规则是美国法院基于传统的涉外诽谤管辖权规则发展而来,对宽泛的管辖权施加较为严格的限制,以减少诽谤择地行诉的现象。鉴于此两种管辖权规则在涉外诽谤领域有着重要影响,且有一定的关联性,加之篇幅所限,本文侧重对此两种管辖权规则的比较分析。

(一)以损害效果为核心的最低限度联系原则

美国大多数州的法律规定了对位于本州之外而和该州具有某种联系的被告的管辖权,依据主要有三种:在法院地从事营业活动、在法院地实施侵权行为、在法院地州外实施侵权行为在州内造成损害,法院应该权衡被告与发生的争议是否与法院地有最低联系(minimum contacts)。[③] 美国的判例揭示了其对人管辖权的要求:只有在被告与法院所在地有最低限度联系的情况下,国家才能对非本州居民的被告行使管辖权。该原则应用在基顿诉哈斯乐杂志社案[④]、戈迪诉每日新闻案[⑤]、博伊德游戏公司诉B酒店集团案[⑥]等侵权案件之中。其中值得注意的是涉外诽谤著名案例考尔德诉琼斯案[⑦](以下简称"考尔德案")。

最低限度联系在诽谤案件中的适用最直接体现在"考尔德案"中。原告在加利福尼亚州(以下简称加州)提起诽谤诉讼,称诽谤文章是在佛罗里达州撰写和编辑

---

① 英国《2013年诽谤法》虽然修订了部分过度偏向原告的条款,但英国诽谤法仍然保留不少对原告有利的规定。英国法仍然要求被告证明诽谤性陈述是真实的,否则诽谤性陈述被推定为虚假。英国法律不要求被告有过错,也不必证明被告是出于恶意,并且不承认对批评公众人物或公职人员的特殊保护。在英国的诽谤法下,惩罚性赔偿金可能很高。当出版物在英国只有很小的传播量,证明造成的损失很困难时,在英国起诉对原告十分有利。

② See the Bussey Law firm PC v. Jason Page [2015] EWHC 563; Depp Ⅱ v. News Group Newspaper Ltd. [2020] EWHC 2911 (QB).

③ 参见何其生:《比较法视野下的国际民事诉讼》,高等教育出版社2015年版,第58~59页。

④ Keeton v. Hustler Magazine Inc., 465 U.S. 770 (1984).

⑤ Gordy v. Daily News, 95 F.3d 829 (9th Cir. 1996).

⑥ Boyd Gaming Corp. v. B Hotel Group, LLC, 2014 U.S. Dist. LEXIS 20459.

⑦ Calder v. Jones, 465 U.S. 783 (1984).

的，并在全国性杂志《国家先驱者报》上发表，该杂志在加州发行量很大。[①] 本案的被告是佛罗里达州的两位居民，其分别是《国家先驱者报》的总裁兼编辑以及调查的记者之一。两被告与法院地几乎没有其他联系。法院认为，两位被告都存在与加州的足够联系，这种联系主要基于诽谤文章的"效果"。涉嫌诽谤的文章是关于加州居民在加州的活动，它损害了以电视节目为生的艺人的职业素养。这篇文章取材于加州，在受访者的情绪困扰和名誉损害方面，加州会产生较大的影响。总之，加州是遭受损害的焦点，被告的行为是有意的，并且其知道杂志在加州的发行量很大，可能会对生活工作在加州的原告琼斯造成严重影响。因此，根据他们行为对加州产生的"效果"，对上诉人进行管辖是适当的。法院认为，文章的效果本身就是与加州的联系，足以建立管辖权。

"考尔德案"中对案例的援引表明，其指望与之前的案例保持一致，并对可预见性和故意行为进行强调，即鉴于被告对琼斯的故意行为，可以合理地预见他们将在加州被起诉，因为他们知道琼斯在加州生活和工作。[②] 此外，法院援引了美国《第二次冲突法重述》[Restatement(Second)of Conflict of Laws]第37节，重申了高等法院对诽谤被告与法院所在州的联系进行总体分析，包括行为的方式和性质、被告的意图以及在特定法域造成损害的可预见性，这些因素对于确定管辖权的适当性至关重要。最低限度联系要求所涉案件与当事人和法院地有着较为密切的联系，使管辖权的行使具有正当性。这些联系包括：被告的国籍、住所、居所；公司的成立地或注册地；被告在法院地进行持续性及系统性活动；被告行为对法院地的影响；同意或放弃异议；被告在法院地短暂停留并对其进行了送达。美国法院在实践中，最低限度联系通常要考虑关联性、有目的利用和合理性三个方面，关联性包括诉讼中被告与法院地的联系和诉讼本身与法院地的联系，有目的利用是指被告要有目的地制造其与法院地之间的某种联系，合理性是指确定被告有目的地与法院地建立联系后，需要判断行使管辖权是否违反"公平和实质正义的传统观念"。[③]

（二）以目标受众为核心的目标规则

涉外诽谤案件中还存在另一种特殊的管辖权规则——目标(target)规则，其是指发布的诽谤材料所针对的国家法院具有管辖权。该规则是美国第四巡回法院在

---

① See Calder v. Jones, 465 U.S. 783 (1984), p.784－785. 该杂志每周一期，在全国发行，发行量500万份，其中60万份在加州，是第二名州发行量的2倍。

② See Calder v. Jones, 465 U.S. 783 (1984), p.788－790.

③ 参见何其生：《比较法视野下的国际民事诉讼》，高等教育出版社2015年版，第59页。

杨诉纽黑文报社案[①](以下简称"杨案")中,针对诽谤案件使用的一种标准,其重点强调诽谤内容的"针对性",因此将其称为目标规则。该规则通过审查被告对目标受众的指向性,对诽谤案件中被告的管辖权施加较为严格的限制。[②] 该案基本情况如下:斯坦利·杨(Stanley Young)是弗吉尼亚州大石头峡监狱的监狱长,在弗吉尼亚州联邦法院起诉了纽黑文(New Haven Advocate)和哈特福德(Hartford Courant)两家报社,以及一些报纸的编辑和记者。康涅狄格州因监狱人满为患,而将囚犯转到弗吉尼亚州收容。被告在其网站上发表文章,对弗吉尼亚州大石头峡监狱的严酷条件等方面提出了严厉的批评,原告就此提起诽谤之诉。之后,被告对管辖权提出异议。

原告杨主张弗吉尼亚州联邦法院依据互联网内容传播范围宽广而具有管辖权,即被告知道杨是弗吉尼亚州居民和州政府雇员,并且知道弗吉尼亚的读者通过互联网可以访问被告发布的文章,而杨将受到诽谤内容传播造成的伤害。若依据"考尔德案"的效果标准,弗吉尼亚州具有管辖权。因为被告有意对弗吉尼亚州的居民杨实施不当行为,并且他们知道居住和工作在弗吉尼亚州的杨将受到这种伤害。

但是第四巡回法院没有将"考尔德案"的规则适用于此案,而是设计了一项新的标准,即被告是否有意将其网站内容指向弗吉尼亚的受众。[③] 第四巡回法院否认弗吉尼亚州法院对康涅狄格州的被告具有管辖权,因为康涅狄格州的报纸没有显现出在网站上发布的文章有针对弗吉尼亚州居民的意图。第四巡回法院认为,仅将信息发布到互联网上的行为不足以使弗吉尼亚州法院行使管辖权,理由是发布到互联网上的信息随处可见,据此主张管辖权没有地域限制,这与"传统的正当程序原则"(traditional due process principle)相冲突。法院审查了文章的内容,并确定文章主要针对的是康涅狄格州,而不是弗吉尼亚州,因为文章讨论的重点是关于康涅狄格州的政策。法院进一步审查了电子版报纸的其他内容,包括报纸上的其他文章和广告等,得出结论认为,该报纸针对的是康涅狄格州而不是弗吉尼亚州。第四巡回法院还强调,被告的文章虽然提到了弗吉尼亚州居民杨的名字,并报道了其所在的弗吉尼亚州监狱的恶劣条件,但其目的是"鼓励康涅狄格州居民对关于囚犯转移政策是否合理的公开辩论"。从本质上讲,第四巡回法院认为被告是康涅狄格州的本地媒体,尽管电子版文章可以通过互联网在全国范围内访问,也提到了弗吉尼亚州的人

① See Young v. New Haven Advocate, 315 F.3d 256 (2002).

② See Young v. New Haven Advocate, 315 F.3d 256, 263 (2002).

③ See Young v. New Haven Advocate, 315 F.3d 256, 263 (2002).

员、地点和事件，但文章是针对康涅狄格州的受众。

因此，管辖权审查的重点从最低限度联系原则转向目标规则，即从“考尔德案”侧重对原告造成的伤害效果测试，转向“杨案”侧重于被告文章所针对的受众测试。“杨案”法院采用的目标规则将“考尔德案”确立的对人管辖权范围进行限缩。“考尔德案”的管辖权是基于诽谤对受害者的影响，未考虑被告行为是否为故意以及对行为在法院地可能产生影响的可预见性。① 无论“考尔德案”的含义是什么，它都不要求被告的行为要有意地针对法院地的受众。

将管辖权审查的重点从诽谤受害者转移到目标受众是一项重大举措，这是基于诽谤的基本性质，即诽谤造成的损害是通过改变原告周边人群对原告的评价而实现的。对诽谤的救济通常理解为保护个人的名誉利益，从而维护个人的尊严。对诽谤的救济措施只有使受害者恢复在其社交圈中应有的地位，并重新确立事实，才能恢复受害者的名誉。② 诽谤法不要求对原告以外的任何人造成伤害，反而必须证明诽谤是与原告有关的，即认识原告的人能够从诽谤文章中识别出原告。③ 不需要原告证明其在被告所指向的地方产生了实际损害，因为一般而言，只要诽谤出版物在该地传播，即使原告不在该地，也将对其名誉造成损害。考虑到诽谤的性质，“杨案”中第四巡回法院侧重于诽谤所针对的受众，这标志着从关注个人到关注个人所在社会群体的重大转变。

“杨案”中的目标规则在此后的许多案例中也得到了进一步的发展。在戴利诉波帕案④中，上诉法院维持了初审法院的裁定，认为原告必须证明被告有针对法院所在地的意图，法院才能行使对被告的管辖权。上诉法院没有采用“考尔德案”中的分析方法，而是依照“杨案”中的目标规则分析了被告是否通过其在互联网上发布的信息有意针对和关注北卡罗来纳州的读者。此外，美国法院在约翰逊诉雅顿案⑤及瓦尔登诉菲奥雷案⑥等案件中也重申了目标规则。

四、涉外诽谤管辖权规则适当性的考量因素

国际民事诉讼管辖权以国家权力为基础，目的是在国际社会范围内进行管辖权

---

① See Calder v. Jones, 465 U.S. 783, 790 (1984).

② See Robert C. Post, *The Social Foundations of Defamation Law: Reputation and the Constitution*, 74 California Law Review 712 - 713 (1986).

③ See Restatement (Second) of Torts (1979), p. 558.

④ See Dailey v. Popma, 662 S.E.2d 12 (2008).

⑤ Johnson v. Arden, 614 F.3d 785 (8th Cir. 2010).

⑥ Walden v. Fiore, 571 U.S. 277 (2014).

的分配,其意义包括:(1)是一国国家主权原则的体现;(2)构成法院受理涉外民事案件的前提;(3)直接关系到案件的审理结果;(4)正确地确定管辖权,有利于判决的域外承认和执行。[①] 一种适当的涉外诽谤管辖权规则应注重法律的确定性和可预见性,并兼顾对言论自由的合理干涉。适当的涉外诽谤管辖权规则有助于减少诽谤择地行诉现象,其作用在于:(1)消除宽泛管辖权基础带来的不良后果;(2)避免对被告的不公平;(3)维护良好的言论环境,促进新闻媒体对社会公共事件的报道和监督。

(一)对宽泛管辖权的限制

过于宽泛的管辖权是导致诽谤择地行诉的一个重要原因,与英国联系不多的一名美国人,可能出乎意料地发现自己在英国以诽谤为由被起诉。在时代报社诉英国案[②][Times Newspapers Ltd. (Nos. 1 and 2) v. UK]中,欧洲人权法院并未认真考虑多重发布规则对言论的"寒蝉效应"。在该案中,最早的诽谤诉讼是在原始文章以印刷形式发表后的15个月才提起的,因此没有迹象表明被告对诽谤文章在互联网上的扩散及由此导致的损害有过错。欧洲人权法院认为,在该文章首次发表与诽谤侵权诉讼之间有较长时间间隔的情况下,可能不宜适用多重发布规则。

宽泛管辖权导致依照一国法律是有效行使的,但是因为管辖法院缺少与争议或当事人之间的联系而造成对被告的不公平。通常认为管辖权的行使应当建立在争议和法院地之间有"实质联系"的基础之上。[③] 如果一个与案件没有什么关联的国家的法院具有管辖权,则会妨碍被告的言论自由,特别是当该国法院适用有利于原告的实体法时,这种情况更加严重。其他国家的新闻媒体都能感受到对言论自由的寒蝉效应。诚然,管辖权只是诉讼的初期阶段,即是否应在该国审判,但是一旦确定了管辖权,案件审理结果就具备了一定的可预期性。特别是在涉及因侵犯隐私和名誉等人格权有关的非合同义务纠纷中,至少理论上应确保两者的密切联系,旨在确保人格权的案件中,法院仅应接受与该国有充分、实质或重要联系的管辖权。

(二)管辖权规则的可预见性

在侵权领域,可预见性对于被告十分重要。法律确定性原则旨在加强对个人的法律保护,不仅是以一种制度化的方式制定共同管辖权规则的1968年《布鲁塞尔公

① 参见何其生主编:《国际私法入门笔记》,法律出版社2019年版,第329页。

② See Times Newspapers Ltd. (Nos. 1 and 2) v. UK [2009] EMLR 14.

③ 参见李晶:《国际民事诉讼中的挑选法院》,北京大学出版社2008年版,第146页。

约》需要实现的主要目标之一,[①]也是1988年《关于民商事管辖权及判决的执行的公约》[②](以下简称《卢加诺公约》)管辖权规则制定的推动力,《卢加诺公约》将可预测性作为管辖权规则的考量因素之一。对于不同的诉讼参与者而言,管辖权规则的可预测性和法律的确定性具有十分重要的意义,以方便法院确定管辖权。对于原告重要的是确定其可以起诉的法院,而被告则是必须合理地预见其将在哪个法院被诉。这样不仅促进了识别管辖法院的可预见性,还促进了国际法中法律适用的可预测性,以使当事方明晰各自的权利、义务和责任。

互联网环境降低了管辖权的可预见性,被告的行为可能在毫无预料的情况下产生了严重的后果,这种预见性的缺乏在法律选择上是一个重要的问题。如果当事人被要求遵守某项法律,而该项法律却缺乏可预见性,则当事人对于该项法律将无所适从。对于诽谤被告而言,适用的法律往往比管辖权更为重要,因为被告需要知道调整其行为的标准。如果被告很清楚其行为符合所适用的法律,则将相对轻视管辖权问题。但这并不是说管辖权问题不重要,因为管辖权将导致法院地不同,从而可能造成适用的法律不同,并且不同地方的诉讼成本也大不相同。有学者认为可预见性是一项重要的原则,在大多数国家,被告关于不知道法律规定的辩解通常是无效的;但是,作为一项法律原则,法律后果必须是可预见的,在互联网服务商不知道谁将访问其网站的情形下,如果外国法仅仅因为网站的可访问性而没有其他联系就适用了访问者国家的法律,则可以说该外国法的适用是不可预见的。[③] 也就是说,对于被告而言不应该有秘密的法律,其应当知道自己将会置身于哪国的法律纠纷。当对法律有了可预见性后,被告可以通过调整其行为来决定是否实施侵权行为。对于诽谤来说,如果被告承受了其根本不可能预料到的法律的惩罚,那么这种规则将是失败的。[④]

(三)管辖权行使对言论自由的合理干涉

对诽谤案件进行管辖后,被告可能会声称其言论自由权受到侵犯。诽谤诉讼管

---

① See Mr de Almeida Cruz et al., Report on the Convention on the accession of the Kingdom of Spain and the Portuguese Republic to the 1968 Brussels Convention on jurisdiction and the enforcement of judgments in civil and commercial matters (OJ 1990 C 189/35), p.7.

② Convention on Jurisdiction and the Enforcement of Judgments in Civil and Commercial Matters, Done at Lugano on 16 September 1988.

③ See Uta Kohl, *Jurisdiction and the Internet: Regulatory Competence Over Online Activity*, Cambridge University Press, 2007, p.115-117.

④ See Dan Jerker B. Svantesson, *Private International Law and the Internet*, Kluwer Law International, 2016, p.113.

辖权的行使涉及对言论自由的干涉,诉讼与被告住所地国的紧密联系意味着干涉被告的言论自由具有正当理由。然而并非所有的干涉都是合理的,法院在处理案件时需要考虑干涉言论自由的合理性。作为涉外诽谤诉讼当事人青睐的重要法院地国家之一,英国解决名誉权干涉言论自由的做法具有借鉴意义。

《欧洲人权公约》第10条为欧洲国家对干涉言论自由的不同情形提供了条约依据,以判断诽谤择地行诉对言论自由的干涉是否合理。第10条明确规定了对言论自由的干涉可以是出于保护权利或名誉的合法目的,但需关注这种干涉是否是民主社会所必需。如果原告和被告都不是英国居民,则会令人怀疑对言论自由干涉的合法性与适当性。尽管缔约国在这种情况下有一定的裁量权,但干涉的适当性和合法性仍取决于双方当事人与英国的联系程度。在被告与英国联系微弱的情况下,对言论自由的"寒蝉效应"将非常明显,此时这种干涉就需要强有力的理由。可以说,随着被告与英国联系的增加,尽管干涉言论自由仍然需要适当的理由,但"令人害怕表达"的影响减弱了。英国法院以原告在英国享有名誉作为行使管辖权的基础是合理的。随着原告联系程度的增加,捍卫其在英国名誉的合理性也随之增加。在原告与英国之间缺乏联系的情形下,则保护原告名誉的社会需求在减弱,而表达自由权应优先考虑。但是,这不是唯一的考虑因素,在英国的出版物数量也是需要考虑的,如果该出版物在英国的读者数量相对较少,那么干涉言论自由的需求也会随之减少。联系越微弱,管辖权的行使就显得越不适宜,给出干涉的理由就越难以让人信服。

名誉权属于《欧洲人权公约》第8条所规定的私人生活权利的保护范围,于是管辖权需要在外国原告的私人生活权利与外国被告的言论自由权利之间取得平衡。出版物对原告造成影响的评估将取决于其在英国的名誉,而这需要与对新闻媒体言论自由的干涉程度进行权衡。[①] 当双方当事人与英国的联系微弱时,保护被告言论自由则显得比保护原告的名誉更为重要,而英国管辖权规则的问题在于偏向保护原告在英国的名誉以及出版物对该名誉的影响。

如果英国与案件之间的联系微弱,那么英国法院对管辖权的行使可能会导致违反《欧洲人权公约》第10条,但英国法院有防止过度管辖的手段,即方便法院和不方便法院的裁量权。解决诽谤案件中与《欧洲人权公约》第10条冲突的一种方案是,法院重新审查在诽谤案件中对裁量权的行使,并采取更为平衡的方法,从而解决法院对诽谤案件过度管辖的问题。如果保护原告名誉权的程度不超过言论自由权利,

① See Von Hannover (No. 2) v. Germany and Axel Springer AG v. Germany (No. 2) (2012) 55 EHRR 15.

则应拒绝审判,这意味着要注意被告与本国之间的联系程度。

五、我国涉外诽谤管辖权的立法问题及路径选择

涉外诽谤问题十分复杂,各个国家对其制定了相应的法律框架,核心是对名誉权与言论自由的平衡。挑选法院虽然有其存在的合法性与合理性,但在国家间客观存在的管辖权冲突背景下,如果放任挑选法院,则会引发平行诉讼,浪费国家的司法资源,导致各国判决不一致和矛盾,当事人也无法预测案件结果,从而产生一系列不确定性问题。我国涉外诽谤管辖权立法使权利人更容易挑选我国法院提起诽谤诉讼。

(一)我国涉外诽谤管辖权的立法

2021 年 12 月 24 日修正的《中华人民共和国民事诉讼法》(以下简称《民事诉讼法》)第 272 条是关于涉外案件的特别规定,即"因合同纠纷或其他财产权益纠纷,且在中华人民共和国领域内没有住所的被告提起的诉讼……可由可供扣押财产地、侵权行为地、机构住所地人民法院管辖"。该条对于被告在中国没有住所的涉外侵权案件由侵权行为地管辖进行了规定。

涉外侵权案件不仅包括被告在中国没有住所的情形,还包括被告在中国有住所但其他因素涉外的情形,如原告在中国没有住所、侵权行为发生在国外等情形。对于被告在中国有住所的涉外侵权案件,2021 年《民事诉讼法》没有关于涉外侵权案件的特别规定,因而应适用第 28 条关于侵权案件管辖权的一般规定,①即由被告住所地或侵权行为地管辖。另外,最高人民法院《关于适用〈中华人民共和国民事诉讼法〉的解释》第 24 条规定:"……侵权行为地,包括侵权行为实施地、侵权结果发生地。"这两条管辖权规定适用于包括涉外诽谤在内的全部侵权行为。

由此可见,我国并没有关于涉外名誉权侵权的特别管辖权规定,而是将其归于一般侵权的范畴。我国现行立法下,未对包括诽谤在内的特殊侵权行为进行单独规定,可能导致涉外诽谤案件的管辖权过于宽泛,从而造成过度管辖。② 前文所述的诽谤择地行诉问题,在我国司法实践中也有所体现。在广东佛山永恒温控器厂起诉英人岛施特里克斯有限公司案③中,佛山市中级人民法院(以下简称佛山中院)以侵权

① "因侵权行为提起的诉讼,由侵权行为地或者被告住所地人民法院管辖。"该条没有排除对涉外案件的适用,因此认为也适用于涉外案件。

② 参见谭晓杰:《跨国网络诽谤管辖规则之协调》,载《时代法学》2019 年第 5 期。

③ 参见(2004)佛中法民三初字第 288 号案之原告起诉状、管辖权异议书、民事裁定书、上诉状。转引自刘颖、李静:《互联网环境下的国际民事管辖权》,载《中国法学》2006 年第 1 期。

结果发生地为依据行使管辖权。原告是中国一家温控器制造企业,被告是位于英国的电热水壶温控器制造企业。原告、被告的产品存在竞争关系,被告自2000年开始,利用其英国的公司网站连续公开发布对原告及原告产品的虚假事实,将原告的产品归于假冒伪劣产品,损害了原告的商业名誉。原告向佛山中院起诉,被告提出管辖权异议,认为佛山中院没有管辖权,应将案件移送至有管辖权的被告住所地法院或被诉的侵权行为地(被告网站主机所在地)法院审理。中国专家提供的专家法律意见书以“不方便法院”为由认为佛山中院不宜审理此案,从有关侵权报道内容的举证、对境外不同国家证据的审查、欧洲证人到中国法院出庭作证等角度说明中国审理的不便,即使判决原告胜诉,也须到被告所在地的英国执行判决,执行也不方便。综合全案,案件与英国的联系更为密切,英国法院是比中国法院更适合审理该案的法院,该案应由英国法院行使管辖权,因为不仅被告住所地在英国,而且其实施被诉侵权行为的公司网络服务器也在英国,把“虚假事实”上传至网站的计算机终端也在英国。[①] 对该案可进一步扩展,假设原告住所地不在我国,而在其他国家,只要在中国可以获得或访问到诽谤的内容,则也能以侵权结果发生地为依据在中国法院起诉。

由上述案例可以看出,我国涉外诽谤管辖权适用一般侵权的规定,这可能造成诽谤案件中原告挑选与案件联系不密切的法院进行起诉。由于诽谤传播的特性,其扩散往往范围较大、速度较快,而现代社会的信息化又加剧了这种扩散,其传播的范围和造成的影响往往出乎被告的意料,可能产生多个侵权结果发生地。以侵权结果发生地行使管辖权,能获得或访问到诽谤材料的一国法院就可管辖该跨国诽谤案件。若诽谤材料传播扩散至我国,容易造成外国原告挑选我国法院诉讼,造成司法资源浪费、被告不必要的负担、破坏法律的可预见性以及对言论自由的寒蝉效应等后果。因此,可考虑对涉外诽谤案件的管辖权予以适当限制。

(二)我国涉外诽谤管辖权路径之选择

我国目前是以被告住所地和侵权行为地作为包括涉外诽谤在内的侵权案件的管辖权基础。建议在该基础上用目标规则加以限制:在涉外诽谤权利人向我国法院起诉时,若被告能够证明其行为没有指向本国,则可以要求驳回起诉。结合上文提出的涉外诽谤管辖权规则适当性的三个考量因素,对两种管辖权规则进行比较和分析,建议采用目标规则,理由如下:

① 参见刘颖、李静:《互联网环境下的国际民事管辖权》,载《中国法学》2006年第1期。

首先,虽然最低限度联系原则和目标规则都要求案件与法院地之间存在一定的联系,对宽泛的管辖权进行了限制,但两者的侧重点有所不同。相比最低限度联系原则,目标规则更加适合诽谤行为的特性,因为诽谤造成的伤害是通过改变原告周边人群对原告的评价而实现的。最低限度联系原则要求诽谤被告与法院地之间存在足够的联系以行使管辖权,而这种联系主要基于诽谤文章的"效果"。虽然最低限度联系原则考虑了诽谤对目标受害者的影响、被告的意图以及该行为在法院地的可预见性等方面,但未将诽谤内容的目标受众这一因素考虑在内。对诽谤的救济措施只有使受害者恢复在其社交圈中应有的地位,并重新确立事实,才能恢复受害者的名誉。诽谤法要求认识原告的人能够从诽谤文章中识别出原告,即使原告不在该地,但只要当地受众能够识别出原告,也将对其名誉造成伤害。涉外诽谤案件从最低限度联系原则到目标规则的演变,标志着从关注个人到关注个人所在社会群体的重大转变。目标规则对宽泛管辖权的限制更为契合诽谤行为的特性。

其次,目标规则相比最低限度联系原则对被告意味着更高的可预见性。对于原告重要的是确定其可以起诉的法院,而被告必须合理地预见其将在哪个法院被诉。目标规则不仅可以增强管辖法院的可预见性,促进管辖权规则的确定,还可以促进国际法中法律适用的可预测性,以使当事方明晰各自的权利、义务和责任。目标规则通过排除不是诽谤行为所针对的国家的管辖权来限制权利人随意选择法院,对于被告意味着更高的可预见性。[①] 目标规则预示被告只能在其行为所针对的国家和地区被诉,而不会仅仅因为诽谤材料扩散到某个国家造成"效果"而被起诉。据此,管辖权只能由被告行为所指向的国家行使,这不会出乎被告的合理预料。

最后,目标规则可以对原告的名誉权和被告的言论自由权利进行适当平衡,减轻对言论自由的"寒蝉效应"。诽谤材料的扩散往往比较迅速,而现代社会的信息化又加剧了这种扩散,其传播的范围和造成的影响往往出乎被告的意料,材料上传到互联网后,无法预计将产生多少复制品,这些复制品将传播到哪里,哪些人能够访问到这些信息,将对哪里产生"效果"。目标规则对涉外诽谤基于侵权行为的管辖权进行了限制:在要求诽谤材料对法院地国产生"效果"的基础上,进一步要求所提供的材料是针对法院地的。目标规则将关注点聚焦在法院地的受众上,增强了与法院地的联系,而根据与法院地的密切联系可认为涉外诽谤管辖权的行使对言论自由的干涉具有合理性。

---

① 参见许偲:《互联网环境下知识产权侵权的管辖权路径选择》,载《东南学术》2021 年第 3 期。

综上所述,相比其他管辖权规则,目标规则是一个适当的选择。目标规则采用了比最低限度联系原则更为严格的标准,权利人无法任意挑选法院,可避免对被告造成不公平、占用法院地国诉讼资源、对言论自由的"寒蝉效应"等问题。

比较法研究

论我国涉外仲裁机构概念的反思与调整[*]

柳正权[**] 牛 鹏[***]

涉外仲裁机构概念是我国仲裁机构分设体制的产物,其形成有着特定的历史原因和时代背景。在我国仲裁制度发展过程中,这一概念曾承担了区分仲裁受案范围和判断仲裁裁决国籍的功能。然而,面临仲裁机构法律功能弱化的趋势,涉外仲裁机构概念内涵不清、不利于仲裁机构统一管理等问题日益突出。《中华人民共和国仲裁法(修订)(征求意见稿)》考虑我国仲裁实践发展需要,凝聚仲裁界共识,一方面删除了《中华人民共和国仲裁法》中有关涉外仲裁机构的规定,另一方面以弱化仲裁机构的法律功能为原则,摒弃了依据仲裁机构性质判断仲裁裁决国籍的做法,将涉外仲裁机构由法律概念转变为学理概念,殊值肯定。但仍需注意的是,未来《中华人民共和国民事诉讼法》的修订也应与《中华人民共和国仲裁法》保持一致,及时删除或修改相关概念与规定。

一、问题的提出

仲裁机构是解决纠纷的法律服务机构。在仲裁的发展中,随着仲裁形态的演变,仲裁机构也有不同的表现形式。早期历史的仲裁系民间解决纠纷的临时行为,因此少有常设机构,多为临时仲裁庭。① 19 世纪中期以来,由于临时仲裁庭无法满足案情复杂、需要协助管理等要求,常设仲裁机构应运而生,并快速发展。②《中华人民共和国仲裁法》(以下简称《仲裁法》)颁布实施后,国内常设仲裁机构设立更如

---

* 本文系 2020 年司法部仲裁法修订重大理论课题"新形势下仲裁机构设立问题研究"、武汉仲裁委员会仲裁理论与实务研究重大课题(2020WZKT00001)的阶段性成果。

** 武汉大学法学院教授。

*** 武汉大学法学院 2018 级博士研究生。

① 参见江伟、肖建国主编:《仲裁法》,中国人民大学出版社 2016 年版,第 79 页。

② 参见杜丽君:《国际商会国际仲裁院研究》,华东政法大学 2016 年博士学位论文,第 1 页。

雨后春笋。据统计,截至2019年年底,常设仲裁机构数量已达260家。目前,这些常设仲裁机构根据设立与管理主体不同可分为两类:一是由中国国际商会组织设立的中国国际经济贸易仲裁委员会(以下简称贸仲)与中国海事仲裁委员会(以下简称海仲),其管理工作也由中国国际商会负责;二是依据《仲裁法》第10条由设区的市人民政府负责组建并经司法登记设立的仲裁委员会。①

由于贸仲和海仲设立时间较早,且在设立之初只受理涉外经济贸易、运输和海事中发生的纠纷,②仲裁法学界和实务界常以涉外仲裁机构来指称两个仲裁委员会。③ 遵循这一仲裁实践,1982年颁布的《中华人民共和国民事诉讼法(试行)》(以下简称《民事诉讼法(试行)》)第20章首次采用了涉外仲裁机构的立法表述,1994年颁布的《仲裁法》第66条亦明确对涉外仲裁委员会作出规定,以与现行《仲裁法》第10条规定的仲裁委员会由设区的市人民政府组织有关部门和商会统一组建相区分。据此,我国常设仲裁机构的双轨体制在法律层面得到确认,④但随着我国仲裁事业的高速发展,两者的受案范围渐趋一致。在二者趋同的情况下,涉外仲裁机构概念是否有存在之必要值得探讨。

仲裁界早有研究者关注这一问题,认为涉外仲裁机构概念导致涉外仲裁裁决识别上的困难,建议尽快取消《仲裁法》和《中华人民共和国民事诉讼法》(以下简称《民事诉讼法》)中关于"涉外仲裁机构"的规定。⑤ 但遗憾的是这些论述并不深入,涉外仲裁机构概念是如何形成的,其存在有何意义,是否需要调整,若需要又应如何调整,这些问题仍有进一步讨论之必要。基于此,本文在考察我国涉外仲裁机构概念形成历程及原因的基础上,反思这一概念在当下面临的问题,并参考其他国家或地区的立法经验,探求新形势下我国涉外仲裁机构概念的调整方向。

另需说明的是,本文所要探讨的是否取消涉外仲裁机构概念的问题并不同于涉

---

① 参见国务院办公厅《关于印发〈重新组建仲裁机构方案〉〈仲裁委员会登记暂行办法〉〈仲裁委员会仲裁收费办法〉的通知》,国办发〔1995〕44号,1995年7月28日。

② 参见《关于在中国国际贸易促进委员会内设立对外贸易仲裁委员会的决定》《关于在中国国际贸易促进委员会内设立海事仲裁委员会的决定》。

③ 参见袁忠民:《中国仲裁制度》,上海人民出版社1991年版,第67～68页;王存学主编:《中国经济仲裁和诉讼实用手册》,中国发展出版社1993年版,第261～262页等。

④ 参见王志亮:《我国仲裁机构如何适应世贸组织》,载《广西社会科学》2002年第1期。

⑤ 相关研究成果可参考刘想树:《涉外仲裁裁决执行制度之评析》,载《现代法学》2001年第4期;赵秀文:《浅谈我国仲裁裁决的分类》,载《北京仲裁》2005年第4期;陈力:《探求我国国内与涉外商事仲裁的统一》,载《国际贸易法论丛》(第2卷),北京大学出版社2007年版,第240～256页;赵秀文:《民诉法关于国际仲裁规定的不足与完善》,载《法治研究》2013年第9期;杨玲:《仲裁机构法律功能批判——以国际商事仲裁为分析视角》,载《法律科学(西北政法大学学报)》2016年第2期;等等。

外仲裁与国内仲裁并轨的问题讨论。[①] 涉外仲裁与国内仲裁并轨与否的关键在于是否对涉外仲裁与国内仲裁实行不同的程序标准与司法审查标准。即使不存在涉外仲裁机构与国内仲裁机构分类的国家也可能对涉外仲裁与国内仲裁采取不同的标准。[②] 比如,新加坡虽只有新加坡国际仲裁中心这一个常设仲裁机构,[③]但存在仲裁法和国际仲裁法两套仲裁法律体系,对涉外仲裁和国内仲裁实行不同的程序标准和司法审查标准,供仲裁当事人选择适用。[④]

二、涉外仲裁机构概念的形成历程及原因

(一)涉外仲裁机构概念的形成历程

我国的涉外仲裁机构是根据法律授权,依据涉外双方当事人在合同中订立的仲裁条款或者纠纷发生后所签订的仲裁协议,依法对涉外经济争议、海事争议在事实上作出判断,在权利义务上作出裁决的争议解决机构。经涉外仲裁机构裁决的,仲裁裁决书一经送达即发生法律效力。在20世纪80年代初期,涉外仲裁机构既作为学理概念,更作为法律概念被广泛使用。

作为法律概念的涉外仲裁机构,最早由1982年颁布的《民事诉讼法(试行)》规定。该法设专章规定仲裁制度,并明确了当事人向我国涉外仲裁机构提交仲裁的案件范围及程序等问题。虽然该法及相关司法解释并未进一步对涉外仲裁机构的概念作出规定,但这是鉴于当时我国只有贸仲和海仲受理涉外案件。[⑤] 因此,一般认为此处所称涉外仲裁机构即指这两个仲裁委员会。1991年《民事诉讼法》基本延续1982年《民事诉讼法(试行)》的规定,仅增加了“其他仲裁机构”的表述,明确涉外纠纷当事人也可以提交“其他仲裁机构”仲裁。有研究者对“其他仲裁机构”作广义理解,认为自此我国常设仲裁机构已经形成了涉外仲裁机构与其他仲裁机构二分的体

---

① 关于涉外仲裁与国内仲裁是否并轨的问题,曾有许多学者参与讨论,相关研究成果可参见陈安:《中国涉外仲裁监督机制评析》,载《中国社会科学》1995年第4期;陈安:《论中国涉外仲裁的监督机制及其与国际惯例的接轨》,载《比较法研究》1995年第4期;肖永平:《也谈我国法院对仲裁的监督范围——与陈安先生商榷》,载《法学评论》1998年第1期。结合2021年7月30日《中华人民共和国仲裁法(修订)(征求意见稿)》的讨论可参见刘晓红、冯硕:《对〈仲裁法〉修订的“三点”思考——以〈仲裁法(修订)(征求意见稿)〉为参照》,载《上海政法学院学报(法治论丛)》2021年第5期等。

② 立法上区分国内仲裁与国际仲裁的国家以法国为代表,除法国外还有新加坡、瑞士、意大利、俄罗斯等。其中部分国家如新加坡就国内仲裁与国际仲裁分别颁布单行立法;另一些国家如法国则在同一部单行法中区分国际仲裁与国内仲裁。参见傅攀峰:《法国商事仲裁二元立法模式及其启示》,载《国际法研究》2019年第1期。

③ 付绪兵:《新加坡仲裁制度研究——新加坡仲裁机构》,载《天府新论》2008年第2期。

④ 石现明:《新加坡国际国内商事仲裁制度比较研究》,载《东南亚纵横》2011年第4期。

⑤ 参见肖永平编:《中国仲裁法教程》,武汉大学出版社1997年版,第35~41页。

制。但是,1991年《民事诉讼法》制定时,《仲裁法》尚未颁布实施,国内仲裁依然采取行政仲裁的体制。因此,这样的解读显然不当。1991年《民事诉讼法》中的"其他仲裁机构"并非指我国的国内仲裁机构,而是指境外的仲裁机构,这一规定只是为了允许涉外纠纷提交境外仲裁机构仲裁。①

涉外仲裁机构作为法律概念正式与国内仲裁机构区分始于1994年《仲裁法》的颁布。1994年颁布并于1995年正式实施的《仲裁法》在"涉外仲裁的特别规定"一章对涉外仲裁委员会作出专门规定,明确涉外仲裁委员会可以由中国国际商会组织设立,从而与国内各设区的市人民政府重新组建的仲裁委员会相区分。对这一规定,有研究者认为《仲裁法》第66条采取了"可以"的规定,意味着中国国际商会外的其他机构或个人也可以组织设立涉外仲裁机构。但如果依此种理解,那么任何机构将均有权设立涉外仲裁机构,显然与立法目的和当时的实际情况不符。事实上,这里的"可以"仅是个授权性法律用语,表示某个被授权主体有权组建涉外仲裁委员会。因此,通说认为,除中国国际商会外,任何机构或个人都不得设立涉外仲裁机构。②

据此,作为法律概念的涉外仲裁机构是指由中国国际商会组织设立,主要负责受理涉外经济贸易、运输与海事案件的贸仲和海仲,③而国内仲裁机构则是指《仲裁法》颁布实施后,各设区的市人民政府根据《仲裁法》规定,经司法登记重新组建的仲裁机构。两者之间的区别主要体现在如下三个方面:第一,设立依据不同。涉外仲裁机构的设立依据是20世纪50年代国务院的特别授权,国内仲裁机构的设立依据则是《仲裁法》第10条之规定。第二,设立机关不同。涉外仲裁机构的设立机关是中国国际商会,而国内仲裁机构的设立机关是设区的市人民政府。第三,设立程序不同。国务院在特别授权中并未对涉外仲裁机构的设立程序作特别规定,故一般认为贸仲和海仲无须经司法行政部门登记,而根据《仲裁法》第10条之规定,设立国内仲裁机构应当经省、自治区、直辖市的司法行政部门登记。

(二)涉外仲裁机构概念的形成原因

涉外仲裁机构概念的形成与我国仲裁机构的分设体制密切相关,有着特定的历史原因和时代背景。新中国成立初期,为巩固政权、确立国际地位,在对外关系和对

① 参见吴用:《对涉外商事仲裁"涉外性"的思考》,载《中国青年政治学院学报》2001年第6期。

② 参见高菲:《贸仲委上海、华南两分会与贸仲委之争的法律问题研究(一)——贸仲委上海、华南两分会不是独立的仲裁委员会》,载《时代法学》2012年第6期。

③ 参见赵秀文:《浅谈我国仲裁裁决的分类》,载《北京仲裁》2005年第4期。

外贸易上,除独立自主、自力更生外,还必须按国际惯例办事。[①] 在这一背景下,20世纪50年代,根据国务院的特别授权,贸仲和海仲的前身率先设立,[②]并分别负责受理对外贸易契约及交易中发生的纠纷和海事中发生的纠纷。两个仲裁委员会在设立之初仅受理涉外纠纷的时代背景是当前将其归为涉外仲裁机构的根源。

此外,由于当时国内尚未建立完善的合同制度,合同由各业务主管部门归口管理,合同纠纷仲裁权也全部归属各业务主管部门,[③]国内仲裁采取行政仲裁的体制,仲裁机构与行政机关之间存在强烈的依附关系。[④] 基于这一实际情况,很难在这一历史条件下,使国内仲裁与涉外仲裁统一。[⑤] 因此,我国常设仲裁机构建设采取了"内外分设,先外后内"的模式,这一设立模式直接导致了当前我国涉外仲裁机构与国内仲裁机构概念的界分。

三、涉外仲裁机构概念的反思

涉外仲裁机构概念在确立之初即存在内涵不清、界定含混等问题。事实上,截至目前,也尚未有任何法律法规或规范性文件对涉外仲裁机构的概念作出明确界定,从而为这一概念的理解与适用带来不便。此外,从仲裁机构的法律功能看,涉外仲裁机构概念虽曾承担了区分仲裁受案范围和判断仲裁裁决国籍的功能,在历史上有其特殊的意义,但这些功能和意义,随着国际形势和我国仲裁机构的发展,在仲裁实践中均已失灵。而从仲裁机构的管理看,涉外仲裁机构概念的存在也不利于仲裁机构的统一管理和市场化发展。

(一)涉外仲裁机构概念的内涵问题

1982年《民事诉讼法(试行)》首次在法律层面规定涉外仲裁机构,但该法及相关司法解释并未进一步对涉外仲裁机构的概念作出规定。此后,《民事诉讼法》历次修订过程中基本延续1982年《民事诉讼法(试行)》中关于涉外仲裁机构的规定。因此,要理解法律意义上的涉外仲裁机构,我们还需回到1982年《民事诉讼法(试行)》的制定背景下。彼时,我国国内仲裁仍实行行政仲裁体制,仅有贸仲和海仲受理涉

① 参见袁忠民:《我国仲裁机构演变的研究》,华东政法大学2006年博士学位论文,第14页。

② 设立之初,两仲裁委员会的名称分别是中国国际贸易促进委员会对外贸易仲裁委员会和中国国际贸易促进委员会海事仲裁委员会。

③ 参见陈本寒:《市场经济条件下合同管理模式之探讨》,载《法学评论》1997年第1期。

④ 参见汪祖兴:《仲裁机构民间化的境遇及改革要略》,载《法学研究》2010年第1期。

⑤ 参见肖永平:《也谈我国法院对仲裁的监督范围——与陈安先生商榷》,载《法学评论》1998年第1期。

外案件。[①] 因此,《民事诉讼法》所规定的涉外仲裁机构不可能指其他国内仲裁机构,而应仅指贸仲与海仲两个仲裁委员会。1994 年颁布的《仲裁法》也遵循这一解释,明确将涉外仲裁机构解释为贸仲与海仲。

然而,随着我国仲裁事业的发展,这一狭义的理解早已不符合我国仲裁机构的发展现状。另一广为学界所接受的解释是我国的涉外仲裁机构主要包括三类:一是贸仲;二是海仲;三是其他受理涉外案件的仲裁机构,如北京仲裁委员会、上海仲裁委员会、广州仲裁委员会等。[②] 比较两种理解,从历史和文义解释的角度看,第一种理解显然更为准确,但从仲裁机构的发展现状看,第二种理解则更符合中国的实际情况。据此,有必要及时修改相关立法中关于涉外仲裁机构的规定,以使其更符合中国仲裁的实际,引导中国的涉外仲裁良性发展。

(二)涉外仲裁机构概念的功能问题

1. 仲裁机构的法律功能

随着机构仲裁取代临时仲裁成为国际商事仲裁的主流,仲裁机构在仲裁过程中的作用日益凸显。它除了具有协助仲裁庭组织和管理有关仲裁事务的职责,还承担了诸多法律功能。具体而言,我国仲裁机构承担的法律功能主要包括以下六个方面:

第一,判断仲裁裁决的国籍。仲裁裁决的国籍在国际商事仲裁中具有无与伦比的重要性,因为它不仅决定着仲裁裁决的法律效力,而且影响着对仲裁裁决的司法审查。以我国为例,对涉外仲裁裁决仅作程序审查,对国内仲裁裁决则既作程序审查也作一定程度的实体审查。同时,司法机关对外国仲裁裁决无权撤销,仅能依据《纽约公约》审查是否承认与执行。[③] 当前,仲裁裁决具有国籍属性虽已为仲裁界乃至各国立法所公认,[④]但就判断仲裁裁决国籍的标准而言,各国却不尽相同。概括而言,主要有仲裁地标准、仲裁程序适用的法律标准、混合标准等。[⑤] 我国相关法律法

---

① 参见文正邦:《〈仲裁法〉与市场经济裁判制度的改革》,载《中国法学》1995 年第 6 期。

② 参见黄进、宋连斌、徐前权:《仲裁法学》,中国政法大学出版社 2007 年版,第 186 ~ 191 页;乔欣:《仲裁法学》(第 3 版),清华大学出版社 2020 年版,第 195 ~ 196 页;肖建国主编:《仲裁法学》,高等教育出版社 2021 年版,第 253 ~ 255 页等。

③ 参见牛鹏、黄雄义:《中国仲裁裁决撤销与不予执行制度的回顾、现状与展望——兼评最高人民法院关于仲裁最新司法解释的相关规定》,载武汉仲裁委员会(武汉国际仲裁中心)、湖北省法学会仲裁法研究会主办:《武汉仲裁》(第 1 辑),法律出版社 2018 年版,第 87 ~ 106 页。

④ 参见祁壮:《论国际商事仲裁裁决的国籍属性》,载《江西社会科学》2018 年第 9 期。

⑤ 参见赵秀文:《国际商事仲裁及其适用法律研究》,北京大学出版社 2002 年版,第 191 ~ 199 页;赵秀文:《论国际商事仲裁裁决的国籍及其撤销的理论与实践》,载《法制与社会发展》2002 年第 1 期;等等。

规虽并未对如何判断仲裁裁决的国籍作出明确规定，但结合《民事诉讼法》有关仲裁裁决执行的规定可以看出，我国事实上采取了以“仲裁机构性质”判断仲裁裁决国籍的标准。[①] 比如，将中国涉外仲裁机构作出的裁决规定为涉外仲裁裁决。[②] 再如，在“天利公司案”中，最高人民法院依据国际商会国际仲裁院为法国仲裁机构的性质，将其在中国香港特别行政区作出的仲裁裁决认定为法国仲裁裁决，从而依据《纽约公约》审查裁决的承认与执行问题。[③] 据此，我国仲裁机构所具有的首要法律功能是判断仲裁裁决的国籍，即国内仲裁机构作出的裁决为国内仲裁裁决，涉外仲裁机构作出的裁决为涉外仲裁裁决，外国仲裁机构作出的裁决为外国仲裁裁决。

第二，区分仲裁的受案范围。仲裁的受案范围是指哪些类型的案件能够为仲裁所受理。《仲裁法》颁布实施前，作为涉外仲裁机构的贸仲与海仲仅受理涉外民商事案件。《仲裁法》颁布实施后，贸仲与海仲仍有权受理涉外民商事案件自无异议，但依据《仲裁法》第10条重新组建的仲裁机构是否有权受理涉外案件，仲裁法学界和实务界却存在两种截然不同的观点：一种观点认为，在立法未修改的情况下，国内仲裁机构受理涉外案件存在不确定性。[④] 另一种观点则认为，国内仲裁机构受理涉外案件有着现实必要性和可行性，并不存在法律障碍。[⑤] 在1996年国务院办公厅的相关通知发布前，国内仲裁机构对受理涉外案件普遍持谨慎态度。因此，在一定历史时期内，仲裁机构的性质还具有区分仲裁受案范围的功能，即只有涉外仲裁机构才能够受理涉外案件，国内仲裁机构则不得受理涉外案件。

第三，认定仲裁协议的效力。仲裁协议效力的认定一定程度上等同于仲裁管辖权异议的决定问题，即在当事人对仲裁管辖权存在异议时，谁有权决定仲裁是否具有管辖权。从世界各国的立法经验看，有权决定的主体一般是仲裁庭和法院。[⑥] 两

---

① 参见宋连斌、王珺：《国际商会在中国内地仲裁：准入、裁决国籍及执行——由宁波中院的一份裁定谈起》，载《西北大学学报(哲学社会科学版)》2011年第3期。

② 参见宋建立：《国际商事仲裁裁决的国籍问题——以我国仲裁立法与实践为视角》，载《人民司法》2013年第17期。

③ 参见《最高人民法院关于不予执行国际商会仲裁院10334/AMW/BWD/TE最终裁决一案的请示的复函》，载万鄂湘主编、最高人民法院民事审判第四庭编：《涉外商事海事审判指导》(总第9辑)，人民法院出版社2005年版，第60~65页。

④ 参见宋连斌：《国际商事仲裁管辖权研究》，法律出版社2000年版，第200页。

⑤ 相关研究成果可参见高顺龄、罗楚湘、陈晓梅：《新仲裁机构受理涉外仲裁案件若干问题的探讨》，载《中南民族学院学报(人文社会科学版)》2000年第4期；于永芹：《关于仲裁机构受理涉外案件的若干问题》，载《法制与社会发展》1998年第3期；等等。

⑥ 参见高雅：《论国际商事仲裁协议的效力认定权》，载《理论月刊》2006年第2期。

者分别基于"自裁管辖"的原则和对仲裁的司法监督有权作出决定。① 但与国际通行做法不同的是,我国《仲裁法》第20条及相关司法解释将认定仲裁协议效力的权力授予了仲裁机构和法院,仲裁机构有权在当事人对仲裁协议效力有异议时作出决定。② 据此,认定仲裁协议效力也属于仲裁机构的法律功能之一。

第四,赋予仲裁裁决法律效力。从仲裁权的来源看,仲裁权以当事人授权和法律授权为其权力来源,其中当事人授权是仲裁权的基础,没有双方当事人的授权不可能产生仲裁权。③ 因此,部分国家或地区的立法仅将仲裁员签名规定为仲裁裁决的生效要件。然而,我国《仲裁法》第54条规定,仲裁裁决除仲裁员的签名外,还必须加盖仲裁委员会的印章。国务院颁布的《仲裁委员会登记暂行办法》第3条进一步明确规定,有权在仲裁裁决上加盖印章的仲裁委员会必须是经过设立登记的仲裁委员会,否则仲裁裁决不具有法律效力。这些规定将仲裁委员会类比为法院,将仲裁委员会加盖印章的行为也规定为仲裁裁决的生效要件之一。由此,仲裁机构还承担了赋予仲裁裁决法律效力的功能。

第五,查明外国法。关于外国法的查明和适用问题,我国立法曾多次变更。从最初规定的5种查明途径,④到相关司法解释确立的"当事人为主,法院为辅"的查明模式,⑤均未能真正解决外国法在我国的查明与适用问题。⑥《中华人民共和国涉外民事关系法律适用法》(以下简称《涉外民事关系法律适用法》)第10条将查明外国法的责任分配给了法院、仲裁机构和行政机关。由此,仲裁机构在我国还具有查

---

① 参见牛鹏:《仲裁协议中仲裁机构约定不明的认定》,载《湖北经济学院学报》2021年第3期。

② 参见马占军:《我国仲裁协议效力认定的新发展——评〈最高人民法院关于适用《中华人民共和国仲裁法》若干问题的解释〉相关规定》,载《河北法学》2008年第3期;马占军:《我国仲裁协议效力认定研究》,载《环球法律评论》2008年第5期。

③ 参见乔欣:《仲裁权论》,法律出版社2009年版,第15~16页。

④ 最高人民法院《关于贯彻执行〈中华人民共和国民法通则〉若干问题的意见(试行)》(现已失效)第193条规定,对于应当适用的外国法律,可通过下列途径查明:(1)由当事人提供;(2)由与我国订立司法协助协定的缔约对方的中央机关提供;(3)由我国驻该国使领馆提供;(4)由该国驻我国使馆提供;(5)由中外法律专家提供。通过以上途径仍不能查明的,适用中华人民共和国法律。

⑤ 最高人民法院《关于审理涉外民事或商事合同纠纷案件法律适用若干问题的规定》(现已失效)第9条规定,当事人选择或者变更选择合同争议应适用的法律为外国法律时,由当事人提供或者证明该外国法律的相关内容。人民法院根据最密切联系原则确定合同争议应适用的法律为外国法律时,可以依职权查明该外国法律,亦可以要求当事人提供或者证明该外国法律的内容。当事人和人民法院通过适当的途径均不能查明外国法律的内容的,人民法院可以适用中华人民共和国法律。

⑥ 参见焦燕:《我国外国法查明新规之检视——评〈涉外民事关系法律适用法〉第10条》,载《清华法学》2013年第2期。

明外国法的功能。[①]

第六,决定涉外仲裁协议的准据法。《涉外民事关系法律适用法》第18条将涉外仲裁协议的准据法从“法院地法”变更为“仲裁机构所在地法”,涉外仲裁协议准据法的确定也由此遵循“当事人选择的法律—仲裁地法—仲裁机构所在地法”的模式。[②]“仲裁机构所在地”取代“法院地”成为新的连结点,[③]“仲裁机构所在地”由此具有了决定涉外仲裁协议准据法的功能。[④]

从比较法的视角看,仲裁机构的以上法律功能几乎都为我国所独有,其他国家或地区则多将相关功能交由仲裁庭或仲裁地的概念承担。比如,由仲裁庭认定仲裁协议效力及查明外国法,依据仲裁地判断仲裁裁决国籍,将仲裁地法律作为涉外仲裁协议的准据法等。[⑤]据此,已有研究者指出,弱化仲裁机构的法律功能将是中国仲裁法制完善的必经之路。[⑥]在这一趋势下,涉外仲裁机构概念所具有的功能也不可避免地弱化甚至消失。

2. 涉外仲裁机构概念的功能及存在问题

《仲裁法》及相关法律法规对我国的常设仲裁机构进行了分类,将其区分为涉外仲裁机构与国内仲裁机构。这一分类及涉外仲裁机构概念曾具有区分仲裁受案范围和判断仲裁裁决国籍的功能,但在弱化仲裁机构法律功能的趋势下,这两大功能在实践中均已失灵。

---

① 针对立法将外国法查明的责任分配给仲裁机构,学界已多有批判,相关研究成果可参见肖芳:《我国法院对“外国法无法查明”的滥用及其控制》,载《法学》2012年第2期;焦燕:《我国外国法查明新规之检视——评〈涉外民事关系法律适用法〉第10条》,载《清华法学》2013年第2期;林燕萍、黄艳如:《外国法为何难以查明——基于〈涉外民事关系法律适用法〉第10条的实证分析》,载《法学》2014年第10期等。

② 最高人民法院于2017年颁布的《关于审理仲裁司法审查案件若干问题的规定》第14条对《涉外民事关系法律适用法》第18条的规定进行了补充解释,进一步确立了“使其有效”原则,相关评述可参见张春良、黄庆:《我国涉外仲裁协议司法审查新规评析》,载《仲裁研究》2021年第1期。

③ 对此有研究者认为,“仲裁机构所在地”作为连结点将导致法院在认定仲裁协议效力时存在适用仲裁机构所在地法律的可能,与当事人的预期不符,对法院的实际操作造成困难,且不利于我国仲裁制度与国际接轨,建议删去“仲裁机构所在地”这一连结点。参见杨语涵:《我国涉外仲裁协议效力认定的“使其有效”原则》,载《北京仲裁》2019年第4期。

④ 有关仲裁机构所在地、仲裁地、开庭地的界定和区分可参见吕炳斌:《“仲裁机构所在地”、“仲裁地”和“开庭地点”的界定和区分》,载《北京仲裁》2009年第2期。

⑤ 参见桂梦羊:《国际商事仲裁中仲裁机构的法律功能问题研究》,安徽大学2019年硕士学位论文,第24~26页。

⑥ 杨玲:《仲裁机构法律功能批判——以国际商事仲裁为分析视角》,载《法律科学(西北政法大学学报)》2016年第2期。

第一,区分仲裁受案范围的功能失灵。涉外仲裁机构概念虽曾在一定时期内具有区分仲裁受案范围的功能,但在1996年国务院办公厅的相关通知发布后,国内仲裁机构已被明确其有权受理涉外案件。[①] 时至今日,国内仲裁机构受理案件的范围已十分广泛,仲裁主体也没有国际和非国际的限制,案件性质除《仲裁法》第3条不属于仲裁范围的纠纷外,其他均可受理。[②] 再就涉外仲裁机构而言,涉外仲裁机构在设立之初,其受案范围主要是涉外经济贸易、运输和海事纠纷。[③] 但此后,为了扩大案源也对其仲裁规则进行了修订,将受案范围延伸到国内仲裁案件。至此,涉外仲裁机构与国内仲裁机构在受案范围上已没有任何区别。因此,涉外仲裁机构概念虽曾在一定时期内具有区分仲裁受案范围的功能,但这一功能随着涉外仲裁机构与国内仲裁机构受案范围的统一已经无意义。

第二,判断仲裁裁决国籍的功能失灵。我国在仲裁裁决国籍的认定方面采取了"仲裁机构标准",[④]但这一标准目前已不符合国际商事仲裁立法趋势与我国司法实践。《纽约公约》第1条规定,在申请承认及执行地所在国以外国家领土内作出的仲裁裁决,其承认及执行适用本公约,明确采用"仲裁地"的标准判断仲裁裁决国籍。[⑤]此后,"仲裁地"标准逐渐得到世界各国的普遍认可。[⑥] 即使在我国司法实践中,以"仲裁地"为标准判断仲裁裁决国籍也开始为法院所接受,如在美国意艾德建筑师事务所申请执行中国国际经济贸易仲裁委员会香港分会作出的仲裁裁决时,江苏省南京市中级人民法院即根据仲裁地——香港特别行政区,确认该仲裁裁决为香港仲裁

---

① 国务院办公厅《关于贯彻实施〈中华人民共和国仲裁法〉需要明确的几个问题的通知》第3条规定,新组建仲裁委员会的主要职责是受理国内仲裁案件,涉外仲裁案件的当事人自愿选择新组建的仲裁委员会仲裁的,新组建的仲裁委员会可以受理。

② 高顺龄、罗楚湘、陈晓梅:《新仲裁机构受理涉外仲裁案件若干问题的探讨》,载《中南民族学院学报(人文社会科学版)》2000年第4期。

③ 比如,中央人民政府政务院《关于在中国国际贸易促进委员会内设立对外贸易仲裁委员会的决定》第1条规定,中国国际贸易促进委员会对外贸易仲裁委员会负责解决对外贸易契约及交易中可能发生的争议,特别是外国商号、公司或其他经济组织与中国商号、公司或其他经济组织间的争议。国务院《关于在中国国际贸易促进委员会内设立海事仲裁委员会的决定》第1条也规定,中国海事仲裁委员会负责解决各类海事争议。

④ 参见高薇:《论仲裁裁决的国籍——兼论中国司法实践中的"双重标准"》,载《西北大学学报(哲学社会科学版)》2011年第5期。

⑤ 参见周佳:《1958年〈纽约公约〉第一条述评——兼论我国仲裁法律体系下的国际商事仲裁裁决的国籍》,载《北京仲裁》2005年第4期。

⑥ 参见张虎:《论中国仲裁裁决国籍的确定》,载《大连海事大学学报(社会科学版)》2015年第1期。

裁决。[①] 有研究者通过实证研究也发现,在我国法院于2015~2017年作出裁决的81个案件中,有50个案件的审理法院采用了仲裁地标准来识别外国仲裁裁决的国籍,而仅有16个案件的审理法院仍然采用仲裁机构所在国标准。[②]

事实上,涉外仲裁机构概念的存在不仅无法识别涉外仲裁裁决反而导致涉外仲裁裁决在识别上的困难。我国目前尚没有关于涉外仲裁裁决内涵的明确规定。[③] 若依据《民事诉讼法》的规定简单将涉外仲裁机构作出的裁决认定为涉外仲裁裁决,将使国内仲裁机构作出的涉外案件的裁决无法被认定为涉外仲裁裁决,导致同等类型案件申请撤销与执行的审查依据不同,造成实质上的不平等。同时涉外仲裁机构受理国内案件作出的仲裁裁决也将被认定为涉外仲裁裁决,与事实不符。[④] 因此,涉外仲裁机构概念以及涉外仲裁机构与国内仲裁机构的区分也不再具有判断仲裁裁决国籍的功能。

(三)涉外仲裁机构概念不利于仲裁机构的统一管理

涉外仲裁机构与国内仲裁机构在设立体制上的不同导致两者在管理方面也不统一。具体而言,管理方面的差异主要体现在两方面:

第一,登记管理的差异。根据《仲裁法》第10条之规定,国内仲裁机构的设立必须经省级司法行政部门登记,但涉外仲裁机构的设立并无此要求。20世纪50年代,国务院相关决定在授权设立贸仲和海仲时,并未对登记程序作出明确规定。实践中,贸仲在国家事业单位登记管理局登记,海仲甚至未进行登记,而国内仲裁机构则根据《仲裁法》第10条之规定均在各省级司法行政部门进行了登记。[⑤] 涉外仲裁机构与国内仲裁机构的登记管理部门的不一致,不利于两者的统一管理。

第二,设立分支机构的差异。涉外仲裁机构与国内仲裁机构之间的不同,除了

① 参见高晓力:《司法应依仲裁地而非仲裁机构所在地确定仲裁裁决籍属》,载《人民司法》2017年第20期。

② 参见刘敬东、王路路:《"一带一路"倡议下我国对外国仲裁裁决承认与执行的实证研究》,载《法律适用》2018年第5期。

③ 最高人民法院《关于人民法院处理涉外仲裁及外国仲裁案件的若干规定(征求意见稿)》第38条规定,本规定所指涉外仲裁裁决,是指中国国际经济贸易仲裁委员会及其分会、中国海事仲裁委员会以及依照仲裁法规定组建的仲裁委员会作出的具有涉外因素的仲裁裁决。该征求意见稿虽并未正式颁布,但对我国涉外仲裁裁决的认定具有重要指导意义。参见赵秀文:《浅谈我国仲裁裁决的分类》,载《北京仲裁》2005年第4期。

④ 参见陈力:《探求我国国内与涉外商事仲裁的统一》,载高永富、陈晶莹主编:《国际贸易法论丛》(第2卷),北京大学出版社2007年版,第240~256页。

⑤ 参见康明:《论商事仲裁的专业服务属性》,对外经济贸易大学2004年博士学位论文,第98~99页。

登记管理等形式方面,在设立分支机构等实质方面也存在较大差异。具体而言,涉外仲裁机构可以在全国范围内根据经济发展需要设立分支机构,且设立分支机构无须经司法行政部门登记,即使某些分支机构办理了登记也只是为更好地开展业务。国内仲裁机构设立分支机构则受到严格限制,一方面,国内仲裁机构设立分支机构只能在本市辖区内设立,原则上不能在非本市辖区内设立;另一方面,国内仲裁机构设立分支机构应经司法行政部门登记,不能擅自违法设立。2019 年 4 月 16 日,中共中央办公厅、国务院办公厅发布的《关于完善仲裁制度提高仲裁公信力的若干意见》虽分别对贸仲、海仲以及国内其他仲裁机构设立分支机构的行为作出了规范。但从内容看,两者在设立条件等方面仍存在较大差异,并未能实现统一。① 因此,继续强调涉外仲裁机构概念将造成仲裁机构间不平等的情况加剧,既不利于我国国内仲裁机构建设,也不利于我国仲裁事业发展。

四、涉外仲裁机构概念的调整

基于以上对涉外仲裁机构概念的反思,调整涉外仲裁机构概念事实上存在两种思路:一是取消涉外仲裁机构概念,删除《民事诉讼法》和《仲裁法》中有关涉外仲裁机构的规定,包括但不限于《仲裁法》第 7 章和《民事诉讼法》第 26 章中的相关规定,将涉外仲裁机构由一个法律概念转化为学理概念。二是继续保留涉外仲裁机构概念,但对其内涵予以明确。涉外仲裁机构应指具有涉外仲裁能力且能够受理涉外案件的仲裁机构。对涉外仲裁机构实行准入审核,只有具有特定数量外籍仲裁员或外文仲裁秘书的仲裁机构才能被认定为涉外仲裁机构,具体认定工作由司法行政部门负责。同时,也不再将涉外仲裁机构概念作为仲裁裁决国籍的判断标准。但在具体实践中,两种调整思路各有利弊。

(一)删除有关涉外仲裁机构规定将其作为学理概念

删除有关涉外仲裁机构规定的调整思路事实上与国际商事仲裁的通行做法一致。“无界性”是仲裁的特征之一,任何仲裁机构均可受理涉外案件是仲裁的应有之义。因此,在仲裁机构前冠以涉外之名本就与仲裁的本质特征相矛盾。统计发现,《民事诉讼法》和《仲裁法》中有关“涉外仲裁机构”的表述一共出现 11 次,其中在《民事诉讼法》中出现 5 次,分别在第 278 条、第 279 条、第 280 条、第 281 条、第 287 条,表述为“涉外仲裁机构”;在《仲裁法》中出现 6 次,分别在第 66 条、第 67 条、第 68

① 具体而言,贸仲和海仲新设立分支机构或者派出机构,应当经中国国际贸易促进委员会和设立地的省级政府同意。地方仲裁机构在本市辖区内设立分支机构的可以根据工作需要自主决定,地方仲裁机构在非本市辖区内设立分支机构的需要经本机构所在地和设立地的市级政府同意。

条、第72条,表述为"涉外仲裁委员会"。具体修改时,对《民事诉讼法》第278条、第279条、第280条、第287条可直接将"涉外仲裁机构"修改为"仲裁机构";对《民事诉讼法》第281条可将"中华人民共和国涉外仲裁机构作出的裁决"修改为"中华人民共和国的涉外仲裁裁决"。对《仲裁法》第66条、第67条、第68条、第72条则均可直接删除"涉外仲裁委员会"的相关规定。

采取此种调整思路的优势在于:一方面,弱化甚至取消涉外仲裁机构的概念,有助于实现仲裁机构的统一管理,平等对待;另一方面,可以迅速实现与国际接轨的目的,将仲裁机构的优胜劣汰交由市场自主决定而非行政主导。但此种调整思路的欠缺明显:一是修法成本过高,需修改《民事诉讼法》及《仲裁法》等多部法律。二是时间周期较长,当前《仲裁法》修订虽已列入立法计划,①但《民事诉讼法》刚历经2021年的修订,短期内再次修订的可能性不大,难以迅速实现。

(二)继续保留涉外仲裁机构概念并及时明确其内涵

继续保留涉外仲裁机构概念是短期内无法修订《民事诉讼法》和《仲裁法》的无奈之举,但却可能更符合中国仲裁的实际情况。② 截至2019年年底,我国仲裁机构数量已达260家,将这260家仲裁机构全部建设成为涉外仲裁机构既不科学也不现实。③ 因此,继续保留涉外仲裁机构概念,通过分流的方式鼓励一部分基础条件较好的仲裁机构建设为涉外仲裁机构。同时,其他仲裁机构不再受理涉外案件,仍以化解国内纠纷参与基层社会治理为主,可能是更符合实际的解决方案。④

与这一思路配套的是,司法行政部门应及时制定并出台《仲裁委员会登记与管理办法》,在其中对涉外仲裁机构的概念和认定作出规范,如满足何种条件可以认定为涉外仲裁机构,哪些仲裁机构可以认定为涉外仲裁机构,之后亦应同时明确只有这些仲裁机构可以受理涉外案件。这一调整思路的意义在于鼓励仲裁机构多元化、差异化发展,用行政准入手段分流仲裁机构,使仲裁机构扬长避短、发挥优势,从而

---

① 2018年9月7日,第十三届全国人大常委会将《仲裁法》修订列入二类立法规划,要求抓紧工作,条件成熟时提请审议。2021年5月27日,国务院办公厅印发《国务院2021年度立法工作计划》明确,仲裁法修订草案预备提请全国人大常委会审议。2021年7月30日,司法部更是组织起草了《中华人民共和国仲裁法(修订)(征求意见稿)》,并公开向社会公众征求意见。

② 继续保留涉外仲裁机构概念并不意味着要继续将涉外仲裁机构概念作为判断涉外仲裁裁决国籍的标准,在仲裁裁决国籍的识别方面应借鉴国际商事仲裁经验,采用更为通行的"仲裁地"标准。

③ 参见湖北省法学会仲裁法研究会编:《中国仲裁史稿》,法律出版社2018年版,第302页。

④ 参见宫步坦、刘文昭:《提升我国仲裁公信力的"二元化"路径——以完善仲裁机构内部治理结构为视角》,载湖北省法学会仲裁法研究会,武汉仲裁委员会主办:《武汉仲裁》第2辑,法律出版社2019年版。

培养一批各具特色的仲裁机构。其优势在于这可能更符合目前中国仲裁的实际情况,但劣势在于涉外仲裁机构认定涉及的利益错综复杂,不利于仲裁主体的充分市场竞争。因而,如何调整应当审时度势,从有利我国仲裁事业的大局出发,在立法上对涉外仲裁机构作出明确界定。

(三)《仲裁法(修订)(征求意见稿)》的选择

2021年7月30日,司法部发布《中华人民共和国仲裁法(修订)(征求意见稿)》(以下简称《仲裁法(修订)(征求意见稿)》),并向社会公众征求意见。从征求意见稿的相关内容看,其显然采取了删除涉外仲裁机构概念的调整思路,主要修改了以下三方面内容:第一,删除了《仲裁法》第66条的规定,将中国国际商会设立组建的仲裁机构也统一纳入第12条机构设立登记范围,由国务院司法行政部门登记。第二,删除了《仲裁法》第67条中有关"涉外仲裁委员会"的表述。第三,将《仲裁法》第68条有关涉外仲裁当事人申请证据保全和《仲裁法》第72条有关涉外仲裁当事人申请执行仲裁裁决的规定分别置于第四章第三节"临时措施"和第六章"执行"中,并删除了其中有关"涉外仲裁委员会"的表述。

征求意见稿的这一修改不仅符合我国仲裁实践发展需要,也凝聚了当前仲裁界之共识。早在《仲裁法(修订)(征求意见稿)》发布前,就有研究者以"是否保留现行《仲裁法》第66条规定的涉外仲裁委员会可以由中国国际商会组织设立的规定?"为题进行调研,结果发现只有23.53%的受访国内专家认为需要保留该规定,76.47%的专家则认为可以删除该规定。① 从这一角度看,征求意见稿的此次修改殊值肯定。但仍需注意的是,未来《民事诉讼法》的修订也应与《仲裁法》保持一致,及时删除或修改相关概念与规定。《民事诉讼法》中有关涉外仲裁机构的规定,在1982年《民事诉讼法(试行)》和1991年《民事诉讼法》颁布时,尚具有合理性。但自1994年《仲裁法》颁布,特别是1996年国务院办公厅发布相关通知明确国内仲裁机构也有权受理涉外案件后,其合理性已经丧失。② 然而,遗憾的是,2007年、2012年、2017年、2021年《民事诉讼法》的4次修订均未对有关涉外仲裁机构的规定作任何修改。当今世界正经历百年未有之大变局,中国仲裁应以经济上构建国内大循环为主体、国内国际双循环相互促进为机遇,推动《仲裁法》及《民事诉讼法》中有关涉外仲裁机构规定的修改。

---

① 毛晓飞:《法律实证研究视角下的仲裁法修订:共识与差异》,载《国际法研究》2021年第6期。

② 参见赵秀文:《民诉法关于国际仲裁规定的不足与完善》,载《法治研究》2013年第9期。

五、结语

从涉外仲裁机构概念的形成历程及原因看,我国涉外仲裁机构概念的形成有着特定的历史原因和时代背景,虽在当时有其积极意义,但当前已无存续之必要。从涉外仲裁机构概念的功能看,涉外仲裁机构概念所具有的区分仲裁受案范围和判断仲裁裁决国籍的功能均存在问题;从仲裁机构管理的角度看,取消涉外仲裁机构概念,探求涉外仲裁机构与国内仲裁机构的统一,也有助于我国仲裁机构的管理工作。[①] 事实上,从比较法的角度看,也未有其他国家在仲裁相关法律中采取涉外仲裁机构的概念与分类,一国仲裁机构既受理国际仲裁案件,又受理国内仲裁案件是非常普遍的现象。[②] 鉴于此,建议《仲裁法》及《民事诉讼法》修订时,删除我国仲裁机构的分类,使涉外仲裁机构打破现有的学理与法律规定不统一的现状,重新界定涉外仲裁机构,使我国的国内仲裁、国际仲裁适应双循环的经济格局,进一步提升我国仲裁机构的公信力。

---

① 司法部 2019 年 9 月 12 日发布的《仲裁委员会登记管理办法(征求意见稿)》已经表现出统一涉外仲裁机构与国内仲裁机构管理的倾向,该办法第 36 条明确规定:中国国际经济贸易仲裁委员会、中国海事仲裁委员会、海峡两岸仲裁中心登记与复核工作,依照本办法办理。

② 参见陈力:《探求我国国内与涉外商事仲裁的统一》,载高永富、陈晶莹主编:《国际贸易法论丛》第 2 卷,北京大学出版社 2007 年版。

注意义务在美国航空侵权诉讼中的适用

李韶华[*]

美国侵权法上的过失是一种客观行为,而不是主观心理状态。注意义务是一个与过失紧密联系但又明显不同的概念,是过失理论中衡量行为人是否有过失的重要标准。在美国航空侵权诉讼中,法院如何正确适用注意义务已成为司法实践的难题。本文在分析注意义务具体规定的基础上,结合相关案例,说明它在飞行员、空中交通管制员、承运人等不同主体中的适用情况,认为对注意义务不能作出程度上的区分,是否违反注意义务要由当时环境决定。

在美国侵权法上,"过失"是一种行为,①与"注意义务"紧密联系但又明显不同。过失意味着没有履行合理的注意义务。② 从历史上看,美国曾将"注意义务"分为3种情形:轻微的、普通的和重大的。但是,这种区分不科学,也不切实际。法律上没有明确界定其含义,所以近年来司法实践强烈反对这种区分,认为在设置过失责任时没有注意义务程度的区分,都是普通注意义务。③

在美国航空侵权诉讼中,注意义务作为过失理论中衡量行为人是否有过失的一个重要标准,法院经常用来衡量飞行员、空中交通管制员(以下简称管制员)、承运人、航空器制造商等的行为是否有过失。判断他们是否有注意义务、是否违反注意义务已成为司法实践的重点和难点问题。目前,我国学者研究注意义务的视角广、领域宽,主要集中于我国《民法典》侵权责任编、刑法,以及德国法系中注意义务的基

* 法学博士,中共武汉市委党校编辑部责任编辑。

① Edward J. Kionka, *Torts in a Nutshell*, Thomson Reuters, 2010, p. 59.

② Ibid., p. 125.

③ 65 C. J. S. Negligence § 110 (June, 2019).

本理论探讨,鲜有学者在航空侵权法中展开深刻分析,①更没有学者科学研判美国司法实践中的具体运用情况。本文以注意义务在美国航空侵权诉讼中涉及的主体为主线,着重分析飞行员、管制员、承运人注意义务的来源、内容和运用情况,阐述美国联邦法优先适用于州法上的注意义务标准,并从过失理论的角度理顺注意义务与过失的关系。

一、问题的提出

航空安全运输过程会涉及多个部门、多名人员,只有他们密切合作、目标一致、措施得力,才能顺利完成一次运输,若有一方未承担注意义务,就会发生事故,成为诉讼中的被告。

(一)津恩诉美国案(Zinn v. U.S.)

在该案中,联邦航空管理局要求管制员根据观察到的气象情况发布相关气象信息,提供雷达导航或者在飞行员提出请求的情况下,协助飞机离开气象条件差的空域,②管制员对明显的危险有提供警示的合理注意义务。如果飞行员感觉这些危险并不明显,管制员就有义务向飞行员准确报告当前和不断变化的气象条件,提供及时准确的气象信息。一般来说,管制员判断航空器是否背离目标的主要依据就是气象报告。

在案件审理中,原告认为,他没有收到天气信息,致使飞行员直接进入最危险的气象地带。法院认为,管制员有义务向飞行员提供相关气象信息,还有义务建议飞行员要观察有利于飞行的信息,否则会承担连带责任,此时管制员应该履行合理的注意义务。由于管制员未能及时提供准确的天气信息,所以他违反了注意义务。管制员并没有警示飞行员已飞进危险气象地带,相反,管制员批准飞行员飞向更接近危险气象地带的请求,这些行为根据美国《联邦航空法》(Federal Aviation Act,1958)和相关判例法的要求,违反了注意义务。管制员不但未纠正有缺陷的气象报告,还让飞行员采用了不正确的信息,所以忽视了在特殊环境下应履行的注意义务。由此可知,管制员的工作虽然有99%是正确的,但还没有达到完美的程度。管制员在严

① 刘海安:《论机场管理人的注意义务》,载《社会科学战线》2012年第9期。截至目前,只有该文探讨了航空侵权法中的注意义务。另有4篇文章涉及注意义务,分别为杨佶:《论美国侵权法上的注意义务》,载《时代金融》2018年第36期;吴梦辽:《论美国侵权法上违反注意义务的判断标准》,湖南师范大学2010年硕士学位论文;粟撒:《美国侵权法关于旅馆对住客的注意义务——以第三方行为引致住客人身伤害为视角》,载《中共宁波市委党校学报》2009年第3期;韩琳:《论美国侵权法上的注意义务》,对外经济贸易大学2004年硕士学位论文。

② Zinn v. U.S., 835 F. Supp. 2d 1312 (2011).

重灾难发生前违反了注意义务。

在飞行前,飞行员的义务主要是必须获得与飞行有关的所有可用信息,包括天气预报、气象报告和飞行人员的通知;预测拟飞行路线的气象条件,以此评估是否可以飞行;决定拟飞行航线是否安全,最终决定权也归飞行员。当然,由于机组人员熟悉航空器的条件及重量,他们也必须处理飞行中遇到的异常问题和未预料到的问题。飞行员必须熟悉他知道或者应该知道的飞行条件,关注不利的天气状况,以履行高度的注意义务。[①] 相关记录表明,飞行员经常尝试绕过不利的飞行路线以免发生碰撞。本案飞行员在执行飞行计划时有过失,因为当时飞行条件不允许飞行,所以他违反了注意义务。[②]

从上述介绍来看,本案主要涉及飞行员和管制员的注意义务。法院认为,他们都违反了注意义务。对此,我们须认真思考以下问题:他们的义务来源是什么?履行义务的内容范围是什么?违反义务的标准是什么?违反注意义务与过失是什么关系?换言之,在美国航空侵权诉讼中,法院如何判断是否违反注意义务?

(二)联邦法优先适用于注意义务的范围

近年来,注意义务标准的优先适用问题成为航空法的一个中心问题,一些上诉法院却忽视了注意义务的标准和过失索赔的区分。[③]

斯克里诉精密航空动力公司案(Sikkelee v. Precision Airmotive Corp.),是联邦法优先适用领域具有代表性意义的案例。[④] 该案反映出的问题有优先适用的范围、法院不同的观点、注意义务的标准等。上诉法院认为,《联邦航空法》没有优先适用于因产品设计或者制造有瑕疵而提起的索赔。法官的意见是,美国相关法律或者联邦航空管理局制定的实施细则并未表明,国会存在其优先适用于州法所有领域的意图。《联邦航空法》、《通用航空振兴法》(General Aviation Revitalization Act,1994)也反映了此观点。[⑤] 内务司法委员会规定了联邦法优先适用于州法的范围非常有限。[⑥]《通用航空振兴法》的立法史也表明了联邦法优先适用的范围非常有限,主要

---

① Zinn v. U.S., 835 F. Supp. 2d 1323 (2011).

② Zinn v. U.S., 835 F. Supp. 2d 1324 (2011).

③ Alexander T. Simpson, *Standard of Care vs. Claim Preemption under the Federal Aviation Act*, Air & Space Law 4, 2014, p. 4.

④ Kathryn A. Grace & Corey J. Wright, *Recent Developments in Aviation Law*, J. Air L. & Com 82, 2017, p. 253.

⑤ Sikkelee v. Precision Airmotive Corp., 822 F. 3d 683 (2016).

⑥ Justin V. Lee, *Recent Developments in Aviation Law*, J. Air L. & Com 83, 2018, p. 198.

涉及航空器及其零部件的设计和制造,而不是航空安全领域的所有问题。《联邦航空法》强调的是安全问题,并未提出警示要求,到底是完全优先适用还是仅在某个方面优先适用并不完全清晰。①

该案分析了《联邦航空法》优先适用于州侵权法的问题,也就是因设计有瑕疵提起产品责任索赔。法院提出的义务标准指的是飞行操作,而不是指航空器的设计和制造。《联邦航空法》的安全规定主要涉及航空安全与飞行操作。该结论与其他法院的解释一致。

第九巡回法院以前就采纳了上述结论,认为在航空安全领域《联邦航空法》比州法上的注意义务标准优先适用,也认为产品责任并不属于优先适用的范围。② 但实际上,《联邦航空法》只是为航空安全确定了最低标准,并没有明示优先适用的意图。类型证书也只是提出最低标准的要求,而不是确定了广泛的规则和施行细则以发挥注意义务标准的功能,③这一点非常重要。《联邦航空法》的保留条款规定了依据该法的救济不同于依据其他法律的救济。④

第六巡回法院认为《联邦航空法》确定了航空安全领域的注意义务标准,其应优先适用于州法上的索赔,在产品设计方面仍然适用州法。⑤ 第七巡回法院也认为,州法适用于航空产品责任索赔。第五巡回法院认为,领域优先适用仅限于有关乘客的安全警示,其他方面适用州法。第三巡回法院认为,联邦航空施行细则并不优先适用于航空器的设计和制造方面的索赔。⑥

但是,有的法院采纳了不同的观点。第十巡回法院认为,《联邦航空法》优先适用于航空安全的所有问题,规定的安全标准包括航空产品的设计和制造方面。它规定了最低标准,这里的"最低"是指限制了各州分别制定过度繁重的规则,而不是指对州法上的施行细则进行补充性的规范或者调整,联邦航空施行细则没有确定一种各州都可以接受的安全水准,国会的意图是通过排他性地联邦控制以构建安全有效

---

① Alexander T. Simpson, *Standard of Care vs. Claim Preemption under the Federal Aviation Act*, Air & Space Law 4, 2014, p.6.

② Sikkelee v. Precision Airmotive Corp., 822 F.3d 689 (2016).

③ Kathryn A. Grace & Corey J. Wright, *Recent Developments in Aviation Law*, J. Air L. & Com 82, 2017, p.255.

④ Sikkelee v. Precision Airmotive Corp., 822 F.3d 692 (2016).

⑤ Sikkelee v. Precision Airmotive Corp., 822 F.3d 706 (2016).

⑥ Marissa N. Lefland. & Darcy C. Osta, *Recent Developments in Aviation and Space Law*, Tort Trialn & Ins. Prac. L.J. 52, 2017, p.265.

的航空体系。①

在国际上,美国联邦航空施行细则被当作黄金标准,外国航空管理机构在制定规则时经常参考。美国一些州的标准不仅威胁了航空行业的发展,而且影响了整体安全状况。《联邦航空法》通过较先进的技术和复杂的确认程序强制执行了设计标准,②体现了该法在监管航空安全领域的专属性和统一性,所以,它会继续促进航空业发展。

从莱特兄弟首次飞行到如今美国每天飞行87,000多架飞机,在不到120年内,美国航空业出现了快速发展的趋势。但是,美国也面临新挑战,从超音速飞行到商业性交通运输,再到无人驾驶航空系统,都会涉及美国民航的成就、安全和监管问题。更重要的是,随着整个行业不断增加和超越传统固定机翼的航空旅行方式,《联邦航空法》在保障航空安全方面的作用不断增强。③ 从上文分析可看出,该法是否仅优先适用于州法上的注意义务标准(而不是索赔本身),即联邦法优先适用的问题仍是司法实践中难以达成统一解决方法的问题。④

二、飞行员和管制员注意义务的适用

飞行员和管制员在确保航空安全方面发挥重要作用,美国关于注意义务有多个规定,内容较丰富,要求较具体,标准较详细。

(一)飞行员和管制员注意义务的来源

飞行员和管制员的注意义务源自共同的责任、联邦航空管理局的指令、施行细则、相关文件、普通法、空中交通指挥系统的行为模式、习惯、《联邦航空法》的规则和指引的期待,以及空中交通指挥手册和航空信息手册。管制员的行为基础,就是飞行员知道并将遵守可适用的联邦航空施行细则,以及航空信息手册所包含的信息。⑤联邦航空施行细则具体规定了管制员的注意义务。航空信息手册规定了所有飞行员的注意义务,如对飞行员的通知、民航通告、仪表飞行手册、航空交通公告、航站楼复练培训资料、⑥注意义务标准的证据。除此之外,它还规定了飞行员基本飞行信息

---

① Lauren L. Haertlein & Justin T. Barkowski, *Applying a Federal Standard of Care in Aviation Product Liability Actions*, J. Air L. & Com 82, 2017, p. 759.

② Ibid., p. 758.

③ Ibid., p. 768.

④ Alexander T. Simpson, *Standard of Care vs. Claim Preemption under the Federal Aviation Act*, Air & Space Law 4, 2014, p. 7.

⑤ Wojciechowicz v. U. S., 576 F. Supp. 2d 273 (2008).

⑥ Turner v. U. S., 736 F. Supp. 2d 1000 (2010).

和管制员在美国运用的基本程序。①

空中交通指挥手册规定了管制员的注意义务，②但管制员的注意义务又不限于该手册规定的义务。在履行这些义务时，管制员有普通的注意义务，就是尽量避开与当时环境明显不符的危险，③并不因飞行员有过失而赦免或者取消。④ 该手册是联邦航空管理局内部用于指导管制员行为的手册，不是一部制定法和施行细则。尽管它规定了管制员的法律义务，但是否有法律效力还不明确。管制员的行为即使不符合手册规定的所有强制性程序，有些微小的偏差也未必构成过失。⑤

空中交通公告进一步规定了管制员的注意义务标准，按照季度公布，主要关注最新发生碰撞的事件。尽管它不能创造管制员手册以外的义务，但有一些深度思考的事项，用来培训或者刷新管制员的记忆。以管制员注意义务的标准来说，联邦航空管理局的终端进修培训材料属于其他无约束力的材料和文件。⑥

（二）飞行员注意义务的内容

联邦航空施行细则要求飞行员熟悉和遵守航空信息手册的规定、民航通告，以及通告上有关飞行员特殊飞行活动的信息。航空信息手册的目的就是向飞行员提供基本飞行信息、空中交通指挥程序，以及一般的说明性信息。民航通告建议飞行员采取多种方法以避免危险条件。另外，仪表飞行手册也规定了这一要求，用来教育飞行学员按照仪表飞行，以刷新有执照的飞行员的记忆。

联邦航空施行细则禁止飞行员以粗心或者鲁莽的方式操作航空器，威胁其他生命和财产安全。飞行员如果不能以安全方式操作航空器，就可能过失行为的一种证据。⑦

为确保航空安全，飞行员有高度的注意义务，并和地面人员共同评估飞行条件，承担航空安全责任。但是，飞行员对航空器的操作具有最终决定的权力，不完全服从于管制员。飞行员和管制员的责任一样，就是保障航空安全。飞行员凭着自身的知识、机组人员的协作、航空器的运载能力和限制情况操作航空器，此时他们的合作仍显得特别重要。飞行员的经验是适用注意义务标准的一个考量因素。管制员发

① Wojciechowicz v. U. S. , 576 F. Supp. 2d 273 (2008).
② Turturro v. U. S. , 43 F. Supp. 3d 445 (2014).
③ Turturro v. U. S. , 43 F. Supp. 3d 446 (2014).
④ 8A Am. Jur. 2d Aviation §102 (May, 2019).
⑤ Turner v. U. S. , 736 F. Supp. 2d 1001 (2010).
⑥ Turner v. U. S. , 736 F. Supp. 2d 1003 (2010).
⑦ Turner v. U. S. , 736 F. Supp. 2d 1002 (2010).

出的许可、指令或者请求,并不能减少飞行员按照联邦航空施行细则的要求和运用良好的实践经验操作航空器的义务和责任。[①] 因此,飞行员是否有注意义务,要由当时环境决定。[②]

另外,飞行员有义务熟悉与飞行有关的信息,包括当时飞行的地形、气象条件或者航线。在飞行前飞行员要获得所有可用信息,包括气象报告、气象预测、空管人员的通知,决定他承担的既定飞行路线是否安全。在飞行中飞行员凭借自己的眼睛、耳朵和仪器收集信息,并有义务持续关注这些信息的危险程度;还有义务观察其他航空器的飞行情况、与其他航空器保持一定距离,避免碰撞或者接近碰撞。一旦管制员发出着陆的许可令后,飞行员就承担了安全着陆的责任。如果管制员发出的指令或者许可令威胁到航空器及其占有物的安全,飞行员就必须拒绝该指令并通知管制员。[③]

飞行学员也有注意义务,即观察和避免与其他航空器发生碰撞。这也同样适用于更有经验的飞行员。[④]

(三)管制员注意义务的内容

管制员对飞行员承担的义务就是发出警示和交通流量建议,保持航空器间的距离,履行合理的注意义务,避免在飞行中发生碰撞。[⑤]

依据指挥手册,如果管制员意识到航空器所处的位置、高度,以及接近的地形、障碍物或者其他航空器不安全,就有义务对周边航空器发出安全警示,这是管制员的首要职责。管制员只要察觉到存在对飞行员有极度危险的情形,就应该对飞行员履行高度的注意义务。这仍然说明了是否履行注意义务以及履行什么程度的注意义务,要由当时环境决定。

为确保航空安全,有些安全警示超出了手册所规定的范围,但此时管制员发出警示是必要的。例如,在下列6种情形下,管制员要发出警示:一是航空器处在直接而又极度危险的情况中;二是管制员比飞行员能收集到更多的信息或者作出更具体的观察;三是管制员比飞行员更有条件预估这种危险状态;四是飞行员向管制员宣布了紧急状态或者表明了其处于危难之中;五是飞行员所处的危险状态明显要求管

---

① 8A Am. Jur. 2d Aviation §101 (May, 2019).

② Jonathan M. Purver, *Proof of Liability for Air Crash*, Am. Jur. Proof of Facts 3d 51, 2019, p. 81.

③ 8A Am. Jur. 2d Aviation §101 (May, 2019).

④ David E. Rigney, *Death or Injury to Occupant of Airplane from Collision or Near-Collision with Another Aircraft*, A. L. R. 5th 64, 2019, p. 235.

⑤ Ibid.

制员履行高度的注意义务;六是管制员向飞行员宣布了不具体或者误导的危险信息。管制员如果已观察到上述危险情形,而没有发出警示,就构成过失。[①]

除上述发出警示的注意义务之外,在飞行中如果航空器发动机出现故障,管制员就有义务向飞行员提供帮助,与飞行员持续交流,指导他以更快的方式安全降落。在此过程中,如果交流有误解,管制员就要及时向飞行员提供救济。[②]

以上内容主要说明管制员按照相关规定,履行注意义务的时机和情形。管制员并不进入飞机舱门,也不为飞行员驾驶飞机,所以他对具体飞行状况没有飞行员熟悉,有些时候不能履行注意义务。例如,他没有义务决定飞行员是否遵循许可或者航空器是否符合请求飞行的合适的类型,也不能预见飞行员的非法行为、过失行为或者重大过失行为。[③] 另外,在飞行员知道或者凭着其培训、经验和个人观察应该注意到的情形时,管制员一般没有义务向飞行员发出警示。[④]

但是,管制员有权研究飞行区域的地图、熟悉飞行的地形、路线,以及与路线和许可有关的导航事实,有权确定飞行员是否符合联邦航空施行细则的规定。管制员被要求履行与其责任有关的普通注意义务或者合理注意义务,这与飞行员的责任一致。[⑤]

(四)司法实践分析

在2018年安德斯诉美国案(Anders v. United States)中,飞行员和乘客依据联邦侵权索赔法起诉美国,认为联邦航空管理局的过失行为导致飞机发生了重大灾难。但是,地区法院以下列7个理由最后支持了被告,没有支持原告的主张。一是在没有延误情况下,管制员提交螺旋桨变化报告后请求飞机下降,没有违反注意义务的标准;二是管制员要求飞行员在特殊机场着陆,没有违反注意义务的标准;三是管制员指挥飞行员紧急着陆,没有违反注意义务的标准;四是管制员未向飞行员提供完整的天气信息,没有违反注意义务的标准;五是管制员未向飞行员提供接近机场600英尺高的云层的气象报告,飞机紧急着陆,没有违反注意义务;六是管制员未向飞行员提供气象报告,不是造成灾难的直接原因;七是管制员在收到了最低安全高度警示之后未向飞行员发出安全警示,没有违反注意义务的标准。[⑥] 该案从侧面说明了

① 8A Am. Jur. 2d Aviation §102 (May, 2019).

② 8A Am. Jur. 2d Aviation §102 (May, 2019).

③ U.S. Aviation Underwriters Inc. v. U.S., 682 F. Supp. 2d 768 (2010).

④ 8A Am. Jur. 2d Aviation §102 (May, 2019).

⑤ U.S. Aviation Underwriters Inc. v. U.S., 682 F. Supp. 2d 768 (2010).

⑥ Anders v. United States, 307 F. Supp. 3d 1298 (2018).

飞行员的义务由当时的环境决定,管制员的义务也是有限的。另有案件表达了同样的观点。例如,飞行员有较好的条件获得相关天气信息和飞行信息,但没有注意到飞机进入云层、撞到山脉,最后造成了灾难。法院认为,此时飞行员的过失是发生事故的原因。①

在特纳诉美国案(Turner v. U. S.)②中,法院指出,联邦航空管理局仪表飞行手册规定,雷达服务对飞行员和管制员提供的服务主要包括雷达监测、雷达导航指导、雷达间隔。管制员如果从个人的角度发现雷达显示和设备效能,为自己提供的服务满足了相关条件,就可以提供雷达服务。在提供雷达服务前,管制员必须确定和维修有问题的航空器。在飞行员不能控制的机场请求改变咨询频率时,雷达服务自动终止。依据管制员手册和航空信息手册,安全警示服务属于雷达服务,在停止指挥航空器改变咨询频率时也就会终止。在这种沟通交流不再必要时,管制员授权改变咨询频率,管制员和飞行员会迅速作出改变。③

管制员的行为基础,就是飞行员知道并且也将遵守所有可利用的施行细则,包括联邦航空施行细则、航空信息手册的规定、航空地图和民航公告。确定管制员行为需要考虑的因素,包括高度优先的义务、雷达限制、空中交通流量、频率拥堵和管制员的工作量。在本案中,依据当时环境,联邦航空施行细则、管制员手册和普通法并没有要求发出安全警示或者其他预告的义务。

改变频率是为了终止管制员进一步的责任,直到飞行员重新与管制员取得联系。管制员手册也表明了一旦终止雷达服务,管制员就没有义务具体观察航空器的进度;飞行员也不再期望收到雷达检测;管制员可能从电子屏幕上撤回数据。实际上,如果没有其他航空器正在接受雷达服务,他会完全关闭雷达,此时就没有注意义务。但是,只要数据块仍然保留下来,管制员就有义务观察所有目标,以及在其空域范围内观察异常现象。④

最后,法院认为,在改变频率之后,管制员就没有制定法和普通法上的义务,为

---

① Wojciechowicz v. U. S. , 576 F. Supp. 2d 277 (2008).

② Turner v. U. S. , 736 F. Supp. 2d 1006 (2010). 该案基本案情:2004 年 10 月 24 日下午 12 时 33 分,亨德里克赛车公司的一架双涡轮螺旋桨飞机飞进被云彩遮盖的弗吉尼亚的牛山(Bull Mountain),该山在蓝岭机场 30 号跑道的进场端大约 10 海里的位置。飞机从卡罗来纳州机场出发,前往弗吉尼亚的蓝岭机场,乘客计划参加下午 1 时在蓝岭机场附近的高速公路上开始的纳斯卡赛车。飞机上有莱瑟姆、杰克逊,亨德里克的员工图纳和多尔顿,亨德里克家里的 4 位成员以及飞机上的 2 名飞行员特蕾西、莫里森,他们是 HMS 控股有限公司合伙人的员工。这些人全部遇难。

③ Turner v. U. S. , 736 F. Supp. 2d 1007 (2010).

④ Turner v. U. S. , 736 F. Supp. 2d 1012 (2010).

机组和乘客检测航空器的位置或者空中进度。在航空器数据块缺少足够信息时，管制员没有向航空器发出安全警示的义务。

三、承运人注意义务的适用

承运人分为私人承运人和共同承运人，两者履行的注意义务标准不一致，司法实践态度也不统一。但是，一般来说，共同承运人的责任要大于私人承运人的责任，私人承运人对乘客承担的义务是普通注意义务，①共同承运人对乘客承担的义务是高度注意义务。

（一）私人承运人注意义务的适用

据不完全记录，少数法院承认了私人承运人的注意义务及其程度。有些法院认为，私人承运人对乘客有普通注意义务；而其他法院认为，对航空公司或者运营商来说，不管是共同承运人还是私人承运人，没有明显区分对乘客的注意义务及其程度。例如，有的法院认为，被告是私人承运人，承担的责任只是未能履行普通注意义务时造成的损失或者伤害，没有义务履行最高程度的注意义务，但适用理性人的谨慎及其普通注意义务。②

司法实践中出现更多的是共同承运人是否应该履行注意义务的情形，履行注意义务的内容、时间范围、不同州的做法奠定了更多丰富的理论基础，所以下文着重分析共同承运人的注意义务适用情况。

（二）共同承运人注意义务的内容

一般来说，共同承运人对乘客安全有高度的或者最高程度的注意义务和警示。共同承运人对任何情形都应该承担责任，即使有最轻微的过失，在同样环境下也被要求尽到人道主义或者履行勤勉义务、能够合理预见。这些注意义务不仅体现在飞机驾驶过程中，还体现在飞机设备维修和调整更换零部件之时。③ 所以，这里讲的最高程度的注意义务，意味着普通人对履行注意义务及其可预见性要非常谨慎和认真。④

共同承运人承担义务的时间范围，是指在乘客登机和飞行过程中。在飞行中承运人向乘客提供安全的位置和出口，即从飞机到工作室、休息室以及离开飞机，都要

---

① 8A Am. Jur. 2d Aviation §109 (May, 2019).

② D. E. Buckner, *Air Carrier as Common or Private Carrier and Resulting Duties as to Passenger's Safety*, A. L. R. 2d 73, 2019, p. 346.

③ 8A Am. Jur. 2d Aviation §108 (May, 2019).

④ Jonathan M. Purver, *Proof of Liability for Air Crash*, Am. Jur. Proof of Facts 3d 51, 2019, p. 81.

安全外出。但是,共同承运人的义务并不包括乘客已下飞机的这段时间,除非承运人的受雇人已得知乘客无行为能力以及有构成伤害的特殊风险。航空公司作为共同承运人的注意义务并不适用于在机场发生的事故,①但通常对乘客有合理注意义务。这就要求共同承运人履行一个理性而又谨慎的承运人义务,在同样环境下,与承运人注意到或者应该合理预见到的危险和风险一致。②

除了上述注意义务之外,共同承运人对乘客的注意义务还包括免受第三方当事人潜在危险的伤害,此时要有警示义务。但是,承运人没有义务向乘客警示他所不了解的危险,也没有义务向乘客警示一些特殊条件下才发生的危险。③

(三)不同的州对共同承运人注意义务的不同要求

共同承运人注意义务在美国伊利诺伊州、密苏里州和纽约州的要求并不一致。其中,纽约州的做法不同于前两者的做法。

依据伊利诺伊州法,航空公司对乘客有较高程度的注意义务,而不是普通注意义务。例如,在罗贝尔诉美国航空公司案中,乘客在下飞机时只能通过登机桥离开飞机,这是航空公司规定的方式。乘客在通过登机桥离开飞机时受伤,尽管在乘客摔倒的登机桥上有“倾斜或地沟”,但乘客从未接到登机桥上有危险或者瑕疵的地方的通知。航空公司的提示也只是警示乘客有不平坦的地面,当乘客只用胳膊肘轻推另一名乘客时就摔倒,在发生事故时并未发现其他乘客在登机桥上行走有不便之处,航空公司也未接到在登机桥上滑倒或者摔倒的乘客的投诉。④ 该案说明了航空公司对乘客有较高程度的注意义务。同样,有案例表明,在飞机降落后乘客下飞机时,航空公司对乘客仍承担较高程度的注意义务。由于飞行员没有指导乘客通过安全的驾驶舱门离开,造成乘客从水上飞机的舱门离开而淹死,所以,承运人应为没有经验的旅客死亡承担责任。航空公司有义务为乘客提供安全的方法登机,并提醒乘客在使用该方法时有哪些不便之处,如果未履行该义务,也没有共同过失时,承运人仍将承担责任。⑤

---

① 8A Am. Jur. 2d Aviation §108 (May, 2019).

② Abdel-Karim v. EgyptAir Airlines, 116F. Supp. 3d 389 (S. D. N. Y. 2015). Hunter v. Deutsche Lufthansa AG 案也表达了同样观点。

③ 8A Am. Jur. 2d Aviation §108 (May, 2019).

④ Raube v. American Airlines, Inc., 539 F. Supp. 2d 1028 (N. D. Ⅲ. 2008). 该案适用伊利诺伊州法。See J. A. Tyler, *Liability of Air Carrier to Passenger Injured while Boarding or Alighting*, A. L. R. 2d 61, 2019, p. 1113.

⑤ J. A. Tyler, *Liability of Air Carrier to Passenger Injured while Boarding or Alighting*, A. L. R. 2d 61, 2019, p. 1113.

依据美国密苏里州法，共同承运人不是乘客安全的保险人，其责任基础是过失，但承运人必须履行最高程度的注意义务。如果被告只是一个私人承运人，对乘客履行的只是普通注意义务。[①] 这说明密苏里州对此问题有了明显区分。

一般来说，航空承运人对乘客安全有高度的或者最高程度的注意义务标准，在承运人运输乘客违反注意义务时，同时也违反了联邦安全施行细则。[②] 上述伊利诺伊州和密苏里州的法律也表明了同样的要求。但是，纽约州的要求与其他法院的做法不一样，它要求在所有环境下共同承运人要履行合理的注意义务，[③]不作程度上的区分。

在明确了共同承运人应履行的注意义务程度后，确定共同承运人的身份资格已成为司法实践的难点。因为随着科技的快速发展，航空运输出现了多种新的方式。例如，热气球驾驶员是否属于共同承运人。在格罗瑟尔诉逃避冒险公司案中，一个关键的问题就是，热气球不同于其他交通运输工具，如休闲车，也不同于过山车、上山吊椅、飞机和列车，热气球的驾驶员没有直接监督、控制热气球的速度和方向的权力。热气球的驾驶员只是控制了热气球的维度，这是由风的速度和方向决定的。[④] 最后，上诉法院认为，被告热气球驾驶员不是共同承运人，对乘客安全不承担高度的注意义务。所以，确定是否存在注意义务及其范围，要考虑更广泛的基础，在更多更广泛的案件中适用法律规则、模式来确定。[⑤]

四、其他人员注意义务的适用

美国司法实践涉及较多的是上述飞行员、管制员、承运人的注意义务，有关制定法或者其他规定也比较明确，正确履行相关注意义务对保障航空安全运输发挥了重要作用。但是，促使航空安全运输，不仅这些主体有注意义务，其他人员也要共同维护航空安全，甚至在同一个案件中涉及多个主体。

（一）航空器制造商注意义务的适用

航空器制造商的注意义务主要分为普通注意义务、合理注意义务。判断航空器

---

① D. E. Buckner, *Air Carrier as Common or Private Carrier and Resulting Duties as to Passenger's Safety*, A. L. R. 2d 73, 2019, p. 346.

② Robert A. Brazener & Jerald J. Director, *Liability of Airline for Injury or Death of Passenger Resulting from Violation of Duty Imposed by Federal Aviation Act of* 1958 *and Implementing Regulations*, A. L. R. Fed 31, 2019, p. 270.

③ D. E. Buckner, *Air Carrier as Common or Private Carrier and Resulting Duties as to Passenger's Safety*, A. L. R. 2d 73, 2019, p. 346.

④ Grotheer v. Escape Adventures, Inc., 14 Cal. App. 5th 1295 (2017).

⑤ Grotheer v. Escape Adventures, Inc., 14 Cal. App. 5th 1301 (2017).

制造商是否违反了普通注意义务的标准,要依据普通的、谨慎的飞机设计者和制造商所采用的标准,通过检测一些行为进行判决。

制造商有义务对产品进行合理的、仔细的检测监督,检测产品合理必要的安全性能。另外,飞机制造商购买零部件并在飞机上安装,但由另外一个公司来组装,在零部件的设计、构造、检测、监督方面也应该履行合理的注意义务。①

(二)航空公司和港航局注意义务的适用

在韩国航空公司诉麦克莱恩案(Korean Air Lines Co., Ltd. v. Mclean)②中,法院认为有多个主体违反其注意义务。法院在审理案件时发现,监督员曾发邮件请求关闭滑行道Y线,但未有效关闭,在还没有关闭时就发生了事故。被告在工作区未发现飞机停在滑行道Y线上,也没有说明任何载货汽车的外灯光当晚停留在事故发生区域。在事故发生前,警告者向载货汽车明确表示了他们所处的位置,但并未表明他们是否与监督员也有过这方面的沟通交流,表明被告所处的位置。警告者尽管观察到航空器在其跑道上,但并未看到发生碰撞,因为那时灯光挡住了一切。最后,原告认为,被告的过失是发生事故的唯一直接原因。③

在该案中,韩国航空公司机组人员未履行合理的注意义务,在看到有载货汽车时没有立刻停止飞机,违反了合理注意义务。飞行员在看到有载货汽车的时候,还有足够的时间避免发生事故,但没有避免,存在过失,所以违反了合理谨慎操作航空器的义务,这是事故发生的直接原因。④ 被告未能照亮载货汽车的信号浮标,没有履行合理注意义务,其过失导致发生事故。同时,港航局也有过失,这也是造成事故的重要原因。由于它没有积极主动地告知飞行员滑行道Y线是开放的,也未能设定任何物理性的标志表明工人可以在滑行道Y线以外逗留,所以法院认为,它的过失是造成碰撞的重要原因。⑤

该案比较有代表性地说明了一个案件涉及多个主体,违反注意义务的情形,法院对此也作了不同分析。一是航空器的首席指挥官未能向飞行员发出警告。二是

---

① Jonathan M. Purver, *Proof of Liability for Air Crash*, Am. Jur. Proof of Facts 3d 51, 2019, p.81.

② Korean Air Lines Co., Ltd. v. Mclean, 118 F. Supp. 3d 471 (2015). 该案是2009年6月9日午夜发生的事故。飞机在降落于美国纽约肯尼迪国际机场后,韩国航空公司的飞行员按照管制员的指挥继续行驶在滑行道Y线上。当航空器在滑行道Y线的中心线上朝西南方向滑行时,右侧机翼最外边的发动机与载货汽车发生碰撞,载货汽车停在滑行道Y线肩栏的障碍物后面,造成载货汽车翻到一边,致使麦克莱恩(McLean)受伤。

③ Korean Air Lines Co., Ltd. v. Mclean, 118 F. Supp. 3d 487-488 (2015).

④ Korean Air Lines Co., Ltd. v. Mclean, 118 F. Supp. 3d 490 (2015).

⑤ Korean Air Lines Co., Ltd. v. Mclean, 118 F. Supp. 3d 493 (2015).

飞行员在飞机跑道上未能发出警示、也未能停止飞机是发生碰撞的直接原因。三是维修载货汽车的操作员未能照亮车上的信号浮标,违反了注意义务。四是机场运营商未能通知建筑公司飞机滑行道是开放的,违反了注意义务。五是建筑公司未能够确定飞机滑行道是否关闭,违反了注意义务。六是建筑公司未能通知其员工要安全停靠所用的运输工具,违反了公司的注意义务。七是管制员指挥航空器继续行驶在飞机滑行道上,履行了合理的注意义务。

由上可知,本案事故原因较复杂,涉及多个主体,有航空公司、飞行员、机组人员、建筑公司,它们违反了各自的注意义务。

五、联邦法优先适用于州法上的注意义务

联邦法是否优先适用,是美国航空侵权理论研究和司法实践激烈争论、密切关注的问题。司法实践对此争议较大的就是联邦法优先适用的范围问题。

(一)关于联邦法是否优先适用的争议

联邦巡回法院有关联邦法优先适用于产品责任索赔的观点,不同于宾夕法尼亚州东区法院作出的决定。该决定认为,第三巡回法院主张《联邦航空法》优先适用于州法上注意义务标准的索赔。① 关于这些问题,法院仍纠缠于联邦法优先适用的范围。②

联邦法优先适用于州法上的注意义务标准,但法院不承认联邦航空制定法优先适用于州法上的救济问题。这些救济主要是指在航空事故中个人因受伤或者死亡提起的救济,优先适用的范围最多限于注意义务适用于过失、严格责任和其他侵权索赔。③ 但是,有些法院仍然继续适用州法上的注意义务标准和州法上的救济措施。它们认为,与航空安全有关的注意义务标准不一定优先适用,因为明示其一即排除适用其他原则。另外,有一些做法是,联邦法并不优先适用于州法和这个州管辖范围内的安全标准。④

在航空产品责任领域,以前由州法调整,后来改为由联邦航空施行细则调整。

---

① Jared L. Watkins & Evan Katin-Borland, *Recent Developments in Aviation Law*, J. Air L. & Com. 79, 2014, p.215.

② Jonathan S. Ziss & Saleel V. Sabnis, *Recent Developments in Aviation Law*, J. Air L. & Com. 80, 2015, p.292.

③ John C. Nettels & Jerrick L. Irby, *Standard of Care Preemption in Aviation Litigation: Halting Steps to a Coherent Analysis*, J. Air L. & Com. 76, 2011, p.337.

④ Ibid., p.338 – 339.

产品责任索赔不适用领域优先原则,而仍适用传统的冲突优先原则。[①] 在产品设计和制造方面,联邦法的要求只是最低标准,不是统一适用的标准,也没有禁止提出更安全的航空器及其零部件的设计和制造要求。[②] 所以,不同的适用形式表明了美国对航空领域的控制范围不一样。[③]

尽管《联邦航空法》本身和其立法史都没有表明国会意图将其优先适用于航空安全的所有领域,制定最低标准的目的也不是要解决优先适用于州法上的救济问题,但在联邦法排他性地确定了航空安全领域的注意义务标准时,联邦法优先适用于依据州法提起的索赔。[④]

(二)司法实践分析

目前,司法实践已基本形成了统一做法,解决了理论上的一些困惑。也就是说,联邦法优先适用于州法上的注意义务标准,但在产品责任、产品的设计和制造方面提起索赔适用州法。

1. 克劳特诉某国际有限公司案(Crout v. Haverfield International, Inc.)

该案着重讲述了注意义务标准的优先适用问题。法院认为,联邦航空施行细则规定的飞行员的注意义务标准优先适用于纽约州的标准;飞行员是否以粗心或者鲁莽的方式驾驶飞机是真正重要的事实问题;联邦航空施行细则优先适用于纽约州和关于雇用、培训直升机飞行员方面的行业标准;所有权人在雇用和培训飞行员时并没有过失。

(1)优先适用联邦注意义务标准

在该诉讼中,被告认为,联邦政府通过制定《联邦航空法》,并要求该法优先适用于航空安全的所有领域,但原告认为该法没有作如此要求。[⑤] 法院认为,纽约州有一个"理性人"的标准,而联邦航空管理局有关施行细则有一个"粗心或者鲁莽"的行为标准,在该案中联邦标准和州标准产生了冲突,联邦注意义务标准应优先适用于纽约州的注意义务标准,而航空器操作的标准应适用联邦标准。

《联邦航空法》虽然本身并没有优先适用于原告以州法救济为依据提起的索赔,但它规定了机长对航空器是唯一负直接责任、行使最大权力的人,这就为飞行员操

① Davidson v. Fairchild Controls Corporation, Not Reported in F. Supp. 3d 7 (2016).
② Davidson v. Fairchild Controls Corporation, Not Reported in F. Supp. 3d 8 (2016).
③ 李韶华:《美国航空产品责任的抗辩事由研究》,武汉大学出版社2015年版,第113页。
④ Charles J. Nagy, *American Law of Products Liability* 3d, Thomson Reuters 99:18, 2019.
⑤ Crout v. Haverfield International, Inc., 269 F. Supp. 3d 95 (2017).

作航空器设定了注意义务的标准。

(2)飞行员是否以粗心或者鲁莽的方式驾驶直升机

在案件审理中,被告证实了碰撞是飞行员的错误,而原告认为,有关证据表明了被告有过失,应该作为一个法律问题来对待。法院却不赞同这种观点。法院认为,即使假设飞行员的错误是发生碰撞的唯一原因,也不能说它是一个法律问题。只有被告的错误升级到"以粗心或者鲁莽的方式",才构成可适用的注意义务标准,也就是说,构成了违反可适用的注意义务标准。尽管认为事故是因飞行员错误驾驶直升机而造成的,这一点没有争议,但仍有一些重大的事实问题,就是关于这种错误是否能够升级到飞行员是以粗心或者鲁莽的方式来驾驶飞机的。

在案件辩论时,原告引用了两个案例支持他的索赔依据,但法院并不认为飞行员的错误等同于过失,尤其是依据联邦法的注意义务标准。飞行员的错误导致重大碰撞,还没有升级到以粗心或者鲁莽的方式驾驶飞机的程度。所以,本案的重要问题,仍是死者是否以粗心或者鲁莽的方式驾驶直升机违反了注意义务。[①] 由此可知,是否"以粗心或者鲁莽的方式"驾驶飞机,是该案确定适用注意义务标准的前提。

(3)被告是否应为培训和雇佣飞行员承担责任

本案被告认为,《联邦航空法》及其施行细则应优先适用于被告关于飞行员的雇佣和培训方面在州法上或者普通法上的标准。原告则认为,《联邦航空法》及其施行细则在此方面未作规定,持沉默态度,这一漏洞应该由其他相关注意义务标准来填补。

对飞行员的雇用培训和监督直接影响航空安全,所以联邦航空施行细则优先适用于州法和行业习惯方面规定的雇用和培训要求。但是,就商业性的直升机飞行员培训而言,联邦航空施行细则有着广泛的要求,即飞行员必须持有许可证、通过医疗测试,必须至少有150个小时的飞行时间,其中包括100个小时作为机长的时间和在直升机上至少10个小时独立飞行的时间,还有被雇用成为直升机飞行员时的一些限制。[②] 因此,法院认为,《联邦航空法》及其施行细则优先适用于原告提出的州法上的索赔。

这些细则尽管没有要求对飞行员提供特殊的培训,但该案被告向原告提出这些要求,并没有降低细则为商业性的直升机飞行员提供广泛的培训、许可和雇用的要求。由于原告没有确定在飞行员的雇用和培训方面的重大事实问题,所以法院作出

① Crout v. Haverfield International, Inc., 269 F. Supp. 3d 98 (2017).

② Crout v. Haverfield International, Inc., 269 F. Supp. 3d 99 (2017).

简易判决认为,原告在雇用和培训的索赔方面有过失,[①]不适用纽约州的注意义务标准。

2. 斯克里诉精密空气动力公司案

在该案中,联邦法院以领域优先适用或者冲突优先适用为由认为,两者都不能优先适用于原告提起的州法上的严格责任和过失索赔。地区法院认为,原告以冲突优先适用为由提起索赔是错误的。由于制造商没有提供确凿证据表明《联邦航空法》不允许改变类型证书上规定的发动机的设计标准,[②]所以该案说明了在严格责任和过失索赔方面,联邦法不能优先适用。

在 2015 年西格尔曼诉西南航空公司案(Segalman v. Southwest Airlines Co.)中,法院认为,《航空承运人进场法》(Air Carrier Access Act,1986)优先适用于州法上的注意义务标准。[③] 第九巡回法院也认为,该法适用于残疾人使用轮椅的保管、携带等问题优先适用于州法上的注意义务标准。但是,救济方面可以适用州法,并不优先适用联邦法。[④] 对此,有一个观点值得注意,就是该法确定的注意义务标准优先适用于州法上的注意义务标准,[⑤]该法与《联邦航空法》的要求一致。

六、结论

上文通过分析注意义务的相关规定,并结合有关案例,详细阐述了注意义务在飞行员、管制员、承运人等不同主体中的具体适用情况。笔者认为,我们可以得出如下结论:

首先,是否履行注意义务由当时的环境决定。确定注意义务的标准取决于个案事实,没有固定标准用于判断在所有环境下一个行为是否构成合理的或普通的注意义务。[⑥] 从机组人员的注意义务标准来看,机长对航空安全负直接责任,具有最大权力。

其次,美国曾将注意义务按程度分为"高度的注意""合理的注意""普通的注意",这都是相对意义上的划分,适用它们的条件会不断变化。作出一种行为,在一些环境下可能要求高度的注意,而在其他环境下可能要求轻微的注意,在特殊环境

---

① Crout v. Haverfield International, Inc., 269 F. Supp. 3d 102 (2017).

② Sikkelee v. Precision Airmotive Corporation, 907 F. 3d 701 (2018).

③ Segalman v. Southwest Airlines Co., 603 Fed. Appx. 595 (2015).

④ Marissa N. Lefland. & Darcy C. Osta, *Recent Developments in Aviation and Space Law*, Tort Trialn & Ins. Prac. L. J. 52, 2017, p. 271.

⑤ Ibid., p. 272.

⑥ 65 C. J. S. Negligence § 115 (June, 2019).

下可能就要求特别的或者最高程度的注意。同一行为,在一种环境下或者在特殊环境下构成足够的注意,在其他环境下可能构成过失,甚至构成重大过失或者放纵。[①]所以,关于注意义务标准的要求,因环境变化而不同。

最后,在美国侵权法上,过失是一种客观行为,不是主观的心理状态。它是在既定的环境下违反了注意义务,但也不是绝对的,总是与当时环境的时间、地点、方式或者人物有关。[②] 因此,危险程度越高,对注意义务程度的要求也就越高。[③] 违反注意义务,就是指因过失行为人的行为造成了可预见的伤害。[④] 对造成的伤害可预见性越大,被告就要越谨慎;相反,当这种伤害不可能发生时,被告未必要谨慎。[⑤]

在某个特殊情形下,决定是否构成足够的注意,要看一个谨慎的人作出一种行为时是否有充足的时间来考虑。一个人如果面临紧急情况或者突然危机,没有足够的时间决定采用最好的方式,此时就不能要求当事人作出准确判断或者履行同样的注意义务。[⑥]

---

① 65 C. J. S. Negligence § 118 (June, 2019).

② Hairston v. General Pipeline Const., Inc., 704 S. E. 2d 663 (W. Va. 2010).

③ 65 C. J. S. Negligence § 121 (June, 2019).

④ Black Law Dictionary (11th edition, 2019).

⑤ Rodriguez v. Del Sol Shopping Center Associates, L. P., 2014 - NMSC - 014, 326 P. 3d 465 (N. M. 2014).

⑥ 65 C. J. S. Negligence § 119 (June, 2019).

反制美国不当域外证据开示的欧洲经验与中国策略*

黄　钰**

近年来,我国当事人进行海外贸易时,经常面临在美被迫进行域外证据开示的困境。美国域外证据开示制度因其具有的广泛性、直接性与排他性,带有过度扩张域外管辖的浓重攻击色彩,从而对他国司法主权以及社会经济利益造成威胁。在此情势下,阻断性法律成为各国抵御不当域外证据开示的重要工具之一。目前,我国《阻断外国法律与措施不当域外适用办法》出台并生效,为切实发挥该办法的保护与防御功能,我国有必要在立足本国国情的同时,合理借鉴欧洲国家在反制域外证据开示方面的成功经验,进一步明确其具体实施标准与限度,同时协调处理与《中华人民共和国个人信息保护法》等相关国内法以及《关于从国外调取民事或商事证据的公约》等国际条约的关系,以提高该办法的可执行性,实现保障我国司法主权、信息安全与社会利益,促进我国法域外适用体系建设的目的。

长期以来,美国的域外证据开示制度成为美国过度扩张本国法域外适用范围的常用利器之一。近年来,我国企业频频在美被诉,域外证据开示制度的滥用使我国当事人备受打击。随着我国《阻断外国法律与措施不当域外适用办法》(以下简称《阻断办法》)的出台、《中华人民共和国个人信息保护法》(以下简称《个人信息保护法》)的表决通过,在反制和抵御外国法的不当域外适用方面,我国必将获得更强有力的加持。如何针对性地将相关法律制度有效应用于具体实践,则是我们下一步需

* 本文受到2021年国家社科基金年度项目“《民法典》时代我国国际私法典编纂中管辖权问题研究”(21AFX026)与中国法学会部级重大项目“构建人类命运共同体的国际法律问题研究”[CLS(2017)A02]的资助。

** 中南财经政法大学法学院博士研究生。

要着重关注的问题。因此,有必要在深入剖析美国域外证据开示制度的特点与适用机制的基础上,合理吸纳欧洲各国的有效经验,进一步强化《阻断办法》的实操性,为我国当事人的有效抗辩保驾护航。

一、我国补强反制域外证据开示的动因

任何一种制度的诞生或一部法律规定的出台都必然受到外部因素的推动与内部条件的影响。以防御国的角度来审视域外证据开示问题,一方面,需从美国域外证据开示制度本身出发,厘清该制度具有极强攻击性的原因;另一方面,需从我国已有实践与制度体系出发,进行针对性的调整与完善。

(一)外因:美国域外证据开示制度的广泛性、直接性与排他性

经相关学者统计分析,从司法实践的数量上看,自1987年"国家航天工业公司诉美国地方法院案"[①](以下简称"航天工业公司案")以来,美国法院批准进行域外证据开示的案件数量呈指数级增长,[②]此种快速增长的情况客观真实地反映了美国利用域外证据开示扩张其法律域外适用的趋势。就域外证据开示制度本体而言,其主要以普通法系的诉讼制度为生存土壤,与以大陆法系的一般证据调查制度有着显著区别。[③] 而该制度由于其所具有的广泛性、直接性与排他性特征,极易造成对他国司法主权的忽视与侵犯,这也就成为各国纷纷反制美国域外证据开示的主要原因。

1. 取证的广泛性

美国证据开示制度所具有的广泛性主要体现在以下三点:第一,开示范围的广泛性。在对抗制的诉讼模式中,证据开示制度以当事人为主宰,必要时法官进行介入。[④] 在该模式的笼罩下,其背后所依存的价值理念在于证据信息平等、自由、完全流通,通过充分披露相关信息,推动正义最大化的实现。因此,一方面,各方律师会拼尽全力调取并操纵所有可能相关的信息;另一方面,美国司法机关也未对该种过于宽泛的做法提出反对。美国《联邦民事诉讼规则》第26(b)(1)条曾规定,"当事人提供与任何一方索赔或辩护相关,以及与案件需要相称的所有材料内容,而不考

---

① Société Nationale Industrielle Aérospatiale v. U. S. Dist. Court for S. Dist. 482 U. S. 522 (1987). 该案中,飞机在艾奥瓦州飞机失事后,原告在美国联邦法院对两家法国公司提起诉讼,并要求对法国公司进行域外证据开示。

② See Geoffrey Sant, *Court-Ordered Law Breaking: U. S. Courts Increasingly Order the Violation of Foreign Law*, Brooklyn Law Review, Vol. 81, Issue 1, 2015, p. 181.

③ 参见[美]戴维·J. 格博:《域外证据开示和诉讼制度的冲突——以德国和美国为中心》,载《外国法译评》2000年第2期。

④ 参见章晶:《美国事证开示程序对外国案外人管辖权的扩张——以涉中国金融机构案件为例》,载《国际法研究》2020年第1期。

虑所提交的材料是否可被纳入可用证据范围内"。可以看出,在应用此种制度开示证据时,所涉及的被开示范围是非常广泛的,诉讼当事人几乎可以无限制地访问与案件有关的所有信息,①并且各方可在不了解对手所控信息性质的情况下,进行自主信息搜寻。② 第二,开示对象的广泛性,即域外证据开示制度的被开示对象不仅包含诉讼两造,还包括其他第三人。③ 第三,开示程序的广泛性。除在审判阶段可以进行域外证据开示之外,预审阶段法院也极有可能批准域外证据开示命令。而对于法国、德国等大陆法系国家来说,预审程序仅可以被视为审判前的准备阶段,因此出现在此阶段的域外证据开示命令显然是不恰当的。可以看出,极具广泛性的域外证据开示制度,易过度披露大量信息数据,对他国的信息安全以及公民信息隐私造成严重威胁。

2. 取证的直接性

美国域外证据开示制度的另一显著特征在于其取证方式的直接性。通常来看,司法机关的调查取证权是一国司法主权的一部分,具有鲜明的属地性。④ 也正因如此,为避免对他国司法主权的侵扰,在跨国取证中,各国一般通过域外司法协助的方式,在取得他国信任与同意的前提下,对与案件密切相关的证据进行取证。但显然,美国的域外证据开示制度更偏向直接根据自由裁量权对当事人的属人管辖权作出判断,从而命令当事人直接根据美国法律提供证据。⑤ 相较于利用司法协助、国际公约方式进行域外取证而言,该方式带有鲜明的直接性,伴有架空他国取证制度与相关国际公约的风险,因此映射出较明显的攻击性。

3. 取证的排他性

在美国权利体系中,证据开示的权利已达到宪法权利的地位,⑥因此在外国当事人被诉时,法官更倾向不允许削弱美国原告证据开示能力的观点,并且易忽视外国

① See Brian Friederich, *Reinforcing the Hague Convention on Taking Evidence Abroad after Blocking Statutes, Data Privacy Directives, and Aérospatiale*, San Diego International Law Journal, Vol. 12, Issue 1, 2010, p. 266.

② See Vivian Grosswald Curran, *United States Discovery and Foreign Blocking Statutes*, Louisiana Law Review, Vol. 76, Issue 4, 2016, p. 1147.

③ See Elena Del Valle, *Obtaining Evidence in France for Use in the United States*, University of Miami Yearbook of International Law, Vol. 1, 1991, p. 270.

④ 参见刘仁山主编:《国际私法》,中国法制出版社 2019 年版,第 419 页。

⑤ See Karen A. Feagle, *Extraterritorial Discovery: A Social Contract Perspective*, Duke Journal of Comparative & International Law, Vol. 7, Issue 1, 1996, p. 298.

⑥ See Vivian Grosswald Curran, *United States Discovery and Foreign Blocking Statutes*, Louisiana Law Review, Vol. 76, No. 4, 2016, p. 1141.

相关阻断法规的实际效力,对其他被国际社会公认的、合法合理的域外取证方式的信任度较低。在以往的判例中,美国法院基本不承认利用《关于从国外调取民事或商事证据的公约》(以下简称《海牙取证公约》)进行域外取证的优先性,而是一再强调本国民事诉讼规则的可适用性,表现出在域外取证方式上的显著排他性。在美国法院看来,只有依据本国诉讼规则进行证据开示才是最高效的解决办法,依据其他司法协助手段或依据公约进行调查耗时耗力,且具有不确定性与信息不可征得性的可能。美国法院对《海牙取证公约》的怀疑与排斥,不仅破坏了各国加强司法合作的共同努力,而且极有可能与他国为维护本国重大公共利益而颁布的,关于某些特定类型敏感信息的实体法律相冲突。

(二)内因:我国现存制度的实操性有待进一步提高

由于美国证据开示制度的广泛性、直接性与排他性,在中美企业进行贸易往来的过程中,我国当事人深陷被迫进行域外证据开示的沼泽。近年来,中资企业不断在美国涉诉,从"蒂芙尼(新泽西州)有限责任公司诉安德鲁案"①(以下简称"蒂芙尼案"),到"美国古驰股份有限公司诉李某某案"②(以下简称"古驰案"),再到"耐克股份有限公司诉吴某案",③美国法院不断要求我国企业直接根据其国内诉讼规则进行证据开示。在这些案件的审理过程中,中国监管机构也曾向美国法院出具信函,但最终仍不得不根据美国《联邦民事诉讼规则》直接披露大量信息。例如,在"古驰案"中,中国银行受到了美国法院所作出的高达 100 万美元的罚金处罚,最终更是将 7000 多页的文件信息提交给美国法院。

目前,我国诸多企业选择赴美上市,数据安全问题更需要引起广泛关注,而域外证据开示则是极有可能大量披露我国信息数据的关键一环。美国通过其域外证据开示制度过度扩张"长臂管辖",不仅对我国司法主权、数据安全以及公民隐私权造成重大威胁,而且易造成巨大经济损失。《阻断办法》的施行,改变了我国在反制域外制裁方面缺乏长足有效支持的被动局面,可以起到限制、阻断、反制外国法不当域

---

① Tiffany (NJ) LLC v. Andrew, 276F. R. D. 143 (S. D. N. Y. 2011). 本案中,原告向法院请求强制 3 家中资银行出示被告的中国账户信息,该请求被纽约南区法院驳回,但在后续关联案件 Tiffany (NJ) LLC v. Forbse 案中,纽约南区法院同意了原告的证据开示请求。

② Gucci Am. , Inc. v. Weixing Li, No. 10 Civ. 4974 (RJS), 2011 U. S. Dist.

③ Nike, Inc. v. Wu, 349 F. Supp. 3d 310 (S. D. N. Y. 2018). 本案中,6 家中资银行被要求出示相关中国账户信息。

外适用的战略性作用。[1] 在具体内容上,《阻断办法》立足于我国当下亟须应对外国法不当域外适用对我国造成损害的现实需要,涵盖了信息报告制度、禁令发布制度以及司法救济等多项内容,可以成为我国抵御美国不当域外证据开示的主力军。

为进一步保障和促进该办法防御、反制作用的发挥,在具体问题上,我们需要着重关注以下方面,包括如何在《阻断办法》之下,结合《个人信息保护法》等相关法律法规充分解释我国国家利益;如何利用该办法及相关规则解释我国企业在美法院拒绝证据开示的困难程度,以实现有效抗辩;如何提高该办法及相关规则的可执行性以及妥善处理与《海牙取证公约》的协调性问题等。

二、美国进行域外证据开示的关键判断因素

美国法院在考虑是否发布域外证据开示命令时,始终在个案中坚持利益因素分析方法,这在美国《第四次对外关系法重述》(以下简称《第四次重述》)第426条也有所体现。在众多因素之中,证据对诉讼的重要性、证据要求的具体程度,以及信息的来源地不可避免地会因个案事实而有所区别,因此美国法院在实际审判中也未给予更多权重的讨论。而证据开示命令的发布会对外国国家利益造成何种程度的损害、如何实现与美国利益之间的衡量、如何判断相关外国法的可执行性以及是否存在可替代性方法成为更具争议性的考量因素,需要我国着重关注并适当应对。

(一)国家利益与礼让的平衡

美国法院对域外证据开示的个案分析建立在礼让的基础之上,两国国家利益的平衡是核心与关键。通过"希尔顿诉盖约特案"[2]可知,以美国法院的观点来看,礼让虽不能被简单定义为礼貌与善意,但也并非必须履行的绝对义务。早在"航天工业公司案"中,法院已明确指出进行域外证据开示时,应该基于其管辖范围内人员和信息的合法利益,考虑外国主权与国际礼让。在2014年"阿根廷共和国诉NML资本有限责任公司案"[3]中,法院也明确指出,可以适当考虑对他国的国际礼让以及进行证据开示可能给他国所造成的负担。

在"航天工业公司案"中,法官虽指明了对礼让的权衡,但诉因背后对美国利益的影响成为首要考量因素,法院的判决明显更强调美国法所依据政策的重要性以及

---

① 参见沈伟:《中美贸易摩擦中的法律战——从不可靠实体清单制度到阻断办法》,载《比较法研究》2021年第1期。

② Hilton v. Guyot, 159 U. S. 113, 163-64 (1895).

③ Republic of Argentina v. NML Capital, Ltd., 134. S. Ct. 2250, 2258n. 6(2014).

对美国利益的保护。美国伊利诺伊州北区地方法院的态度与“航天工业公司案”一致,①认为面对外国的阻断性法律规定,美国的利益更应得到充分保护。因此法院断定,唯一与之相关的调查应是涉案立法所反映的美国利益的权重。根据美国《第三次对外关系法重述》,在具有适当管辖权的情况下,法院应根据现有的最佳信息进行裁决。阻碍实质性目标实现的成文法令,在美国法院不必像包含具体法律内容的实质性法律法规那样受到相同的尊重。② 该种观点也得到了相关判例的印证。2014年,在“动视暴雪公司股东纠纷案”③中,法院通过权衡美国与法国的利益处理证据开示问题时,依旧强调特拉华州对争议解决具有相当程度的利益,而不承认法国阻断法所体现出的重要主权利益。

在面临域外证据开示问题时,一国最为看重的利益则是信息安全与隐私保护。在众多涉美诉讼中,尤其是在他国银行作为诉讼参与人的案件里,被要求进行证据开示,提交相关信息文件、财务记录等重要涉密信息的情况屡见不鲜。毋庸置疑的是,对金融隐私的保护是每个国家应享有的重要权力,这不仅是基于保障金融安全的重要性,更是出于对公民基本权益的保障需要。然而,美国法院经常低估他国公民的私人财务信息在域外证据开示过程中被暴露,并在各国诉讼主体、律师事务所、文件审查团队、第三方之间任意传递的侵害程度。

尽管在实践中美国对礼让的分析贯穿始终,但由于阻断法的特殊性与对抗性,在进行利益分析时,美国法院也往往更倾向于美国的自身利益,对外国当事人及其他主权国家而言,打造利益平衡的“礼让杠杆”并非易事。根据外国学者的统计,美国法院根据自由裁量权认定本国利益的重要性高于他国的比例高达80%以上。④一方面,在域外证据开示案件中,美国法院易高估自身在诉讼监督方面的利益与本国当事人的利益。在此类案件中,法院通常所强调的“重要利益”,不仅偏向维护本国诉讼当事人利益,而且侧重对美国管辖权与法院司法审判权的过度保护。另一方面,在判断是否批准域外证据开示命令时,美国法院往往置他国利益于不顾,尤其低估他国在信息隐私方面的社会公共利益,忽视直接、广泛地在他国调取信息具有高

① In re Uranium Antitrust Litigation., 480 F. Supp. 1138, 1146 - 48 (N. D. Ill. 1979).

② See Gregory P. Sreenan & Jeffrey B. Shalek, *Blocking Statutes and Their Effect on American-Style Discovery Abroad*, Brief, Vol. 25, Issue 1, 1995, p. 62.

③ In re Activision Blizzard Stockholder Litigation, CA No. 8885 - VCL, 2014 WL 717541 (Del Ch. Feb. 21, 2014).

④ See Geoffrey Sant, *Court-Ordered Law Breaking: U. S. Courts Increasingly Order the Violation of Foreign Law*, Brooklyn Law Review, Vol. 81, Issue 1, 2015, p. 212.

度侵入性的事实。因此,如何反向利用美国的利益因素分析法,在案件中正确阐明国家利益,有针对性地利用好阻断性法律法规成为关键。

(二)外国法的可执行性

美国法院在判断是否对不遵守命令的行为进行制裁时,拥有相当大的自由裁量权。在抗辩过程中,相关阻断性立法或阻断措施的可执行性是美国法院决定是否批准证据开示命令与惩罚命令的关键。

1. 可执行性的主要侧重点

在考量是否批准域外证据开示命令时,美国法院之所以一再强调阻断性立法的可执行性,主要基于以下三个侧重点:

一是将可执行性视为衡量被开示人开示证据困难程度的标准之一。在最初的“航天工业公司案”中,法院就已考虑到外国阻断法适用的灵活程度,即在当事人付出真诚努力以试图遵守证据开示命令时,在本国获得豁免或制裁的可能性。在“美国诉维特科公司案”①中,法院采用“五因素分析法”分析了案涉公司是否需要履行证据开示命令,并由于当事人没有引用本国人因遵守命令而被起诉的案例,进而得出结论认为进行证据开示是没有任何困难的。

二是将可执行性视为评价外国是否真实享有国家利益的关键尺度。在“威尔逊诉斯蒂尔曼和霍格公司案”②(以下简称“威尔逊案”)中,原告要求从法国汽车制造商处获得有关汽车故障的证据,而法院认为并没有实质证据可以表明该公司遵守美国证据开示命令后可能会受到法国的制裁,因此认定不涉及法国的主权、安全或基本经济利益。在2014年“摩托罗拉公司诉乌赞案”③(以下简称“乌赞案”)中,法院再次强调相关国家在多大程度上实际执行了命令是判断国家利益的有力指标。而该案也由于瑞士银行保密制度的良好执行,法院承认瑞士的银行保密制度不仅反映了瑞士的国家利益,而且几乎是该国民族认同的一个要素,最终取消了要求瑞士当事人进行证据开示的命令。

三是将可执行性视为当事人是否可利用“外国国家强制原则”(Doctrine of Foreign Government Compulsion)进行抗辩的重要基准。美国法院下令进行域外证据开示的权力,是基于法院宽泛的属人管辖权。但在该规则适用时,根据《第四次重述》可知,如果其他国家对此人员或信息拥有管辖权,可以适用“外国国家强制原

① United States v. Vetco, Inc., 691 F.2d 1281 (9th Cir.), cert. denied, 454 U.S. 1098 (1981).

② Wilson v. Stillman & Hoag, Inc., 467 N.Y.S.2d 764 (Sup. Ct. 1983).

③ Motorola Credit Corp. v. Uzan, 73 F. Supp. 3d 397 (2014).

则"对该命令进行限制。在1897年美国哥伦比亚上诉法院所处理的一个案件中,[①]法院正是出于承认案涉银行不可能在不违反Y国法律的情况下遵守美国所发出的藐视法庭命令,从而对该命令和惩罚进行了撤销。但该原则的适用同样强调法院的自由裁量权,[②]其限制和抗辩作用的发挥,正是以当事人遵守外国法律会受到本国的民事或刑事制裁为前提条件。这从侧面进一步反映出阻断性法律的可执行性对成功抗辩的关键影响。

2. 判断可执行性的标准

那么,何为美国法院判断阻断性立法具有可执行性的具体标准呢?是否仅具有文本规定就可以认定呢?根据调查研究我们可知,当法院面临批准证据开示命令与他国阻断性立法之间的冲突时,会结合所涉法律法规的文本、历史以及监管目标进行综合判断,而63%的案例都明确考虑了阻断性立法的执行历史,[③]并且外国主动执行情况的存在成为法院判断的风向标。

在"乌赞案"中,当事方对法国、约旦、阿联酋和瑞士均提出单方证据开示请求,之后各国银行均将其母国阻断法规作为反驳证据开示的依据。法院认为,阻断性法律的实际执行程度是衡量国家利益的强有力指标。在评估约旦和阿联酋的银行保密法时,法院认为两国缺乏本国银行或官员遵守他国域外证据开示命令后在本国被诉的实践;在考虑法国的阻断法时,法院同样提出,法国当局实际上并未起诉或以其他方式惩罚违反本国阻断法的当事人。因此,尽管约旦、阿联酋和法国制定了阻断性法律,但其银行依旧被要求进行证据开示。

在"阿迪达斯公司诉本尼顿海上运输公司案"[④]中,纽约南部地区法院引用了法国的一份报告,该报告是法国制定阻断法规的前奏。报告强调了该法律实际上不会对法国国民进行处罚,只是为法国被告逃避美国域外证据开示提供武器,以达到为法国国民拒绝提交信息和文件提供理由,或延长诉讼时间的目的。在法国阻断性立法出台之后,美国法院通过梳理该法的执行历史发现,该法缺乏严格执行的历史记录,因此认定对法国主体而言,该法只是向他们提供战术武器和讨价还价的筹码。

---

① In re Sealed Case, 825 F. 2d 494 (D. C. Cir. 1987).

② See Corby F. Burger, *Domesticating Comity: Territorial U. S. Discovery in Violation of Foreign Privacy Laws*, Cornell Law Review, Vol. 105, Issue 2, 2020, p. 568.

③ See Geoffrey Sant, *Court-Ordered Law Breaking: U. S. Courts Increasingly Order the Violation of Foreign Law*, Brooklyn Law Review, Vol. 81, Issue 1, 2015, p. 246.

④ Adidas (Canada) Ltd. v. S/S Seatrain Bennington, Nos. 80 Civ. 1911 (PNL), 82 Civ. 0375 (PNL), 1984 WL 423 (S. D. N. Y. May 30, 1984).

可以看出,美国法院在此类案件中尤为强调法的执行力度,在缺乏执行性时,法院通常拒绝外国诉讼方基于阻断法的辩护,认为阻断法仅为外国的“纸老虎”而已。《第四次重述》也明确提出,一项禁止遵守外国法律规定的抵制性法律,如果是以反对和抵制为目的,不应被推定为可被引用的理由。每种所涉及的监管制度必须依据相关法律的文本、结构和历史等信息,基于其特定的属性进行评估。以美国法院视角来看,国家重大利益与社会公众的基本人权保障是不可侵犯的,一旦被破坏,国家公权力必然会介入。若未介入,则反向表明了该国在此方面不具有重要利益。因此外国当事人以阻断法为理由进行抗辩时,美国法院经常着眼于法的执行历史,并且在未积极执行的情况下,法院不会承认该国在此方面具有重大利益,甚至将阻断性法律认定为与美国进行讨价还价的手段。① 因此,若要使用阻断性法律来保护本国主体免受美国域外证据开示命令的不当影响,务必要增强该类法律规定的可执行性。

(三)《海牙取证公约》的可取性

在美国的判例法史上,利用《海牙取证公约》进行域外取证的优先性并未达成一致,即使在礼让的分析基础上,美国法院也未给予该公约更多可发挥的空间,侧重选择美国《联邦民事诉讼规则》或各州相关的民事诉讼规则。

在“航天工业公司案”中,美国法院列出了四种方法来审查美国《联邦民事诉讼规则》与《海牙取证公约》之间的关系。第一种方法专门将该公约适用于境外取证;第二种方法首先求助于公约进行取证,但不仅仅依靠该公约;第三种方法是对该公约的任择使用,出于国际礼让的考虑,可以首先考虑该公约;第四种方法是美国法院在考虑了诉讼各方和外国利益后强调,只有在适当情况下可以适用《海牙取证公约》。但最终,法院认为利用该公约仅是域外调查取证的一种可选手段,更不承认该公约的优先性与排他性。该案之后,在“科法斯信用保险公诉菲利普斯石油公司案”、②“TPT 公司诉爱立信电话公司案”③等绝大多数案件中,法院同样认为适用该公约的程序烦琐、耗时、成本昂贵,且不能提供有意义的证据,与直接根据美国法进

① See M. J. Hoda, *The Aérospatiale Dilemma: Why U. S. Courts Ignore Blocking Statutes and What Foreign States Can Do about It*, California Law Review, Vol. 106, Issue 1, 2018, p. 245.

② Compagnie Francaise d'Assurance v. Phillips Petroleum, 105 F. R. D. 16 (1984).

③ True position, Inc. v. LM Ericsson Tel. Co., No. 11-4574, 2012 WL 707012 (E. D. Pa. Mar. 6, 2012).

行取证相比,确定性更是不能同一而语,①因此法院不鼓励适用该公约。

可以看出,美国法院对《海牙取证公约》的可替代性并非一致认同,反而认为该公约的程序耗时、昂贵且实际作用微弱,体现出对国内规则的强烈偏爱。

三、欧洲反制域外证据开示的实践

在反制美国域外证据开示这一问题上,欧洲各国较早认识到该制度对本国海外合法利益所造成的不利影响,并出台了相关措施。在如何强化阻断性立法的可执行性、明确各项反制措施的标准以及准确、具体阐释本国利益等诸多方面。

(一)重视反制措施的可执行性

上文提到,对国家利益的衡量以及对证据开示困难程度的考察是美国衡量可否批准域外证据开示的重要因素,而其中对阻断性立法可执行性的调查是其核心与关键。"乌赞案"中,法院批准了对法国、约旦、阿联酋的证据开示命令,却驳回了对瑞士相关银行的证据开示命令。这正是因为法院注意到,瑞士联邦统计局对1987~1996年根据瑞士银行保密法所提起的28起诉讼。尽管该数据并非最新数据,但却足以证明瑞士持续有力和严肃的执法态度。2013年,瑞士也出现了向德国税务机关提交信息证据,而当事人被判处3年有期徒刑的实例。法院认为这些证据表明瑞士在认真地执行该法律,因此表明了瑞士的国家利益,从而驳回了在瑞士进行证据开示的动议。

在早期法国当事人对抗美国域外证据开示命令的案件中,常常因为法国阻断法并没有在实践中被具体实施,一度被美国法院视为抗辩工具,而不承认法国的重大国家利益。鉴于此,为提升法国阻断法的可执行力,证明与国家主权利益的密切相关性,帮助当事人利用"困难"标准进行合理抗辩,法国逐渐采取系列措施以增强该法的可执行性。在具体司法实践中,2007年12月12日,法国最高法院刑事法庭支持了对一名法国律师的刑事定罪,该律师因违反法国的阻断法而支付了6.1万欧元的罚款。该判决以违反法国阻断法为由对当事人进行了制裁,填补了法国阻断法执行历史上的空白,提高了该法的执行力,为今后法国当事人以法国阻断法为据,抵制适用美国《联邦民事诉讼规则》进行域外证据开示奠定了重要基础。② 2016年法国

---

① See Mark A. Cotter, *The Hague Evidence Convention: Selfish U. S. Interpretation Aggravates Foreign Signatories and Mandates Changes to Federal Discovery Rules*, Florida Journal of International Law, Vol. 6, Issue 2, 1991, p. 233.

② See Marc Gottridge and Thomas Rouhette, *France Puts Some Muscle Behind Its Blocking Statute*, New York L. J. Vol. 239, No. 82, 2008.

的《勒卢什报告》更是明确建议加强法国阻断法的执行力,以提高在域外的可信度。[①] 此外,法国政府行政部门还设立全新职位来监督法国阻断法的执行。

(二)明确处罚与豁免标准

在域外进行证据开示的困难一方面与国家处罚与执行力度有关;另一方面也与相关国家阻断法规定的各项客观标准有关。明确具体的处罚与豁免标准不仅可以从侧面反映本国在重要信息披露、本国国民隐私权保护等方面的重要利益,而且有利于美国法院评估对当事人进行域外证据开示的困难程度,可以在衡量内外利益、判断是否可以豁免等问题上提供明确的指引。

欧盟的《反对第三国立法域外适用的条例》(以下简称《阻断条例》)为处罚与豁免制定了相应的适用标准,该标准在主观上囊括故意与疏忽;在客观行为上涵盖主动与被动不作为;在主体上包含子公司或其他中间人。这样的规定具有极强实操性,避免条例流于形式,强化了阻断的实际效果。[②] 该种方式是较为周延、合理的,可以为我国今后如何进行工作机制评估以及日后出台相应细则提供参考。再如《法国阻断法》经过改革之后第3条规定,违反第1条和第1条第2款相关规定的当事人将会面临6个月有期徒刑和/或18,000欧元罚金的严重处罚。对有期徒刑与罚款数额的具体规定,直接提升了该法的可执行力,更从侧面表明了违反禁令对国家及社会重大利益的影响。在豁免问题上,2018年欧盟委员会在更新《阻断条例》的同时发布《阻断条例实施细则》,将相关定义、申请负责机构、申请程序、评估准则、申请结果的通知公布进行了细致而全面的规定,尤其明确了严重损害的具体考量因素,[③] 极大增强了可操作性。

(三)国家及社会利益的具体化

对礼让的考量以及对国家利益的衡量,是美国法院决定是否进行域外证据开示

---

① 参见叶研:《欧盟〈阻断法案〉述评与启示》,载《太平洋学报》2020年第3期。See Lellouche Report, *The Extra-territoriality of American Laws: A Summary of the Work of the Mission, Fact-finding Mission on the Extra-territoriality of American Law*, 5 October 2016, 126 rue, p. 1-3.

② 参见叶研:《欧盟〈阻断法案〉述评与启示》,载《太平洋学报》2020年第3期。

③ 2018年欧盟《阻断条例实施细则》(第2018/1101号条例)规定,欧盟委员会在决定是否存在"严重损害"时所考虑的因素应包括:损害的性质及来源,主体与制裁国是否存在和解或正在达成和解,主体与制裁国是否存在实质性联系,主体是否能够采取减轻或避免损害的合理措施,损害造成的破产或生存的风险,损害造成经济活动的困难,损害是否严重妨碍个人权利,是否造成环境、人身健康以及安全的危害,是否损害欧盟人道主义、贸易政策以及发展的执行能力,是否造成欧盟及成员国战略物资进口的威胁,是否造成对货物、人员、服务、资本自由流动以及金融、经济稳定和欧盟主要基础设施的影响,损害的系统性影响,成员国就业市场的影响以及其他有关因素。

的关键。但从以往案例可知,仅空谈案涉本国主权安全与国家利益是无济于事的。在“乌赞案”中,纽约南区地区法院在衡量瑞士在该案中的国家利益时,瑞士对本国的银行保密制度与该国国民身份地位之间的密切联系进行了具体解释,而非空谈国家利益,该举措也成为瑞士抗辩成功的重要原因之一。在2017年“奈特公司诉汉高公司案”①中,法院指出德国关于数据保护的阻断法规,主要目标在于保护其公民不受美国域外证据开示的侵害,即该法规所强调的是对美国程序的抵抗,而并非对德国公民合法权益及国家公共利益的保护,因此不承认德国的国家利益,也就继续了对德国的域外证据开示命令。该案与同年在得克萨斯州东区法院审理的“亨利·佐克诉戴姆勒案”②形成了鲜明对比。在是否批准德国被告进行域外证据开示的问题上,美国法院在该案中承认了德国在保护个人数据方面的重大国家利益。这正是因为德国政府所提出的法庭之友摘要具体陈述了隐私权在德国的重要性,并且强调隐私权价值对德国法律的重要性。

近些年来,面对各国纷纷以阻断性法律等形式对美国域外证据开示所展开的对抗,美国更加限缩了对“外国主权强制原则”的理解以及对其他国家利益的解释,这在《第四次重述》中表现得十分明显。因此,鉴于阻断性法律的特殊性质,纯粹利用阻断性法律进行抗辩,阐述本国利益或当事人受到惩罚的可能性,均极有可能不被美国法院认可。在“威尔逊案”中,法院认为,根据法国相关阻断法律,其所表达的是宽泛的国家利益,案涉法国诉讼参与人未能指出对国家利益的具体损害,因此仍旧需要进行开示。为将利益具体化而增加抗辩成功的可能性,2012年法国进一步改革其阻断法规,目的在于将《法国阻断法》的重点重新放在与商业秘密有关的信息上,③从而更加具体地表达信息利益与法国国家利益之间的关联性,更有力地实现反制与抗辩,维护其本国主权利益。

欧洲各国在纷纷出台相关阻断性法律的同时,也通过其他相关法律、条例等系列措施减少美国域外证据开示对本国利益的损害。例如,捷克共和国虽没有真正的阻断法规,但根据《捷克刑法典》,披露可能损害捷克共和国利益的机密信息属于犯罪行为;《捷克银行法》也规定了在捷克共和国设有分行的外国银行如果违反规定可

① Knight Capital Partners Corp. v. Henkel AG & Co. 290 F. Supp. 3d 681 (E. D. Mich. 2017).

② Henry Zoch II v. Daimler, A. G., No. 4:17 - CV - 578, 2017 WL 5177959(E. D. Tex. Nov. 8, 2017).

③ See Thomas Rouhette & Ela Barda, *The French Blocking Statute and Cross-Border Discovery*, Defense Counsel Journal, Vol. 84, No. 3, 2017, p. 9.

能会被处以最高5000万捷克克朗的罚款。2018年5月,欧盟《通用数据保护条例》(General Data Protection Regulation,GDPR)生效,根据该条例规定,只有在对数据主体的保护没有受到破坏的情况下,才有可能将数据传输到第三国。欧盟委员会更是表示,若是出于美国域外证据开示的目的,只有在某些合法和令人信服的利益超过数据主体的利益和基本权利的情况下数据才可能进行转移。该条例第48条还规定了受保护的信息向非欧盟法院的流动方式,具体而言,控制者和加工者只有在当事方通过《海牙取证公约》等国际协定开展工作的情况下,才可以遵守外国法院的开示命令。① 虽违反规定不会使一个人受到刑事处罚,但行政处罚高达2000万欧元,或上一财政年度全球年总营业额的4%(以较高者为准)。

(四)积极利用《海牙取证公约》

在2018年,在案涉法国阻断法的“盐河项目农业改善和电力区诉法国川师公司案”②中,美国最高法院虽仍认为海牙程序的适用仅是可选的,并且该公约并没有剥夺地方法院取证的权力,但法国律师最终实现了成功抗辩,法院接受了利用《海牙取证公约》进行取证的观点。

法国成功抗辩的实践有两点:一方面,其强调了按照法院要求提供文件将违反法国法律与损害社会重大利益的影响。法国方面不仅表达了强烈的主权利益,强调了依据美国法进行证据开示损害法国公民利益,而且强调了根据法国阻断法,若直接进行证据开示可能面临严厉处罚,甚至为印证这一点,法国方面列举了阻断法的具体执行案例与历史。另一方面,其强调了《海牙取证公约》的可适用性。其陈述了利用《海牙取证公约》第二章程序进行取证仅会延迟披露约60日,并且法国律师在利用该公约进行取证时已具备丰富经验,因此从程序上来看,不能认为该公约具有不可取性和不便利性。

实际上,美国对本国诉讼规则的积极适用,对《海牙取证公约》的极力排斥,背后受到积极扩张本国法域外效力政策的驱使,表现出对跨国司法协助方式的不信任。③ 但从法国成功抗辩的经验可以看出,美国态度并非不可转变,其判断依旧以阻断法执行力度以及国家利益的保护为焦点。而对于抗辩方而言,若要使法院适用《海牙

---

① See Corby F. Burger, *Domesticating Comity*: *Territorial U. S. Discovery in Violation of Foreign Privacy Laws*, Cornell Law Review, Vol. 105, Issue 2, 2020, p. 557.

② Salt River Project Agric, Improvement and Power Dist. v. Trench France SAS, No. CV – 17 – 01468 – PHX-DGC, 2018 WL 1382529 (D. Ariz. Mar. 19, 2018).

③ 参见章晶:《美国事证开示程序对外国案外人管辖权的扩张——以涉中国金融机构案件为例》,载《国际法研究》2020年第1期。

取证公约》必须双管齐下，一方面需要通过陈述具体国家与公民利益以及相关法律的执行历史，鲜明表达对本国国家主权的影响；另一方面需要从公约本身入手，通过解释本国适用公约的便捷性以及熟练度，强调公约的可适用性。

四、我国反制域外证据开示相关措施的完善

在我国企业不断在美被迫进行域外证据开示的紧迫情势下，《阻断办法》的关键作用不言而喻。为促进《阻断办法》在反制域外证据开示方面发挥更强有力的实际效用，有必要立足我国基本国情与司法实践现状，合理借鉴域外有效经验，从该办法的具体实施以及与其他法律法规、国际条约的协调性方面加以完善。

（一）落实执行力度

根据美国《第四次重述》的规定，当事人必须对可能受到本国严厉惩罚的可能性进行举证。中资企业在应对美国法院的证据开示命令时，在相当多的情况下都会涉及我国相关银行法律法规所规定的保密义务。但由于中国现行法律法规对银行保密义务的规定较为笼统，也没有大量的案例可佐证，一旦违反该义务，银行将面临行政或刑事处罚的现实可能性，因此执行力的缺乏一度成为我国当事人抗辩失败的原因。在“古驰案”中，法院就以尚无中资银行因向外国法院出示其客户的账户信息而遭受金融监管机构处罚的案例，判定中资银行因向外国法院出示客户的账户信息而遭受处罚的可能性较小，从而强制进行证据开示，且该案对之后相关案例中我国的抗辩造成一定的消极影响。

在我国《阻断办法》出台之后，从长远角度审视，我国应着重加强对该办法的执行与实施力度，尤其不能忽视对当事人违反该办法后的惩罚，避免今后我国企业长期无法利用该办法在美国进行有效抗辩。为加强该办法的可执行性，我国不应仅停留在宣示性规定，而应明确发出禁令、进行豁免等各项标准。

同时，我们应持续关注中国的司法实践发展，特别是有关中资银行泄露客户信息后遭到行政处罚的案例，并在涉美诉讼中，以中国法律专家报告的形式陈述该类具体案例，以证明相关法律在我国具有执行历史，夯实抗辩理由。

（二）明确执行标准

在“古驰案”中，纽约南区法院根据美国《第三次对外关系法重述》第 442 条的有关内容，对礼让进行剖析之后，认为中国银行所主张的艰难情形过于“主观”，无法超过美国在诉讼中的利益。由此可以看出，在客观上明确困难情形对于抗辩域外证据开示也是至关重要的。

法国修订本国阻断法时规定，法国实体或公民不允许向外国国家机关披露任何

可能影响法国国家主权、安全或重要经济利益的商业、经济、金融甚至工业技术等方面的信息文件,更是进一步明确禁止了以任何书面、口头或其他形式要求、向外国司法或行政机构提供作为证据的信息文件资料。根据该法案,相关个人需要履行通知国家的相关法定义务。除此之外,该法也规定了相应的处罚条款,在具体方式上囊括了监禁与罚款。[①] 欧盟的《阻断条例》也具体规定了惩罚与豁免的标准,并且还出台了相关的《阻断条例实施细则》。上述做法均起到了明确执行标准、增加成功抗辩概率的良好效果。

根据我国出台的《阻断办法》第7条的规定,对工作机制评估后,国务院主管部门可以发布禁令。但是对于如何进行评估,却没有进一步明确具体禁令标准。在适用标准上,欧盟强调主客观相结合的综合标准、法国列举加概括式的半包围结构都可以适当借鉴。此外,就实践来看,仅对豁免作出宏观规定是远不能满足现实需要的,日后需出台相关细则,在考量我国实践与现实可能性的前提下尽可能明确豁免范围。在具体范围限制上,可以利用"比例原则",并结合损害程度对利益损失进行具体评估。这样既可以最大化保障我国国家利益,又可以为相关主体在美国进行证据开示存在困难的辩论提供依据。

(三)具体阐述国家利益

在《阻断办法》出台之前,我国当事人对于美国域外证据开示的抗辩主要利用《商业银行法》《金融机构协助查询、冻结、划扣工作管理规定》等法律规定中关于信息保密的相关内容来进行,但实际效果并未尽如人意。无论是银行自身的抗辩意见还是我国司法部出示的函件,法院均认为我国相关法律规定对银行账户所有者提供的保障可以由账户所有者本人放弃,且该保障对中国法院、税务机关等有权机关也存在例外,从而判定该法保护的仅为个人利益,而非国家利益。

《阻断办法》第1条、第2条、第6条明确表达了对我国公共利益的维护,根据该办法来进一步阐述我国所享有的国家利益必然更有说服力。结合欧洲国家抗辩成功的经验可知,在阐明我国国家利益时,不能笼统概括,而需详细解释、证明披露信息的严重性以及对具体国家利益的损害。[②] 这可以从以下两方面着手:

一方面,明确《阻断办法》的信息报告与提供义务,为具体阐述国家利益做好铺垫。《阻断办法》第5条规定了报告义务,但尚未明确报告之后的信息提供义务,这

---

① See Elena Del Valle, *Obtaining Evidence in France for Use in the United States*, University of Miami Yearbook of International Law, Vol. 1, 1991, p. 275.

② 参见郭玉军:《论美国与欧盟国家域外取证领域的冲突及其解决》,载《河北法学》2011年第4期。

不利于政府相关部门与当事人的沟通和联系，也不利于在日后的法庭抗辩过程中充分利用信息对我国利益进行详细阐述。欧盟《阻断条例》同时设定了通知义务与披露义务，要求相关主体在委员会收到通知，并发出相应要求后的 30 日内提供所有与之相关的信息。对于国家而言，该做法有利于相关部门及时了解掌握案件情况，有利于结合实际情况对国家利益进行具体诠释；对于企业而言，也可以更高效地获得行政机关的协助。此外，中国企业应主动联系中国有关部门，参与其和美国法院的沟通过程，在履行报告义务之后需要尽可能及时、主动地提交相关信息，为我国有关部门出具更具说服力的函件奠定基础。

另一方面，充分利用《个人信息保护法》等相关法律，并归纳司法实践，综合阐释国家利益。2018 年，在"布鲁克斯运动公司诉中国安踏案"①中，一家美国公司起诉中国安踏商标侵权。在被强制进行域外证据开示时，安踏董事长以隐私保护为由拒绝披露，所提交的专家报告虽说明了宪法对隐私权的保护，但未提及 2016 年 11 月 7 日通过的《中华人民共和国网络安全法》。最终，法院也没有采纳报告的意见，并对安踏公司进行了制裁。该案反映的一个问题是，当下我国对于综合、系统利用有关信息安全相关规则来阐述我国相关国家、社会公共利益的意识仍有待提高。在纯粹利用《阻断办法》阐释我国国家利益并进行抗辩仍旧存在不被采纳的可能性的情况下，有必要结合其他相关具体法律规则，将我国国家利益具体化、现实化。例如，2021 年表决通过的《个人信息保护法》理应成为我国当事人进行抗辩的有力武器之一。

因此，在今后我国利用《阻断办法》进行抗辩时，需要结合隐私权等相关权利，将着力点置于公民人权保护与社会公共利益保护。在利用《阻断办法》进行抗辩的同时，应一并积极利用我国有关的信息保护规则，具体而完整地阐述我国国家利益，以及证明即使作出真诚努力也有受到严重惩罚的可能性，进而方可指出对我国社会公共秩序与利益的重大影响。

（四）厘清《海牙取证公约》与国内法的关系

在域外调查取证方面，中美两国都是《海牙取证公约》以及《关于刑事司法协助的协定》的缔约国。实际上，法国阻断法当时出台的目的，并未仅局限于约束域外证

① Brooks Sports, Inc. v. Anta (China) Co., No. 1:17 - CV - 1458 (LO/TCB), 2018 WL 7488924 (E.D. Va. 2018).

据开示,更是要向美国传达其态度,并督促美国积极履行《海牙取证公约》。[①] 我国《阻断办法》第15条也规定了该办法与国际条约、协定的关系,将我国缔结或者参加的国际条约、协定规定的外国法律与措施域外适用情形排除在外。在域外取证的国际协调问题上,《海牙取证公约》更应发挥其重要作用。实际上,在"蒂芙尼案"中,我国银行曾主张通过该公约进行取证,但由于当事人根据《海牙取证公约》向中国司法机关提交的协助取证请求仅得到部分支持,且时间较长,导致美国法院认为对于我国来说,《海牙取证公约》并非最高效的取证方式。

鉴于此,首先,我国应与美国以及其他各国积极协商,求同存异。在互相尊重国家主权与秉持礼让的基础上加强合作,以真正发挥《海牙取证公约》在司法协助方面的效用。在争夺国际事务话语权以及维护本国国际民商事合法利益的情势下,我国更应积极主动参与国际规则制定,积极实现国内法与条约的内外联动,以掌握主动权,[②]同时灵活处理好《阻断办法》与《海牙取证公约》的关系。其次,我国应针对美国法院判断"替代手段"可适用性问题多加论证,在实践中积累利用公约进行取证的经验,积极处理外国民商事案件取证的请求,提高公约适用的高效性、确定性与便捷性。

五、结语

《阻断办法》的出台为我国司法主权的维护、社会利益与公民权益的保护提供了强有力的后盾,对抵御域外不当证据开示而言其重要性更为显著。但目前我国在利用《阻断办法》进行域外证据开示抗辩的实用性方面,仍有进一步完善、提高的空间。尤其在落实执行力度、明确执行标准、阐释国家利益、协调与《海牙取证公约》的重要问题上,我国可以综合发挥《阻断办法》《商业银行法》以及近期通过的《个人信息保护法》等相关法律的实际效用。与此同时,在全球化不断深入发展的态势下,我国应继续参与并引领打造包括域外取证、文书送达等多方面的跨国司法协助与合作机制,在实现维护国家主权与国家利益的同时,为国际民商事交流创造和谐稳定的发展环境。

---

① 参见李凤宁:《国内法域外适用的反制急先锋——法国阻断法研究及启示》,载《国际经济法学刊》2020年第3期。

② 参见刘仁山:《国际私法与人类命运共同体之构建:以〈涉外民事关系法律适用法〉实施为依据》,法律出版社2019年版,第29页。

论瑞士联邦法院对国际体育仲裁院仲裁裁决的司法审查

卢 成*

国际体育仲裁院(CAS)作为专门为解决体育纠纷的国际性仲裁机构,其作出的裁决具有一定的特殊性。对此类裁决的异议可上诉至瑞士联邦法院申请撤销,若符合瑞士《关于国际私法的联邦法》第190条第2款之规定,即可能被撤销。基于对申请撤销仲裁裁决案例的实证研究发现,在司法审查中,瑞士联邦法院撤销CAS裁决的理由集中于程序性权利,并呈现保障当事人司法救济权利以及对仲裁裁决坚定支持的政策偏向,但在维护上述价值时仍显不足。因此CAS在仲裁程序中依旧存在完善的空间,包括优化国际体育仲裁理事会选任人员的组成标准以及CAS上诉处主席的选任、打破封闭式名录之禁锢、变革首席仲裁员选任方式,司法审查过程中将国内公共政策及国际公共政策并行运用,通过扩大法律适用渠道等方法完善自身仲裁机制存在的仲裁员独立性与中立性、公共政策以及强制性管辖三方面的问题。

一、问题的提出

国际体育仲裁院(Court of Arbitration for Sports,以下简称CAS)是专门为解决体育纠纷而设立的国际性仲裁机构,在解决国际体育纠纷方面居于权威地位。仲裁是司法外解决争议的制度化形式,国际体育仲裁具有一定的特殊性:首先,CAS的管辖机制的确立并非只是传统的当事人合意,还包括拟制的合意;其次,体育纠纷的即时性决定了体育仲裁效率优先的价值特性;最后,CAS仲裁裁决在一定程度上已经表现出“司法化的趋势”①。因此,对CAS仲裁裁决的司法审查成为重要问题。由于CAS所在地位于瑞士洛桑,因此瑞士联邦法院处于司法审查CAS仲裁裁决的核心,

* 武汉大学法学院博士研究生。

① 参见郭树理、李倩:《奥运会特别仲裁机制司法化趋势探讨》,载《体育科学》2010年第4期。

并形成以瑞士联邦法院为主体的司法审查体系。根据瑞士《关于国际私法的联邦法》(Federal Act on Private International Law)和CAS仲裁规则,对CAS裁决不服,可以且只能上诉至瑞士联邦法院,受瑞士《关于国际私法的联邦法》调整。根据统计,从2006~2021年瑞士联邦法院共接受了201个CAS仲裁的上诉案件,仅有13个案件被成功撤销。本文试图以CAS所作的仲裁裁决案例为基础,通过分析CAS仲裁裁决撤销案例,研究瑞士联邦法院对CAS仲裁裁决的司法审查机制,探讨CAS仲裁机制的优化路径。

二、瑞士联邦法院撤销CAS仲裁裁决的具体实践

瑞士联邦法院在2006~2021年共收到201个有关CAS仲裁的上诉案件,截至2022年3月,共有13个CAS仲裁裁决被成功撤销,①具体案例如表1所示。本部分将采用个案分析方法,归纳总结瑞士联邦法院司法审查的实际情况。

表1　CAS仲裁裁决被撤销的案例

编号	案号	案名	撤销依据
1	4A_318/2020	"孙杨"案(Sun Yang)	仲裁员的公正性
2	4A_432/2017	A v. B	错误行使管辖权
3	4A_246/2014	—	仲裁逾越或遗漏仲裁请求
4	4A_6/2014	A v. B	错误行使管辖权
5	4A_244/2012	FCX v. Y	错误行使管辖权
6	4A_558/2011	"马图扎伦"案(Matuzalam)	实体性公共政策
7	4A_627/2011	—	错误行使管辖权
8	4A_600/2010	—	仲裁违反平等听证原则
9	4A_490/2009	—	程序性公共政策
10	4A_456/2009	X v. Y	错误行使管辖权
11	4A_358/2009	"布斯奇"案(Busch v. WADA)	错误行使管辖权
12	4A_400/2008	"列德松"案(Jose Ignacio Urquijo Goitia v. Liedson Silva Muniz)	仲裁违反平等听证原则
13	4P.172/2006	"卡尼亚斯"案(Guillermo Cañas v. ATP Tour)	仲裁违反平等听证原则

① 笔者根据《CAS公报》(CAS Bulletin)等公开资料统计。

由于CAS仲裁裁决只得在瑞士联邦法院申请撤销,故撤销申请亦只得依照瑞士相关法律规定的理由提出。[①] 瑞士《关于国际私法的联邦法》第190条第2款规定了5种撤销CAS仲裁裁决的事由:(1)仲裁员的指定或仲裁庭的组成不合乎规则;(2)仲裁庭错误承认或拒绝管辖;(3)仲裁庭越权仲裁或未能仲裁其诉请事项;(4)仲裁中没有体现平等原则,当事人的听证权没有得到合法维护;(5)仲裁裁决违背公共政策。从瑞士联邦法院对CAS仲裁裁决撤销的实践中看,以上5种撤销事由可归于解决三大问题:第1项主要针对CAS仲裁员的独立性问题,第2项主要针对CAS的强制管辖权问题,第3项到第5项针对CAS仲裁裁决的效力问题。

(一)以仲裁员或仲裁庭组成不合理为由质疑仲裁员独立性

以仲裁员或仲裁庭组成不合理为由申请撤销CAS仲裁裁决,至少需满足以下要求:

第一,需符合现行《国际体育仲裁法典》(Code of Sports-related Arbitration)[②]中"程序规则"(Procedural Rules)部分的要求。根据《国际体育仲裁法典》第R33条的规定,仲裁员应保持独立于当事人,并应立即披露可能影响其对任何一方当事人之独立性之情事。仲裁员应是国际体育仲裁委员会拟订名单上的人选并具备所要求的迅捷完成仲裁的各项条件。根据"程序规则"第R34条的规定,在CAS仲裁中,申请人应在知道提出异议的理由后的7日内提出异议。如果未在此时限内进行异议,一方将丧失质疑仲裁员的权利。

第二,需符合瑞士《关于国际私法的联邦法》的相关规定。瑞士《关于国际私法的联邦法》第180条第3款赋予了当事人可以仲裁员不具独立性(与案件具有利害关系)为由对仲裁员及其组成提出疑问。

第三,瑞士联邦法院认为,只有在以下情况下才可受理基于仲裁员缺乏独立性或公正性的撤销申请:(1)在仲裁程序中已及时提出质疑理由;(2)仅在仲裁庭下达裁决后才被发现,以前并不知情。[③] 有理由怀疑仲裁员的公正性或独立性的当事方不能简单地满足于其掌握的证据,但是若没有潜在的相关证据可用,则申请方必须

① 根据《国际体育仲裁法典》的规定,CAS仲裁程序的仲裁地是恒定的,即瑞士洛桑。换言之,CAS裁决的裁决作出国是瑞士,因此瑞士联邦法院对所有CAS裁决拥有行使裁决撤销申请的司法审查权。参见傅攀峰:《国际体育仲裁院裁决的承认与执行》,载《中国社会科学报》2019年10月23日。

② 《国际体育仲裁法典》作为CAS进行仲裁之依据,修改得较为频繁,最新一次修改版本是2021年版,自2021年1月1日起生效。

③ See Antonio Rigozzi, *Challenging Awards of the Court of Arbitration for Sport*, Journal of International Dispute Settlement 1, 2010, p. 239.

寻找任何其他必要的信息,否则可能会在以后的阶段被驳回申请。[①] 此外,仲裁员的指定和仲裁庭的组建程序违反当事人约定、法律或仲裁规则也构成仲裁庭组成不合理的条件。[②]

在司法实践中,对独立性的判断需要具体案件具体分析。根据2007年和2008年两个案例从正反两方面可以看出瑞士联邦法院在独立性判断上的思路。在2008年的一份关于独立性问题的裁决中,[③]瑞士联邦法院遇到一起由前CAS顾问代表一方当事人的案件。该当事人在其公司网站上宣传,他以这种身份已经处理了400多起CAS仲裁。申请撤销的当事人诉称,该代理律师已经在CAS工作了几年,这使他与CAS仲裁员的关系远远超出了正常的专业交往,特别是因为他协助了几次听证会的召开,起到了专职书记员的作用,并参加了许多CAS仲裁员作为发言人的培训课程。瑞士联邦法院并没有对这个问题作出决定,却指出这种情况是"惹人怀疑的",足以质疑仲裁员的独立性。

在2007年的一起CAS案件中,[④]申请人诉称,基于他在诉讼程序中未知的事实,即参与CAS裁决的一位仲裁员和另一方律师都是某G俱乐部的会员,仲裁员的独立性极易受到影响,故以仲裁庭组成不当为由申请撤销CAS仲裁裁决。联邦法院查明,申请人在仲裁过程中未能查明被申请人代理人B姓律师的巴西律师资格,但B姓律师在向仲裁庭提交的所有材料中都提到了这一点。除此之外,代理人B姓律师提交的材料每一页的右下角均带有G俱乐部的徽标,亦包含"member"一词。因此,瑞士联邦法院认为仲裁程序各方必须采取合理步骤,以确定仲裁员之间可能存在的冲突。未能进行此类合理核实的一方当事人不得辩称其发现了仲裁员冲突。在本案中,申请人仅需耗费最低限度的精力,即可发现被告律师和仲裁员都是G俱乐部的会员。事实上,巴西律师提交仲裁庭的每一份文件的每一页都印有俱乐部的标志和"member"一词。仲裁员的隶属关系和俱乐部主席的身份已在CAS易于访问的网页上提及。如果申请人在仲裁期间确实不知道这些情况,那也是由于其自身的疏忽,因此,申请人已经丧失了根据具体情况请求重新审查CAS仲裁裁决的权利。

从实践来看,在CAS在1994年进行了"中立性"改革并成立了国际体育仲裁理

① See Decision 4P. 217/1992.

② 参见石现明:《略论申请撤销国际体育仲裁院仲裁裁决的理由》,载《天津体育学院学报》2011年第3期。

③ See Decision 4A_176/2008.

④ See Decision 4A_528/2007.

事会(ICAS)负责CAS的财政和人事任命之后,CAS的独立性中立性便获得了普遍的认可,这一点从瑞士联邦法院的既往判决可以看出。此后,对CAS本身的独立性和中立性不足为由申请撤销CAS裁决的案件便鲜有发生。在近期的相关案例中,都是指控仲裁庭的组成不当,以及仲裁员存在利益冲突或是违反仲裁员的指定规则,但均被驳回。不可忽视的是,在佩希施泰因一案中,该案判决同时对CAS的独立、中立地位也提出了质疑。虽然最终德国联邦法院撤销了慕尼黑法院地方法院的决定,认为其不违反公共政策,但慕尼黑地方法院作出的对CAS裁决不予承认的判决的先河,这种司法干预行为应视为对现有的以CAS为中心的国际体育纠纷解决体系的挑战。

(二)以仲裁庭错误承认或拒绝管辖为由质疑CAS强制管辖权

根据瑞士《关于国际私法的联邦法》第190条第2款第2项的规定,仲裁庭错误承认或拒绝管辖权主要有下述两种情况:第一,仲裁庭本无管辖权却裁定其具有管辖权;第二,仲裁庭具有管辖权但却裁定其不存在管辖权。当事人就可就仲裁庭的上述行为向瑞士联邦法院提起上诉。

如果对CAS的管辖权提出异议,瑞士联邦法院可以自由地审查与管辖权有关的任何法律问题,包括确定CAS是否具有管辖权。不过,在对管辖权问题进行审查时,瑞士联邦法院强调其"并非上诉法院",寻求撤销CAS仲裁裁决的合法依据亦非其应有的任务。证明的义务仅限于申请人实际提出的理由,而并不涉及反对方在针对管辖权挑战的仲裁中提出的其他论点,并且仲裁庭无须在裁决中进行讨论。①

关于CAS管辖权提出异议的事由主要有可仲裁性和对仲裁协议未达成合意两种。

1. 可仲裁性

瑞士《关于国际私法的联邦法》第190条第2款第2项允许当事方就仲裁的可仲裁性对裁决提出异议。根据瑞士法律,任何涉及经济利益的争端都可能具有可仲裁性。② 该规定包括所有对当事方具有经济价值的索偿,无论它们涉及资产还是负债。瑞士最高法院曾裁定,涉及职业运动员的任何争端均应被视为具有经济价值,可以仲裁。③ 因此,基于对仲裁的可仲裁性提出异议申请撤销CAS裁决在实践中起

---

① See Antonio Rigozzi, *Challenging Awards of the Court of Arbitration for Sport*, Journal of International Dispute Settlement 1, 2010, p. 239.

② 参见瑞士《关于国际私法的联邦法》第177条第1款。

③ See Decision 4P. 230/2000.

着很小的作用。

2. 仲裁协议未达成合意

运动员可依据瑞士《关于国际私法的联邦法》第190条第2款第2项申诉其并未对该仲裁协议达成合意(如非自由意愿签署协议的行为),从而对仲裁协议提出疑问。然而,瑞士联邦法院在卡尼亚斯案(Cañas)中明确指出,体育仲裁固有的强制性并不影响仲裁协议的效力。这种背离仲裁协商一致原则的做法在体育事项中是合理的,主要是因为CAS仲裁的目的是"有利于迅速解决争端,特别是与体育有关的争端,由专门仲裁庭提供充分的独立性和公正性保证"。[①] 因此,正如瑞士联邦法院重申的那样,加尼纳斯裁决不应解释为质疑(或用来质疑)体育条例所载仲裁协议的有效性。

如上所述,瑞士联邦法院以卡尼亚斯案为判例法"明确支持CAS仲裁",仲裁协议的有效性不应因体育仲裁的强制性而被质疑。在实践中,唯一可能的管辖权问题往往是在合同纠纷中,当事人在不同的协议中既约定选择CAS仲裁,又协议选择一国仲裁机构仲裁,可能会发生仲裁条款冲突、矛盾的情况。[②]

在新近的案例中存在发生仲裁条款冲突的情况。[③] 球员A(上诉人)与获得阿根廷足协(Argentine Football Association,AFA)许可的前足球经纪人B(被告)之间签订了为期两年的独家代理协议。代理协议的争端解决条款规定,因本合同产生的所有纠纷服从阿根廷共和国联邦首都区商事法院的管辖。上诉人于2012年12月终止了其代理合同,一个月后,他与另一家俱乐部签订了一份为期4.5年的雇佣协议,支付了约550万欧元,由此引发了一场纠纷。被申请人(代理人)随后向国际足联球员身份委员会(PSC)提出索赔,要求根据代理合同给予赔偿。国际足联球员身份委员会没有受理,被申请人就国际足联的裁决向CAS提出上诉,该法院接受了管辖权,维持了上诉,并命令上诉人向代理人支付佣金。

在随后向瑞士联邦法院提出的民事上诉中,上诉人以缺乏司法管辖权为由请求撤销CAS的裁决。联邦法院重申适用于瑞士法律下仲裁协议的存在和范围的一般原则。在无法找到当事人实际意愿的情况下,仲裁协议应根据信赖原则进行解释,即当事人在当时的情况下能够而且应该善意地理解的推定意愿。法院重复了其先前的判例法,仲裁协议的存在取决于当事人放弃国家法院的管辖权并将争端提交仲

① See Decision 4A_18/2008.

② See Decision 4A_42/2007 and Decision 4A_392/2008.

③ See Decision 4A_432/2017.

裁的严格条件。

在本案中,CAS 接受了国际足联球员身份委员会的管辖权,并根据代理合同,间接接受了自己的管辖权,这是由于协会机构的管辖权是首要的。然而,联邦法院认为,双方合同中的争端解决条款没有提到"仲裁庭":它认为条款中提到的"AFA"和"FIFA"听证机构不是真正的"仲裁庭",而是协会的内部机构,并提及国家法院不能被理解为在协会机构宣布自己不具有管辖权的情况下拥有替代管辖权。总体而言,尽管此前有另一个 CAS 裁决,其中联邦法庭已达成类似的裁决(明确排除州法院的管辖权作为确认仲裁条款存在的条件),但该案件不同于它涉及对 PSC 裁决的上诉,该条通常附有"法律补救"条款,明确规定在上诉案件中,根据《国际足联章程》第 67 条第 1 款的规定,仲裁庭具有管辖权。实质上,联邦法院认为,不能采用有关协会的规则,也不能认为这些规则优先于包括州法院管辖权的条款。换言之,只要存在提及"州法院"管辖权的争议解决条款,就很难根据信赖原则确定当事方希望将其争议排除在州法院管辖权之外并服从仲裁庭的管辖权。

(三)以越权仲裁或漏裁为由质疑仲裁庭的裁决效力

对于仲裁庭越权仲裁或者漏裁,实质上解决的就是 CAS 解决的问题是否包含在仲裁协议所规定事项之列,即仲裁庭的裁决必须以当事人的请求为限,原则上不得超出当事人的请求范围。①

在 2017 年的案件中,上诉人便以仲裁庭漏裁为由提请撤销仲裁。② 上诉人声称,CAS 未能审查是否按照《世界反兴奋剂条例》第 10 条第 6 款第 2 项的规定将暂停执行减至"至少 2 年"的条件。在 2009 年的一起案件中,上诉人同样以仲裁庭未能就其上诉状的第 8 条、第 19 条作出裁决为由提请撤销仲裁。③ 在同年的另一起案件中,上诉人便以仲裁庭越权仲裁为由申请撤销裁决。④ 上诉人法国公司诉称,仲裁庭对赔偿数额的裁定已经远远超出了当事人诉称的数额。

(四)以违反平等原则为由质疑仲裁庭侵犯当事人受法律保护之权益

当事人受法律保护之权益一般指平等对待、听证权以及知情权。有关听证权的问题在著名的"俄罗斯兴奋剂丑闻案"⑤中凸显,国际奥委会纪律委员会针对"索契

---

① 参见黄世席:《国际体育仲裁裁决的撤销》,载《天津体育学院学报》2011 年第 5 期。

② See Decision 4A_424/2017.

③ See Decision 4A_524/2009.

④ See Decision 4A_464/2009.

⑤ See Decision 4A_382/2018.

冬奥会兴奋剂丑闻”作出了许多涉及俄罗斯运动员的决定,包括运动员勒格科夫(Legkov)。勒格科夫和其他几名运动员就针对他们的制裁向 CAS 提出上诉。上诉人在一项抗辩中,谴责对其听证权的侵犯。在另一起案件中,上诉人同样以此为由申请撤销该裁决。① 上诉人声称,CAS 错误地适用有关违禁物质的浓度标准(1 ng/ml,而不是 0.1 ng/ml),侵犯了他的听证权。此外,上诉人还指控,由于 CAS 错误地拒绝了为他提供关于检测限度(LOD)、测量不确定性(MU)和再次分析样品 B 的专家报告的请求,因此他的听证权受到侵犯。

有关知情权问题,是指仲裁庭虽然可将其调查结果建立在当事人未辩诉的法律原则之上。但是,仲裁庭不得因适用任何一方当事人都不能合理预期其适用的法律规定或原则而使双方当事人感到意外。在 2008 年发生的一起纠纷中,上诉人以此为由提出撤销 CAS 裁决。② 上诉人声称仲裁员诉诸完全出乎意料的法律依据,从而侵犯了其知情权。但瑞士联邦法院认为仲裁员的行为是符合法律规定的,并未侵犯其知情权。

(五)以违反公共政策为由质疑仲裁庭对根本价值的考量

由于瑞士《关于国际私法的联邦法》并未明确界定公共政策的范围,因此在实践中,瑞士联邦法院认定的公共政策既有实体性公共政策也有程序性公共政策。即便如此,实践中当事人以公共政策为由提出的撤销请求却难以获得法院认可。

对于程序性公共政策而言,2010 年的一起案件将既判力(*res judicata*)纳入程序性公共政策的范围。本案中,苏黎世商事法院已经就具体争议的裁定的合法性进行了判决,具有强制执行力。但 CAS 仲裁庭在作出裁决的时候无视了该判决,因此本案中的裁决构成违反程序性公共政策的既判力,予以撤销。③ 除此之外,冲突判决(conflict judgment)同样构成程序性公共政策。④

在 2017 年的一起案例中,上诉人以裁决违反实质性公共政策为由申请撤销该裁决。⑤ 上诉人指称,由于仲裁庭没有考虑与 2012 年塞德港体育场暴乱事件(暴乱造成 70 多人死亡,随后取消了锦标赛)有关的不可抗力的论点,由于不可抗力是瑞士法律制度的一个重要概念,不合理地拒绝在特定案件中适用不可抗力意味着违反

---

① See Decision 4A_80/2017.

② See Decision 4A_10/2010.

③ See Decision 4A_490/2009, 136 BGE Ⅲ 345 (2010).

④ See Decision 4A_490/2009.

⑤ See Decision 4A_502/2017.

了瑞士《关于国际私法的联邦法》第190条第2款第5项意义上的实质性公共政策，特别是合同忠实义务。而联邦法院在未质疑事件的严重性的情况下，甚至在不审查不可抗力是否属于实质性公共政策的范围之前便驳回了这一抗辩，认为该案不可受理：因为CAS仲裁庭认为，塞德港事件与上诉俱乐部未能支付被告工资之间没有因果关系。

另一起典型案例是佩希施泰因案①。佩希施泰因（Pechstein）女士在2009年挪威世锦赛后，被国际滑冰联合会（International Skating Union，ISU）检验认定服用血液兴奋剂，并处罚其禁赛两年。佩希施泰因不服该决定，依照其与德国冰联、ISU分别缔结的协议中的仲裁条款向CAS提起仲裁。CAS驳回其请求并确认了为期两年的禁赛处罚。随后佩希施泰因连续两次向瑞士联邦法院提起撤销仲裁裁决之诉，但均被驳回。该案的重点是，佩希施泰因女士于2012年12月30日向德国慕尼黑地方法院（被告德国冰联的住所地，合并审理）提起诉讼，要求德国冰联和ISU赔偿她因禁赛带来的损失350万欧元以及精神损害赔偿40万欧元。而慕尼黑地方高等法院认为二者之间的仲裁协议违反公平竞争原则，违反《德国反限制竞争法》，宣告当事人约定提交CAS的仲裁条款无效，并认定该仲裁院据此协议作出的仲裁裁决违反公共政策，因此不予承认及执行。但在2016年6月7日，德国联邦法院撤销了下级法院的判决，并撤销了CAS对佩希施泰因的指控，认定不存在滥用支配地位的情形，因此没有违反德国的公共政策。

在两起案件中，瑞士联邦法院均对实体性公共政策予以了深刻的阐述。在2011年的马图扎伦案（Matuzalem）中，一名运动员从A球队跳槽到B球队，A球队因此在CAS提起仲裁，向该运动员和B球队索赔大额赔偿金，并最终胜诉，瑞士联邦最高法院也驳回对该裁决的撤裁申请。但B球队面临破产，运动员和B球队均无法支付该赔偿金。A球队因此向国际足联提出申请，国际足联给予运动员和B球队90天的付款限期，否则给予该运动员禁赛处罚，直至足额付款为止，或给予B球队扣分处罚。运动员与B球队对此决定不服，向CAS提起上诉仲裁，而CAS的后一个裁决维持了国际足联的处罚措施。瑞士联邦法院最终撤销了后一个CAS裁决，理由是对足球运动员的禁赛威胁违反了公共政策。虽然任何个人都可以以合同或者加入体育协会的方式来限制其自身权利，但这种限制不能严重侵犯该个体的经济自由。

① See German Federal Court of Justice, judgement of 7 June 2016 – KZR 6/15, available at https://www.tas-cas.org/fileadmin/user_upload/Pechstein_ISU_translation_ENG_final.pdf, Accessed December 9, 2019.

若合同对个人自由的限制已经严重侵犯合同一方的经济自由或在一定程度上威胁其生存,则这种限制就违背了公共政策。

另一起案件中,瑞士联邦法院将公共政策代表的价值予以详细阐述。[①] 被认定为违反公共政策是因为无视基本的法律原则,因此与普遍公认的价值体系不相容。根据瑞士的主流意见,价值体系应该是任何法律秩序的基础。这些原则包括合同的神圣性(有约必守)、禁止滥用权利、诚实信用原则、禁止无偿征用、禁止歧视及保护无行为能力人等。上述案件均强调对公共政策的援引要构成足够严重的程度,仅在极为特殊的情况下,如侵犯基本权利、基本法律原则或基本价值观念等,方可运用公共政策予以撤销。

三、瑞士联邦法院撤销 CAS 仲裁裁决的政策倾向分析

根据统计,从 2006~2021 年瑞士联邦法院共接受了 201 个 CAS 仲裁的上诉案件,仅有 12 个案件被成功撤销,瑞士联邦法院多数情况下会尊重 CAS 作出的裁决,这种实践特点和尊重先例的传统导致了瑞士联邦法院在撤销 CAS 仲裁裁决时存在一定的政策倾向。首先,从已有的成功撤销的案例来看,对当事人的程序性权利的保护是瑞士联邦法院优先考虑的。其次,瑞士联邦法院对体育仲裁制度的特殊性有充分的尊重,充分保障体育仲裁的终局性、维护仲裁庭的中立性与独立性。最后,在瑞士联盟法院放宽申请撤销 CAS 裁决的条件、扩大了申请撤销 CAS 裁决的主体范围、限制了仲裁协议中排除条款的适用的背景下,充分体现出保障当事人的司法救济权的意图,虽然撤销 CAS 裁决的上诉案件有增加,但是成功撤销的案件却依旧有限。瑞士联邦法院在具体的撤销程序中,具有一定的政策倾向,并维护特定的价值。具体体现在如下方面。

(一)充分保障当事人之司法救济权

根据统计,另有极少部分因不符合主体资格、客体范围或客观影响等条件而被拒绝管辖。[②] 且近期的案件也呈现出放宽申请撤销 CAS 裁决的具体条件的趋势:在主体资格方面,最初第三方主体因不属于仲裁一方当事人,往往被剥夺申请撤销仲裁裁决的权利。但瑞士联邦法院认为,CAS 仲裁程序外的其他存在利害关系的运动员,因其权益直接受到裁决影响,故如不服裁决,可提出撤销申请;在客体范围方面,

---

① See Decision 4A_132/2016.

② See Antonio Rigozzi, *Challenging Awards of the Court of Arbitration for Sport*, Journal of International Dispute Settlement 1, 2010, p. 219–224.

一般而言,当事人上诉申请撤销的对象是终局性裁决,不含部分裁决[①]及临时裁决[②]。但随着实践之发展,瑞士联邦最高法院逐渐突破了这一限制,根据瑞士《关于国际私法的联邦法》相关条款,赋予当事人援引第 190 条申请撤销部分裁决与临时裁决的权利。[③]

降低申请撤销 CAS 仲裁裁决的门槛,通过拓宽主体资格、客体范围等方式强化对当事人自身合法利益的保护,切实反映了瑞士联邦法院从司法角度保障 CAS 仲裁当事人司法救济权利的意图。

(二)司法支持 CAS 仲裁

根据统计可知,瑞士联邦法院最终撤销的裁决屈指可数,[④]体现了司法坚定支持 CAS 仲裁的态度。一方面司法机关严格解释和适用瑞士法律规定的撤裁理由,坚定维护仲裁裁决的终局效力;另一方面司法干预的减轻维护了 CAS 的独立性与中立性。

1. 坚定维护仲裁裁决终局性

如前所述,虽然瑞士联邦法院在实践中呈现充分保障当事人司法救济权的政策倾向,但赋予当事人的任何司法救济途径都可能被滥用,拖延或阻止对其不利的仲裁裁决的执行,影响 CAS 仲裁的效率。基于此,司法有必要采取措施阻止这种情形的发生。因此,瑞士联邦法院通过严格解释和适用瑞士《关于国际私法的联邦法》第 190 条第 2 款的撤销理由,谨慎撤销 CAS 仲裁裁决,坚定维护仲裁裁决终局性。

2. 严格维护 CAS 独立性与中立性

瑞士联邦法院鲜少以仲裁员不独立不中立为由撤销 CAS 仲裁裁决,[⑤]且从未以仲裁庭组成不当为由撤销 CAS 仲裁裁决。瑞士联邦最高法院通过严格解释和适用瑞士《关于国际私法的联邦法》第 190 条第 2 款,回应各方对于仲裁员独立性与中立

---

① 对整个争议中的某一个或某几个问题已经审理清楚,为有利于继续审理其他问题,仲裁庭先行作出的对某一个或某几个问题的终局性裁决。部分裁决可以构成最终裁决的一部分。已经在部分裁决里裁决的事项,在终局裁决里不得再次裁决。部分裁决对当事人具有法律约束力。

② 临时裁决即等同于保全措施,指处理与该争议有关的先决问题的决定,以及是否准予采取保全措施的决定。

③ See Antonio Rigozzi, *Challenging Awards of the Court of Arbitration for Sport*, Journal of International Dispute Settlement 1, 2010, p. 219 - 224; Luca Beffa and Olivier Ducrey, *Review of the 2014 Case Law of the Swiss Federal Tribunal concerning Sports Arbitration*, Sport International 2, 2015, p. 119.

④ See Emmanuel Gaillard and Gordon E. Kaiser (eds.), *The Guide to Challenging and Enforcing Arbitration Awards*, Law Business Research Ltd., 2019, p. 553.

⑤ 参见石现明:《CAS 仲裁裁决司法审查救济实证研究——瑞士联邦法院的政策倾向与当事人的策略选择》,载《武汉体育学院学报》2021 年第 5 期。

性的质疑。在具体司法实践中,其认为,一方仲裁员与律师在另一个 CAS 专门小组中坐在一起,[①]或者一方仲裁员和代表均是奥运会上 CAS 同一特设小组的成员,这一事实不构成质疑 CAS 独立性与中立性的合理理由。[②] 在 2008 年的一起案件中,联邦最高法院需要判定一位前 CAS 律师是否具有独立性,因为他之前的身份使他与 CAS 仲裁员的关系远远超出了正常的专业接触,他还曾经参与并协助听证会的举办,担任临时书记员,并参加了与案件仲裁员同期的培训课程。但瑞士联邦最高法院没有对这一问题作出裁决,仅指出,这种情况是否足以对仲裁员提出质疑是"值得怀疑"的。[③] 类似的判定也出现在其他案件中。[④]

四、CAS 仲裁机制存在的问题及反思

为切实响应撤销程序之政策倾向与价值维护,CAS 应从自身仲裁机制出发,找出存在的问题,即在保障当事人司法救济权利和坚定支持 CAS 仲裁方面的不足,并就这些问题进行完善。在实践中,CAS 仲裁机制在实现上述目标方面主要存在三类争议问题,具体包括 CAS 独立性及中立性问题、公共政策认定问题以及强制性管辖问题。笔者将从这三方面提出完善建议。

(一)CAS 独立性与中立性

佩希施泰因案不仅涉及公共政策问题,该案判决同时对 CAS 的独立、中立地位提出了质疑。虽然最终德国联邦法院撤销了慕尼黑法院地方法院的决定,认为其不违反公共政策。但慕尼黑地方法院作出的对 CAS 裁决不予承认的判决开创了在瑞士联邦法院之外公开挑战 CAS 裁决效力的先河。[⑤] 如果 CAS 想维持它作为全球最高体育司法机构的地位,它必须回应这些质疑,并作出根本性的制度变革。

1. CAS 关于成员组成及仲裁员选任机制存在的问题

(1)CAS 机构的中立性存疑

根据《国际体育仲裁法典》第 S2 条及第 S6 条可知,ICAS 领导及管理 CAS,并承担以下责任:修改 CAS 的章程及仲裁规则;选任 CAS 仲裁员、调解员及其名单的更新;选任 CAS 秘书长,一般仲裁处与上诉仲裁处的主席、副主席;任命常设委员会;

① See Decision 4P. 105/2006.

② See Antonio Rigozzi, *Challenging Awards of the Court of Arbitration for Sport*, Journal of International Dispute Settlement 1, 2010, p. 236 – 237.

③ See Decision 4A_176/2008.

④ See Decision 4A_506/2007.

⑤ 参见陈斌彬:《从困局到变局:析 PECHTEIN 案对国际体育仲裁院的挑战及应对》,载《天津体育学院学报》2015 年第 4 期。

负责 CAS 的财务及财务报告;监督 CAS 仲裁庭办公室及反兴奋剂处的活动;为区域或本地、永久或临时仲裁(包括替代性听证中心)提供前置安排;等等。ICAS 的职责几乎涵盖了 CAS 运行的一切活动。因此,CAS 受制于 ICAS,一旦 ICAS 不独立于各体育组织,则 CAS 的中立性亦会受到质疑。

在佩希施泰因案中,慕尼黑地方法院认为,德国法院审理佩希施泰因案件适用 2004 年版《国际体育仲裁法典》,其第 S4 条规定了 ICAS 的组成方式,共 20 名成员,其中 12 名为国际体育组织任命的,而其他 8 名成员也是由前述 12 名成员任命。慕尼黑高等法院认为 ICAS 成员的这种来源方式使得他们受制于体育组织,他们无法代表运动员的利益。[①]

(2)仲裁员名单的产生方式影响其独立性

基于《国际体育仲裁法典》第 S3 条的规定,CAS 备有仲裁员名单。[②] 同时,根据上文所述,ICAS 负责仲裁员名录的更新,实践中,假设当事人不从 CAS 的仲裁员名录中挑选仲裁员,CAS 上诉处主席会拒绝认可该行为并从名录中指定仲裁员。[③] 同时根据《国际体育仲裁法典》第 S14 条,规定了仲裁员名录的产生方式,即部分由国际奥林匹克委员会、国际单项体育联合会、国家和地区奥林匹克委员会协会选任,剩余的部分由协商后选任,部分在独立于体育组织外的人员中选任。

慕尼黑地方法院认为,这种仲裁员名单的产生方式已经表明仲裁员的选任受到国际或国内体育组织的压倒性控制,尽管选任的仲裁员,其专业性毋庸置疑,但其独立性却应受到质疑,因为名单中的仲裁员极易受到体育组织、国家或其他机构的影响。

(3)首席仲裁员的选任方式影响其中立地位

德国法院同时对个案中的首席仲裁员选任问题提出了疑问。根据《国际体育仲裁法典》第 R54 条规定:如果根据当事各方的一致协商或上诉处主席的决定需要任命一名独任仲裁员,则上诉处主席应在收到上诉动议时或已确定仲裁员人数之时任命该独任仲裁员。若需任命 3 名仲裁员,则由被上诉人提名仲裁员并咨询仲裁员后,上诉处主席应任命该仲裁庭主席。由当事方提名的仲裁员只有在上诉处主席确

① 参见郭树理:《国际体育仲裁机制的制度缺陷与改革路径——以佩希施泰因案件为视角》,载《上海体育学院学报》2018 年第 6 期。

② CAS 备有仲裁员的名录,并且通过由 1 名或 3 名仲裁员组成的仲裁庭仲裁解决与体育有关的争议。

③ 参见熊瑛子:《国际体育仲裁院仲裁员中立性探讨》,载《体育科学》2015 年第 12 期。

认后才能视为已任命。在进行确认之前,上诉处主席应确保仲裁员遵守《国际体育仲裁法典》第R33条的要求。由此可见,上诉处主席在首席仲裁员的选任方面权限极大。首席仲裁员在仲裁过程中扮演着重要的角色,有时往往是决定性的,而其受制于上诉处主席的选任。同时,根据上文可知,上诉处主席的任命受ICAS的约束,而ICAS背后又是一群庞大的体育组织,体现的是国际体育组织及各国体育组织代表的国家之利益。因此首席仲裁员的独立性仍值得怀疑,各体育组织可间接影响首席仲裁员之行为。实践中也侧面印证了德国法院的担忧,即自2013年起,CAS上诉处主席由瑞士籍的施密特霍伊泽尔(Schmidhauser)女士担任,她不仅是滑雪冠军、体育运动员,也是执业律师,瑞士体育律师协会的前任主席,更(曾)身兼数个体育组织的主席或负责人职位,如瑞士反兴奋剂委员会、瑞士滑雪法律委员会,这些身份及专业经历很难保证其判断的客观性。①

2. 独立性及中立性问题的优化

(1)优化ICAS选任人员的组成标准以及CAS上诉处主席的选任

根据上文所述,ICAS领导及管理CAS,ICAS的职责几乎涵盖了CAS运行的一切活动。因此,CAS受制于ICAS,一旦ICAS不独立于各体育组织,则CAS的中立性亦会受到质疑。而通过其选任方式可知,仅有一名人员为体育界外人士,这无疑会大大削弱ICAS的中立性与客观性。故而,笔者建议ICAS可以采取三方模式,选任人员由体育组织、运动员协会以及体育界外人士平衡组成,拥有同等提名权。另外,鉴于CAS上诉处主席的权限之大,要确保其中立性,应由体育界外人士担任,避免仲裁员之选任受到国家及体育组织出于利益之目的的影响。

(2)打破封闭式名录之禁锢

封闭式名单中的仲裁员确定基本受体育组织的决定,②所以体育组织可通过其确定名录的权利而间接影响仲裁庭的组成,进而损害CAS仲裁庭的中立性。虽然ICAS已经意识到封闭式名单的弊端,于2011年开始便对名单产生方式作出改变,但这些变动可起到的效果有限。③

---

① 参见李智:《从德国佩希施泰因案看国际体育仲裁院管辖权》,载《武大国际法评论》2017年第1期。

② See German Federal Court of Justice, judgement of 7 June 2016 – KZR 6/15, available at https://www.tas-cas.org/fileadmin/user_upload/Pechstein_ISU_translation_ENG_final.pdf, Accessed December 9, 2019.

③ 参见郭树理:《国际体育仲裁机制的制度缺陷与改革路径——以佩希施泰因案件为视角》,载《上海体育学院学报》2018年第6期。

笔者认为,对封闭式名录的质疑实则是对仲裁结果公平性的隐忧,因此,为确保名录中之仲裁员公正裁决,首先依旧可以采取三方模式,选任人员由体育组织、运动员协会以及体育界外人士平衡组成,拥有同等提名权。其次,上文提及,CAS 上诉处主席会拒绝认可当事人不从 CAS 的仲裁员名录中挑选仲裁员的行为,并从名录中指定仲裁员。这种方式实际上过于武断且无形中扩大了上诉处主席的权限。不妨尝试赋予当事人合意选择的权利,只要当事人合意选择的人员的资质符合《国际体育仲裁法典》第 S14 条即可,而不仅限于体育组织中的专业人士,毕竟当下各国从事体育法研究及实务的体育界外人士已大幅增长。最后,公开仲裁员简历与参与案件具体信息,以保证透明度,方便当事人提出回避申请。

(3)变革首席仲裁员选任方式

如上文所述,ICAS 亟须变革上诉处主席的选任模式,以保证其公正性。另外,针对上诉处主席指定首席仲裁员的权限过大可能导致不公正的问题,笔者认为可由当事人合意选择首席仲裁员,若未能达成合意,则由中立的司法机关予以指定。

(二)公共政策

根据瑞士《关于国际私法的联邦法》第 190 条第 2 款 e 项之规定,裁决得以违反公共政策为由申请撤销。但该条规定本身并未对“公共政策”的范围作出限定,立法者将其交给了司法实践去认定。

体育仲裁裁决虽然是非商事裁决,但瑞士联邦法院在其判例法中赋予了其经济价值的性质,使其具有可仲裁性。但在撤销程序中公共政策的认定问题上,仍不能简单地类比金钱裁决。因为体育仲裁是专业领域内的纠纷解决方式,其体现的往往也并非一国基本利益,而是体育领域内约定俗成或流传下来的基本准则。

虽然瑞士联邦法院在其作出的判决中,列举了主要构成实体性公共政策的内容,包括有约必守、禁止滥用权利、诚实信用原则、禁止无偿征用、禁止歧视及保护无行为能力人等,但笔者认为这些大多体现的是国际共识,属于国际公共政策的内容,并非完全适用于 CAS 作出的裁决,因为这可能忽略其他涉案国家所维护的特定利益。

虽然瑞士联邦法院具有公共政策的唯一解释权,并依据瑞士法律的标准进行衡量,[①]但是瑞士联邦法院在判决中尽量反映国际共识,将公共政策抽离于单纯的国内

① 参见黄世席:《国际体育仲裁裁决的撤销与公共政策抗辩》,载《法学评论》2013 年第 1 期。

公共政策,[①]但笔者认为上述国际通行或公认的观念,并非能够完全体现CAS作出的裁决中可能涉及的特定公共政策。裁决的承认与执行不仅体现国际共同利益,也可能影响涉案每一国的特定利益,因此单纯体现有约必守、禁止滥用权利、诚实信用原则、禁止无偿征用、禁止歧视以及保护无行为能力人等的基本原则并不全面。笔者认为,在公共政策的认定方面,可以国际公共政策为首要判断标准,对可能影响涉案国所维护的特定利益的情形,进行个案分析,最终确定裁决是否违反公共政策。

(三)强制性管辖

在国际体育的框架内,CAS对体育争端具有强制性管辖权,这主要源于国际奥林匹克委员会、[②]国家和地区奥林匹克委员会协会和其他单项体育组织章程之规定,[③]以及运动员协议之约定。而且国内法院对CAS之管辖权均作出认可。但CAS处理的纠纷不仅局限于发生在瑞士一地,而往往涉及全球各类体育组织或者各国运动员的体育争端或纠纷,完全交由CAS审理且仅能由瑞士法院对裁决行使司法审查权是否合理?是否会存在管辖权行使上因"一家独大"而导致的不公正性问题?强制管辖权是否可能剥夺当事人其他可行的诉权?是否可以充分保障当事人的合法权益?另外,CAS在法律适用方面亦具有强制性。各类章程及单项体育运动规则是CAS裁决的重要参考依据,当事人之间几乎没有合意选择裁决适用法律的权利。

正如许多学者所阐述的,体育组织具有天然的垄断地位,CAS的强制性管辖权利已规定于各类章程中,亦获得各国国内法院的认可。瑞士联邦法院在实践中也坚定支持CAS的管辖权,主张体育组织章程或其他文件中的强制性仲裁条款有效,并在特定情况下对非会员具有拘束力。[④] 与其希冀找寻CAS强制性管辖权的替代管辖,不如尝试软化其管辖的强制力,通过其他渠道加强管辖权行使的合理性及公平性。

笔者认为,拓宽CAS裁决的法律适用渠道,不再局限于《国际体育仲裁法典》等体育组织规则应为合理之策。体育争端固然应运用体育规则作为解决纠纷的依据,但体育规则毕竟是体育自治的产物,法律性稍显不足。若要合理解决体育争端,可

---

① See Talia Einhorn, The Recognition and Enforcement of Foreign Judgments on International Commercial Arbitral Awards, in Andrea Bonomi and Gian Paolo Romano, eds., *Yearbook of Private International Law Volume XII*, Berlin, Otto Schmidt, 2010, p.50.

② 参见《奥林匹克宪章》第59条。

③ See Statutes of the Bodies Working for the Settlement of Sports-Related Disputes S1: The disputes to which a federation, association or other sports-related body is a party are a matter for arbitration pursuant to this Code, only insofar as the statutes or regulations of the bodies or a specific agreement so provide.

④ 参见石现明:《CAS仲裁裁决司法审查救济实证研究——瑞士联邦法院的政策倾向与当事人的策略选择》,载《武汉体育学院学报》2021年第5期。

在尊重体育规则优先运用的前提下,将国内法及一般法律原则涵盖入内。因为一旦涉及运动员上诉等问题,一国法院之国内法必将予以介入以进行司法审查。同时一般法律原则体现了国际通行的法律原则,如有约必守、禁止滥用权利、诚实信用原则、禁止无偿征用、禁止歧视及保护无行为能力人等均可体现公平正义的价值诉求。在国内法不能以其法律性完全调整体育争端之时,一般法律原则可以起到补充作用,以求体育争端最终获得合理公平的结果。

五、结语

在"孙杨案"后,我国对国际体育仲裁院的关注达到了新的高度。笔者试图通过已成功撤销的CAS仲裁裁决案件出发管窥CAS乃至国际体育纠纷解决机制中的问题。从已有的案例来看,瑞士联邦法院要求撤销CAS裁决的理由主要集中于对程序性权利的保护。同时,瑞士联邦法院通过严格解释和适用瑞士《关于国际私法的联邦法》的撤销理由,谨慎撤销CAS仲裁裁决,也从未以仲裁庭组成不当和仲裁员不独立等理由撤销CAS仲裁裁决。虽然瑞士联邦法院处于司法审查CAS仲裁裁决的核心地位,但是对中立性和管辖权的异议不仅可以通过其他国家的地方法院提起诉讼,还可以依据《欧洲人权公约》向欧洲人权法院提起诉讼,这种现象既是冲突也是竞争。笔者认为,CAS在仲裁程序中仍存在诸多需要进一步完善的地方,包括通过优化ICAS选任人员的组成标准以及CAS上诉处主席的选任、打破封闭式名录之禁锢、变革首席仲裁员选任方式,司法审查过程中将国内公共政策及国际公共政策并行运用,通过扩大法律适用渠道等方法完善自身仲裁机制存在的仲裁员独立性与中立性、公共政策以及强制性管辖三方面的问题。

随着我国体育赛事、体育产业的发展,在"全民健身"的背景下,体育仲裁将成为重要的纠纷解决机制。而厘清司法与仲裁之间的关系与界限将成为重要的问题。其核心在于明确体育仲裁的特殊性,其中包括:体育仲裁的强制性属性、体育纠纷的即时性带来的效率价值的凸显以及仲裁司法化的趋势。这些特殊性必然导致司法干预的特殊性。通过对瑞士联邦法院撤销CAS仲裁案例的分析,可以得出体育仲裁裁决撤销的条件极为苛刻,仅限于程序不公正、违背公共利益以及违反基本人权等情形,司法机构应谨慎干预。在我国《体育法》修订的过程中,设立了体育仲裁专章,虽然对体育仲裁的管辖范围等问题还存有争议,但建立我国的体育仲裁制度已是必然。那么,对于司法与体育自治的界限的探讨亦将持续,对现有制度和案例的借鉴是完善体育法和体育纠纷解决机制的重要路径。

人权法视角下跨国代孕儿童权利保护的双重维度

杨珮茹*

随着人工生殖技术的发展和跨国生殖旅行的大量存在,跨国代孕儿童的权利保护已成为一个全球性的法律问题。跨国代孕儿童的权利分布在公法和私法两个领域,在公法领域体现为国籍的取得和出生登记权的行使;在私法领域则表现为亲子关系的确立和身份来源的知情权。针对跨国代孕儿童权利的认定和保护,国内立法与相关的国际条约均稍显滞后。针对日益增多的代孕问题,应制定相关国际条约,为跨国代孕儿童的权利保护建立国际统一标准;并适当完善国内法,应对跨国代孕儿童的权利保护问题。

引　言

毋庸置疑,代孕是一个充满争议的话题,其不仅涉及复杂的法律问题,更引发了社会学和伦理学层面的思辨。在过去的10年里,跨国代孕从边缘走向国际热点。跨国代孕儿童的权利保护已然成为一个全球性的法律问题。自2010年起,海牙国际私法会议就开始关注跨国代孕的问题并陆续发布报告,提出在跨国代孕领域制定一项国际法律文书,以进行国际协调。① 2014年,联合国儿童权利委员会在第65届大会上对跨国代孕带来的儿童权利保护问题进行讨论,指出商业代孕带来买卖儿童和侵犯儿童权利等严峻问题。跨国代孕通常是以跨国代孕协议为基础,②而跨国代孕协议的缔约双方往往来自极其不同且不平等的社会,他们因为代孕协议的签订而

* 中国人民大学法学院博士研究生。

① 参见杜涛:《跨国代孕引发国际私法问题》,载《中国妇女报》2016年3月2日,A03版。

② 跨国代孕协议,是指居住在一国的委托父母(intending parents, 或称意向父母)与居住在另一国的代孕母亲之间达成的代孕协议。See HCCH, Preliminary Report on International Surrogacy Arrangements (Annex), 2012, p. 32.

建立起一种极其亲密的关系。与此同时,代孕协议的商业性并不因代孕行为的亲密性而弱化,这种冲突与融合正是代孕行为背后的伦理与道德问题的折射,也是其引发的法律问题的根源所在。实践中,跨国代孕儿童的权利无法得到有效保障。例如,在许多禁止代孕的国家,部分委托父母为了躲避相关法律法规的约束,对代孕儿童的身份选择保持沉默。而一旦这对夫妻的家庭关系不再保持稳定(如一方死亡或双方离婚),传统的司法程序将很难成为保护儿童权利的有效屏障。从私法层面看,在一些案件中,代孕儿童被剥夺合法的继承权,或不能获得抚养费,或无法成为国家或法律上的被监护人;从公法层面来看,一些案件中,代孕儿童因无法获得国籍,成为滞留国外或无法与父母团聚的"无家"儿童。因此,有必要从公法和私法两个维度对跨国代孕儿童的权利保护问题展开研究,分析当前对代孕儿童权利保护框架的薄弱之处,并加以改进。

一、人权法视角下跨国代孕儿童亟待保护的权利

儿童权利是人权的组成部分之一,国家和政府应当尊重、推动和保护这种权利。[①]《儿童权利公约》(the Convention on the Rights of the Child, CRC)是第一个对儿童权利作出系统性规定的国际法文件,在儿童权利保护上具有里程碑式的意义。[②] CRC 的出台推动了新的国际共识的达成:儿童具有特殊的脆弱性,与成人相比,他们更需要照料和保护。[③] 儿童权利委员会确认,世界各地的儿童都享有以下权利:生存权;充分发展的权利;免受有害影响、虐待和剥削的权利;充分参与家庭、文化和社会生活的权利。[④]

尽管儿童权利保护逐渐受到了各方面的关注,但跨国代孕儿童作为一个特殊群体,其权利保护面临着双重法律真空,很难得到有效保护。一方面,虽然现有的国际人权法文件尽可能全面地考虑了身处特殊情形下的儿童的权利保护问题,并对难民儿童、残疾儿童和被收养儿童都作出了特别规定,但遗憾的是,并没有提及通过代孕出生的儿童的权利保护问题。另一方面,在绝大多数国家,国内法对于跨国代孕协

---

① Trevor Buck, *International Child Law*, Routledge Press 3rd ed., 2014, p. 18.

② S. Detrick, *A Commentary on the United Nations Convention on the Rights of the Child*, Martinus Nijhoff Publishers, 1999, p. 721.

③ 联合国《儿童权利公约》缔约国数量达 196 个,目前只有美国尚未批准《儿童权利公约》,资料来源:http://www.unicef.org。尽管如此,《儿童权利公约》曾多次被美国法院认定为国际习惯法并予以适用。See E. Engle, *The Convention on the Rights of the Child*, 29 Quinnipiac Law Review, 793 - 819(2011).

④ Michael Wells-Greco, *The Status of Children Arising from Inter-country Surrogacy Arrangements*, Eleven International Publishing, 2016, p. 284.

议的约束没有明确依据,这使国内法院和行政机关很难为跨国代孕协议当事人提供行之有效的保护。当法院发现国内法的这种政策性沉默时,它们倾向于通过逐案裁决的方式来明确跨国代孕协议涉及的儿童权利和父母责任问题。然而代孕所形成的家庭关系,并不是一国国内法所设定的传统模式,这种新型的家庭关系基本无法契合各国现有的国内法框架。由此,跨国代孕儿童的权利保护时常飘忽不定,尤其是在亲子关系和儿童国籍方面。可以说,跨国代孕儿童的身份权是当前跨国代孕儿童面临的亟待保护的权利。它涉及两个维度:一是以亲子关系为基础的家庭身份权;二是以国籍为基础的社会身份权。家庭身份权主要属于私法领域,以亲子关系的建立为基础,儿童有权拥有父母并受其照料。同时,家庭身份权还包括儿童的信息权,即知晓其出身的权利,儿童有权“知道谁是其父母”,[①]这就涉及跨国代孕儿童对于其法定父母、遗传父母和代孕母亲的身份信息的知情。而在公法维度中,社会身份权的行使以国籍的取得为基础,即跨国代孕儿童能否取得其出生国的国籍或者其委托父母所在国的国籍。此外,社会身份权的行使以出生登记权为前提,作为儿童出生后的第一道法律确认,儿童的出生登记权如何在跨国代孕的情况下实现,也是一个值得讨论的问题。

二、跨国代孕儿童权利保护的维度之一:家庭身份权

家庭身份权,是指一个人在家庭中享有某种身份以及身份利益的权利。作为法律主体的自然人,其权利能力始于出生,终于死亡。出生既是亲子关系的建立,也是子女建立自我认同的根源。通过这种方式,子女就与整个社会秩序联系了起来。[②]鉴于儿童的脆弱性,为确保儿童在一个稳定、友爱的环境中健康成长,诸多国际性文件都借助家庭单位对儿童加以保护。儿童在家庭中的身份权,实则指向其对父母的权利:作为子女,其有权受益于亲子关系,有权知晓其父母,且其身份应当具有连续性。所有儿童都平等地享有上述权利,但跨国代孕行为给儿童家庭身份权的保护增加了许多障碍。

(一)代孕儿童家庭身份权的内涵

1.亲子关系的建立是代孕儿童家庭身份权的基础

家庭身份权的核心在于亲子关系的建立。从法社会学的角度来看,亲子关系的建立将带来多方面的法律后果:不仅包括私法领域父母责任的确立,还辐射至国籍法领域,使子女取得与父母相同的国籍。可以说,亲子关系的确立,是确保儿童能够

---

① 参见《儿童权利公约》第7条。

② 参见[英]约翰·伊克拉:《家庭法和私生活》,石雷译,法律出版社2015年版,第68页。

长期、有效地行使其法定权利的前提之一。但这一问题在跨国代孕的背景下显得尤为不同:各国对于代孕协议的效力认定各持立场,因此跨国代孕协议带来的亲子关系的确立及其连续性问题,在各国不同政策背景下,也有了不同的答案。例如,当委托父母所在国和代孕母亲所在国法律均不认可其与跨国代孕儿童的亲子关系时,该代孕儿童既无法确定其法定父母,也无法取得任意一国的国籍。这名儿童因此处于无国籍、无父母的状态,而委托父母作为代孕协议当事人则既无法将孩子带回其母国,更无法留在代孕行为发生地生活。这一场景的镜像问题则是代孕母亲在分娩后不愿交付代孕儿童,与委托父母争夺法定父母的身份。应当说,在跨国代孕的背景下,代孕母亲、遗传父母和委托父母都可能被认定为儿童的法定父母,这无疑是对各国现有父母身份认定标准的一种挑战。从代孕儿童的视角出发,其应当享有"对父母的权利",即拥有父母,并受到父母的抚养和照料的权利。这项权利自儿童出生的时刻起就应当得到保护。从这个角度来说,或许让委托父母承担起父母责任才是符合儿童最大利益的做法。[①] 总之,在跨国代孕的情况下,儿童的父母身份不确定,将严重损害儿童的各项权利和福利。

2. 亲子关系的连续性是代孕儿童家庭身份权的应有之义

以亲子关系的建立为前提,代孕儿童的个人身份连续性问题也值得关注。目前来看,就代孕儿童的身份认定,各国国内法层面的政策有所不同,而国际层面更不存在相关规则来处理儿童身份的跨国承认问题。通常,代孕儿童出生后,即从代孕母亲所在国移转至委托父母所在国,随着迁移,其公民身份与亲子关系的认定受到不同国家政策的影响,从而打破其个人身份的连续性。为了解决这一问题,部分国家的司法及行政机关采取了一些临时措施,但见效并不显著。一方面,所涉程序通常极为烦琐和冗长,需要耗费大量的时间和精力,甚至可能超出委托父母在国外的法定居留期限。另一方面,这些措施从本质上来说仍然具有临时性,在大多数情况下只能确定遗传父亲与代孕儿童的亲子关系。而生父的伴侣则无法取得法定的父母地位,只被允许照顾孩子的日常生活。这就带来了更多深远的问题。例如,倘使有一天,委托父母离婚,那么生父的伴侣将无法维持亲子关系,更无法取得监护权。

---

① See B. Stark, *Transnational Surrogacy and International Human Rights Law*, Journal of International and Comparative Law, 18 (2012); A. Singer, *The Right of a Child to Parents*, in K. Boele-Woelki, N. Dethloff and W. Gephart, *Family Law and Culture in Europe: Developments, Challenges and Opportunities*, Intersentia, 2014, p. 137 – 148.

3. 代孕儿童对其出身来源的知情权是其家庭身份权的衍生问题

身份权的本质是知晓自己的真实出身,不受欺骗。[①] 代孕儿童有了解自己出身的权利,主要包括其对代孕母亲和遗传父母信息的知晓。代孕母亲虽不一定与代孕儿童有遗传学上的联系,但其身份信息是代孕儿童身份知情权的重要组成部分之一,[②]因为这将会影响儿童的自我认定和对于自己起源的认知。[③]

代孕儿童身份来源信息知情权的对立面则是代孕儿童和配子提供者的隐私权。譬如,他们的出生和生物学起源是否只向其本人披露,还是任何人都得以通过其出生证明掌握上述信息。在实践中,许多国家并不强制要求记录代孕者和配子提供者的数据,这无疑是代孕儿童身份信息权行使的一大阻碍。身份信息权和隐私权的平衡在于,配子提供者的隐私信息不应当有外泄隐忧,而代孕儿童仍能通过官方途径查询到自己的出身信息。由于亲子关系的建立和身份信息权的行使在一定程度上依赖于儿童的出生证明,因此出生证明的规范与否,会在极大程度上影响跨国代孕儿童家庭身份权的实现。

(二)代孕儿童家庭身份权的国际法保护

在过去很长一段时间,儿童的利益并不受到政策制定者和学界的关注。[④] 第二次世界大战以来,随着人权概念的普遍化与扩大化,儿童权利开始得到更广泛的承认。[⑤] 保护儿童和妇女的权利是国际人权法的核心要义之一。[⑥] 在国际法上,诸多

---

① See M. Freeman, *The New Birth Right? Identity and the Child of the Reproduction Revolution*, 4 International Journal of Children's Rights 273, 291(1996).

② See J. Tobin, *To Prohibit or Permit: What is the (Human) Rights Response to the Practice of International Commercial Surrogacy*, 63(2) International and Comparative Law Quarterly 317, 329(2014).

③ See J. Wallbank, *Too Many Mothers? Surrogacy, Kinship and the Welfare of the Child*, 10 Medical Law Review 271, 292(2002).

④ See F. Kelly, *Conceptualizing the Child Through an "Ethic of Care": Lessons for Family Law*, 1(4) International Journal of Law in Context 375 - 96, 375(2005).

⑤ 在英国,《欧洲人权公约》是儿童权利受到认可和保护的代表作。See European Convention for the Protection of Human Rights and Fundamental Freedoms, opened for signature 4 November 1950, 213 UNTS 221 (entered into force 3 September 1953). 在美国,人权运动呼吁关注少数者的权利,美国最高法院在高尔特(Re Gault)案中也指出,美国法并不仅仅保护成年人的人权,儿童也应当从中受益。See Re Gault, 387 US 1, 13 (Fortas J) (1967).

⑥ 以下国际条约和区域性条约规定人人有权得到法律平等的、非歧视性的保护:《世界人权宣言》第28条,《公民权利和政治权利国际公约》第5条和第26条、《消除对妇女一切形式歧视公约》第2条、《美洲人权公约》第24条、《非洲人权和人民权利宪章》第2条和第3条、《阿拉伯人权宪章》第11条。以下国际条约和区域性条约规定了在缔约国管辖范围内,人人有权获得司法保护:《消除一切形式种族歧视公约》第6条、《消除对妇女一切形式歧视公约》第2条、《非洲人权和人民权利宪章》第25条、《阿拉伯人权宪章》第12条。

全球性的和区域性的国际法律文件皆对儿童施以特别保护。①

1. 人权条约对儿童家庭身份权的保护

首先,《经济、社会及文化权利国际公约》(International Covenant on Economic, Social and Cultural Rights, ICESCR)规定了对一切儿童采取非歧视性保护的原则,并要求缔约国为负责照顾和教育儿童的家庭提供尽可能的保护和协助。② 其次,《公民权利和政治权利国际公约》(International Covenant on Civil and Political Rights, ICCPR)规定了儿童受保护的权利、拥有姓名和国籍的权利等。③ 以上两个公约虽然没有对于代孕儿童在家庭中的权利作出特别规定,但均强调人人平等原则以及公约本身对于所有人的普遍适用属性。因此,公约的保护对象自然也包括代孕儿童、代孕母亲和委托父母,无论其身份和法律地位如何,都应当受到平等的保护。

2.《儿童权利公约》对儿童家庭身份权的保护

作为儿童权利国际保护的基石性文件,CRC 对于儿童的民事、文化、经济、政治和社会权利作出了更为体系化的规定。④ CRC 梳理了一系列的原则和指引,要求缔约国建立一个全面持久的儿童保护法律框架,确保儿童的人权及其他特殊权利的实现。

首先,儿童最大利益原则是所有涉及儿童的行动必须考虑的首要原则。在跨国代孕背景下,亲子关系的跨国确立是一个重要的问题。CRC 赋予儿童的国籍权和身份权都有赖于亲子关系的确立作为前提和实施保障。⑤ 尽管 CRC 并未对跨国代孕协议所带来的亲子关系确认标准作出规定,而是将其留待缔约国国内法自行决定,但 CRC 第 3 条或可被视作兜底性条款:当代孕母亲位于缔约国管辖范围内,而该缔约国又拒绝承认代孕儿童和委托父母之间的亲子关系时,该国应当采取一切合适的举措来照顾并保护这名儿童。⑥

其次,重申儿童对自身来源的知情权。CRC 第 7 条规定了儿童有知道谁是其父母

① 全球性条约如《世界人权宣言》《公民权利和政治权利国际公约》《经济、社会及文化权利国际公约》《儿童权利公约》;区域性文书如《美洲关于人的权利和义务宣言》《美洲人权公约》《非洲儿童权利和福利宪章》。

② 参见《经济、社会及文化权利国际公约》第 10 条。

③ 参见《公民权利和政治权利国际公约》第 24 条。

④ See G. Van Bueren, *The International Law on the Rights of the Child*, Kluwer Academic Publishers, 1995.

⑤ 参见《儿童权利公约》第 7 条和第 8 条。

⑥ 参见《儿童权利公约》第 3 条第 2 款规定:"缔约国承担确保儿童享有其幸福所必需的保护和照料,考虑到其父母、法定监护人、或任何对其负有法律责任的个人的权利和义务,并为此采取一切适当的立法和行政措施。"

并受其父母照料的权利,并要求缔约国确保这项权利的落实。因此,代孕儿童的身份来源信息的知情权应当得到特别关注。实践中,虽然有部分缔约国对于这一条提出争议和保留,但儿童权利委员会已经明确,缔约国有义务收集并保留儿童的身份信息,并为其提供其生物学父母相关信息的渠道。① 此条规定不仅赋予了被收养儿童了解其遗传父母的信息权,其在跨国代孕领域也应当得到适用。无论代孕儿童与其委托父母的亲子关系是否能够得到缔约国的承认,这名儿童都有通过其出生国获取父母信息的权利。

从上述现有国际法框架分析可知,从代孕儿童的身份确定,到代孕儿童的基本人权,都缺少明确的法律保护标准和有效的国际执行机制。只有在极少数情况下,国际条约才为缔约国设定了明确且具有拘束力的义务。目前在代孕儿童的家庭权利保护方面,无论是全球性还是区域性的统一保护标准都尚待形成。

(三)跨国代孕儿童家庭身份权保护的国内实践

如上文所述,代孕儿童家庭身份权的基础是亲子关系的确立。代孕的目的就是要在委托夫妻与代孕儿童之间创立法律上的亲子关系。因此,从客观上来说,让委托父母承担起父母责任是符合儿童最大利益的做法。但实践中各国的做法并不相同。

1. 以公共政策为由否认委托父母的法定父母身份

法国是典型的代表,其国内法对于代孕协议明令禁止。② 就跨国代孕协议而言,法国法院一向以违反公共政策为由,拒绝承认外国法院确认代孕儿童和委托父母的亲子关系的判决,也不认可将委托父母登记为代孕儿童的唯一父母的出生证明。③ 在著名的蒙森(Mennesson)案中,法国最高法院明确指出:“儿童最大利益原则并不要求法国法院漠视公共政策,也不意味着法院有义务承认委托父母与代孕儿童的亲子关系。”④在该案中,委托父母最终是通过收养方式和代孕儿童建立起亲子关系。

---

① See the Committee comments in relation to baby boxes (Concluding Observations: Belgium (18 June 2010) CRC/C/BEL/CO/3, Concluding Observations: Czech Republic (4 August 2011) CRC/C/CZE/CO/3) and anonymous birth (Concluding Observations: France (11 June 2009) CRC/C/FRA/CO/4).

② 《法国民法典》第16条规定:“任何生殖或妊娠代孕协议均无效。”

③ 法国最高法院也在判决中明确:“妇女同意怀孕和生育一个孩子,但并不抚养他/她的行为,即使是非营利性的,也违反了人体不得分割和公民身份不得分割的公共政策原则。” See Judgment of Plenary Meeting of the Court of Cassation 31 May 1991, Bull. civ. No. 4. See from Michael Wells-Greco, p. 73.

④ 该案基本案情如下:2002年,法国公民蒙森夫妇与美国加利福尼亚州的一名女性签订代孕协议,后该代孕母亲生出一对双胞胎,加利福尼亚州最高法院判决确认蒙森夫妇为双胞胎的法定父母。后法国法院以违反公共秩序为由,拒绝承认加利福尼亚州的这项判决,法国最高法院给出的理由是:虽然本案中双胞胎的利益需要保护,但《法国民法典》第16条第7款和第9款均规定,为了维护本国公共秩序之目的,代孕协议无效。后续,当事人上诉至欧洲人权法院,认为法国法院的裁定侵犯了代孕儿童的人权,违反了《欧洲人权公约》第8条的规定。欧洲人权法院判决支持其请求。

2. 以儿童最大利益原则认可委托父母的法定父母身份

采取这种做法的国家既包括明令禁止代孕的国家,如瑞士和奥地利,也包括对于代孕持中立态度的国家,如荷兰和比利时。

在明令禁止代孕的国家,尽管委托父母有可能依据儿童最大利益原则取得法定父母身份,但其仍需满足法院设定的其他条件。例如,《瑞士联邦国际私法》规定,行政机关承认外国身份文件不得违反瑞士的公共政策。实践中,如果委托父母与儿童出生国没有其他实质联系,而仅凭外国出生证明上登记的内容向瑞士当局申请承认亲子关系,该请求大概率会因有违公共政策而被拒绝。[①] 奥地利法院的要求则较为宽松。奥地利宪法法院曾在判决中表示,奥地利的公共政策包括意思自治、权利平等、非歧视和儿童最大利益。[②] 如果不承认外国出生证明或委托父母与代孕儿童之间的亲子关系,代孕儿童的最大利益将受到威胁,这与公共政策相悖。因此,尽管奥地利法律禁止代孕,但委托父母通过跨国代孕协议得到孩子之后,不需要经过收养或其他程序,就可直接在奥地利境内建立合法的亲子关系。

在部分对代孕持中立态度的国家,儿童最大利益也是承认跨国代孕儿童亲子关系的首要因素。如在荷兰,对于亲子关系作出约定的协议,因违反亲子关系和父母责任的强制性规定,不具有法律效力。[③] 尽管这样的协议本身并不能确立委托父母的法律地位,但作为对双方意图的书面记录,可以在收养或其他司法程序中作为证据,有助于法院作出决定。因此,委托父母可选择在代孕行为发生国通过出生证明或当地司法文书确认亲子关系,或在其经常居所地或者代孕儿童的经常居所地通过收养程序建立亲子关系。在比利时,跨国代孕中的委托父母可通过三种途径与代孕儿童建立亲子关系。其一,申请外国判决的承认与执行。尽管有公共政策条款的存在,但比利时法院倾向于认定,代孕协议的非法性不能损害代孕儿童的最大利益,因此亲子关系通常能够得到认可。其二,申请外国出生证明的承认。依据《比利时国际私法》的规定,只要该证明真实有效,即可在比利时得到承认。[④] 其三,申请发起收养程序。如果委托父母与代孕儿童之间已经具有家庭生活的基础,法院通常也会批准收养。

---

① Michael Wells-Greco, p. 96.

② See L. Brunet, *A Comparative Study on the Regime of Surrogacy in EU Member States*, European Parliament 103(2013).

③ See M. Vonk, *Netherlands: Maternity for Another: A Double Dutch Approach*, 14(3) Electronic Journal of Comparative Law 3(2010).

④ Belgian Private International Law, Article 27.

由上述国家实践可知,委托父母要在其所属国与代孕儿童建立合法的亲子关系,可以通过三个途径:申请承认外国出生证明、申请承认外国亲子关系确认判决和申请启动收养程序。这既涉及对于儿童最大利益原则的理解,也涉及对法院地公共政策的解读。在跨国代孕背景下,公共政策是否应该得到新的解读?其与儿童最大利益原则又应当如何平衡?尽管许多国家的司法机构都曾提倡在儿童最大利益和公共政策之间寻求一个平衡点,①但在大多数案例中,如果以公共政策为由拒绝承认亲子关系,就意味着代孕儿童将处于无父母、无国籍的状态,因此国内法院还是倾向于优先考虑儿童最大利益,确认亲子关系的成立。但这又引发另一个问题:当事人通过国际旅行,是否就能够跨越国内法的限制,而实现对代孕行为完全的"意思自治"呢?对于国内法院来说,在维护国内法权威性的同时兼顾对代孕儿童家庭权利的保护,确实是一个两难的问题。

三、跨国代孕儿童权利保护的维度之二:社会身份权

除家庭生活外,儿童在公民社会中也作为独立的个体而存在,因此其权利保护自然也应当包括社会身份权的保护。此处的社会身份权是指个体拥有归属于某个社会群体、组织或国家的法律认同的权利,以公民身份的取得为前提。英国社会学家马歇尔(T. H. Marshall)认为:"公民身份是一种地位(status),一种共同体的所有成员都享有的地位,所有拥有这种地位的人,在这一地位所赋予的权利和义务都是平等的。"②马歇尔构建了一种以"公民权利、政治权利和社会权利"为内核的三位一体的公民权利体系,指出公民身份的公民构成要素即公民权利,对应的保障机构为法院;公民身份的政治构成要素即政治权利,对应国家和地方行政机关;公民身份的社会构成要素为社会权利,与基于体制和社会公共服务体系对应。在现代国家社会,上述权利的取得和实现,在法律上均以"国籍"为基础。代孕儿童的家庭身份权解决了代孕儿童的出身及拥有家庭生活的问题,而代孕儿童的社会身份权主要是解决代孕儿童作为一国公民存在于社会的地位问题。跨国代孕儿童想要以合法公民的身份参与社会生活,其各项权利想要得到国家的保护,需满足取得该国国籍这一重要前提。

---

① See Y. Ergas, *Thinking "Through" Human Rights: The Need for a Human Rights Perspective with Respect to the Regulation of Cross-Border Reproductive Surrogacy*, in K. Trimmings and P. Beaumont, *International Surrogacy Arrangements: Legal Regulation at the International Level*, Hart Publishing, 2013, p. 427.

② [英]T. H. 马歇尔、[英]安东尼·吉登斯等著,郭忠华、刘训练编:《公民身份与社会阶级》,江苏人民出版社2008年版,第15页。

（一）跨国代孕中儿童国籍权的保障存在风险

在诺特博姆(Nottebohm)案中,国际法院将国籍描述为“一种法律联系,其基础是一种附属的社会行为、存在、利益和感情的内在联系,以及对等权利和义务的存在”。[①] 就国籍归属而言,有许多不同的因素可以作为这种“社会行为”的证据,包括:出生地、血统、居住地、家庭关系、语言和种族。一个没有国籍的儿童不会与一个民族国家有正式的联系。[②] 其公民权利将会受到限制,基本人权可能会受到侵犯,也无法受益于外交保护。[③] 在国内,无国籍人无法接受教育和医疗保障。在国际上,无国籍人没有资格获得护照等国际旅行证件,因此很难离开其居住的国家。[④] 例如,2007年日本的婴儿曼吉(Baby Manji)案中,日本公民山田夫妇到印度旅行,用山田先生的精子与匿名捐赠者的卵子进行代孕,一年后在印度产下女婴曼吉,但在曼吉出生前山田夫妇就已离婚。山田先生去日本驻印度大使馆办理曼吉的护照时被大使馆拒绝,其理由是:根据《日本民法典》的规定,公民资格的取得是由分娩母亲的国籍所决定的。因此,日本并不承认曼吉的日本公民身份,但印度也不认可其为印度公民,最终导致曼吉处于无国籍状态。由于缺乏合法的公民身份和护照,曼吉只能被滞留在印度,且没有合法的监护人,权利根本无法得到保障。

一方面,国籍取得的依据冲突,可能导致跨国代孕儿童无国籍。国籍的取得或依据血统主义,或依据出生地主义。[⑤] 依据血统主义,儿童取得其父母或祖辈的国籍。依据出生地主义,在一国领土上出生的儿童取得该国国籍。实践中,二者择其一或二者并行的国家皆有之。在采取血统主义的国家,儿童取得国籍的前提是建立合法的亲子关系。因此,当代孕儿童的合法父母身份认定出现争议时,儿童的国籍随之受到影响,如果代孕母亲和委托父母所属国均不认可亲子关系,并因此不赋予儿童国籍,那么该儿童就有可能成为无国籍人。

另一方面,国籍是一个复杂且极具敏感性的问题,其概念与主权概念紧密

① *Nottebohm* case, second phase, Judgment of 6 April 1955, ICJ Reports, p. 23.

② See I. Brownlie, *Principles of Public International Law*, Oxford University Press, 2003, p. 459, 460.

③ See J. Milbrandt, *Stateless*, 20 Cardozo Journal of International and Comparative Law 75, p. 92 (2011).

④ See T. Lin, *Born Lost: Stateless Children in International Surrogacy Arrangements*, 21 Cardozo Journal of International and Comparative Law 545 (2013).

⑤ See P. Weil, *Access to Citizenship: A Comparison of Twenty-Five Nationality Laws*, in T. Alexander Aleinikoff and D. Klusmeyer eds., Citizenship Today: Global Perspectives and Practices, Brookings Institution Press, 2001, p. 17.

交织。[1]"国家有权决定谁是其国民"是一项国际习惯法规则,国籍问题原则上属于国家的保留领域。[2] 因此,一国国籍的取得应当由该国的国内法予以规定,国家没有义务将其国籍授予特定人。这也是跨国代孕儿童的国籍权难以得到保障的原因之一。

此外,儿童出生登记对儿童社会身份权也产生一定的影响。出生登记是法律对儿童存在的第一道确认程序。在许多国家,出生登记的缺失将意味着儿童无法享受医疗保障、教育和其他社会服务。[3] 在绝大多数国家,在出生登记申请时向当局作出虚假或误导性陈述是违法的。一般而言,一旦某公民在儿童出生记录中被登记为儿童的父母,则该公民在任何情况下都被视为儿童的合法父母,除非出生记录存在争议或者无效。虽然儿童的出生登记权已经在多项具有法律约束力的文件中得到确认,但在跨国代孕的情况下,由于存在匿名配子者以及对隐私保护的考虑,如何落实该项权利仍有待解决。

(二)代孕儿童国籍权保护的国际法依据

1851年,意大利著名国际法学家孟西尼(Mancini)在其代表性演讲中指出,"国籍乃国际法的基础"。此后,多项国际法律文件都认可了公民有取得国籍的权利。[4]《世界人权宣言》第15条规定:人人有权获得国籍。任何人不得被强行剥夺国籍或其自由换国籍的权利。《消除一切形式种族歧视国际公约》第5条则禁止并消除了与国籍有关的一切形式的种族歧视。ICCPR第24条规定:"每个儿童出生后应立即登记,并应有姓名。每个儿童都有权获得国籍。"CRC第7条规定,儿童出生后应立即进行登记,并从出生起就有权获得国籍。CRC第8条规定,每个儿童都有权保留自己的国籍,在儿童被非法剥夺国籍的情况下,缔约国应提供适当的援助和保护,以便迅速重新确立其国籍。换言之,儿童不得长期处于无国籍的状态,因此其必须在

---

① See J. Blackman, *State Successions and Statelessness: The Emerging Right to an Effective Nationality under International Law*, 19 Michigan Journal of International Law 1141, 1151(1998).

② See R Bernhardt, *Encyclopedia of Public International Law*, Elseview, 1997, p. 510 – 511.

③ See J. Doek, *The CRC and the Right to Acquire and to Preserve a Nationality*, 25(3) Refugee Survey Quarterly, p. 26 – 32(2006).

④ 包括但不限于:《公民权利和政治权利国际公约》第24条、《儿童权利公约》第7条、《消除对妇女一切形式歧视公约》第9条、《消除一切形式种族歧视公约》第5条、《非洲儿童权利与福利宪章》第6条、《美洲人权公约》第20条、《伊斯兰儿童权利公约》第7条、《减少无国籍状态公约》、《欧洲国籍公约》、《欧洲委员会关于避免国家继承方面无国籍状态的公约》等。

出生时或出生后尽快获得国籍。[①]

此外,《关于无国籍人地位的公约》和《减少无国籍状态公约》针对无国籍状态提出了补救措施。前者要求缔约国向其领土内没有旅行证件的人签发身份证明,并向其领土内合法居留的无国籍人签发旅行证件。当然,上述文件的签发并不代表国籍的授予。后者则规定,对于在缔约国领土上出生的无国籍儿童,该缔约国应当依据法律在其出生时给予国籍,或依据当事人申请给予国籍。这对于避免代孕儿童在出生时陷入无国籍状态有所帮助。

除国籍权外,许多国际条约都明确地为缔约国设置了及时给出生儿童登记的义务。例如,CRC 第 7 条规定,每个儿童都有权在出生时不受任何歧视地进行登记。依据该公约的规定,各缔约国有义务采取措施保存儿童的身份,包括保存重要记录和家庭信息。[②] 对于通过代孕方式出生的儿童,公约虽未予以明确规定,但立足公约的基本理念,出生登记应当诚实地反映儿童的身份及出生相关信息。[③]

尽管儿童的国籍权受到多项国际人权法文书的确认和保护,但迄今为止,没有任何条约明确规定代孕儿童的国籍问题,也没有任何国际法律文件明确代孕儿童应享有哪国国籍。因此,实践中仍有许多代孕儿童面临无国籍的风险,这是该儿童出生国的亲子关系法和国籍法所共同造成的结果。

(三)代孕儿童国籍取得的国内实践

1. 禁止跨国代孕儿童取得国籍

以法国为代表的严格禁止代孕协议的国家,在跨国代孕儿童国籍取得这一问题上,态度也是反对的。法国国内法对于跨国代孕儿童的国籍问题始终保持缄默。从实践来看,尽管法国政府于 2013 年出台了行政通知,宣布可以向法国公民在国外出生的子女发放法国国籍(CNF)证书,[④]但法国最高法院同年的决定再次确认了法院在 2010 年蒙森案中表达的立场,即通过代孕协议出生的儿童不能取得

---

① See UN High Commissioner for Refugees, *Guidelines on Statelessness No. 4: Ensuring Every Child's Right to Acquire a Nationality through Articles 1 -4 of the 1961 Convention on the Reduction of Statelessness*, 21 December 2012, HCR/GS/12/04, available at: www. refworld. org/docid/50d460c72. html.

② See Committee on the Rights of the Child, *Concluding Observations for Norway*, 25 April 1994, UN Doc CRC/C/15/Add23.

③ See J. Doek, *The CRC and the Right to Acquire and to Preserve a Nationality*, 25(3) Refugee Survey Quarterly, p. 26 -32(2016).

④ See Circular CIV/02/13 on 25 January 2013, available at: www. gisti. org/IMG/pdf/circ_20130125_norjusc1301528c. pdf.

法国国籍。[1]

2. 允许跨国代孕儿童取得国籍

与亲子关系的认定相比,绝大多数国家在国籍问题上都显得较为宽容。《奥地利国籍法》第7条规定,在国外由非奥地利公民的代孕母亲所生的子女,如果其委托母亲是奥地利公民,则该子女将被授予奥地利国籍。如果依据代孕儿童出生国法律,他或她的法定父亲或母亲是奥地利公民,而该儿童在出生时如果没有取得奥地利国籍就会成为无国籍人,那么该代孕儿童在出生时也可取得奥地利国籍。在比利时,如果委托父母具有比利时国籍,那么其可向跨国代孕儿童出生国的比利时使领馆替该儿童申请比利时护照。只要委托父母的国籍得到确认,该代孕儿童即可取得比利时国籍并获得比利时护照。在荷兰,只要父母其中一方具有荷兰国籍,子女不论其出生地是否位于荷兰领土上,均可取得荷兰国籍。代孕子女取得国籍的程序遵循收养规则。[2]

《美国宪法第十四修正案》规定,所有在美国出生的人都是美国公民,并受美国法律管辖。因此,如果一个孩子是在美国由美国居民代孕出生,那么这个孩子取得美国国籍。在英国,根据《英国国籍法》的规定,在国外出生的儿童,只要其出生时父母一方具有英国国籍,则该儿童即取得英国国籍。[3] 而已婚的外国代孕母亲所生的孩子将无法自动获得英国国籍。在此种情况下,委托父母首先需要向英国政府申请将代孕儿童登记为英国公民,然后再为其申请护照。[4] 如果外国代孕母亲是单身或离异状态,那么委托父母则可依据其本人的英国国籍和其对代孕儿童的代理权,直接为代孕儿童申请英国护照。

依上文对国家实践的比较考察,大多数国家的国籍法尚未适应跨国代孕行为的发展。[5] 目前来看,只有英国、美国和奥地利三个国家有明确适用于代孕情形的国籍规则。在其他国家,国籍的取得依赖于委托父母和代孕儿童之间的遗传关系和亲子关系的确定,如果亲子关系能够成功建立,那么代孕儿童通常能够取得委托父母所

---

① Arrêt n° 1091 du 13 septembre 2013 (12 – 30. 138)-Cour de cassation-Première chambre civile-Judgment No 1091 of 13 September 2013 (12 – 30. 138). See from Michael Wells-Greco, p. 87.

② Council of Europe, *Study for the Feasibility of a Legal Instrument in the Field of Nationality Law and Families* (*including the Promotion of Acquisition of Citizenship*), CDCJ 11, p. 103(2012).

③ British Nationality Act 1981, Section 2.

④ British Nationality Act 1981, Section 1.

⑤ 海牙国际私法会议在其2014年的报告中也得出了相同的结论。See HCCH, *Study of Legal Parentage and the Issues Arising from International Surrogacy Arrangements*, Prel. Doc. No. 3 C of March 2014, p. 22 – 24.

属国的国籍。然而,在国籍法上,通常不会对儿童的遗传父母和法定父母作出区分,而是假定二者是同一个人。那么,国籍法上的父母身份的认定规则就可能会与家庭法中的相关规则产生冲突,这也就导致一种新的无国籍困境:根据一国国内法,代孕儿童可能有法定父母,但无法取得其法定父母的国籍。鉴于此,跨国代孕问题对于国籍法将持续产生深远的影响,特别是国籍法中对于“父母”的定义和对无国籍状态的识别与分析。

四、结论

通过代孕建立的家庭关系,通常无法完美契合现有的国家立法框架,这就使得代孕儿童的权利保护路径也不同于其他儿童。现有的国际法和国内法是否能够充分保护代孕儿童的合法权利?答案不言自明。在世界范围内,尽管部分国家有对代孕加以禁止或加以规范的做法,但几乎不存在针对跨国代孕的具体立法。

跨国代孕儿童在家庭中和社会中的身份权利都值得关注,其权利的行使基础有二:亲子关系的确定和国籍的取得。从国际条约的规定和各国实践来看,代孕儿童并不能直接依据代孕合同取得合法的亲子关系和国籍。在很多情况下,委托父母无法在代孕儿童出生时自动获得法定父母的身份,而代孕儿童也无法自动取得其委托父母的国籍。

就亲子关系的确立而言,国际条约虽然规定了儿童在家庭中的身份性权利,但并未提供亲子关系的认定标准。在实践中,法院地公共政策与儿童最大利益原则的平衡是一大难点。就国籍的取得而言,避免儿童的无国籍状态是国际条约的要求,但各国国籍法对于代孕儿童的国籍问题规定少之又少,加之国籍法与家庭法对于亲子关系的认定标准不一,即使亲子关系成功建立,也不一定能够确保代孕儿童成功取得国籍。

信息与资料

欧盟理事会2019年6月25日《关于婚姻事项及父母亲责任事项的管辖权、判决的承认与执行以及关于国际儿童诱拐的第2019/1111号条例》*（重订本）

邹国勇** 汪文璟*** 李昱辰**** 译

欧洲联盟理事会，

根据《欧盟运行条约》的规定，尤其是第81条第3款，

根据欧盟委员会的建议，

在将立法草案转发各国议会后，

根据欧盟议会的意见，①

根据欧盟经济与社会委员会的意见，②

依照特别立法程序，

鉴于：

---

* COUNCIL REGULATION (EU) 2019/1111 of 25 June 2019 on jurisdiction, the recognition and enforcement of decisions in matrimonial matters and the matters of parental responsibility, and on international child abduction (recast), *Official Journal of the European Union* L 178 of 2.7.2019, p.1–115. 本条例系根据其英语和德语官方文本翻译；因篇幅所限，其附件Ⅰ～Ⅹ译文省略。本文为国家社科基金一般项目"《民法典》时代我国国际私法典编纂国际民事程序研究"（批准号：21BFX157）阶段性成果。——译者注

** 武汉大学国际法研究所副教授、法学博士。

*** 武汉大学国际法研究所2020级硕士研究生。

**** 武汉大学国际法研究所2021级硕士研究生。

① 2018年1月18日意见（《欧洲联盟官方公报》2018年12月19日C458号第499页）和2019年3月14日意见（尚未在官方公报上公布）。

② 2017年1月26日意见（《欧洲联盟官方公报》2007年4月21日C125号，第46页）。

(1)2014年4月15日,欧盟委员会通过了一份关于适用欧盟理事会《第2201/2003号条例》①的报告。该报告认为,虽然《第2201/2003号条例》作为立法文件运作良好,给公民带来了诸多裨益,但现有规则仍可进一步改进。对于该条例,必须进行诸多修正。为明确起见,应对该条例予以重订。

(2)本条例确立了关于离婚、依法别居、宣告婚姻无效以及具有国际因素的父母亲责任争议的统一管辖权规则。通过制定有关判决、公文书以及一些协议在其他成员国的承认与执行条款,促进了它们在联盟内的自由流通。此外,本条例明确了儿童在与其有关的诉讼程序中享有表达其意见的权利,也包含有在其成员国相互关系上实施1980年10月25日《关于国际诱拐儿童民事方面的海牙公约》(以下简称《1980年海牙公约》)的补充条款。因此,本条例有助于增强法律确定性并提高灵活性,以改进诉诸法院的程序,确保诉讼程序更加高效。

(3)在尊重成员国不同法律制度和法律传统的前提下,联盟司法区域的顺畅和有序运作对联盟至关重要。在这方面,应进一步加强司法系统间的相互信任。联盟本身已确立了创设、维持和发展一个自由、安全和公正的区域的目标,以保障该区域内人员的自由流动和诉诸法律的权利。为实现该目标,应加强人们——尤其是儿童——在法律程序中的权利,以促进司法和行政机关的合作以及具有跨境因素的家庭法事项判决的执行。民事判决的相互承认应予加强,诉诸司法的程序应予简化,成员国机关之间的信息交流应予改进。

(4)为此,在跨境民事司法合作领域,欧盟应进一步采取为内部市场顺畅运作所必需的措施。"民事事项"一词,应根据欧洲联盟法院(以下简称欧盟法院)的既定司法判例自主解释。它应被视为一个独立的概念,在对其进行解释时,应首先参照本条例的目标和体系,其次参照从各国法律体系整体所引申的一般法律原则。因此,"民事事项"一词应被解释为也包括成员国法律体系中有可能属于公法范畴的措施。根据本条例的目标,它应特别包括本条例意义上的所有关于"父母亲责任"事项的申请、措施或判决。

(5)本条例涵盖的"民事事项",包括有关婚姻事项和父母亲责任事项的民事司法程序和由此产生的判决、公文书和某些司法外协议。此外,"民事事项"一词应包括有关《1980年海牙公约》送还儿童的申请、措施或判决以及有关公文书和某些司

① 欧盟理事会2003年11月27日《关于婚姻事项及父母亲责任事项的管辖权以及判决的承认与执行并废除第1347/2000号条例的第2201/2003号条例》(载《欧洲诸共同体官方公报》2003年12月23日L338号,第1页)。

法外协议。根据欧盟法院的司法判例和《1980 年海牙公约》第 19 条的规定,这些均不涉及父母亲责任的实体问题,但与之密切相关,并由本条例的某些条款处理。

(6)为促进有关婚姻事项和父母亲责任事项的判决、公文书和某些协议的流通,在联盟层面上通过具有约束力并可直接适用的法律文件来制定有关管辖权和判决的承认与执行的规则,是必要的而且是适当的。

(7)为了保证对所有儿童平等,本条例适用于所有关于父母亲责任事项的判决,包括保护儿童的措施,而不需要考虑其是否与婚姻诉讼或者其他诉讼有关。

(8)由于在婚姻诉讼中经常适用有关父母亲责任的规则,因此,宜在一份单独的法律文件中对离婚事项及父母亲责任事项作出规定。

(9)至于离婚、依法别居或宣告婚姻无效的判决,本条例仅适用于解除婚姻关系,而不适用于诸如离婚原因、婚姻财产制或者任何其他可能发生的附带事项。有关驳回解除婚姻关系的判决不在本条例关于承认的条款的适用范围内。

(10)至于儿童的财产,本条例应仅适用于儿童保护措施,具体而言,即受托管理儿童财产、代理或者协助儿童的个人或者机构的指定及其职责范围,以及管理、保存或者处置儿童财产的措施。在这种情况下,本条例应适用于诸如诉讼标的为指定管理儿童财产的个人或机构的情形。与儿童财产相关,但不涉及儿童保护的措施,应继续适用欧盟议会及理事会《第 1215/2012 号条例》。[①] 然而,本条例中关于附带问题管辖权的规定仍有可能适用于此类案件。

(11)任何形式的儿童安置,即根据国内法律规定和程序将儿童安置在另一成员国的一个或多个私人处,或者安置在照料机构处,如孤儿院或儿童之家,都应属于本条例的适用范围,但被明确排除的情形除外,如为收养目的进行的安置、在父母一方的安置,或在接收成员国所宣布的任何其他近亲处安置。因此,法院责令的"教育性安置",或者由主管机关在征得父母或儿童同意后或者在儿童出现异常行为后应他们要求所安排的"教育性安置",也应包括在内。只有在儿童的行为(如果是由成年人实施的)可能构成国内刑法所规定的犯罪行为时,责令或安排的安置——无论是教育性的还是惩罚性的——才应被排除在外,而不论这在具体案件中是否会导致定罪。

(12)本条例不应适用于父母身份的确立,因为这与父母亲责任的归属是不同的问题,也不应适用于与个人身份有关的其他问题。

---

① 欧盟议会及理事会 2012 年 12 月 12 日《关于民商事管辖权及判决承认与执行的第 1215/2012 号条例》(载《欧洲联盟官方公报》2012 年 12 月 20 日 L351 号,第 1 页)。

(13)扶养义务已由欧盟理事会《第 4/2009 号条例》[①]所调整,故不在本条例的适用范围之列。除了被告或权利人经常居所地的法院外,根据本条例对婚姻事项有管辖权的法院一般应有权适用《第 4/2009 号条例》第 3 条(c)项的规定,就配偶间的或婚后的扶养义务的附带事项作出判决。根据本条例对父母亲责任事项具有管辖权的法院,一般有权通过适用《第 4/2009 号条例》第 3 条(d)项对儿童抚养义务的附带事项作出判决。

(14)根据欧盟法院的判例,"法院"一词应作广义解释,以涵盖对某些婚姻事项或父母亲责任事项行使管辖权的行政机关或其他机关,如公证处。法院根据国内法律和程序进行实质审查后批准的任何协议都应作为"判决"予以承认和执行。经公共机构或者一成员国为此目的而通报给欧盟委员会的其他机构正式处理后,在原审成员国取得约束性法律效力的其他协议,应根据本条例中关于公文书和协议的特别规定在其他成员国产生效力。纯粹的私人协议,不允许根据本条例自由流通。然而,既非判决也非公文书,但已由主管公共机构登记的协议,应予流通。登记协议的公证员,即使他们从事的是自由职业,也属于这类公共机构。

(15)关于"公文书",本条例中的"授权"一词应根据联盟其他法律文件中一贯使用的"公文书"的定义并参照本条例的宗旨自主解释。

(16)虽然根据《1980 年海牙公约》进行的送还诉讼不是有关父母亲责任的实体问题的诉讼,但是根据《1980 年海牙公约》责令将儿童送还至另一国的判决,如果在责令送还后儿童又被诱拐从而需要在另一成员国执行,则依照本条例第四章予以承认与执行。因事后的诱拐行为而根据《1980 年海牙公约》启动新的儿童送还诉讼的可能性,并不受此影响。此外,非法带离或滞留儿童情况下的其他方面也应继续适用本条例,诸如有关经常居所所在的成员国法院的管辖权的规定以及对该法院作出的任何裁判予以承认与执行的规定。

(17)本条例应与 1996 年 10 月 19 日《关于父母亲责任和儿童保护措施方面的管辖权、法律适用、承认、执行及合作的公约》(以下简称《1996 年海牙公约》)一样,适用于所有 18 岁以下的儿童,即使他们在 18 岁之前根据其属人法取得行为能力,如通过婚姻宣告成年。因此,本条例的规定应避免与适用于 18 岁以上人群的 2000 年 1 月 13 日《关于成年人国际保护的海牙公约》发生重叠,同时应防止这两个法律文件之间出现空白。《1980 年海牙公约》以及本条例第三章——成员国之间在适用

① 欧盟理事会 2008 年 12 月 18 日《关于扶养义务事项的管辖权、法律适用、判决的承认与执行并进行合作的第 4/2009 号条例》(载《欧洲联盟官方公报》2009 年 1 月 10 日 L7 号,第 1 页)。

《1980年海牙公约》关系上的补充,应继续适用于16岁以下的儿童。

(18)为本条例之目的,如果根据一项判决、法律的实施或根据儿童经常居住的成员国法律具有法律效力的协议,父母亲责任的承担者未经某人同意不能决定儿童的居住地,无论法律使用何种术语,该人都应被视为拥有"监护权"。在一些保留"监护"和"探视"措辞的法律制度中,非监护人的父母一方实际上可能对有关儿童的各项决定保留重要责任,而不仅仅是探视权。

(19)父母亲责任事项上的管辖权依据是为实现儿童的最大利益而设计的,并应据此予以适用。对儿童最大利益的任何提及,都应根据通过国内法律和程序予以实施的《欧洲联盟基本权利宪章》(以下简称《宪章》)第24条和1989年11月20日《联合国儿童权利公约》进行解释。

(20)为保障儿童的最大利益,首先应根据空间上的邻近标准确定管辖权。因此,管辖权应属于儿童经常居所所在的成员国,但本条例另有规定的某些情况除外,例如,儿童居所地发生变更或父母亲责任的承担者之间达成其他协议。

(21)如果没有任何尚未审结的有关父母亲责任事项的诉讼,且儿童在合法搬迁后其经常居所地发生了变化,管辖权应紧随儿童而变,以保持空间上的邻近关系。对于未决诉讼,出于法律确定性和司法效率的考虑,在该诉讼程序作出终局判决或者以其他方式终结之前,有理由维持这种管辖权。然而,在某些情况下,尚未审结该诉讼的法院得以将管辖权移送给儿童合法搬迁后所居住的成员国。

(22)儿童被非法带离或滞留时,在不损抑根据本条例可能进行的法院选择的前提下,在该儿童在另一成员国设立新的经常居所并满足一些特定条件之前,该儿童经常居所所在的成员国的法院应维持其管辖权。具有集中管辖权的成员国,应考虑允许受理依照《1980年海牙公约》所提出的送还申请的法院,在双方当事人于送还诉讼中达成协议的情况下,行使双方当事人根据本条例就父母亲责任事项所商定或接受的管辖权。这种协议应包括关于送还和不送还儿童的协议。如果对于不送还儿童已达成一致,则该儿童应留在新经常居所所在的成员国,今后该国任何有关监护权的诉讼,其管辖权应根据该儿童的新经常居所来确定。

(23)在本条例所指的特定条件下,父母之间正在其境内进行有关离婚、依法别居或宣告婚姻无效诉讼的成员国,或者父母双方事先或者最迟在起诉时商定的或在诉讼中明确接受的与儿童有实质性联系的另一成员国,即使该儿童在该成员国没有经常居所,也可以确立对父母亲责任事项的管辖权,但前提是行使这种管辖权符合儿童的最大利益。根据欧盟法院的判例,除父母之外的任何人,根据内国法具有父母所启动的诉讼程序当事人资格的,均应被视为本条例意义上的诉讼当事人。因此,在向法院起诉后,如果该当事人反对所涉儿童的父母对管辖法院的选择,则应排除所有诉讼当事人在当天接受协议管辖的可能性。在根据选择法院协议或接受管辖而行使其管辖权之前,法院应审查该协议或此项接受是否为有关当事人各方在知情基础上作出的自由选择,而不是一方当事人利用另一方当事人的困境或弱势地位的结果。在诉讼程序中接受司法管辖的情况,应由法院根据本国法律规定和程序进行记录。

(24)除非各方当事人另有约定,一旦对诉讼中有关父母亲责任事项进行判决就不得再提起普通上诉,或者诉讼程序因其他原因而终结,任何商定或接受的管辖权都应终止,以便遵守今后任何新诉讼程序在空间上的邻近性要求。

(25)如果儿童的经常居所不能确定,也不能根据选择法院协议确定管辖权,则应由儿童所在成员国法院管辖。这种以所在地作为管辖根据的规则也应适用于难民儿童和因其经常居所所在的成员国国内骚乱而被迫流离失所的儿童。然而,根据本条例并结合《1996 年海牙公约》第 52 条第 2 款,这一管辖规则只适用于流离失所前其经常居所在某一成员国的儿童。如果该儿童在流离失所之前其经常居所位于第三国,则应适用《1996 年海牙公约》有关难民儿童和因其国内骚乱而被迫流离失所的儿童的管辖权规则。

(26)在特殊情况下,儿童经常居所所在的成员国的法院有可能不是最适合审理案件的法院。作为例外,在某些条件下,虽然没有义务这样做,但如果另一成员国的法院更适合评估特定案件中儿童的最大利益,具有管辖权的法院应可以将其对特定案件的管辖权移送给该法院。根据欧盟法院的判例,一成员国法院在父母亲责任事项上的管辖权只能移送给与所涉儿童有"特殊联系"的另一成员国法院。本条例应详尽列出这种"特殊联系"的决定性要素。具有管辖权的法院,只有在其先前作出的中止诉讼和请求移送管辖权的裁定已产生法律效力,并可根据国内法对该裁定提起上诉时,才可以向另一成员国的法院提出请求。

(27)在特殊情况下,并考虑到具体案件中儿童的最大利益,根据本条例没有管辖权但与本条例所指的儿童有特殊联系的一成员国法院,应得以请求儿童经常居所所在的成员国的主管法院移送管辖权。但是,这种做法在儿童被非法带离或滞留时不予允许,而应由被请求的成员国的国内法律来确定具体的管辖法院。

(28)移送管辖权的请求,无论是由希望移送其管辖权的法院提出,还是由希望获得管辖权的法院提出,都只对特定案件有效。一旦请求并获准移送管辖权的诉讼程序终结,这种移送对于今后的诉讼程序就无任何效力。

(29)如果依照本条例规定,每一成员国的法院均无管辖权,则在每个成员国,管辖权依照该成员国的法律确定。“该成员国的法律”一词应包括在该成员国生效的国际公约。

(30)本条例不应妨碍对该实体问题无管辖权的成员国法院在紧急情况下对于在该成员国境内的儿童的人身或财产采取包括保护性措施在内的临时措施。根据本条例,这些措施不应在任何其他成员国得到承认与执行,但为保护儿童免受《1980年海牙公约》第13条第1款(b)项所指严重危险而采取的措施除外。在儿童经常居所所在的成员国法院采取其认为适当的措施之前,为保护儿童免受这种危险而采取的措施应继续有效。只要有利于保护儿童的最大利益,法院应直接或通过中央机关将所采取的措施通知依照本条例规定对实体问题具有裁判管辖权的成员国法院。然而,未能提供此类信息本身不应构成不承认该措施的理由。

(31)仅对包括保护性措施在内的临时措施具有管辖权的法院,如果收到关于案件实体问题的申请,且另一成员国的法院根据本条例对案件的实体问题具有管辖权,则前法院应依职权主动宣告自己没有管辖权。

(32)根据本条例不具有管辖权的成员国法院,如果其在诉讼中的裁判结果取决于对属于本条例适用范围内的附带问题所作的判决,则本条例不应妨碍该成员国法院对该问题作出判决。因此,如果诉讼标的是涉及儿童的继承纠纷,且需要指定一名诉讼监护人在诉讼中代表儿童,则对继承纠纷有管辖权的成员国,无论其依照本条例是否对父母亲责任事项具有管辖权,均应被允许在未审结的诉讼中指定监护人。任何此类判决只应在作出判决的程序中产生效力。

(33)在继承诉讼中,如果在某一成员国法院以儿童名义实施或将要实施的法律行为的有效性需要取得法院的许可或批准,则该成员国的法院即使依照本条例不具有管辖权,亦应能决定是否允许或批准这种法律行为。“法律行为”一词,应包括诸如接受或拒绝继承,或者双方就分享或分配遗产达成协议。

(34)本条例应不损抑国际公法上有关外交豁免规定的适用。由于国际公法上的外交豁免而致使依照本条例具有管辖权的法院不能行使其管辖权时,那么相关人员在其境内不享有此种豁免的成员国应根据其本国法来行使管辖权。

(35)本条例界定了法院在本条例意义上的受理案件的时间。鉴于各成员国存在两种不同制度,即要么要求先将诉讼文书送达被申请人,要么先提交给法院,因此,如果申请人后来为实施第二步而采取了国内法所要求采取的任何措施,则采取了国内法所规定的第一步措施亦足矣。考虑到调解和其他替代性争议解决方式在司法程序中的重要性日益凸显,根据欧盟法院的判例,在提起诉讼的一方当事人之后,按照要求采取了将文书有效送达被申请人的措施,但诉讼文书尚未送达被申请人且被申请人也不知晓或未以任何方式参与诉讼时,根据提起诉讼的一方当事人的申请,为找到友好的解决方法而暂时中止诉讼程序的情形下,在向法院提交诉讼文书或类似文件的时刻,法院应被视为已经受理。根据欧盟法院的判例,在未决案件中,向国家调解机构提出强制性调解程序的日期应被视为"法院"受理的日期。

(36)根据本条例所启动的诉讼程序中的文书送达,适用欧盟议会及理事会《第1393/2007号条例》①。

(37)一成员国法院受理案件后如果根据本条例对案件所涉事项的实体问题没有管辖权,而另一成员国法院根据本条例对其有管辖权,则前者应主动宣布其没有管辖权。但是,与本条例所指的儿童有特殊联系的成员国法院,应有权自由裁量是否根据本条例请求移送管辖权,但没有义务这样做。

(38)为实现和谐司法之目的,有必要尽量减少平行诉讼的可能性,以避免在不同成员国作出相互矛盾的判决。应建立一个透明、有效的机制来解决未决案件和相关诉讼问题,并消除各个国家因在确定受理案件的时间方面存在差异而产生的问题。为本条例之目的,该时间应由各国自主界定。然而,为了提高排他性法院选择协议的效力,本条例有关未决案件的规定不应妨碍父母将排他性管辖权授予某成员国法院。

(39)作为一项基本原则,本条例所指的有关父母亲责任事项的诉讼以及《1980年海牙公约》规定的儿童送还诉讼,应根据欧盟法院的判例,为诉讼中有能力形成自己意见的儿童提供真正有效表达自己意见的机会,并在评估儿童的最大利益时适当考虑这些意见。儿童有机会根据《宪章》第24条第1款和《联合国儿童权利公约》第12条自由地表达自己的意见,在本条例的适用中应发挥重要作用。然而,该条例本应将由谁听取儿童意见和如何听取儿童意见的问题留给各成员国的国内法和程序来决定。因此,本条例的目的,不应是规定应由法官亲自听取儿童的意见,还是由经过专门培训的专家听审后向法院报告,还是在法庭上、其他地方或者通过其他方式听取儿童的意见。此外,虽然听取儿童的意见仍是儿童的一项权利,但不能构成一

① 欧盟议会及理事会2007年11月13日《关于在成员国送达民商事司法及司法外文书并废除欧盟理事会第1348/2000号条例的第1393/2007号条例》(载《欧洲联盟官方公报》2007年12月10日L324号,第79页)。

项绝对的义务,而必须在考虑到儿童的最大利益的情况下——如在涉及双方协议的情况下——进行评估。

虽然根据欧盟法院的判例,《宪章》第 24 条和《第 2201/2003 号条例》并不要求原审成员国法院在每个案件中都通过听审来征求儿童的意见,该法院也因此保留一定程度的自由裁量权,但判例还规定,如果该法院决定给儿童提供陈述意见的机会,为确保这些规定的有效性以及为儿童提供真正有效的表达其意见的机会,法院必须在考虑到儿童的最大利益和个案具体情况下,采取一切便于听审的措施。原审成员国法院应尽可能始终考虑到儿童的最大利益,根据国内法以及国际司法合作的具体法律文件,包括在适当情况下根据欧盟理事会《第 1206/2001 号条例》①的规定,利用一切可供利用的手段。

(40)非法带离或滞留儿童的,应立即送还儿童;为此,被本条例尤其是本条例第三章补充的《1980 年海牙公约》继续适用。

(41)为了尽快结束依照《1980 年海牙公约》进行的送还诉讼,各成员国应根据其本国的法院结构体系,考虑将这些诉讼程序的管辖权集中在尽可能少的法院。儿童诱拐案件的管辖权可以集中在一个全国性的法院,也可以集中在有限的几个法院。例如,以上诉法院的数量为出发点,将国际儿童诱拐案件的管辖权集中在每个上诉法院辖区的一个初审法院。

(42)对于根据《1980 年海牙公约》提起的送还诉讼,除非有特殊情况无法做到,否则每一审法院均应在 6 个星期内作出判决。使用替代性争议解决方式这一事实本身不应视为允许超出期限的特殊情况。但是,在使用这些方式时可能出现或由于这些方式的使用可能会引发特殊情况。对于一审法院,期限应从法院受理案件时起算。对于更高审级的法院,该期限应从已采取所有必要的程序性步骤之时起算。根据有关的法律制度,这些措施可以包括:在法院所在的成员国或者另一成员国向被申请人送达上诉状;在必须向作出原审判决的法院所在的成员国提起上诉时,将案卷和上诉状转交给上诉法院;在国内法律规定必须提出申请的情况下,由一方当事人申请进行听审。成员国还应考虑针对根据《1980 年海牙公约》作出的准予或拒绝送还儿童的判决可以提出的上诉次数限制为一次。

(43)在所有涉及儿童的案件中,尤其是在国际儿童诱拐案件中,法院应考虑通过调解和其他适当手段解决问题的可能性,并在适当情况下得到现有的跨境父母亲

① 欧盟理事会 2001 年 5 月 28 日《关于成员国法院之间在民商事取证方面进行合作的第 1206/2001 号条例》(载《欧洲诸共同体官方公报》2001 年 6 月 27 日 L174 号,第 1 页)。

责任纠纷调解网络和支持机构的协助。但是,这种努力不应不适当地延长《1980 年海牙公约》规定的送还诉讼。此外,调解可能并不总是合适的,尤其对于家庭暴力案件而言更是如此。例如,在根据《1980 年海牙公约》进行的送还诉讼中,父母就送还或不送还儿童以及就父母亲责任事项达成协议,在某些情况下,本条例应允许他们同意根据《1980 年海牙公约》受理案件的法院具有管辖权,能通过将其纳入判决、批准或适用国内法律和程序规定的任何其他形式,使其协议具有法律约束力。因此,已经将管辖权集中化的成员国,应考虑使根据《1980 年海牙公约》受理送还诉讼的法院也能在双方当事人在送还诉讼中达成协议的情况下,根据本条例对父母亲责任事项行使双方商定或接受的管辖权。

(44)正如《1980 年海牙公约》的规定,儿童被非法带离或滞留的成员国法院应在有特定、正当的理由的情况下拒绝送还。在此之前,法院应考虑是否已采取或可能采取适当的保护措施,以保护儿童免受《1980 年海牙公约》第 13 条第 1 款(b)项所指的严重危险的威胁。

(45)法院仅根据《1980 年海牙公约》第 13 条第 1 款(b)项而考虑拒绝送还儿童的,如果寻求送还儿童的一方当事人满足法院要求,或者使法院确信已作出适当安排以确保儿童在送还后得到保护,则法院不应拒绝送还儿童。这类安排的例子包括:该成员国的法院禁止申请人接近儿童;该成员国的包括保护性措施在内的临时措施允许儿童与作为主要照料者的诱拐父母在一起,直到该成员国在送还儿童后就监护权的实体问题作出判决为止;证明有可供需要治疗的儿童使用的医疗设施。在特定情况下适于采取哪种安排,取决于在没有这种安排下儿童被送还可能面临的具体严重风险。寻求确定是否已作出适当安排的法院应主要依靠各方当事人,并在必要和适当的情况下,向中央机关或网络法官尤其是根据欧盟理事会《第 2001/470 号决定》[①]建立的欧洲民商事司法网和海牙国际法官网内部寻求协助。

(46)在适当情况下,法院在责令送还儿童时,应根据本条例责令采取它认为必要的、包括保护性措施在内的任何临时措施,以保护儿童不致因送还而受到严重的身心伤害,否则会导致拒绝送还。这种临时措施及其实施不应拖延《1980 年海牙公约》所规定的送还诉讼,也不应破坏根据《1980 年海牙公约》受理送还诉讼的法院与根据本条例对父母亲责任的实体问题拥有管辖权的法院之间的管辖权划分。必要时,根据《1980 年海牙公约》受理送还诉讼的法院应在中央机关或网络法官的协助

① 欧盟理事会 2001 年 5 月 28 日《关于建立欧洲民商事司法网络的第 2001/470 号决定》(载《欧洲诸共同体官方公报》2001 年 6 月 27 日 L174 号,第 25 页)。

下,尤其是在欧洲民商事司法网和国际海牙法官网内部的协助下,与儿童经常居所所在的成员国的法院或主管机关磋商。这些措施应在所有其他成员国——包括根据本条例具有管辖权的成员国——得到承认与执行,直到这些成员国的法院采取其认为适当的措施为止。这种包括保护性措施在内的临时措施,可以包括诸如儿童应继续与主要照料者一起居住,或在儿童经常居住地法院采取其认为适当的措施之前应如何与送还后的儿童接触。这不应影响儿童在被送还后其经常居所地法院采取的任何措施或作出的任何判决。

(47)如果为了儿童的最大利益在对上诉作出判决前必须送还儿童,则尽管会被上诉,也应可以宣布责令送还儿童的判决具有暂时可执行性。哪个法院得以宣布该判决具有暂时可执行性,由各国国内法确定。

(48)如果儿童被非法带离或滞留所在的成员国法院根据《1980 年海牙公约》判决拒绝送还儿童,则其应在判决中明确指出拒绝所依据的《1980 年海牙公约》的相关条款。然而,无论这种拒绝性判决是终局的还是仍可上诉的,都可以被儿童在被非法带离或滞留前其经常居所所在的成员国法院在监护诉讼中所作的后续判决所取代。在这些诉讼中,考虑到儿童的最大化利益,应彻底审查包括但不限于父母行为在内的所有情况。如果由此产生的有关监护权实体问题的判决责令送还儿童,则送还时无须在其他成员国履行任何有关承认与执行该判决的特别程序。

(49)如果法院仅仅以《1980 年海牙公约》第 13 条第 1 款(b)项或第 13 条第 2 款或者同时以这两者为由拒绝送还儿童,则其应主动使用本条例规定的适当格式出具证明。本证明之目的在于:让各方当事人知晓,在接到有关拒绝送还儿童的判决通知后的 3 个月内,可以就监护权的实体问题向儿童在紧接着被非法带离或滞留前经常居所所在的成员国法院提出申请,如果该法院已经受理,则可以向该法院提交与送还与诉讼有关的文件。

(50)在根据《1980 年海牙公约》受理送还申请的某法院仅仅以该公约第 13 条第 1 款(b)项或第 13 条第 2 款或者同时以这两者为由而拒绝送还儿童时,儿童在紧接着被非法带离或滞留前的经常居所所在的成员国正在进行就监护权的实体问题的诉讼,则拒绝送还儿童的法院在对有关监护权实体问题的诉讼知情的情况下,应当在其作出判决之日起 1 个月内向正在进行有关监护权实体问题诉讼的法院提交判决书副本、相应的证明和(可行时的)听审纪要、摘要或记录,以及它认为相关的任何其他文件。“它认为相关的任何其他文件”这一表述应指任何含有可能会影响监护权诉讼结果的信息的资料,前提是这些信息尚未载入有关拒绝送还的判决中。

(51)如果儿童在紧接着被非法带离或滞留前的经常居所所在的成员国尚未进行有关监护权实体问题的诉讼,而一方当事人在被通知有关拒绝送还儿童的判决后3个月内向该成员国的法院提起诉讼的,则该方当事人应向受理监护权实体问题诉讼的法院提交根据《1980年海牙公约》作出的不送还儿童的判决书的副本、相应证明和(可行时的)听审纪要、摘要或记录。这并不影响法院要求提供它认为相关的并且含有可能会影响监护权诉讼结果的信息的任何补充文件,前提是这些信息尚未载入有关拒绝送还的判决中。

(52)如果对监护权的实体问题有管辖权的法院在收到根据《1980年海牙公约》作出的拒绝送还儿童的判决通知后,3个月内受理了一方当事人的诉讼,或者如果该法院在收到拒绝送还儿童的法院的判决时,监护诉讼已经在该法院进行;根据本条例第四章第二节的规定,这些诉讼所产生的关于监护权实体问题的任何判决,例如将儿童送回该成员国,应可在任何其他成员国予以执行,而不需要任何特别程序,也不得对其承认表示异议。除非发现该判决与后来有关同一儿童的父母亲责任的判决相抵触,否则,如果已经为要求送还儿童的有关监护权实体问题的判决出具了"特权判决"证明,则这条规定应予适用。如果对监护权实体问题有管辖权的法院在3个月期满后才受理,或不符合出具此类特权判决证明的条件,则有关监护权实体问题所作的判决应根据本条例第四章第一节规定在其他成员国予以承认与执行。

(53)如果不能亲自听取一方当事人或儿童的意见,并且有可供利用的技术手段,在不损抑联盟其他法律文件的前提下,法院可以考虑通过视频会议或任何其他通信技术手段进行听审,但由于案件的特殊情况使用这种技术将不利于诉讼公正进行的除外。

(54)联盟内司法行政部门间的相互信任证明此项原则的合理性,即一成员国就婚姻事项和父母亲责任事项所作的判决不需要任何承认程序即可在所有成员国得到承认。尤其是当收到另一成员国作出的准予离婚、依法别居或宣告婚姻无效的判决,而在原审成员国又不能再对该判决提出异议时,被请求成员国的主管机关不需要任何特别程序即可通过实施该法律承认该判决,并相应地更新其公民身份记录。对于拒绝的理由是必须由当事人提出还是应依照国内法规定(由法院)依职权提出,留给各国国内法决定。这并不损抑任何利害关系人根据本条例申请作出关于不存在任何本条例所指的拒绝承认的理由的判决。谁可以被视为有权提出这种申请的利害关系人,应由提出这种申请所在的成员国的国内法来确定。

(55)承认与执行在一成员国作出的判决、制作的公文书和协议应秉承互信原则。鉴于本条例的基本目标是促进承认与执行并有效地保护儿童的最大利益,因此,应将不予承认的事由最小化。

(56)只有当存在本条例规定的一个或多个拒绝承认的理由时,才应拒绝承认一项判决。本条例中列出的拒绝承认的理由是穷尽式的。本条例中未列出的理由,例如违反未决诉讼规则,不得作为拒绝的理由加以援引。就父母亲责任事项而言,在前后判决相互矛盾时,后作的判决总是取代先前判决并对未来有效。

(57)关于给予儿童表达意见的机会,应由原审法院决定听取儿童意见的适当方法。因此,不能仅以原审法院采用与承认的成员国法院不同的方法听取儿童意见为由拒绝承认一项判决。如果本条例所允许的这一特定拒绝理由的例外情况之一得以适用,则被请求承认的成员国不应拒绝承认。这些例外情况的效果是:如果诉讼只涉及儿童的财产,而且根据诉讼标的不需要给予儿童表达意见的机会,或者如果存在重大理由,尤其是考虑到案件紧迫性,执行成员国的法院不得仅仅以儿童没有这种机会为由拒绝执行一项判决。例如,如果儿童的身心健康或生命面临紧迫的危险,而任何进一步的拖延都可能带来使这种危险发生的风险,就可以认为存在此种重大理由。

(58)此外,为减少有关儿童的跨境诉讼所耗费的时间和费用,废除在执行成员国执行有关父母亲责任的所有判决之前酌情宣布可执行性或登记执行程序,是正当合理的。虽然《第2201/2003号条例》只是废除了对于某些有关探视权的判决和某些有关送还儿童的判决的这一要求,但本条例应废除在跨境执行所有有关父母亲责任的判决方面的这一要求,同时仍然保留对于某些有关探视权的判决和某些有关送还儿童的判决的更优惠待遇。因此,在遵守本条例的前提下,任何其他成员国的法院作出的判决应视同执行成员国作出的判决。

(59)如对事项的实体问题有管辖权的法院责令采取包括保护性措施在内的临时措施,则应根据本条例确保这些措施的实施。然而,根据本条例,除非在执行前将载有该措施的判决送达被告,否则该法院在未传唤被告出庭的情况下责令采取的包括保护性措施在内的临时措施不应得到承认与执行。这不应损抑根据国内法律承认与执行这些措施。如对事项的实体问题无管辖权的成员国法院责令采取包括保护性措施在内的临时措施,根据本条例,这些措施应仅限于在国际儿童诱拐案件中并旨在保护儿童免受《1980年海牙公约》第13条第1款(b)项所指严重危险时采取。这些措施应在根据本条例对实体问题具有管辖权的成员国法院采取其认为适当的措施之前适用。

(60)根据国内法的不同规定,执行程序可能是司法程序或者司法外程序,因此"主管执行的机关"可以包括法院、法警和国内法所确定的任何其他机关。如果本条例中除主管执行的机关外,还提到法院,则应包括以下情况:根据国内法,法院以外的机构是主管执行的机关,但某些判决从一开始就保留给法院,或以审查主管执行机关行为的形式保留给法院。应由主管执行机关或执行成员国的法院责令、采取或安排在执行阶段采取具体措施,诸如根据该成员国国内法可以采取的任何非强制性措施,或根据该法律可以采取的任何强制性措施,包括罚款、监禁或由法警接回儿童。

(61)为便利执行另一成员国关于行使探视权的判决,执行成员国的主管执行机关或法院应有权详细说明执行成员国法律所要求的实际情况或法律条件方面的细节。本条例规定的安排应有利于执行成员国执行一项因其含混不清而可能无法执行的判决,以便主管执行机关或执行法院能使该判决更加具体和准确。此外,为遵守执行成员国有关执行的法律规定的要求而作出的任何其他安排,如儿童保护机构或心理学家参与执行阶段,也应以同样方式作出。然而,任何此类安排都不应干涉或超越有关探视权的判决的实质内容。此外,本条例所规定的调适措施的权力,不应允许执行法院以不同的措施取代执行成员国法律中未知的措施。

(62)一成员国在没有宣告可执行性的情况下执行另一成员国所作的判决,不应危及尊重辩护的权利。因此,被申请执行人如果认为存在本条例所规定的拒绝承认或执行的理由之一,应能申请拒绝承认或执行该判决。本条例所规定的拒绝承认的理由是法院依职权还是依申请进行审查,由国内法确定。因此,对于有关拒绝执行的情况,应进行同样的审查。适用任何国家的拒绝理由,都不应具有扩大本条例规定理由的条件和方式的效力。

(63)一方当事人对执行另一成员国所作判决提出异议的,应当尽可能并根据执行成员国的法律制度在执行程序中提出异议,并且在同一个程序中除了本条例规定的拒绝理由外,还应能够提出根据寻求执行的成员国的法律可以提出的拒绝理由,这些理由因为与本条例所规定的理由并无抵触而将继续适用。这些理由可以包括因为执行行为存在国内法上的形式错误,或根据判决所要求的行动已经执行或已经不可能的主张(如不可抗力的情形;儿童将被移交的人患有严重疾病、被监禁或死亡的情形;在作出判决后,儿童将被送回的成员国已变成战区的事实;拒绝执行根据申请执行的成员国的法律不具有任何可执行内容且不能为此作出相应调适的判决)而提出的异议。

(64)为了将另一成员国所作判决的执行情况通知被申请执行人,应在采取第一次执行措施前的合理时间内向该人送达根据本条例所出具的证明,必要时与该判决一起送达。在这种情况下,第一次执行措施系指证明送达后的第一次强制执行措施。根据欧盟法院的判例,被申请执行人有权获得有效的救济,包括在实际开始执行前启动对判决的可执行性异议之诉。

(65)在父母亲责任事项上,执行始终涉及儿童,并且在许多情况下涉及将儿童交给当时与其共同居住的人以外的人和/或将儿童重新安置在另一成员国的情况。因此,该执行的主要目标应该是在以下两方面取得适当的平衡:一方面,申请人原则上在联盟内的跨境案件中也有尽快获得判决的执行,并在必要时采取强制措施的权利;另一方面,在无法避免的情况下,尽量减轻可能对儿童造成伤害的强制执行措施的影响。这种评估应由各成员国主管执行的机关和法院根据个案具体情况进行。

(66)该条例旨在为所有成员国之间跨境执行有关父母亲责任的判决创设一个公平的竞争环境。在一些成员国,这些判决即使可以被上诉或已经被上诉,但它们仍可予以执行。在其他成员国,只有那些不再可以提起普通上诉的终局判决方能予以执行。因此,为顾及紧急情况,该条例规定,对于有关父母亲责任事项的某些判决,即根据《1980年海牙公约》责令送还儿童的判决和授予探视权的判决,即使仍可被上诉,也可由原审成员国法院宣布予以暂时执行。

(67)然而,在涉及儿童的执行程序中,重要的是主管执行的机关或法院能够对相关情况的变化作出迅速反应,包括对原审成员国的判决提出异议、判决失去可执行性以及在执行阶段遇到障碍或紧急情况。因此,如果判决的可执行性在原审成员国被中止,则主管执行的机关或法院应依申请或依职权主动中止执行诉讼。然而,如果没有迹象表明情况如此,主管执行的机关或法院没有义务调查该判决是否由于上诉或其他情况而在原审成员国已被同时中止执行。此外,在执行成员国中止或拒绝执行应依申请进行,即使发现存在本条例所规定的或允许的一种或多种理由,在执行成员国中止或拒绝执行也应由主管执行的机关或法院酌情处理。

(68)如果对该判决仍可在原审成员国提起上诉,且普通上诉的期限尚未届满,则执行成员国的主管执行的机关或法院应有权依申请中止执行程序。在这些情况下,它可以规定向原审成员国提出上诉的期限,以便获得或维持执行程序的中止状态。期限的规定只对中止执行程序有效,不应影响根据原审成员国的程序规则提出上诉的最后期限。

(69)在例外情况下,如果由于作出判决后出现的暂时性障碍,或由于情况的任何其他重大变化,使执行程序会使儿童面临严重的身心伤害风险,则主管执行的机关或法院应有可能中止执行程序。一旦严重的身心伤害风险不复存在,应尽快恢复执行程序。然而,如果这种情况继续存在,在拒绝执行之前,应根据国内法律和程序采取任何适当措施,包括酌情在其他相关专业人员(如社会工作者或儿童心理学家)的协助下努力确保判决的执行。尤其是主管执行的机关或法院应根据国内法律和程序,努力克服因情况变化而造成的任何障碍,例如,儿童在判决作出后才明确表示反对,若无视这种强烈的反对将对儿童造成严重的身心伤害。

(70)为适用有关承认的规则,在一个成员国具有法律约束力的有关依法别居和离婚的公文书和当事人之间协议,应被视为"判决"。为适用有关承认与执行的规则,在一个成员国可予以执行的有关父母亲责任事项的公文书和当事人之间协议,应被视为"判决"。

(71)虽然本条例规定的为儿童提供表达意见机会的义务不应适用于公文书和协议,但根据《宪章》第24条以及已被转化为国内法律和程序的《联合国儿童权利公约》第12条,儿童表达意见的权利应继续适用。未给儿童提供表达意见机会的事实,不应自动构成拒绝承认与执行有关父母亲责任事项的公文书和协议的理由。

(72)在父母亲责任事项上,所有成员国都应指定中央机关。各成员国应考虑为本条例指定与《1980年海牙公约》和《1996年海牙公约》相同的中央机关。各成员国应确保中央机关有足够的财力和人力资源以履行本条例赋予的职责。

(73)本条例有关在父母亲责任事项上合作的规定不应适用于处理根据《1980年海牙公约》提出的送还申请。根据该公约第19条和欧盟法院的既定判例,这些申请不属于关于父母亲责任的实质程序。然而,《1980年海牙公约》的适用应得到本条例关于国际儿童诱拐问题的规定、本条例关于承认与执行的章节和关于一般规定的章节的补充。

(74)在跨境程序中,中央机关应协助法院和主管机关,在某些情况下还应协助父母亲责任的承担者,并在一般事项和具体案件中进行合作,包括促进家庭纠纷的友好解决。

(75)除紧急情况外,在不损抑本条例所允许的法院之间的直接合作和联系的前提下,法院和主管机关可根据本条例提出有关父母亲责任事项的合作请求,并提交给提出请求的法院或主管机关所属的成员国中央机关。某些请求也可由父母亲责任的承担者提出,并提交给申请人经常居所地的中央机关。这类请求应包括:请求向父母亲责任的承担者提供信息和协助,以实现在被请求的中央主管机关境内承认与执行各项判决，尤其是关于探视权和送还儿童的判决，包括在必要时提供关于如何获得诉讼费用救助的信息；请求通过调解或其他替代性争议解决方式促进父母亲责任承担者之间达成协议，以及请求法院或主管机关考虑是否需要采取措施保护儿童的人身或财产。

（76）在紧急情况下，允许与被请求成员国法院或主管机关直接进行初步联系。例如，直接请求另一成员国的主管机关考虑是否需要采取措施保护被推定处于紧迫危险中的儿童。通过中央机关渠道进行处理的义务，只应是初次请求的强制性规定；与法院、主管机关或申请人的任何后续联系也可直接进行。

（77）不应阻止中央机关或主管机关与一个或多个其他成员国的中央机关或主管机关订立或维持现有的允许在其相互关系中进行直接联系的协议或安排。主管机关应将此类协议或安排通知其中央机关。

（78）在本条例调整的有关父母亲责任事项的特定案件中，中央机关在向法院和主管机关以及父母亲责任承担者提供协助方面应相互合作。被请求的中央机关提供的协助应特别包括：必要时，为了执行本条例所规定的请求，直接或通过法院、主管机关或其他机构找到儿童下落；以及提供与父母亲责任事项的程序有关的任何其他信息。

（79）被请求中央机关应采取一切适当举措，在必要时促进法院之间的沟通，尤其是为了适用有关移送管辖权的规则、关于包括紧急情况下的保护措施在内的临时措施的规则——尤其是当这些措施与国际儿童诱拐有关并旨在保护儿童免受《1980年海牙公约》第13条第1款（b）项所指严重危险时——以及与未决诉讼案件和从属诉讼有关的规则。为此目的，在某些情形下，提供用于进一步直接联系的信息可能就足矣，如提供关于儿童福利机构、网络法官（network judge）以及主管法院的联系方式。

（80）为实现本条例的目标，在不损抑本国程序法所规定的要求的前提下，提出请求的法院或主管机关应当有权自由选择获取必要信息的不同渠道。

（81）如果请求国附具理由地要求提供报告或与父母亲责任程序有关的任何其他信息资料，被请求的成员国中央机关——直接或通过被请求国的法院——和主管机关或其他机构应执行这一请求。请求中应特别说明需要这些信息的程序和引起这些程序的实际情况。

（82）如果一成员国的法院已经或将要就父母亲责任事项作出判决，而该判决将在另一成员国执行，则该法院应能请求该另一成员国的法院或主管机关协助执行该判决。例如,这应适用于准许在监督下行使探视权的判决,这种探视权将在准予行使探视权的法院所在成员国以外的成员国行使,或适用于涉及执行该判决的成员国的法院或主管机关的任何其他附带措施的判决。

(83)如果一成员国的法院或主管机关考虑将儿童安置在另一成员国,则应在安置前进行磋商以征得另一成员国的同意。考虑安置的法院或主管机关应在责令或安排安置前征得安置儿童的成员国主管机关的同意。此外,根据欧盟法院的判例,为了依照本条例征得同意,各成员国应制定明确的规则和程序以确保法律的确定性和快捷性。此外,这些程序应使主管机关能够迅速准予或拒绝其安置请求。3 个月内未作答复的,不应被理解为同意,未经同意不得进行安置。征得同意的请求应至少包括一份关于儿童的报告,并说明拟议的安置或提供照料的理由、预期安置期限、任何关于打算提供资金的信息,并辅以被请求成员国可能认为相关的任何其他信息,如设想的对措施的监督,与儿童的父母、其他亲属或其他关系密切人士的联系安排,或根据《保护人权与基本自由的欧洲公约》第 8 条不打算进行这种联系的理由。考虑到欧盟法院的判例,如果同意安置的期限已确定,则该项同意不应适用于延长安置期限的判决或安排。在这种情况下,应重新提出征得同意的请求。

(84)如果考虑在儿童经常居所所在的成员国作出将儿童安置在机构或寄养的判决,法院应根据《联合国儿童权利公约》第 8 条、第 9 条和第 20 条在诉讼的最初阶段考虑采取适当措施,以确保尊重儿童的权利,尤其是维护其身份的权利和与父母或在适当时与其他亲属保持联系的权利。如果法院知晓该儿童与另一成员国联系密切,适当的措施可包括:在适用《维也纳领事关系公约》第 37 条(b)项的情况下通知该成员国的领事机构。法院也可能通过该另一成员国的中央机关提供的信息而知晓该儿童与该另一成员国联系密切的事实。适当的措施还可包括:根据本条例向该成员国提出请求,要求其提供关于父母一方、亲属或其他可能适合照顾该儿童的人的信息。此外,根据具体情况,法院还可以要求提供有关儿童的父母或兄弟姐妹的程序和判决的信息。儿童的最大利益仍应是最重要的考虑因素。这些规定都不应影响考虑安置的成员国法院或主管机关据以作出任何安置判决的国内法律或程序。尤其是,具有司法管辖权的成员国机关不得因为这些规定而负有任何将儿童安置在另一成员国的义务,也不应让该成员国进一步参与安置判决或诉讼。

(85)由于在父母亲责任事项上时间是至关重要的,因此,被请求成员国的中央机关应在收到请求后 3 个月内,将根据本条例关于合作的规定而提供的信息资料——包括收集和交换与父母亲责任事项程序有关的信息资料在内——以及同意或拒绝将儿童安置在另一成员国的判决，转交给提出请求的成员国，但由于特殊情况无法转交的除外。这应包括国家主管机关有义务及时向被请求的中央机关提供信息，或解释为什么不能提供信息，使其能够遵守该时间期限。尽管如此，所有有关主管部门应争取在这一最长期限内以更快的速度作出答复。

（86）中央机关举行会议，尤其是欧盟委员会根据《第2001/470号决定》在欧洲民商事司法网的框架内召集会议的情势，不应妨碍中央机关组织其他会议。

（87）除非本条例另有规定，否则欧盟议会及理事会《第2016/679号条例》①应适用于成员国在适用本条例时进行的个人数据处理。尤其是为了不危及根据本条例提出的请求的实施，例如，根据《1980年海牙公约》送还儿童或法院考虑是否需要采取措施保护儿童的人身或财产，根据欧盟《第2016/679号条例》第14条第1款至第4款的要求通知数据主体——如关于为寻找儿童而要求提供的数据——可以推迟到要求提供这些信息的请求已得到实施时再进行。这一例外符合《第2016/679号条例》第14条第5款以及第23条第1款(f)项、(g)项、(i)项和(j)项的规定。这不应妨碍接受信息的中间人、法院或主管机关在儿童面临伤害风险或有迹象表明存在这种风险的情况下，采取保护儿童的措施或促使采取这种措施。

（88）在披露或确认相关信息可能会危及儿童或他人的健康、安全或自由的情况下，如在发生家庭暴力的情形下，法院责令不得向申请人披露儿童的新地址，本条例力求达到一种微妙的平衡。虽然本条例应规定，中央机关、法院或主管机关如确定向申请人或第三方披露或确认为本条例目的而收集或传递的任何信息可能会危及儿童或其他人的健康、安全或自由，则不应向申请人或第三方披露或确认，但仍应强调，只要是履行本条例规定的义务所必需的，则这不应妨碍中央机关、法院和主管机关收集和传递信息。这意味着，在可能和适当时，应当可以在不向申请人提供处理申请所需的所有信息的情况下，根据本条例处理申请。例如，在国内法律有规定时，中央机关可以在不向申请人提供有关儿童下落的信息的情况下以申请人名义提起诉讼。然而，如果仅仅提出请求就可能危及儿童或他人的健康、安全或自由，则不应有根据本条例提出这种请求的义务。

（89）为确保与适用本条例第三章和第四章有关的证明不断更新，应授予欧盟委员会根据《欧盟运行条约》第290条采取有关修订本条例附件Ⅰ～Ⅸ的法律行为的

① 欧盟议会及理事会2016年4月27日《关于在处理个人数据时保护自然人、促进个人数据自由流动并废除第95/46号指令的第2016/679号条例》（欧盟数据保护基础条例）（载《欧洲联盟官方公报》2016年5月4日L 119号，第1页）。

权力。尤为重要的是,欧盟委员会应在其筹备工作期间进行适当的磋商,包括在专家一级进行磋商,并按照2016年4月13日《关于更好地制定法律的机构间协定》①规定的原则进行磋商。尤其是,为了确保平等参与处理经授权的法律行为,理事会与成员国的专家同时收到所有文件,成员国的专家有系统地参加欧盟委员会处理经授权的法律行为的专家组会议。

(90)根据《欧洲联盟条约》第K.3条起草的1998年《关于婚姻事项的管辖权及判决的承认与执行公约》(以下简称《布鲁塞尔公约Ⅱ》)②、《第1347/2000号条例》、《第2201/2003号条例》和本条例之间的连续性,应在条款保持不变的情况下得到保证,为此应制定过渡性条款。这种连续性同样适用于——包括欧盟法院在内——对《布鲁塞尔公约Ⅱ》《第1347/2000号条例》《第2201/2003号条例》的解释。

(91)应说明的是:成员国在加入欧盟之前与一个或多个第三国缔结的协议,适用《欧盟运行条约》第351条。

(92)适用于父母亲责任事项的法律应根据《1996年海牙公约》第三章的规定确定。在适用本条例的成员国法院进行的诉讼中适用该公约时,该公约第15条第1款所指"该公约第二章的规定"应理解为对"本条例的规定"的指引。

(93)为确保准确地适用本条例,欧盟委员会应审查其施行状况,并提出必要的修改建议。

(94)欧盟委员会应公布并更新各成员国所通报的信息。

(95)根据《欧洲联盟条约》和《欧盟运行条约》所附的《关于联合王国和爱尔兰在自由、安全和司法领域的立场的第21号议定书》第3条和第4a条第1款的规定,联合王国与爱尔兰均已表示愿意接受并适用本条例。

(96)根据《欧洲联盟条约》和《欧盟运行条约》所附的《关于丹麦立场的第22号议定书》第1条和第2条的规定,丹麦不接受本条例,因而本条例既不约束也不适用于丹麦。

(97)根据欧盟议会及理事会《第45/2001号条例》③第41条第2款第2段和第46条(d)项向欧洲数据保护监管局进行了咨询,欧洲数据保护监管局于2018年2月

① 载《欧洲联盟官方公报》2016年5月12日C123号,第1页。

② 载《欧洲诸共同体官方公报》1998年7月16日C221号,第1页。

③ 欧盟议会及理事会2000年12月18日《关于在共同体各机构与实体处理个人资料时保护自然人并促进个人数据自由流动的第45/2001号条例》(载《欧洲诸共同体官方公报》2001年1月12日L8号,第1页)。

15 日发表了意见①。

(98)鉴于各国关于管辖权以及承认与执行判决的规则不同,本条例的目标在成员国层面难以充分实现,但由于本条例的直接适用性和约束力,在联盟层面却能更好地实现,则联盟可根据《欧洲联盟条约》第 5 条规定的从属原则采取措施。根据该第 5 条规定的比例原则,本条例不得超越为实现此类目标而采取必要措施的限度。

已通过以下条例:

第一章 适用范围与定义

第 1 条 适用范围

1. 本条例适用于下列民事事项:

(a)离婚、依法别居或宣告婚姻无效;

(b)父母亲责任的归属、履行、转移、限制或终止。

2. 第 1 款(b)项所指事项,特别包括:

(a)监护权和探视权;

(b)监护、照管以及类似制度;

(c)负责儿童的人身或财产、代理或协助儿童的个人或者机构的指定及职责;

(d)将儿童安置在领养家庭或者福利机构中;

(e)与管理、保存或者处置儿童的财产有关的儿童保护措施。

3. 当非法带离(removal)或滞留(retention)儿童涉及一个以上成员国时,适用本条例第三章和第六章,以补充《1980 年海牙公约》的规定。本条例第四章适用于根据《1980 年海牙公约》作出的责令将儿童送还(return)至另一成员国且只能在其作出国以外的其他成员国予以执行的判决。

4. 本条例不适用于以下事项:

(a)亲子关系的设立或异议;

(b)收养的决定、收养前的准备措施以及宣告收养无效或撤销收养;

(c)儿童的姓名;

(d)宣告成年(解除监护);

(e)扶养义务;

① 载《欧洲联盟官方公报》2018 年 4 月 6 日 C120 号,第 18 页。

(f)信托或继承；

(g)因儿童犯罪而采取的措施。

第2条　定义

1. 就本条例而言，“判决”系指一成员国法院作出的关于离婚、依法别居或宣告婚姻无效以及关于父母亲责任的各种决定，而不论其称谓为何，包括裁定、命令或者判决。

就第四章而言，“判决”包括：

(a)一成员国作出的、责令根据《1980年海牙公约》将儿童送还至另一成员国的判决，而该判决必须在作出判决的成员国以外的其他成员国执行；

(b)根据本条例对有关事项的实体问题具有管辖权的法院责令采取的包括保护性措施在内的临时措施，或根据第27条第5款并结合第15条责令采取的措施。

就第四章而言，“判决”不包括法院在未传唤被申请人出庭的情况下责令采取的包括保护性措施在内的临时措施，但含有该措施的判决在执行前已送达被申请人的除外。

2. 就本条例而言，下列定义同样适用：

(1)“法院”系指对属于本条例适用范围内的法律事项具有管辖权的成员国所有机关。

(2)“公文书”系指在任何成员国对本条例范围内的各类事项正式制作的或登记为公文书的书面文件，其证据力：

(a)与文件的签署和内容有关。

(b)由公共机关和其他被授权的机关确立。各成员国应根据第103条的规定，将这些机关告知欧盟委员会。

(3)就第四章而言，“协议”系指当事人各方就本条例范围内的事项订立的，并已由成员国根据第103条告知欧盟委员会公共机关登记的不属于公文书的文件。

(4)“原审成员国”系指作出判决、正式制作或登记公文书或者登记协议的成员国。

(5)“执行成员国”系指应在其境内申请执行判决、公文书或协议的成员国。

(6)“儿童”系指未满18周岁的人。

(7)“父母亲责任”系指由判决、法律规定或者有法律效力的协议赋予自然人或法人与儿童人身或者财产相关的所有权利及义务，包括监护权和探视权。

(8)“父母亲责任的承担者”系指对儿童负有父母亲责任的任何个人、机构或其他团体。

(9)“监护权”包括与照管儿童人身相关的权利和义务,尤其是决定儿童居住地的权利。

(10)“探视权”系指探视儿童的权利,包括在特定时间内将儿童带到其经常居所地以外的其他场所的权利。

(11)“非法带离或滞留”系指带离或者滞留儿童时:

(a)侵犯了由判决、法律规定或儿童在紧接着被带离或滞留之前的经常居所所在的成员国法上具有法律效力的协议所赋予的监护权;以及

(b)在带离或滞留儿童时,事实上已共同或单独地行使监护权,或者未带离或滞留时本应共同或单独地行使监护权。

3. 就第 3 条、第 6 条、第 10 条、第 12 条、第 13 条、第 51 条、第 59 条、第 75 条、第 94 条和第 102 条而言,对于爱尔兰和联合王国,“住所”的概念取代了“国籍”的概念,其含义与这些成员国各自的法律制度下的含义相同。

第二章 对婚姻事项和父母亲责任事项的管辖权

第一节 离婚、依法别居和宣告婚姻无效

第 3 条 一般管辖

与离婚、依法别居、宣告婚姻无效有关的事项,由下列成员国法院管辖:

(a)下列地点在其境内的成员国:

(i)配偶双方的经常居所;

(ii)配偶双方最后的经常居所,前提是配偶一方仍经常居住于此;

(iii)被申请人的经常居所;

(iv)共同申请时配偶任何一方的经常居所;

(v)申请人在紧接着(immediately)申请前至少居住 1 年的经常居所;

(vi)申请人的经常居所,前提是申请人在紧接着申请前至少居住 6 个月并且是所涉成员国的国民。

(b)配偶双方的国籍国。

第 4 条 反诉

只要反诉在本条例的适用范围之列,依据第 3 条受理诉讼的法院对该反诉也有管辖权。

第5条　依法别居转为离婚

在不损抑第3条的前提下,如果一成员国法律有相关规定,作出依法别居判决的该成员国法院,对于将依法别居转为离婚之诉也有权管辖。

第6条　其他管辖

1. 在不违反本条第2款规定的前提下,一成员国的法院依照第3条、第4条或第5条规定无管辖权时,各成员国法院的管辖权依照其国内法确定。

2. 夫妻一方经常居住在某一成员国或者是某一成员国的国民的,只能依照第3条、第4条和第5条规定在另一成员国被提起诉讼。

3. 对于在某一成员国境内无经常居所也不属于该某一成员国国民的被申请人,凡属于一成员国国民,但经常居住于另一成员国境内的人,可以像经常居所所在国的国民一样,援引该国现行的管辖权规则。

第二节　父母亲责任

第7条　一般管辖

1. 涉及父母亲责任的事项,由起诉时儿童的经常居所所在的成员国法院管辖。

2. 本条第1款的适用,不得违反第8条至第10条的规定。

第8条　与探视权有关的恒定管辖权

1. 如果儿童从一个成员国合法地迁徙到另一成员国,并在那里取得了新的经常居所,则作为第7条的例外,儿童的前经常居所所在的成员国法院在儿童迁徙后3个月内,仍然保留对于该成员国在儿童迁徙前作出的关于探视权的判决进行修改的管辖权,前提是依照该判决享有探视权的人继续在儿童的原经常居所所在的成员国拥有经常居所。

2. 根据第1款所指的具有探视权的人,如果以参与诉讼的方式接受儿童的新经常居所地成员国法院的管辖,而不提出管辖权异议,则第1款不适用。

第9条　对非法带离或滞留儿童案件的管辖权

在不损抑第10条的前提下,在非法带离或滞留儿童时,该儿童在紧接着被非法带离或滞留前经常居所所在的成员国法院应保留其管辖权,直至该儿童已在另一成员国获得经常居所,并且:

(a)每一个有监护权的个人、机构或其他团体已默许该带离或滞留行为。

(b)在有监护权的个人、机构或其他团体知道或理应知道儿童的居所地之后,儿童已在该另一成员国居住至少满1年,且其已适应新环境,但必须满足下列任一条件：

(i)在监护权人知道或理应知道儿童的居所地1年内，无人向儿童被带离地或滞留地的成员国的主管机关要求送还儿童；

(ii)监护权人已撤回送还儿童的请求，且未在第(i)目规定的期限内提出新的请求；

(iii)监护权人提出的送还儿童的请求，已被成员国法院根据《1980年海牙公约》第13条第1款(b)项或者第13条第2款规定以外的理由予以拒绝，且不得再对该判决提出普通上诉；

(iv)儿童紧接着被非法带离或滞留之前的经常居所所在的成员国法院，均如第29条第3款和第5款所规定的那样，没有受理诉讼；

(v)儿童在被非法带离或滞留之前的经常居所地成员国法院作出的关于监护权的判决并未要求送还儿童。

第10条　法院选择

1.若满足下列条件，一成员国法院对有关父母亲责任的事项具有管辖权：

(a)儿童与该成员国有实质性联系，尤其是由于：

(i)父母亲责任承担者至少有一方的经常居所位于该成员国；

(ii)儿童以前曾在该成员国有经常居所；或者

(iii)儿童是该成员国的国民。

(b)当事人双方以及任何其他父母亲责任承担者：

(i)最迟在法院受理案件之前已自由地就管辖法院达成一致；或者

(ii)在诉讼过程中明示地接受管辖，并且法院已确保所有当事人均被告知他们有对法院的管辖权提出异议的权利。

(c)行使管辖权符合儿童的最大利益。

2.依照第1款(b)项选择法院的协议应采用书面形式，并由相关当事人注明日期和签字，或者依照国内法律规定和程序载入庭审记录。任何能够持久记录协议内容的电子通信，与"书面形式"有同等效力。

在法院受理后成为诉讼当事方的人，可在法院受理后表示同意。如果他们不表示反对，则应被视为默示同意。

3.除非各方当事人另有约定，否则一旦有下列情形，第1款所指的管辖权即告终止：

(a)对于在这些诉讼程序中作出的判决不得提起普通上诉；或

(b)该诉讼由于其他原因而终止。

4. 第1款(b)项(ii)目所指的管辖权是排他性的。

第11条　根据儿童居留取得管辖权

1. 如果儿童的经常居所不能确定,也不能根据第10条确定管辖权,则由儿童所在的成员国法院管辖。

2. 第1款所指的管辖权也适用于难民儿童和因其经常居所所在的成员国国内骚乱而被迫流离失所的儿童。

第12条　向另一成员国法院移送管辖

1. 对实体事项具有管辖权的一成员国法院,如认为与该儿童有特别联系的另一成员国法院评估该儿童在特定案件中的最大利益更为合适,则在特殊情况下可根据当事人一方的申请或者依职权裁定全部或部分地中止诉讼程序,并可:

(a)为一个或多个当事人设定其向另一成员国法院通报未决诉讼和移送管辖可能性以及向该法院提交申请的期限;或

(b)请求另一成员国的法院根据第2款规定行使管辖权。

2. 由于案件的情形特殊并且最符合儿童的最大利益,该另一成员国的法院可在下列情形发生后的6个星期内接受管辖:

(a)依照第1款(a)项规定受理案件;

(b)已经收到第1款(b)项所述的请求。

后受理的法院或被请求行使管辖权的法院,应立即通知先受理的法院。如其接受管辖,则先受理的法院应拒绝管辖。

3. 如果先受理的法院在下列情形发生后的7个星期内没有收到该另一成员国法院有关接受管辖的宣告,则应继续行使其管辖权:

(a)第1款(a)项所规定的各方当事人向另一成员国法院提交申请的期限已届满;或者

(b)该法院已经收到第1款(b)项所述的请求。

4. 就第1款而言,该儿童应被认为与某一成员国有特殊联系,如果该成员国:

(a)在第1款所述法院受理案件后成为该儿童的经常居所地;

(b)曾是该儿童的经常居所地;

(c)是该儿童的国籍国;

(d)是父母亲责任承担者的经常居所地;

(e)是该儿童财产所在地,且案件涉及与该财产的管理、保存或处置有关的儿童保护措施。

5. 如果依照第 10 条规定确立了法院的专属管辖权，则该法院不得将案件移送给另一成员国的法院管辖。

第 13 条　没有管辖权的成员国法院请求移送管辖

1. 在不损抑第 9 条的前提下，与该儿童存在第 12 条第 4 款所指的特殊联系但根据本条例规定没有管辖权的成员国法院，认为其更适合评估儿童在该特定案件中的最大利益时，在特殊情况下，该成员国法院可以请求儿童经常居所所在的成员国法院移送管辖。

2. 被请求法院在收到根据第 1 款所述的请求后 6 周内，如果认为根据案件的具体情况，移送管辖符合儿童的最大利益，可以同意移送管辖权。如果被请求法院同意移送管辖，应立即通知提出请求的法院。如果在该期限内没有接受请求，则提出请求的法院不具有管辖权。

第 14 条　其他管辖

一成员国法院依照第 7 条至第 10 条的规定无管辖权时，各成员国法院的管辖权根据其本国法确定。

第 15 条　紧急情况下采取包括保护性措施在内的临时措施

1. 在紧急情况下，即使另一成员国法院对案件的实体事项具有裁判管辖权，一成员国法院也仍有权对下列事项采取其本国法所规定的包括保护性措施在内的临时措施：

(a) 居留在该成员国境内的儿童；或

(b) 属于该儿童并位于该成员国境内的财产。

2. 在保护儿童最大利益所要求的范围内，采取本条第 1 款所述措施的法院应立即通知根据第 7 条具有管辖权的成员国法院或主管机关，或者酌情通知任何依照本条例对实体事项行使管辖权的成员国法院，这种通知可直接根据第 86 条的规定或通过第 76 条所指定的中央机关进行。

3. 根据本条例对该诉讼的实体事项具有裁判管辖权的成员国法院一旦采取了其认为适当的措施，则应终止依照第 1 款所采取的措施。

在适当情况下，该法院可直接根据第 86 条的规定或通过第 76 条所指定的中央机关，将其决定通知已采取包括保护性措施在内的临时措施的法院。

第 16 条　先决问题

1. 如果在一成员国法院进行的不属于本条例适用范围的事项的诉讼结果取决

于与父母亲责任有关的附带问题的裁判,则该成员国的法院即使依照本条例没有管辖权,亦可为这些诉讼之目的就该先决问题作出裁判。

2. 依照第1款对先决问题所作的判决,只对作出该判决的诉讼程序有效。

3. 在某一成员国法院进行的继承诉讼中,如果代表儿童实施的或将要实施的法律行为的有效性需要法院的允许或批准,则即使该成员国法院根据本条例没有管辖权,其仍可判决是否允许或批准这种法律行为。

4. 第15条第2款应参照适用。

第三节　共同规定

第17条　法院受理

在下列情况下,视为法院已受理案件:

(a)诉讼文书或类似文件已提交法院,除非申请人之后未按照要求采取措施向被申请人进行有效送达;

(b)如果该文件在提交法院之前必须先送达被申请人,则在负责送达的机关收到该文件时视为受理,除非申请人之后未按照要求采取措施向法院提交文件;

(c)如果诉讼是由法院主动提起的,则在法院作出启动诉讼程序的裁定之时视为受理,如不需要作出这种裁定,则在法院登记案件之时视为受理。

第18条　对管辖权的审查

对于所受理的案件,如果一成员国法院根据本条例规定对实体事项无管辖权,而另一成员国法院根据本条例对实体事项具有管辖权,则该前一成员国法院应主动宣布自己无管辖权。

第19条　关于可接受性的审查

1. 如果被申请人的经常居所位于提起诉讼的成员国之外且未出庭,则具有管辖权的法院须中止诉讼,除非查明被申请人已经收到诉讼文书或类似文件,并有充分的时间进行答辩,或者为此目的已采取所有必要措施。

2. 如果诉讼文书或类似文书必须根据《第1393/2007号条例》规定从一个成员国送达另一成员国,则应适用该条例第19条而非本条第1款。

3. 如果不可适用《第1393/2007号条例》的规定,且诉讼文书或者类似文书必须根据1965年11月15日《关于向国外送达民事或商事司法文书或司法外文书公约》进行域外送达,则适用该公约第15条。

第 20 条　未决诉讼和附带诉讼

1. 相同当事人在不同成员国的法院就离婚、依法别居或宣告婚姻无效起诉的，后受理的法院应主动中止诉讼，直至先受理的法院确立管辖权为止。

2. 如果其中一法院不仅根据第 15 条规定具有管辖权，而且在不同成员国法院就同一儿童的父母亲责任以相同诉因提起的诉讼尚未审结，则后受理的法院应主动中止诉讼，直至先受理的法院确立管辖权为止。

3. 一旦先受理的法院确立了管辖权，后受理的法院为支持前者，应拒绝行使管辖权。此时，向后受理的法院提起相关诉讼的当事人，可向先受理的法院起诉。

4. 如某一成员国法院因接受第 10 条所述移送管辖而确立了专属管辖权并受理诉讼，则另一成员国的任何法院应中止诉讼，直至根据管辖协议或接受移送而确立管辖权的法院宣布其根据协议或接受移送而宣布其没有管辖权为止。

5. 如果法院根据第 10 条规定接受移送管辖而确立了专属管辖权，就此而言，另一成员国的任何法院为支持前者，应拒绝行使管辖权。

第 21 条　儿童表达自己意见的权利

1. 成员国法院在行使本章第二节所指管辖权时，应根据本国法律和程序，为有能力形成自己意见的儿童提供真正和有效的机会，使其能够直接或通过代理人或合适的机构表达自己的意见。

2. 当法院根据本国法律和程序为儿童提供了本条所指的表达其意见的机会，法院应根据儿童的年龄和成熟程度适当考虑其意见。

第三章　国际儿童诱拐

第 22 条　依照《1980 年海牙公约》送还儿童

如果声称监护权受到侵犯的个人、机构或其他团体直接或在中央机关的协助下，根据《1980 年海牙公约》向某一成员国法院提出申请，要求作出判决，责令送还被非法带离或滞留前在某一成员国（而不是该儿童在被非法带离或滞留之前经常居住的成员国）的 16 周岁以下儿童，则本条例第 23 条至第 29 条和第六章规定作为《1980 年海牙公约》的补充予以适用。

第 23 条　中央机关对申请的接收和处理

1. 被请求的中央机关应根据《1980 年海牙公约》的规定迅速处理第 22 条所指的申请。

2. 被请求的成员国中央机关收到第 22 条所指申请时，应在收到申请之日起 5

个工作日内确认收到。它应在不作无故拖延的情况下,向提出请求的成员国中央机关或者酌情向申请者通报为处理该项申请已经或将要采取的初步措施,并可要求提供任何其他必要文件和资料。

第 24 条 快捷的司法程序

1. 法院收到第 22 条所述儿童送还的申请时,应采用本国法律规定的最快捷程序迅速处理有关申请。

2. 在不损抑第 1 款的前提下,初审法院应在受理案件后,最迟在 6 个星期内作出判决,但由于特殊情况而无法作出判决的除外。

3. 除非由于特殊情况而无法作出判决,否则上级法院在采取了所有必要的程序性措施,并且法院能够通过审讯或其他方式对上诉进行审查之后,应最迟在 6 周内作出判决。

第 25 条 替代性争议解决程序

在诉讼的任何阶段,法院均应尽早直接或者在中央机关的协助下提议各方考虑是否愿意进行调解或适用其他替代性争议解决程序,除非这样做有悖于儿童的最大利益,不适合具体案件或会因此不适当地拖延诉讼程序。

第 26 条 儿童在送还诉讼中表达意见的权利

本条例第 21 条也应适用于《1980 年海牙公约》所规定的送还诉讼。

第 27 条 送还儿童的诉讼

1. 如果请求送还儿童者没有被给予陈述意见的机会,则法院不得拒绝送还儿童。

2. 根据对儿童最大利益的考虑,法院可根据第 15 条的规定,在诉讼程序的任何阶段审查儿童与该儿童请求送还者之间的联系是否应得到保障。

3. 如果法院仅根据《1980 年海牙公约》第 13 条第 1 款(b)项考虑拒绝送还儿童,如请求送还儿童的一方当事人通过提供足够的证据而满足法院要求,或者法院以其他方式确信已作出充分的安排以确保儿童在被送还后得到保护,则法院不得拒绝送还儿童。

4. 为本条第 3 款之目的,法院可直接根据第 86 条或在中央机关的协助下,与儿童在紧接着被非法带离或滞留前的经常居所所在的成员国主管机关联系。

5. 在法院责令送还儿童的情况下,法院可根据本条例第 15 条酌情采取包括保护性措施在内的临时措施,以保护儿童免受《1980 年海牙公约》第 13 条第 1 款(b)项所指严重危险的威胁,但前提是审查和采取这些措施不得不适当地拖延送还诉讼程序。

6. 为了儿童的最大利益,无论是否会被提起上诉,如果在对上诉作出判决前必须送还儿童,则有关责令送还儿童的判决可被宣告予以暂时执行。

第 28 条 执行有关责令送还儿童的判决

1. 主管执行的机关在收到责令将儿童送还至另一成员国的判决的执行申请时,应迅速处理该申请。

2. 如第 1 款所述判决在执行程序启动后 6 个星期内未得到执行,则请求执行的一方当事人或执行成员国的中央机关应有权要求主管执行的机关说明拖延的原因。

第 29 条 根据《1980 年海牙公约》第 13 条第 1 款(b)项和第 13 条第 2 款拒绝送还儿童后的程序

1. 如果仅仅依照《1980 年海牙公约》第 13 条第 1 款(b)项或第 13 条第 2 款规定而作出拒绝将儿童送还给另一成员国的判决,则适用本条的规定。

2. 作出第 1 款所述判决的法院,应主动采用附件 I 规定的标准格式签发证明。证明的填写和出具,应使用该判决书所采用的语言。该证明也可根据一方当事人的要求,以欧盟的另一种官方语言签发。但是,这并不使签发证明的法院负有任何为自由文本字段的可译内容提供翻译或者音译的义务。

3. 法院在作出第 1 款所述判决时,该儿童在紧接着被非法带离或滞留前经常居所所在的成员国某一法院已经受理审查监护权实体问题的诉讼,如果法院已经知晓该诉讼程序,应在第 1 款所述判决作出之日起 1 个月内,直接或通过中央机关向该成员国法院转交下列文件:

(a)第 1 款所述判决的副本;

(b)依照第 2 款规定出具的证明;

(c)如有可能,法院审理的笔录、摘要或听审记录以及法院认为相关的任何其他文件。

4. 儿童在紧接着被非法带离或滞留前经常居所所在的成员国法院,在必要时可以要求一方当事人依照第 91 条提供本条第 1 款所述判决以及根据本条第 3 款(c)项证明所附的任何其他文件的翻译或音译。

5. 在第 3 款所述以外的情况下,如在接到第 1 款所述判决的通知后 3 个月内,其中一方当事人向该儿童在紧接着被非法带离或滞留前经常居所所在的成员国法院就监护权审查的实体问题提起诉讼,则该当事人应向法院提交下列文件:

(a)第 1 款所述判决的副本;

(b)依照根据第2款规定出具的证明;和

(c)如有可能,作出拒绝送还儿童判决的法院的审理笔录、摘要或听审记录。

6. 尽管有第1款所指的不送还儿童的判决,但第3款和第5款所指诉讼程序中产生的关于监护权实体问题而需送还儿童的任何判决,应根据第四章规定在另一成员国予以执行。

第四章　承认与执行

第一节　关于承认与执行的一般规定

第一小节　承　　认

第30条　对判决的承认

1. 一成员国作出的判决,应在其他成员国得到承认,而无须任何特别程序。

2. 在不损抑第3款规定的前提下,根据另一成员国作出的有关离婚、依法别居或宣告婚姻无效的判决,并且根据该成员国法律不得对该判决提出任何其他上诉时,则据此更新某一成员国的民事身份记录时不需要特别程序。

3. 任何利害关系方均可根据第59条至第62条规定的程序,并在必要时根据本章第五节和第六章规定的程序请求作出一项裁定,以确认不存在第38条和第39条所指的拒绝承认判决的任何理由。

4. 各成员国根据第103条规定向欧盟委员会所通报的法院的属地管辖权,应由启动本条第3款所指诉讼程序所在的成员国国内法确定。

5. 如果将一项判决的承认作为先决问题向成员国法院提出,则该法院可就该问题一并作出裁定。

第31条　为获得承认而需提交的文件

1. 当事人如果欲在一成员国援引另一成员国所作的判决,应提交下列文件:

(a)一份符合其证明力要求的判决书副本;和

(b)根据第36条所签发的相应证明。

2. 向其援引另一成员国所作判决的法院或主管机关,必要时可要求援引该判决的一方当事人根据第91条提供本条第1款(b)项所述证明中的自由文本字段可译内容的翻译或音译。

3. 向其援引另一成员国所作判决的法院或主管机关,如果没有这种翻译或音译就无法继续进行诉讼程序,可根据第 91 条规定要求当事人除提供证明中的自由文本字段的可译内容的翻译或音译之外,还要提供该判决的翻译或译本。

第 32 条 文件缺失

1. 如果未提交第 31 条第 1 款所规定的文件,法院或主管机关可指定提交文件或类似文件的期限,或者法院如果认为已获取了充足的资料,亦可不要求提交。

2. 应法院或主管机关要求,当事人应根据第 91 条提交类似文件的译本。

第 33 条 中止诉讼程序

在下列情形下,向其援引另一成员国所作判决的法院可全部或部分地中止诉讼程序:

(a)已向原审成员国对该判决提起了普通上诉;或

(b)对于申请予以承认的判决,不存在第 38 条和第 39 条所述的拒绝承认的任何理由,或者根据这些理由之一应拒绝予以承认。

第二小节 可执行性和执行

第 34 条 可予以执行的判决

1. 一成员国作出的有关父母亲责任事项的判决,如果在该成员国具有可执行性,则在其他成员国也具有可执行性,无须任何可执行性宣告。

2. 为了在另一成员国执行有关探视权的判决,无论是否会被提起上诉,原审成员国法院都可宣告该判决具有临时可执行性。

第 35 条 申请执行应提交的文件

1. 为在一成员国执行另一成员国所作的判决,申请执行的一方当事人应向主管执行机关提供下列资料:

(a)一份符合其证明力要求的判决书副本;和

(b)根据第 36 条所签发的相应证明。

2. 为在 成员国执行另一成员国作出的、有关责令采取包括保护性措施在内的临时措施的判决,申请执行的一方当事人应向主管执行机关提供:

(a)一份符合其证明力要求的判决书副本。

(b)根据第 36 条所签发的相应证明,以证明该判决在原审成员国具有可执行性,并且该原审法院:

(i)对该事项的实体问题具有管辖权;或

(ii)已根据第 27 条第 5 款和第 15 条责令采取该措施。

(c)在没有传唤被申请人出庭的情况下责令采取措施时,有关送达该项判决的证据。

3.必要时,主管执行机关可要求强制执行的申请人根据第91条的规定,提供证明中规定应执行义务的自由文本字段的可译内容的翻译或者音译。

4.如果没有判决书的翻译或者音译,主管执行机关就无法继续进行诉讼程序,则可要求执行的申请人根据第91条提供判决书的翻译或者音译。

第三小节 证 明

第36条 出具证明

1.根据第103条通报给欧盟委员会的原审成员国法院应根据一方当事人的申请,为下列事项出具证明:

(a)有关婚姻事项的判决(采用附件Ⅱ规定的标准格式);

(b)有关父母亲责任事项的判决(采用附件Ⅲ规定的标准格式);

(c)第2条第1款(a)项所指的责令送还儿童的判决,以及必要时随同该判决以及根据第27条第5款责令采取的包括保护性措施在内的任何临时措施(采用附件Ⅳ规定的标准格式)。

2.证明应以判决所采用的语言填写和签发。经一方当事人请求,该证明也可以用欧盟各机构的另一种官方语言签发。但这并不使签发证明的法院负有任何义务为自由文本字段的可译内容提供翻译或者音译。

3.不得对出具的证明提起任何异议。

第37条 证明的更正

1.根据第103条向欧盟委员会通报的原审成员国法院,如果由于重大错误或遗漏导致要执行的判决与证明之间存在差异,应依申请或者可自行对证明予以更正。

2.证明的更正程序,适用原审成员国的法律。

第四小节 拒绝承认与执行

第38条 拒绝承认有关婚姻事项的判决的理由

有下列情形之一的,有关离婚、依法别居或宣告婚姻无效的判决拒绝予以承认:

(a)承认该判决明显违背了被请求承认的成员国的公共政策;

(b)所作的缺席判决,是因为未及时向被申请人送达诉讼文书或类似文件,使被申请人无法安排答辩所致,但能够证明被申请人已明确接受了该判决的除外;

(c)该判决与被请求承认的成员国就相同当事人之间的诉讼所作的判决相抵触；

(d)该判决与另一成员国或第三国就相同当事人之间的诉讼所作的先前判决相抵触，但前提是该先前判决满足请求承认的成员国予以承认的必要条件。

第39条　拒绝承认有关父母亲责任事项的判决的理由

1.有下列情形之一的，有关父母亲责任事项的判决应拒绝予以承认：

(a)承认该判决明显违背了被请求承认的成员国的公共政策，同时应考虑儿童的最大利益；

(b)所作的缺席判决，是因为未及时向被申请人送达诉讼文书或类似文件，使被申请人无法安排答辩所致，但能够证明被申请人已明确接受了该判决的除外；

(c)某人声称该判决侵犯了其父母亲责任，且该判决是在未给予其辩论机会的情况下作出的；

(d)该判决与被请求承认的成员国后来作出的有关父母亲责任的判决相抵触；

(e)该判决与另一成员国或儿童经常居所所在的第三国之后作出的关于父母亲责任的判决相抵触，但前提是该之后作出的判决满足被请求承认的成员国予以承认的必要条件；

(f)未遵守第82条所规定的程序。

2.如果在作出有关父母亲责任的判决时，有能力形成自己意见的儿童没有根据第21条获得表达意见的机会，则可拒绝承认该判决，除非：

(a)诉讼程序只涉及儿童的财产，而且就诉讼标的而言不需要给予这种机会；或者

(b)出于重大理由尤其是出于紧急情况的考虑。

第40条　拒绝承认的程序

1.拒绝予以承认的申请，相应地适用第59条至第62条所规定的程序，以及在适当情况下适用本章第五节和第六章所规定的程序。

2.各成员国根据第103条向欧盟委员会通报的法院的属地管辖权，应根据提起拒绝予以承认的诉讼所在的成员国的国内法确定。

第41条　拒绝执行有关父母亲责任事项的判决的理由

在不损抑第56条第6款的前提下，如果经查明存在第39条所指的拒绝予以承认的理由之一，应拒绝执行有关父母亲责任的判决。

第二节　某些特许判决的承认与执行

第42条　适用范围

1.下列类型的判决,如果其已在原审成员国根据第47条予以证明,则适用本节规定:

(a)授予探视权的判决;以及

(b)根据第29条第6款作出的责令送还儿童的判决。

2.本节的规定不影响一方当事人根据本章第一节有关承认与执行的条款,寻求承认与执行第1款所指的判决。

第一小节　承　认

第43条　承认

1.一个成员国作出的第42条第1款所指的判决,应在其他成员国得以承认,而无须任何特别程序,也不得对其承认提出任何异议,除非经认定该判决与第50条所指的后来的判决相抵触。

2.当事人如果在一成员国援引另一成员国所作的第42条第1款所述判决,应提交下列文件:

(a)一份符合其证明力要求的判决书副本;和

(b)根据第47条所签发的相应证明。

3.第31条第2款和第3款应参照适用。

第44条　中止诉讼程序

在下列情形下,被请求承认另一成员国所作的第42条第1款所述判决的法院可全部或部分地中止诉讼程序:

(a)在已提交的申请中,声称该判决与第50条所指的后来的判决相抵触;或

(b)被申请执行人已根据第48条申请撤销根据第47条所签发的证明。

第二小节　可执行性与强制执行

第45条　可执行的判决

1.在某一成员国作出的第42条第1款所指判决,如果在该成员国可予以执行,则可根据本节规定在其他成员国予以执行,而无须任何可执行性宣告。

2.为在另一成员国执行第42条第1款(a)项所述判决之目的,尽管有可能被提

起上诉,原审成员国法院仍可宣布该判决可暂时予以执行。

第 46 条　为强制执行而应提交的文件

1. 为在一成员国执行另一成员国所作的第 42 条第 1 款所述判决,请求执行的一方当事人应向主管执行机关提供下列文件:

(a)一份符合其证明力要求的判决书副本;和

(b)根据第 47 条所签发的相应证明。

2. 为在一成员国执行另一成员国所作的第 42 条第 1 款(a)项所述判决,主管执行机关可在必要时要求申请人根据第 91 条,提供证明中规定应执行义务的自由文本字段的可译内容的翻译或音译。

3. 为在一成员国执行另一成员国所作的第 42 条第 1 款所述判决,主管执行机关如果没有判决书的翻译或者音译就无法继续该执行程序,则可要求申请人根据第 91 条提供该判决的翻译或者音译。

第三小节　有关特权判决的证明

第 47 条　出具证明

1. 作出第 42 条第 1 款所述判决的法院,应根据一方当事人的申请,出具有关下列事项的证明:

(a)有关授予探视权的判决(采用附件Ⅴ规定的标准格式);

(b)依照第 29 条第 6 款作出的有关监护权的实体问题并责令送还儿童的判决(采用附件Ⅵ规定的标准格式)。

2. 证明应采用判决书所使用的语言予以填写和出具。经一方当事人请求,该证明也可以采用欧盟各机构的另一种官方语言出具。但这并不使出具证明的法院负有任何义务为自由文本字段的可译内容提供翻译和音译。

3. 只有在满足下列条件的情形下,法院方可出具证明:

(a)所有相关当事人均曾有听审机会。

(b)曾根据第 21 条给予儿童表达意见的机会。

(c)在作出缺席判决的情形下:

(i)已及时或以其他方式向未参加诉讼程序的一方当事人送达了诉讼文书或类似文书,以便其安排答辩;或者

(ii)已证明未参加诉讼程序的当事人明确接受该判决。

4. 在不损抑本条第 3 款的前提下,只有当法院在作出判决时已考虑另一成员

国根据《1980年海牙公约》第13条第1款(b)项或第13条第2款作出的先前判决所依据的理由和情势的情况下,方可出具第42条第1款(b)项所述判决的证明。

5. 该证明仅在判决的可执行范围内生效。

6. 除了第48条所指理由之外,对于出具的证明不得提出任何异议。

第48条　证明的更正和撤销

1. 根据第103条通报给欧盟委员会的原审成员国法院,如果由于重大错误或遗漏导致待执行的判决与证明之间存在差异,则应依申请或者可依职权自行更正证明。

2. 考虑到第47条所规定的要求,本条第1款所指的法院应依申请或依职权主动撤销错误出具的证明。第49条应参照适用。

3. 更正或撤销证明的程序,包括可能提出的任何上诉,应适用原审成员国的法律。

第49条　关于缺乏可执行性或可执行性受限的证明

1. 如果根据第47条核证的判决已不再具有可执行性,或其可执行性已被中止或限制,应随时向根据第103条通报给欧盟委员会的原审成员国法院提出申请,采用附件Ⅶ规定的标准格式,出具一份有关缺乏可执行性或者可执行性受限的证明。

2. 证明应采用判决书所使用的语言予以填写和出具。经一方当事人请求,该证明也可用欧盟各机构的另一种官方语言出具。但这并不使出具该证明的法院负有任何义务为自由文本字段的可译内容提供翻译和音译。

第四小节　拒绝承认与执行

第50条　相抵触的判决

如果第42条第1款所指判决与后来在下列国家就同一儿童的父母亲责任所作的判决相抵触,则应拒绝承认与执行该判决:

(a)在被请求承认的成员国;或者

(b)在另一成员国或者儿童经常居所所在的第三国,但前提是该之后作出的判决满足被请求承认的成员国予以承认的必要条件。

第三节 关于执行的共同规定

第一小节 执 行

第51条 执行程序

1. 在不违反本节规定的前提下，执行在另一成员国所作判决的程序，应适用执行成员国的法律。在不损抑第41条、第50条、第56条和第57条的情况下，在某一成员国作出的判决，如果在原审成员国可予以执行，则执行成员国应如同执行本国判决一样在相同条件予以执行。

2. 申请执行另一成员国所作判决的当事人，不得被要求在执行成员国拥有邮寄地址。只有在执行成员国的法律规定不论当事人国籍为何，均须有授权代表时，方可要求该当事人在执行成员国有授权代表。

第52条 主管执行的机关

执行申请，应提交给执行成员国根据第103条通报给欧盟委员会，并根据该成员国法律主管执行的机关。

第53条 部分执行

1. 申请执行判决的当事人，可以申请部分执行该判决。

2. 如果已就若干事项作出判决，但有关其中一个或多个事项的执行申请被拒绝，则仍可对该判决中不受此项拒绝影响的部分予以执行。

3. 如果执行该判决中为保护儿童免受《1980年海牙公约》第13条第1款(b)项所述危险的威胁，而责令采取的包括保护性措施在内的任何临时措施，则本条第1款和第2款不得用于仅执行一份判决中责令送还儿童的部分。

第54条 行使探视权的各项安排

1. 如果对实体事项有裁判管辖权的成员国法院作出的判决未能或者未允分地规定必要的先行措施，只要该判决的基本内容得到遵守，主管执行机关或执行成员国的法院可以确定行使探视权的各项安排。

2. 对实体事项有裁判管辖权的成员国法院作出判决后，应终止实施根据第1款所作的各项安排。

第55条 证明和判决的送达

1. 在申请执行另一成员国所作判决时，根据第36条或第47条出具的相应证明应在第一次执行措施之前送达被执行人。如果尚未向该人送达判决，则证明应随同该判决一并送达,在可行时将第54条第1款所述安排的细节一并送达。

2. 如果必须在原审成员国以外的其他成员国进行送达,被申请执行人可以要求提供以下文件的翻译或音译:

(a)用于撤销执行的裁定;

(b)在可行时,根据第47条出具的证明中自由文本字段的可翻译内容。

如果不是以被申请执行人理解的语言作成,或不是采用其经常居所所在的成员国的官方语言,或在该成员国有几种官方语言的情况下,则应采用其经常居所地的官方语言或官方语言之一作成或者提供翻译或音译。

3. 根据第2款要求提供翻译或者音译时,在向被申请执行人提供翻译或者音译之前,除保护措施外,不得采取其他强制执行措施。

4. 如果已经根据第1款向被申请执行人送达了判决书和——可行的——证明,并且满足了第2款所述的翻译或者音译要求,则不适用第2款和第3款规定。

第二小节　中止执行程序和拒绝执行

第56条　中止和拒绝

1. 如果判决在原审成员国被中止执行,主管执行的机关或执行成员国的法院应依职权或应被申请执行人的申请,或者当国内法有规定时,应有关儿童的申请,中止执行诉讼。

2. 主管执行的机关或执行成员国的法院可应被申请执行人的申请,或者当国内法有规定时,应有关儿童的申请,出于下列原因之一,全部或部分地中止执行诉讼:

(a)已在原审成员国就该判决提起普通上诉;

(b)(a)项所指的普通上诉期间尚未届满;

(c)已根据第41条、第50条或第57条提出拒绝执行的申请;

(d)被申请执行人已根据第48条申请撤销根据第47条出具的证明。

3. 如果主管执行的机关或法院因第2款(b)项所述原因而中止执行诉讼,则其可指定提起上诉的期限。

4. 在特殊情况下,如果执行程序会使儿童因作出判决后出现的临时障碍或其他的重大情势变更而面临身心伤害的严重危险,主管执行的机关或法院可根据被执行人的申请,或者当国内法有规定时,应有关儿童或为儿童最大利益行事的任何利害关系人的申请,中止执行程序。

一旦对身心造成伤害的严重危险不复存在,应立即恢复执行。

5. 在第 4 款所指情况下，主管执行的机关或法院在根据第 6 款规定拒绝执行之前，应采取适当措施，以使执行行为符合国内法律规定和程序，并符合儿童的最大利益。

6. 如果第 4 款所指的严重危险具有持久性，主管执行的机关或法院可根据申请拒绝执行该判决。

第 57 条 根据国内法中止或拒绝执行的理由

执行成员国的国内法所规定的中止或拒绝执行的理由，只要与第 41 条、第 50 条和第 56 条的适用不相抵触，就应予以适用。

第 58 条 主管机关或法院对拒绝执行的管辖权

1. 根据第 39 条提出的拒绝执行的申请，应向各成员国根据第 103 条通报给欧盟委员会的法院提交。根据本条例规定或允许的其他理由而提出的拒绝执行的申请，应提交给各成员国根据第 103 条通报给欧盟委员会的主管机关或法院。

2. 各成员国根据第 103 条通报给欧盟委员会的主管机关或法院的属地管辖权，应由启动本条第 1 款所指程序所在的成员国的法律确定。

第 59 条 申请拒绝执行

1. 申请拒绝执行的程序，如果本条例对此未作规定，则适用执行成员国的法律。

2. 申请人应向主管执行的机关或法院提供判决的副本，并且在可行时，尽可能提供根据第 36 条或第 47 条出具的相应证明。

3. 在必要时，主管执行的机关或法院可要求申请人依照第 91 条提供根据第 36 条或第 47 条出具的相应证明中规定应予执行的义务的自由文本字段的可译内容的翻译或者音译。

4. 如果主管执行的机关或法院在没有判决书的翻译或者音译时无法继续诉讼程序，则可要求申请人根据第 91 条提供此种翻译或者音译。

5. 在下列情形下，主管执行的机关或法院可让当事人免于提交第 2 款所指文件：

(a) 主管执行的机关或法院已拥有该文件；或者

(b) 主管执行的机关或法院认为要求申请人提供该文件并不合理。

在本款第 1 段(b)项所指情形下，主管执行的机关或法院可要求另一方当事人提供这些文件。

6. 寻求拒绝执行另一成员国所作判决的当事人，不得被要求在执行成员国拥有邮寄地址。只有在执行成员国的法律规定不论当事人国籍为何，均须有授权代表时,方可要求该当事人在执行成员国有授权代表。

第60条 快捷程序

主管执行的机关或法院应毫不延迟地处理拒绝执行的申请程序。

第61条 异议或上诉

1. 任何一方当事人均可对有关拒绝执行的申请所作的裁定提出异议或上诉。

2. 异议或上诉应向执行成员国根据第103条通报给欧盟委员会的受理这种异议或上诉的机关或法院提出。

第62条 进一步异议或上诉

只有在有关成员国已根据第103条,将受理任何进一步异议或上诉的法院通报给欧盟委员会的情况下,方可对就异议或上诉所作出的裁定提出异议或上诉。

第63条 程序的中止

1. 主管执行的机关或法院,在收到拒绝执行的申请或者审理第61条或第62条所指的上诉后,可因下列理由之一中止程序:

(a)已在原审成员国对该判决提起普通上诉;

(b)(a)项所指的普通上诉期间尚未届满;或者

(c)被申请执行人已根据第48条申请撤回根据第47条所出具的证明。

2. 主管执行的机关或法院,如果因第1款(b)项所述理由而中止程序,则可指定提出上诉的期限。

第四节 公文书和协议

第64条 适用范围

根据第二章具有司法管辖权的成员国就离婚、依法别居和父母亲责任事项正式制作或登记的公文书以及在此种成员国已登记的协议,适用本节规定。

第65条 公文书和协议的承认与执行

1. 有关依法别居和离婚的公文书和协议,如果在原审成员国具有法律约束力,则应在其他成员国得以承认,无须任何特别程序。除非本节另有规定,否则本章第一节予以参照适用。

2. 有关父母亲责任事项的公文书和协议,如果在原审成员国具有法律约束力并可予以执行,则应在其他成员国得以承认与执行,无须进行任何可执行性宣告。除非本节另有规定,否则本章第一节和第三节予以参照适用。

第66条 证明

1. 根据第103条通报给欧盟委员会的原审成员国法院或主管机关,应一方当事人的申请,应以下列方式出具有关公文书或协议的证明:

(a)在婚姻事项上采用附件Ⅷ规定的标准格式;

(b)在父母亲责任事项上采用附件Ⅸ规定的标准格式。

(b)项所指证明应包含有公文书或协议中所载的可履行义务的摘要。

2. 只有在满足下列条件的情况下,方可出具证明:

(a)已经授权公共机关或其他机关正式制作、登记公文书或者协议的成员国,根据第二章规定具有管辖权;以及

(b)该公文书或协议在该成员国具有法律约束力。

3. 在不损抑第2款规定的前提下,如果有迹象表明公文书或协议的内容有悖于儿童的最大利益,则不得出具有关父母亲责任事项的证明。

4. 出具证明时,应采用公文书或协议所使用的语言。应一方当事人的要求,亦可采用欧盟各机构的另一种官方语言出具证明。但这不使出具该证明的法院或主管机关负有任何义务为自由文本字段的可译内容提供翻译或者音译。

5. 如果不提交证明,该公文书或协议在另一成员国不得予以承认或执行。

第67条 证明的更正和撤销

1. 根据第103条通报给欧盟委员会的原审成员国法院或主管机关,如果由于重大错误或遗漏致使公文书或协议与证明之间存在差异,应根据申请或者依职权更正该证明。

2. 本条第1款所指的法院或主管机关,如果根据第66条所规定的要求,认为错误地出具了证明,应根据申请或者依职权撤销该证明。

3. 关于更正或撤销证明的程序,包括可能提起的任何上诉,应适用原审成员国的法律。

第68条 拒绝承认或执行的理由

1. 在下列情形下,应拒绝承认有关依法别居或离婚的公文书或协议:

(a)这种承认明显违背了被请求承认的成员国的公共政策;

(b)其与被请求承认的成员国有关相同当事人之间的判决、公文书或协议相抵触;或者

(c)其与另一成员国或第三国有关相同当事人之间的先前判决、公文书或协议相抵触,前提是先前的判决、公文书或协议满足被请求承认的成员国有关承认的必

要条件。

2. 在下列情形下,应拒绝承认或执行有关父母亲责任事项的公文书或协议:

(a)考虑到儿童的最大利益,这种承认明显违背被请求承认的成员国的公共政策;

(b)某人在申请中声称该公文书或协议侵犯了其父母亲责任,假如该公文书是在此人没有参与的情况下制作或登记的,或者该协议是在此人没有参与的情况下订立和登记的;

(c)其与被请求承认或执行的成员国之后有关父母亲责任事项的判决、公文书或协议相抵触;

(d)其与另一成员国或儿童经常居所所在的第三国之后有关父母亲责任事项的判决、公文书或协议相抵触,前提是该之后的判决、公文书或协议满足被请求承认或执行的成员国有关承认的必要条件。

3. 如果在正式制作或登记有关父母亲责任事项的公文书时,或者在登记有关父母亲责任事项的协议时,没有给予有能力形成自己意见的儿童表达其意见的机会,则可拒绝予以承认或执行。

第五节　其他规定

第69条　禁止审查原审成员国法院的管辖权

不得审查原审成员国法院的管辖权。对于是否符合第38条(a)项和第39条第1款(a)项所指公共政策的审查,不得适用于第3条至第14条所规定的管辖权规则。

第70条　准据法的差异

被请求承认的成员国,不得以其本国法律不允许基于相同事实而判决离婚、依法别居或者宣告婚姻无效为由,拒绝承认有关婚姻事项的判决。

第71条　不进行实质审查

在任何情况下,不得对另一成员国所作判决进行实质审查。

第72条　在某些成员国的上诉

如果判决是在爱尔兰、塞浦路斯或联合王国作出的,则在原审成员国可提起的任何形式的上诉,应被视为本章意义上的普通上诉。

第73条　费用

根据本条例进行的诉讼程序的费用的确定,以及确定诉讼费用命令的执行,亦适用本章规定。

第 74 条　诉讼费用救助

1. 申请人如果已在原审成员国获得全部或部分诉讼费用救助或者被免除诉讼费,则就诉讼费用救助或者免除诉讼费而言,有权在第 30 条第 3 款、第 40 条和第 59 条所指的程序中享有执行成员国法律所规定的最优惠待遇。

2. 申请人如果已在原审成员国向根据第 103 条规定通报给欧盟委员会的行政机关主张免除程序费用,则其在第 30 条第 3 款、第 40 条和第 59 条所指的任何程序中均有权主张本条第 1 款所述的诉讼费用救助。为此,该当事人必须提交原审成员国主管机关出具的文件,以证明其已具备获得全部或者部分诉讼费用救助或者免除诉讼费的经济条件。

第 75 条　担保、保证金

一方当事人在一成员国请求执行另一成员国所作判决时,不得因为其是外国国民或其经常居所不在执行成员国境内,而被要求提供任何名义的担保或保证金。

第五章　在父母亲责任事项上的合作

第 76 条　中央机关的指定

各成员国应指定一个或多个中央机关以协助本条例在父母亲责任事项上的实施,并确定其地域或职能权限。如果一成员国指定了多个中央机关,通常应直接通知具有管辖权的相关中央机关。如果所通知的中央机关无管辖权,则该机关应将该通知转达给有管辖权的中央机关,并告知发出通知者。

第 77 条　中央机关的一般职责

1. 各中央机关应互通有关父母亲责任事项方面的国内法律规定、程序和服务的信息,并采取它们认为适当的措施以改进本条例的适用。

2. 为实现本条例之目的,中央机关应合作并促进其成员国主管机关之间的合作。

3. 为实现第 1 款和第 2 款之目的,可使用欧洲民商事司法网。

第 78 条　通过中央机关提出的请求

1. 各中央机关应根据另一成员国中央机关的请求,在个案中为实现本条例之目的而进行合作。

2. 本章所指的请求可由法院或主管机关提出。第 79 条(c)项和(g)项以及第 80 条第 1 款所指的请求也可由父母亲责任人提出。

3. 除紧急情况外,在不损抑第 86 条的前提下,本章所指的请求应提交给提出请求的法院或主管机关所属的成员国或者申请人经常居所所在的成员国的中央机关。

4. 本条的规定,不妨碍中央机关或主管机关与一个或多个其他成员国的中央机关或主管机关达成或维持现有的协议或安排,据此允许在其相互关系中直接交流。

5. 本章的规定,不妨碍父母亲责任的承担者直接向另一成员国法院提出申请。

6. 第 79 条和第 80 条的任何规定,都不应使中央机关负有义务去行使只能由被请求成员国法律规定的司法机关行使的权力。

第 79 条　被请求中央机关的特殊职责

被请求的中央机关应直接或通过法院、主管机关或其他机构采取一切适当措施,以便:

(a)如果有迹象表明儿童可能在被请求的成员国境内,并且相关信息对于处理依据本条例所提出的申请或请求很有必要,则根据其国内法律和程序,协助查找该儿童的下落;

(b)根据第 80 条收集并交换有关父母亲责任事项的信息资料;

(c)向寻求在被请求的中央机关所属成员国境内承认与执行判决——尤其是有关探视权和送还儿童的判决——的父母亲责任承担者提供信息和协助,包括在必要时提供关于如何获得诉讼费用救助的信息;

(d)便利法院、主管机关和其他有关机构之间,尤其是在适用第 81 条方面的联系;

(e)必要时促进法院之间,尤其是在适用第 12 条、第 13 条、第 15 条和第 20 条方面的联系;

(f)提供法院和主管机关在适用第 82 条规定时所需的信息资料和协助;以及

(g)通过调解或其他替代性争议解决方式为父母亲责任的承担者之间达成协议提供便利,并为此促进跨境合作。

第 80 条　在收集和交流有关父母亲责任事项的程序信息方面进行合作

1. 儿童现在或者以前经常居住的,或者现在或以前所在的成员国中央机关在收到附具理由的请求后,应直接或通过法院、主管机关或其他机构:

(a)在可能的情况下,提供或制作并提交一份有关以下事项的报告:

(i)有关儿童的情况;

(ii)在父母对子女的责任事项上的任何现行程序;或

(iii)就父母对子女的责任事项所作的判决。

(b)应提供与该请求成员国父母亲责任事项程序有关的任何其他信息,如果儿童的情况有此需要,应提供关于父母一方、亲属或可能适合照顾儿童的其他人员的情况。

(c)可以请求其成员国的法院或主管机关考虑是否需要采取措施保护儿童的人身或财产。

2. 在儿童面临严重危险的情况下,正在考虑或已经采取措施保护儿童的法院或主管机关,如果知道儿童的居住地已迁移至另一成员国,或儿童在该另一成员国,应将所涉危险和已采取或正在考虑的措施一并通知该另一成员国的法院或主管机关。此种信息可直接传达或者通过中央机关转达。

3. 第 1 款和第 2 款所述请求以及任何补充文件应附上被请求成员国官方语言的译文,如果该成员国有几种官方语言,则应附上请求执行地的官方语言或官方语言之一的译文,或者被请求成员国明确接受的任何其他语言的译文。各成员国应根据第 103 条的规定,将所接受的语言信息通报欧盟委员会。

4. 除有特殊情况外,否则应在收到请求后 3 个月内将第 1 款所述资料送交提出请求的中央机关。

第 81 条　另一成员国执行有关父母亲责任事项的判决

1. 一成员国的法院可请求另一成员国的法院或主管机关协助执行根据本条例所作的有关父母亲责任事项的判决,尤其是确保探视权的有效行使。

2. 第 1 款所指请求以及任何附随文件应附上被请求成员国官方语言的译文,如果该成员国有几种官方语言,则应附上请求执行地的官方语言或官方语言之一的译文,或者被请求成员国明确接受的任何其他语言的译文。各成员国应根据第 103 条的规定,将所接受的语言信息通报欧盟委员会。

第 82 条　在另一成员国安置儿童

1. 如果法院或主管机关考虑把儿童安置在另一成员国,应事先征得该另一成员国主管机关的同意。为此,请求成员国的中央机关应向儿童拟被安置地的被请求成员国的中央机关转交一份同意请求书,其中包括一份关于该儿童的报告,并说明拟议的安置或提供照料的理由、计划的资金来源信息以及它认为相关的任何其他信息,如预期的安置期限。

2. 如果子女被安置于父母一方,则不适用第 1 款规定。

各成员国可以决定,在其本国境内将儿童安置于除其父母以外的特定类别的近亲属时不需要根据第 1 款征得同意。各成员国应根据第 103 条的规定,将这些类别的近亲属通报欧盟委员会。

3. 另一成员国的中央机关可将儿童与该成员国的密切联系告知考虑安置儿童的法院或主管机关。考虑安置的成员国的国内法和程序,并不因此受影响。

4. 请求书和第1款所指的任何补充文件,应附上被请求成员国的官方语言的译文,如果该成员国有几种官方语言,则应附上请求执行地的官方语言或官方语言之一的译文,或者被请求成员国明确接受的任何其他语言的译文。各成员国应根据第103条的规定,将所接受的语言信息通报欧盟委员会。

5. 第1款所指的安置只有在被请求成员国主管机关同意后,方可由请求成员国作出命令或安排。

6. 除非有特殊情况,否则应在收到请求后3个月内将同意或拒绝同意的决定转达给提出请求的中央机关。

7. 取得同意的程序,适用被请求成员国的国内法。

8. 本条规定并不妨碍中央机关或主管机关与一个或多个其他成员国的中央机关或主管机关,在简化相互间征得同意的磋商程序时,达成或维持现有的条约或安排。

第83条 中央机关的费用

1. 中央机关依照本条例提供协助时,不得收取任何费用。

2. 各中央机关自行承担因适用本条例所产生的各种费用。

第84条 中央机关的会议

1. 为便于实施本条例,中央机关之间应定期举行会议。

2. 欧盟委员会应特别遵照《第2001/470号决定》,在欧洲民商事司法网的框架内召开中央机关会议。

第六章 一般规定

第85条 适用范围

第三章至第五章所指请求和申请的处理,适用本章规定。

第86条 法院之间的合作与联系

1. 为本条例之目的,各法院彼此间可以相互合作和直接联系,或直接请求对方提供信息和协助,前提是必须尊重诉讼各方当事人的程序性权利和信息的保密性。

2. 第1款所指的合作可以通过法院认为适当的任何方式进行。这种合作尤其会涉及:

(a)为第12条和第13条之目的而进行的联系;

(b)根据第15条提供信息资料;

(c)为第20条之目的,关于未决诉讼的信息;

(d)为第三章至第五章之目的而进行的联系。

第87条 信息的收集与传递

1. 被请求的中央机关应根据本条例,酌情将有关父母亲责任或国际儿童诱拐事项的任何申请、请求或其中所载的信息资料,转交给其成员国的法院、主管机关或者根据国内法律和程序适当的任何中间人。

2. 任何中间人、法院或主管机关,对于根据本条例向其传递的第1款所述信息,只能为本条例之目的予以使用。

3. 在被请求国境内持有或有权收集根据本条例处理请求或申请所需的信息资料的中间人、法院或主管机关,在被请求的中央机关无法直接获取信息资料时,应根据被请求的中央机关的请求向其提供该信息资料。

4. 必要时,被请求的中央机关应根据国内法律规定和程序,将根据本条规定所获得的信息资料转交给提出请求的中央机关。

第88条 通知数据主体

如果根据本条例传送信息的请求或申请的有效进行有可能受到不利影响,则根据欧盟《2016/679号条例》第14条第1款至第4款规定的通知数据主体的义务,可以推迟至请求或申请已被处理之后予以履行。

第89条 不得披露信息

1. 如果中央机关、法院或主管机关认定,为第三章至第六章之目的所收集或传递的信息经披露或确认后,可能危及儿童或他人的健康、安全或自由,则不得披露或确认这些信息。

2. 对于一成员国对此所作的认定,尤其是有关家庭暴力情况的认定,其他成员国的中央机关、法院和主管机关应予以考虑。

3. 本条的任何规定,不妨碍中央机关、法院和主管机关为履行第三章至第六章规定的义务而收集和彼此间传递信息。

第90条 认证或其他类似手续

在本条例中,无须认证或其他类似手续。

第91条 语言

1. 如果根据本条例需要翻译或者音译,则在不损抑55条第2款(a)项规定的前提下,这种翻译或者音译应采用有关成员国的官方语言进行;如该成员国有几种官方语言,则应根据该成员国的法律规定,采用援引另一成员国所作判决或提出申请所在地的司法程序中所使用的官方语言或官方语言之一进行翻译或者音译。

2. 第29条、第36条、第47条、第49条和第66条所述证明的自由文本字段的可译内容,可采用有关成员国根据第103条通报其可以接受的欧盟各机构的一种或者几种其他官方语言进行翻译或者音译。

3. 各成员国应向欧盟委员会通报向其中央机关发送通知时可接受的、除基本国语言之外的为欧盟各机构所使用的一种或多种官方语言。

4. 为第三章和第四章之目的所进行的翻译,应由各成员国有翻译资格者完成。

第七章 经授权的行为

第92条 对附件的修正

欧盟委员会有权根据第93条的规定,通过修正附件Ⅰ至附件Ⅸ的法律文件,以更新这些附件或对其进行技术性修正。

第93条 授权的行使

1. 欧盟委员会实施经授权的行为的权力,应符合本条所规定的条件。

2. 根据第92条实施经授权的行为的权力,自2019年7月22日起无期限地转移给欧盟委员会。

3. 欧盟理事会可以随时撤销第92条所指的权力转移。有关撤销的决定应终止该决定中规定的权力的转移。该决定应在其于《欧洲联盟官方公报》上公布的次日或其指定的稍后日期生效。该撤销决定不影响任何已生效的经授权的法律文件的有效性。

4. 在实施经授权的行为之前,欧盟委员会应根据2016年4月13日《关于改进立法工作的机构间协定》所规定的原则,征求各成员国指定的专家的意见。

5. 欧盟委员会一旦实施经授权的行为,应立即通知欧盟理事会。

6. 根据第92条实施的经授权的行为,只有在将该行为通知欧盟理事会后该理事会两个月内未表示反对,或者在该期限届满前,该理事会向欧盟委员会表示不反对时,方才生效。经欧盟理事会提议,这一期限将延长两个月。

7. 欧盟委员会实施经授权的行为、对此类行为提出的任何反对意见,或者欧盟理事会撤销授权的情况,均应通知欧盟议会。

第八章　与其他法律文件的关系

第94条　与其他法律文件的关系

1. 在不损抑本条第2款和第95条至第100条规定的情况下，本条例应取代在《第2201/2003号条例》生效之前两个或多个成员国之间就本条例所调整事项已达成的既有协定。

2. 芬兰和瑞典得以根据《第2201/2003号条例》第59条第2款以及该条款(b)项和(c)项所规定的条件声明，在其相互关系上选择全部或部分地适用1931年2月6日《丹麦、芬兰、冰岛、挪威与瑞典之间关于婚姻、收养及监护的国际私法规定的公约》及其《最后议定书》的规定，以取代该条例的规则。它们各自的声明作为《第2201/2003号条例》的附件，已在《欧洲联盟官方公报》上公布。前述成员国可以随时全部或部分地撤回其声明。

3. 第2款所指成员国之间将来缔结的任何协定，如果涉及本条例所调整的事项，其管辖权规则应与本条例的规定保持一致。

4. 对联盟公民不得因国籍而受到歧视的原则应予以遵守。

5. 已作了第2款所指声明的北欧国家，根据与本条例第二章所规定的管辖权规则相符的管辖权规则而作出的判决，应按照本条例第四章第一节的规定在其他成员国得以承认与执行。

6. 各成员国应向欧盟委员会提交：

(a)第3款所指协定以及实施此类协定的统一立法的副本；

(b)对第2款和第3款所指协定和统一立法的任何废止或修改。

这些信息应在《欧洲联盟官方公报》上公布。

第95条　与其他多边公约的关系

就各成员国之间的关系而言，对于本条例调整的事项，本条例应优先于下列公约：

(a)1961年10月5日《关于未成年人保护的管辖权及法律适用的海牙公约》；

(b)1967年9月8日《关于承认有关婚姻效力判决的卢森堡公约》；

(c)1970年6月1日《关于承认有关离婚及依法别居判决的海牙公约》；

(d)1980年5月20日《关于承认与执行有关儿童监护权及恢复儿童监护关系的判决的欧洲公约》。

第 96 条 与《1980 年海牙公约》的关系

如儿童被非法带离或滞留在某一成员国,而该国并非该儿童在紧接着被非法带离或滞留前经常居所所在的成员国,《1980 年海牙公约》的规定应由本条例第三章和第六章的规定加以补充并继续适用。如果根据《1980 年海牙公约》在某一成员国作出的责令送还儿童的判决,在该儿童再次被非法带离或滞留后,必须在另一成员国得到承认与执行,则应适用本条例第四章的规定。

第 97 条 与《1996 年海牙公约》的关系

1. 就与《1996 年海牙公约》的关系而言,本条例应在下列情况下予以适用:

(a)在不违反本条第 2 款的情况下,所涉儿童的经常居所在一成员国境内;

(b)涉及在一成员国法院所作判决在另一成员国境内予以承认与执行的,即使所涉儿童的经常居所在上述公约的缔约国境内,本条例在该国也不适用。

2. 尽管有第 1 款的规定:

(a)当事人各方就不适用本条例的《1996 年海牙公约》缔约国法院的管辖权达成协议的,适用该公约第 10 条的规定;

(b)就某成员国的法院与不适用本条例的《1996 年海牙公约》缔约国的法院之间的管辖权移送而言,适用该公约第 8 条及第 9 条的规定;

(c)如果不适用本条例的《1996 年海牙公约》缔约国法院正在审理有关父母亲责任的诉讼,一成员国法院受理有关同一儿童因同一诉因提起的诉讼,则适用该公约第 13 条的规定。

第 98 条 效力的连续性

1. 对于不受本条例调整的事项,第 94 条至第 97 条所指协定和公约继续有效。

2. 本条例第 95 条至第 97 条所述公约,尤其是《1980 年海牙公约》和《1996 年海牙公约》,根据本条例第 95 条至第 97 条的规定,在作为其缔约方的各成员国之间继续有效。

第 99 条 与罗马教廷的各条约

1. 本条例的适用,并不损抑 2004 年 5 月 18 日罗马教廷与葡萄牙在梵蒂冈所订立的国际条约(宗教事务协定)。

2. 对于根据第 1 款所指条约作出的任何关于婚姻无效的判决,各成员国应依照第四章第一节第一小节规定的条件予以承认。

3. 第 1 款及第 2 款的规定,也适用于与罗马教廷订立的下列国际条约:

(a)意大利与罗马教廷于 1929 年 2 月 11 日签订的、后经 1984 年 2 月 18 日《罗

马附加议定书》修改的《拉特兰条约》;

(b)罗马教廷与西班牙于1979年1月3日签订的《关于法律事务的协定》;

(c)1993年2月3日《罗马教廷和马耳他关于承认教规婚姻以及教会机关和教会法庭对这些婚姻判决的民事效力的协定》,包括同日的《适用议定书》,以及2014年1月27日的《第三附加议定书》。

4. 对于第2款所指判决的承认,西班牙、意大利或马耳他均可规定,其与教会法庭根据第3款所指的与罗马教廷缔结的国际条约所作的判决一样,适用相同的程序并进行审查。

5. 各成员国应向欧盟委员会提交:

(a)第1款及第3款所指条约的副本;

(b)此类条约的任何废止或者修订文本。

第九章 最后规定

第100条 过渡性规定

1. 本条例仅适用于2022年8月1日或之后提起的司法程序、正式制作或登记的公文书和登记的协议。

2.《第2201/2003号条例》应继续适用于在2022年8月1日之前启动的司法程序中所作的判决、2022年8月1日之前正式制作或登记的公文书,以及2022年8月1日之前在成员国订立并且在该成员国可予以执行的、属于该条例适用范围内的协议。

第101条 监测和评估

1. 在各成员国所提供的信息基础上,欧盟委员会应最迟于2032年8月2日向欧盟议会、理事会和欧盟经济与社会委员会提交一份有关本条例的事后评估报告。必要时,该报告应附有立法建议。

2. 在2025年8月2日之前,各成员国应根据要求向欧盟委员会提供与评估本条例的实施和适用情况有关的下列资料:

(a)根据本条例的管辖权条款对婚姻事项或父母亲责任事项所作判决的数量;

(b)对于第28条第2款所指判决的执行申请,在启动执行程序后6个星期内未予以执行的案件数量;

(c)根据第40条申请拒绝承认判决的案件数量以及实际拒绝予以承认的案件数量;

(d)根据第58条申请拒绝执行判决的案件数量以及实际拒绝予以执行的案件

数量;

(e)分别根据第61条和第62条提起上诉的数量。

第102条 有两种或多种法律制度的成员国

就本条例所调整事项而言,如某成员国境内的不同领土单位施行两种或多种法律制度,则适用下列规定:

(a)所指的该成员国境内的经常居所系指某领土单位的经常居所;

(b)所指的国籍系指该成员国法律规定的领土单位;

(c)所指的成员国机关系指该成员国境内相关领土单位的主管机关;

(d)所指的被请求成员国的规则,系指在其领域内主张管辖权或请求承认与执行判决的领土单位的规则。

第103条 向欧盟委员会通报的信息

1.各成员国向欧盟委员会通报以下信息:

(a)第2条第2款第2项(b)目、第2条第2款第3项以及第74条第2款所指机关;

(b)有权出具第36条第1款和第66条所述证明的法院和机关,以及有权更正第37条第1款、第48条第1款、第49条、第66条第3款结合第37条第1款所述证明的法院;

(c)第30条第3款、第52条、第40条第1款、第58条第1款和第62条所指的法院,以及第61条第2款所指的机关和法院;

(d)第52条所指的主管执行机关;

(e)第61条和第62条所指的救济程序;

(f)根据第76条指定的中央机关的名称、地址和通信方式;

(g)可行时,第82条第2款所指的近亲属类别;

(h)根据第91条第3款的规定,向中央机关通报信息所使用的语言;

(i)根据第80条第3款、第81条第2款、第82条第4款和第91条第2款的规定所采用的翻译语言。

2.各成员国应在2021年4月23日前向欧盟委员会通报第1款所述信息。

3.各成员国应向欧盟委员会通报第1款所述信息的任何变更。

4.欧盟委员会应通过适当手段,包括通过欧洲司法电子门户网站,向公众提供第1款所述信息。

第 104 条　废止

1. 除本条例第 100 条第 2 款另有规定外,《第 2201/2003 号条例》自 2022 年 8 月 1 日起予以废止。

2. 根据附件 X 的对应表,对被废止条例的任何指引均为对本条例的指引。

第 105 条　生效

1. 本条例在《欧洲联盟官方公报》上公布后第 20 日生效。

2. 本条例自 2022 年 8 月 1 日起施行,但第 92 条、第 93 条、第 103 条自 2019 年 7 月 22 日起施行。

本条例在整体上具有约束力,并根据相关条约在各成员国直接适用。

2019 年 6 月 25 日于卢森堡。

欧盟理事会主席

A. 安东

国际体育法律制度形成与发展的本质论绎

——评李智教授著《国际体育自治法治化路径研究》*

朱麒瑞**

李智教授所著的《国际体育自治法治化路径研究》是一本专题探讨体育自治与外部法律规制之间冲突与协调问题的难得力作。其整体上主线清晰、逻辑缜密、颇具创新、体育法特色鲜明、理论意义和实用价值俱佳。作者以体育自治与法律干预的有机融合作为切入点,厘清了体育自治的概念、属性及内容,分析了国际体育组织及职业联盟的自治体系,揭示了现阶段体育自治面临的治理困境,进而为体育自治法治化设计了路径和方法,并最终指出体育自治法治化,既是体育公正与法律公正共同实现的方式,更是国际体育法律制度形成和发展的路径。该书显现的治学态度和论证方法,对未来的体育法学理论研究具有借鉴意义。

国际竞技体育运动蓬勃发展。与此同时,以国际奥林匹克委员会为主导的国际体育组织利用竞技规则一致性的先天优势,自主管理,自主解决争端,形成了独具特色的体育自治体系。然而,伴随体育商业化进程,体育竞赛所蕴含的经济利益和国家利益随之丰富,单纯的体育自治模式难以满足体育参与者不断增多的公平诉求,体育争端当事方开始寻求外部司法的帮助。各国国内司法机关也在尊重体育自治的前提下,审慎介入体育管理和争端解决事务,体育自治管理体系受到冲击。鉴于该情势,学术界对体育自治与外部法律规制之间的关系问题已有不少深富意义

* 本文系国家社会科学基金青年项目"国际体育自治的法治化研究"(项目批准号:17CFX049)的阶段性研究成果。

** 武汉大学法学院博士研究生。

的探讨,[①]但全面系统的专题研究较为欠缺。因此,一部既能系统介绍体育自治的基本架构,又能对体育自治规则的法律化调适进行与时俱进式的分析,并能体现出中国学者独到见解的体育法著作,实为新时代背景下推动和发展我国体育法学研究所必需。

继《论体育自治》[②]和《体育争端解决法律与仲裁实务》[③]装订成册与付梓之后,李智教授集其10多年教习和研究体育法的心得体会,结合新近的慕尼黑判决和国际足联反腐案的具体实践,撰写了《国际体育自治法治化路径研究》一书。[④] 该书系国家社科基金后期资助项目研究成果,由高等教育出版社于2019年出版,2020年获中国国际私法优秀学术成果二等奖,2021年获福建省第十四届社会科学优秀成果三等奖,并先后入选2019年度国家社科基金中华学术外译项目推荐选题目录、新中国成立70周年大型成就展社科基金出版书目专区。该书是作者从法律视角深入钻研体育自治问题的精华之作,值得细细品读、学习和体会。

一、《国际体育自治法治化路径研究》主线清晰、逻辑缜密、颇具创新

本书紧密围绕体育自治与外部法律规制之间冲突与协调这根主线,并以该主线来搭建框架,匠心独运地提出了若干颇具创新的学术观点。

(一)紧扣"体育自治与外部法律规制之间冲突与协调"这一主线

体育全球化也是其规则一体化的过程。[⑤] 国际竞技体育领域已衍生出一套自成一类的规则体系。[⑥] 具体说来,其又分为3个子体系,即自主的规范体系、执行与惩罚体系和争端解决体系,形成了以国际奥委会、国际单项体育联合会以及国家奥委

① 其中具有代表性的国内外著述有:郭树理:《体育纠纷的多元化救济机制探讨——比较法与国际法的视野》,法律出版社2004年版;黄世席:《国际体育争议解决机制研究》,武汉大学出版社2007年版;裴洋:《反垄断法视野下的体育产业》,武汉大学出版社2009年版;刘想树主编:《国际体育仲裁研究》,法律出版社2010年版;肖永平主编:《体育争端解决模式研究》,高等教育出版社2015年版;黄晖、张春良:《国际体育仲裁专题研究》,中国社会科学出版社2017年版;Kristin L. Savarese, *Judging the Judge: Dispute Resolution at the Olympic Games*, Brooklyn Journal of International Law 30(2005);Ulrich Haas, *Role and Application of Article 6 of the European Convention on Human Rights in CAS Procedures*, International Sports Law Review 12(2012);Robert C. R. Siekmann & Janwillem Soek, *Lex Sportiva: What is Sports Law*, Berlin: Springer, 2012。

② 参见李智:《论体育自治》,武汉大学2010年国际法学专业博士后研究工作报告。

③ 参见李智主编:《体育争端解决法律与仲裁实务》,对外经济贸易大学出版社2012年版。

④ 参见李智:《国际体育自治法治化路径研究》,高等教育出版社2019年版。

⑤ See Lorenzo Casini, *The Making of a Lex Sportiva by the Court of Arbitration for Sport*, German Law Journal 12, p. 1317(2011).

⑥ 参见曾令良:《全球治理与国际法的时代特征》,载肖永平、黄志雄编:《曾令良论国际法》,法律出版社2017年版,第32页。

会为主体的自治模式。体育自治符合体育运动的特点和发展规律,有利于体现体育的专业性、娱乐性、技术性等特点,有利于公平竞赛的体育精神的实现。但是,作为一种治理模式,体育自治在组织架构、规则制定和适用以及争端解决程序等方面存在缺陷。譬如,兴奋剂处罚中的严格责任、裁判等技术性事项不得仲裁等问题,造成在体育管理和争端处理中争议频生。特别是随着体育商业化的进程,体育争端不断增多,争端处理的结果不仅影响运动员的基本权利和重大利益,而且可能影响国际和平与合作,体育自治法治化不足的缺陷尽显无遗。外部法律也适时地以基本权利保障、正当程序为由,强势介入体育争端。但越来越多的实践反复证明:体育的国际性、运动员职业生涯的短暂性和体育运动的专业性,使司法解决体育争端往往很难取得理想效果,有时反而会导致争端升级,使场下的"角力"超越了赛场上的竞争,与体育的原初目的背道而驰。

通观全书,不难发现贯穿全书的主线浓墨重彩、明晰可见。作者紧密围绕"体育自治与外部法律规制之间冲突与协调"这根主线,敏锐地捕捉到了国际体育法律制度形成与发展的这一根本性问题,切中肯綮地对其进行学理论证。该书之所以命题为"国际体育自治法治化路径研究",正是基于对该主线进行细化与延伸后的科学认识。

(二)依照体育自治法治化的逻辑构建框架

本书的章节体例围绕上述主线,以体育自治法治化的逻辑进行了缜密安排。全书除绪论和结语外,共8章,凡30余万言。第一章介绍了体育自治基础理念以及体育自治的形成及治理范围,证成了自治是体育运动管理的最适当模式。第二章分析了奥林匹克国际体育自治的框架和内容,解释了国际体育运动通过组织自治、规则自治和争端解决自治三方面的构建,形成了国际体育自治框架,实现了自治管理。第三章介绍了当今职业体育及其他体育管理体系,明确了世界范围内大量的非奥运会项目的体育单项组织、未被国际奥林匹克委员会承认的体育组织、特殊体育组织等也多在法律框架下,依照自身的规则,自我管理和发展。第四章讨论了体育商业化背景下体育自治与外部法律规制之间的冲突与协调,指出体育管理及争端解决公正性的充分实现,仍应寻求司法介入的适当路径。第五章对司法介入体育争端的具体方式进行了介绍和分析。第六章选取德国佩希施泰因案和国际足联反腐案这两起典型案例,研究晚近外部司法介入体育自治的具体实践。第七章对体育自治规则调适的原则、内容及途径进行分析和阐述。第八章对体育自治基础上国际体育法的形成进行总结和展望。

从上述章节体例安排不难看出,《国际体育自治法治化路径研究》首先厘清了体育自治的概念、属性及内容,分析了国际体育组织及职业联盟的自治体系,指出现阶段体育自治面临的治理困境;其次总结了外部法律规制体育的原则和标准,进而提出自治规则法律化的调适之策,为体育自治法治化设计了路径和方法;最后期冀性地建构了体育自治为基础、法律公正与体育公正相协调的体育法治模式。

(三)提出体育公正与法律公正共同实现等创新性观点

作者对研究主题线索的准确把握,以及对全书章节体例的缜密安排,凸显了作者对体育自治与外部法律规制之间关系的深刻理解。基于此,《国际体育自治法治化路径研究》提出了如下颇具创新的核心观点:

第一,提出了体育公正与法律公正共同实现的方式问题。该书指出体育公正是建立在体育自治规则之上的公正,它的主要考量标准即是否符合体育竞技规则。外部法律对体育行为的规制,则是基于法律的角度,对自治规则下所实现的体育公正进行审视,对体育自治模式是否满足法律公正进行评判。当下,仅依据体育规则实现的体育公正已无法满足体育领域的公平要求,体育领域面临的体育公正与法律公正的共同实现途径就是体育自治模式法治化。

第二,设计了体育自治法治化的具体路径。即在自治的基础上,借鉴一些法律原则和手段,对体育自治规则进行必要的法律化调适。一方面,坚持体育自治的原则;另一方面,利用现有的国际体育组织体系,通过国际奥委会的推动以及国际体育仲裁院的实践,在涉及兴奋剂、裁判争议、参赛资格、侵权损害等普遍性体育法律问题上,尽可能实现实体规则的一致性和明确性。此外,在程序规则上,协调各体育组织之间规则及权力分配的冲突,兼顾争端各方的利益,保证程序公正。在个案处理时,则根据案情及当事人的过错,正确适用规则,尽可能求得实质公正。

第三,明确了国际体育法的形成及内容。在体育自治法治化的进程中,体育的自治属性,使国际体育法具备了独特的法律内容,并逐渐得到国际社会的承认,成为体育自治规范以及国际体育法得以形成的前提。国际体育法以体育规则为基础,与其他实体法律相结合,形成了一系列公法和私法意义上的特殊法律原则和规则。国际条约、运动规则、一般法律原则等成为重要的国际体育法律渊源。在此过程中,国际体育法淡化了官方色彩浓郁的政府和主权的内容,成为国际法不断开拓发展的一类新范式。

二、《国际体育自治法治化路径研究》充分展现了体育法学的交叉学科特色

体育法学作为一门新兴的交叉学科,对于研究者而言,需要较强的多学科或跨

学科的研究能力,本书作者李智教授具有良好的法学教育和研究背景,并且深谙体育运动规则与规律,具备研究体育法学的优势。《国际体育自治法治化路径研究》作为其长期从事体育法学研究,特别是对体育自治问题研究的总结和提炼,在研究内容、研究方法以及研究问题上充分展现了体育法学的交叉学科特色。

(一)研究内容上内嵌性强

整体上看,《国际体育自治法治化路径研究》既聚焦体育又关照法律,而且二者之间结合得十分紧密,具有较强的内嵌性。例如,全书经由自治的基础理论铺开,分门别类地综合比较了地方自治、行业自治、意思自治、国际法自足制度及其自治功能之间的异同,认为虽然自治权利形式各异,但各种形式的共性在于自治权利源于成员间的权利让渡,其根本目的在于管理各领域的特别事务。在自治体系内,成员之间存在特别权力关系,在此权力关系之下,自治权利包括规则制定、执行处罚以及争端解决等权利内容。[①] 相应地,在体育运动和竞技竞赛领域,由托马斯·阿诺德(Thomas Arnold,1795—1842 年)在拉格比公学进行的教育改革为发端,阿诺德竞技体育自治原则和组织方式又走出学校,在社会上流行开来,加之体育运动的专业性和成员的自愿性,渐次形成了体育自治的广泛基础。[②] 同时,由于体育竞赛的跨国性和运动规则的统一性特点,又使体育自治拥有更为稳定的权利来源和治理框架。

又如,在人们对体育存在偏误的认知之处,该书通过细致考察后指出,体育运动是人们重要的生活方式。甚至可以说,在社会科学领域,体育是一门高精尖的学问。博弈论中的游戏规则,就是体育语言的外部运用。体育的益处之一,是把生活中的竞争规则在特定的时空里演绎得活灵活现。因此,学者常用体育来分析社会。[③] 时下,当今世界正经历百年未有之大变局,我国正处在实现中华民族伟大复兴的关键时期,[④]将体育建设成为中华民族伟大复兴标志性事业是多方期盼,[⑤]社会各界亦越发清晰地认识并体悟到体育所展示的规则之重要性。体育恰好就是一项人类服从规则治理的典型力证,[⑥]体育与法律的终极目标均是追求规则之治。[⑦] 体育看似与

① 参见肖永平、钱静:《体育法法律地位的重新审视》,载《学习与实践》2014 年第 3 期。

② 参见李智:《国际体育自治法治化路径研究》,高等教育出版社 2019 年版,第 19 页。

③ 同上书,第 232 页。

④ 参见中国共产党第十九届中央委员会第六次会议:《中共中央关于党的百年奋斗重大成就和历史经验的决议》,载《人民周刊》2021 年第 22 期。

⑤ 参见国务院办公厅:《体育强国建设纲要》,人民出版社 2019 年版,第 3 页。

⑥ 参见唐勇:《体育法基本问题研究》,法律出版社 2020 年版,第 148 页。

⑦ 参见兰薇:《体育发展权研究》,北京体育大学出版社 2017 年版,第 11 页。

法律无涉,但经法律这一独特的视角解读后,强有力地严肃驳斥了一部分国人视体育仅为“大老粗”的事情之偏见。

再如,在论证体育相关内容的扩张是国际体育法存在的社会基础时,该书经细致爬梳后指出,体育融合了商业利益、国际竞争、社会文化以及公共管理等元素,涉及的领域越来越多。在对这些领域进行规范时,可能涉及与体育有关的侵权法、合同法、行政法以及保健法等诸多方面,使得对体育法的需求与日俱增。体育运动是一项基本的人类活动,它包含了政治、社会、经济和组织的内容和利益,并衍生出政府、跨国组织、非政府组织的行为。目前,体育组织对体育的管理虽然在法律上还不成熟,但其所管理的问题却涉及诸多法律利益。因此,国内法和国际法已经开始关注体育运动、体育组织以及体育争端解决问题。体育法依托其广阔的体育领域,将可能比任何一个法律学科包含的内容更多。① 上述内容的阐释,充分体现了作者不轻易下结论而是以发展的眼光看待体育法学这门新兴交叉学科的科研态度。

(二)研究方法上融合度高

《国际体育自治法治化路径研究》由自治体系下体育治理的公平性问题破题,较佳地融合了法学和体育学的不同学科知识,注重从法律视角探析体育领域的权利义务关系,将体育自治与法律干预有机地融合在一起。而且,该书综合运用规范分析、实证分析、历史分析和比较研究等法学方法,系统深入地论述了体育自治管理与外部法律规制之间一系列具有根本性、全局性的法律问题。全书洋溢着“法”的精神。

规范分析体现在:但凡论及某一国际体育自治规则时,作者无不首先阐明其在《奥林匹克宪章》或相关国际单项体育联合会章程中的制度依据。同时,注意利用最新的体育争端解决规则,如国际体育仲裁院、国际足联、国际篮联的争端解决规则。另外,书中对国际体育法诸文本中具体条文的忠实解读和精彩诠释也正是作者多年来从事法学研究与法律实务工作之扎实功力和思维模式的体现。例如,作者根据《国际体育仲裁委员会与体育仲裁院章程与规则》中的诸多条款,剖析了体育仲裁机构认可体育组织用尽内部救济原则的原因,同时颇具深意地指出了用尽内部救济原则亦不是绝对的,依照体育组织的规定,某些争议可以直接向国际体育仲裁院提起仲裁。此种特殊情形多出现在兴奋剂处罚决定中,这与反兴奋剂条例的普遍适用及世界反兴奋剂机构推动的规则统一化关系甚密。②

就实证分析而言,作者在论述“体育争端自治解决”“体育自治与外部法律规制

① 参见李智:《国际体育自治法治化路径研究》,高等教育出版社 2019 年版,第 232 页。

② 同上书,第 50 ~ 51 页。

的冲突与协调”时,尤其是在论述“对国际体育仲裁院裁决进行司法审查”以及内国法院的管辖权时,援引大量案例及事实依据,将原本相对晦涩抽象的法学理论以生动的实例予以演绎,极具说服力,使该书在理论与实践上得到了较好的融合。例如,作者利用“美洲杯”帆船赛案件(Mercury Bay Boating Club v. San Diego Yacht Club),阐述了司法解决体育争端可能引致的国际私法问题,并指明在利用司法手段解决体育争端时,诸多法律问题将富含国际因素的体育争端复杂化,并不一定有利于体育争端的妥适高效解决。①

历史分析在“奥林匹克国际体育自治框架”一章中表现突出,书中在论述某一法律制度的演变及发展,或者是解释某一法律概念时也贯彻了这一研究方法。因为国际竞技体育的发展具有传承性,很多配套的法律制度大多是以往历史经验的总结与修正。《奥林匹克宪章》的大部分制度设计也都是对既有的“体育全球化成果”“体育特有的多元价值”的确证、继承与发展。例如,在阐释国际奥委会的组织结构时,对国际奥委会执委会的人员构成,作者以脚注的方式论述了其在1921年成立之初的5人构成发展至现今15人组成的演进概况。又如,在阐释国际奥委会主席强大职权时,作者在正文中列明了历任奥委会主席及其任职期间后,又以脚注的方式追根溯源地解析了国际奥委会主席担任制度由轮流担任制到连任制的嬗变。②

《国际体育自治法治化路径研究》一书也是比较研究的成果。其典型表现在阐述“国际体育法的含义”时,作者通过比较中外国际体育法学者对于国际体育法基本概念问题的不同认识,基于软法规范在国际体育法中占据一定比例的科学认识,对国际体育法给出了一个既简明扼要又能凸显其特征的定义:国际体育法是用来调整跨国体育法律关系的各类规则的总称。③ 在论述“诉讼解决体育争端”时,作者细致入微地分析了美国、英国、德国、意大利以及欧盟介入体育争端的条件和方式,④这一横向对比确保了读者能在比较法的视野下对诉讼解决体育争端有更为全面和深刻的认识。

(三)体育法中的独特问题与交叉问题均有论及

对于体育法的范畴,基于看待体育法的观点不同,会产生不同的结论。坚持“体育的法”观点的学者持狭义体育法的理念,即体育法应强调专属于体育领域的规范,它们是专门解决体育法律事务、具有体育法律特点的规则。而强调体育法是“体育

---

① 参见李智:《国际体育自治法治化路径研究》,高等教育出版社2019年版,第89~93页。

② 同上书,第31~32页。

③ 同上书,第238页。

④ 同上书,第133~148页。

与法”的学者认为，体育法应该是广义的体育法，不仅包括《奥林匹克宪章》、运动及裁判规则、国际体育仲裁院的先例等专属于体育领域的法律及规则，而且包含与体育行为相关或因体育行为而交叉适用的其他法律规范。《国际体育自治法治化路径研究》在第八章“体育自治下国际体育法的形成”中，对专属于体育领域的独特法律问题和体育与其他部门法相互交叉问题作了阐述，下面扼要评述之。

在“国际体育法形成的基础”一节中，为了阐明“体育领域法律问题的独特性是体育法形成的基本前提”，作者论证了参赛权、兴奋剂和裁判争议等专属于体育领域的独特法律问题。在参赛权问题上，作者从人权法的视角反向证明了运动员并非参与体育运动即可获得国际体育竞赛的参赛资格，其参赛权的实现必须依赖体育组织的选派规则。在兴奋剂问题上，随着体育运动商业化、职业化的发展，运动员使用兴奋剂的行为越来越多，针对兴奋剂的检测、处罚方法也在完善和成熟，并逐渐形成了兴奋剂处罚的体育法律体系。一方面，在反兴奋剂领域，形成了统一的《世界反兴奋剂条例》，该条例被国际奥委会、国家奥委会以及各国际单项体育联合会认可和接受，并被《反对在体育运动中使用兴奋剂国际公约》赋予合法性，成为重要的专门解决体育问题的法律。另一方面，《世界反兴奋剂条例》及各体育组织的反兴奋规则确立了一系列使用兴奋剂处罚的原则和标准，如严格责任原则、平等原则、比例原则、过错与责任相应原则等，它们构成了反兴奋剂体育规则的主要内容。在裁判争议问题上，随着科技的进步、商业因素的渗透以及竞技规则的革新，“不干涉裁判结果”原则是否还应该始终不渝地坚持，是否允许有所突破，能在多大程度上突破，颇值关切与深思。在体育公正要求越发强烈的背景下，依托法律完善裁判执法，自然成为体育法研究和发展的专门内容。①

在“国际体育法的内容和范围”一节中，作者着重阐述了合同法和侵权法在体育领域的晚近发展。在合同法交叉适用于体育领域方面，包括契约自由原则、有约必守原则、情势变更原则、诚实信用原则、合理期待原则、解释合同探求当事人真实意图原则、格式合同有利于弱方当事人原则、约定不明确有利于义务当事人原则、法无明文规定不处罚原则、平等原则、比例原则、善意原则等在内的合同法原则，在处理与体育有关的合同时，仍作为基本原则被信守，亦为法院所适用。但需要注意的是，这些基本原则将根据体育的特点，不断地进行调适。例如，金字塔式的体育管理模式依托合同建立运作，《奥林匹克宪章》及国际单项体育联合会章程通过层层认可的

① 参见李智：《国际体育自治法治化路径研究》，高等教育出版社 2019 年版，第 229 ~ 230 页。

合同形式得到遵循。但运动员在签订运动员协议时,对体育章程及规则的认可并无选择权和协商权,如果想参加国际体育竞赛,运动员就必须无条件接受运动员合同的内容,包括由国际体育仲裁院解决争端的仲裁条款。由此可见,在体育领域,契约自由受到一定限制,条款带有强制性,这充分体现了体育管理的自治特点。①

在侵权法交叉适用于体育领域方面,作者将体育运动侵权行为中的风险自负原则视为独立于一般民事侵权体系之外的特殊情形,因为要求运动员在竞争激烈的情境下做出合理保护动作,是不现实的。与此同时,作者指出过分强调风险自负原则的适用也会适得其反。一方面,对体育暴力侵权行为的独特处理方式,鼓励了不符合体育精神的暴力行为泛滥,并极大地损害了体育运动。另一方面,对于过激的暴力行为,仅仅强调受害人对风险的预见,而不对致害人施加相应的注意义务,无疑会给体育参与者带来严重伤害。另外,作者通过几则典型案例,阐述了体育侵权的认定标准有从风险自负向重大过失标准演化的趋势。②

三、《国际体育自治法治化路径研究》兼有较深的学理思考和较高的实用价值

该书不仅有对基础理论问题的尝试性解答,而且对近年来的热点案件也进行了跟踪式探究。因此,该书具有较高的实用价值,不同的读者均能从中获取进益。

(一)尝试性地回答基础理论问题

体育是一项专业性极强的全球性活动,具有与其他行业不同的特质,其特征也催生了体育领域独特的治理模式——体育自治。如今,单纯的体育公正的实现,已不能满足体育参与者对体育运动中法律公正的追求,国际体育管辖体系须对体育自治规则做统一化和法律化的努力,从而在体育领域体现法律公正。在这一趋势下,体育组织通过国际体育运动的实践进行硬法与软法的修订工作,一个结构性更强的国际体育自治管理和争端解决机制逐渐形成。与此同时,随着体育组织管理体育运动的能力越来越强,它们也希望有更多稳定的、公正的规则及程序可供利用,国际体育法的形成势所必然。那么,国际体育法的原则、特点和渊源等基础理论问题就显得较为棘手,亟待理论研究者进行梳理与廓清。作者怀揣强烈的问题意识,对上述颇富挑战性的基础理论问题作了尝试性的回答。

针对国际体育法的原则,宏观国际法学认为,国际法调整的社会关系是超越国界的一切国际社会关系,③现代国际体育的发展客观上需要国际法的调整,跨国体育

---

① 参见李智:《国际体育自治法治化路径研究》,高等教育出版社2019年版,第249~250页。

② 同上书,第251~254页。

③ 参见黄进:《宏观国际法学论》,武汉大学出版社2007年版,第6页。

关系或国际体育关系显然是国际社会关系中的一部分,国际法深入国际体育领域亦拓展了国际法学的范围。因此,国际体育法是宏观国际法体系的一个独立法律部门或分支。① 那么,国际体育法理所当然要坚持国际法的基本原则,遵守《联合国宪章》第2条规定的7项原则以及《奥林匹克宪章》规定的基本原则。除此之外,作者认为国际体育法还存在3个独特的基本原则,即追求国际体育正义原则、维护国际体育自治秩序原则和促进国际体育合作良性循环原则。②

针对国际体育法的特点,作者认为作为国际法的新兴分支,伴随体育活动国际化而生的国际体育法与国际法其他传统支系相比,具有独立性、综合性和技术性等特点。其独立性主要由国际体育的自治性所决定,如认可度高的争端解决自治机制有力地将国际体育法落到实处,国际体育仲裁院开展的体育纠纷解决实践即为典型示例,它作为强势的"造法者",又进一步充实了国际体育法。其综合性主要体现在国际体育法调整对象的不断扩大,以及国际体育法本身即实体规范和程序规范的综合体。其技术性主要体现在应用于国际范围内的专门运动规则、标准已构成一系列的技术性准则,如反兴奋剂领域的违禁物清单、兴奋剂检测方法即技术性很强的规定。③

针对国际体育法的渊源,作者认为一个开放的体育法律框架对体育规则国际化和法律化十分重要,在造法的过程中,与体育有关的国际条约、国际体育自治规则、体现体育特殊性的一般法律原则以及国际体育仲裁院的裁决,均是国际体育法的渊源。④

致力于深入挖掘国际体育法本体问题是该书的一项重要特征。深挖问题不仅需要有根植于内心深处的家国情怀和忧患意识,而且需要有善于捕捉问题、筛选问题、分析问题和研究问题的理论素养,更需要有提供解决问题可行方策的专业功底。⑤ 经作者的深入思考与细心求证,许多国际体育法的基础理论问题,可谓得到了不乏新意的解读。

---

① 参见肖永平、周青山:《"全球体育"催热国际体育法研究》,载《中国社会科学报》2010年5月27日,第11版。

② 参见李智:《国际体育自治法治化路径研究》,高等教育出版社2019年版,第240~243页。

③ 同上书,第243~245页。

④ 同上书,第257~266页。

⑤ 参见黄进:《新时代中国国际私法的使命——在中国国际私法学会2018年(宁夏银川)年会开幕式上的致辞》,载黄进、肖永平、刘仁山主编:《中国国际私法与比较法年刊》(第23卷),法律出版社2019年版,第355页。

(二)理性关注近年来的热点案件

近期发生的德国佩希施泰因案和国际足联反腐案,是外部司法对体育自治形成根本冲击的典型案例。《国际体育自治法治化路径研究》开辟专门的一章,用两节分别详述了慕尼黑判决对国际体育仲裁院管辖权的影响和国际足联反腐案对体育自治的冲击。作者对上述两起典型案例进行了跟踪式的学术研究,以自身独立的思考,为相关核心主体提供了建设性的变革方式与路径。

在德国佩希施泰因案中,慕尼黑地方高等法院强烈质疑仲裁院独立性,否定了国际体育仲裁院的仲裁条款,动摇了国际体育仲裁院的管辖权。虽然德国联邦最高民事法院最终裁决维护了国际体育仲裁院的管辖权,但慕尼黑高等法院的观点,仍对国际体育仲裁院产生极大影响,促使其对如何继续提升体育仲裁的独立性和公正性,进行全面的思考和改革。[①] 一言以蔽之,当国际体育仲裁院管辖权的强制性问题无法解决时,通过法律适用和公平性提升来补足是较为可行的方案。鉴于此,作者对国际体育仲裁院的改革方向提出了以下建议:第一,提升国际体育仲裁院的独立性,弱化与国际体育组织的关联;第二,通过法律适用的全面性降低对专属管辖权的质疑;第三,完善司法审查标准,提升国际体育仲裁裁决公平性和认可度。[②]

国际足联反腐案则充分说明:相较体育利益的不断膨胀,现行的体育自治管理机制运行失当、治理成效缩减,难以体现管理的公平性和有效性,并最终导致外部司法的强势介入。体育组织需加强自身建设,方能应对外部司法的冲击,保持自治性。就体育组织如何加强自身建设,作者提出了以下建议:第一,树立自治应以法治为前提的理念;第二,加强自治管理的合法合规性;第三,净化完善自治规则;第四,通过健全信息公开制度和形成相互制衡的组织框架来增强自治组织的自制力。[③]

通过上文的分析,不难看出,司法介入体育管理和争端,并非对体育自治模式的否定,而是在体育国际化和商业化背景下,对体育管理和争端解决的法律性提出了更高的要求。提升自治的法律化程度,实现与外部法律的协调和良好对接,是提升体育自治水平的应然之道。

---

① 参见董金鑫:《国际体育仲裁的独立性问题与中国因应——以佩希斯坦案为中心》,载梁慧星主编:《民商法论丛》(第69卷),社会科学文献出版社2019年版,第241页。

② 参见李智:《从德国佩希施泰因案看国际体育仲裁院管辖权》,载《武大国际法评论》2017年第1期。

③ 参见李智:《国际体育自治法治化路径研究》,高等教育出版社2019年版,第181~183页。

（三）不同读者可便利获取所需信息

《国际体育自治法治化路径研究》首先是一部体育法专著。通过阅读本书，读者可以对体育自治与法律干预之间的核心问题有更为清晰的认识。对于那些准备着手体育法学习和正在从事体育法研究的读者而言，该书言简意赅、深入浅出，具有很强的可读性，既可以作为学生的入门启蒙书，亦可以作为学者的案头书。从体育法的整体轮廓上看，体育法学可大致划分出三个部分，即体育法学基础理论、体育实体法和体育程序法。体育法学基础理论致力于深入开掘体育法学作为交叉学科所具有的独立性，包括其概念、性质、范围、价值、原则、法律渊源等内容；体育实体法主要侧重于体育关系中的一些具有实体权利义务的法律问题；体育程序法的研究对象是纪律处罚程序和体育纠纷解决程序。[①] 其中每一部分均离不开书中所论述的“体育自治管理与外部法律规制之间调适关系”的统领，洞悉这一关键议题，可为后续深入学习和研究体育法奠定更为扎实的基础。

其次，《国际体育自治法治化路径研究》也是一本体育法的工具书。该书几乎每一面都有着较为翔实的脚注，除标注引用的文献外，作者还会在必要处对某些问题作历史演进式的梳理，写明相关案情的概要以及提供相关一手资料的网址。而且作者在参考文献处，列举了大量体育法的中外文专著、教材、杂志和论文。另外，在文末索引处，直观呈现了书中主要规则和机构的名称，以及它们首次在正文中出现时的页码。这些均极大方便了读者按图索骥地对有关体育法知识的理解和进一步查阅，因而《国际体育自治法治化路径研究》近似于一本体育法的简明专业词典。

最后，书中对以国际奥委会为主体的国际体育治理结构和改革问题也作了详细论述。书中以一定的篇幅介绍了国际单项体育联合会和国际大学生体育联合会自治体系的运作机制，并从法治化的视角对国际体育组织治理结构的改革与完善问题进行了深入探讨。对于那些试图了解国际体育组织治理结构并致力于提升中国在国际体育组织中话语权的体育从业者而言，《国际体育自治法治化路径研究》一书同样可以提供很多思考的空间。目前，我国体育产业化以及体育文化建设已顺利迈入稳健发展的轨道，未来应有鉴别地吸收符合我国实际的现代体育治理经验。该书十分注重对相关方面国际经验的总结，对国内外体育法律制度及各职业体育联盟规则进行分析与比较，为我国的体育法治建设及职业体育发展提供了信息和建议，颇具实用价值。

---

① 参见周青山：《律师眼中的体育法》，载《人民法院报》2006 年 1 月 13 日，B03 版。

总之,这本书对于体育法相关专业的学生来说,是开启对体育法兴趣和思考的启蒙书;对于体育法学者来说,是提升科研、教学、服务社会水平和能力的必备书;对于广大的体育工作者和律师来说,则是了解体育法、学习体育法案例的重要参考书。

四、结语

体育承载着国家强盛、民族振兴的梦想,关乎人民幸福和民族未来。党的十九届五中全会明确指出,体育强国是2035年基本实现社会主义现代化远景目标之一。[①] 因此,在统筹推进国内法治与国际法治建设的当下,我国应致力于向国际体育规则的贡献者、推动者与引领者转变,[②]清晰搭建体育领域复杂问题的国际法与国内法协调治理机制。[③] 综观全书,作者恰当地运用了国际法与国内法相协调的视野,循着体育自治如何法治化的研究进路,对本领域相关重要问题的解释,都注重从法规根据、国内外学者著述、体育运动实践和体育法案例四个方面分别或同时进行论证,力戒虚言臆断,力求言之成理、持之有故,给人以难以忘却的厚重的缜密之感,作者严谨的治学态度亦可从中窥见一斑。

当前,世界正处于大发展大变革大调整时期,在百年未有之大变局的十字路口,[④]国际体育治理也正处于挣脱困局大阔步迈向善治的加速变革当中,[⑤]我国亦在朝着新时代体育强国的目标奋力推进着体育治理体系和治理能力的现代化。[⑥] 在此背景下,研读学习李智教授这部致力于深度阐释体育自治法治化是国际体育法律制度形成与发展之路径的著作,其立论之确当、视野之开阔、剖析之精深,初步展望并描绘了高度自治的国际体育法治模式,令人心生敬意。该书不仅是研究体育法的学者不能回避的学术精品,还是一本值得广大体育从业者和爱好者深思静览、细致揣摩的上乘著述,更是一部推动和发展我国体育法学研究的难得力作。

---

① 参见中国共产党第十九届中央委员会第五次全体会议:《中共中央关于制定国民经济和社会发展第十四个五年规划和二〇三五年远景目标的建议》,人民出版社2020年版,第5页。

② 参见黄进:《习近平全球治理与国际法治思想研究》,载《中国法学》2017年第5期。

③ 参见肖永平:《全面依法治国的新阶段:统筹推进国内法治与国际法治建设》,载《武大国际法评论》2018年第1期。

④ 参见中国国际私法学会课题组:《习近平法治思想中的国际法治观》,载《武大国际法评论》2021年第1期。

⑤ 参见王润斌、贺冬婉:《当代奥林匹克危机的历史变奏与治理之道》,载《体育学刊》2020年第2期。

⑥ 参见王家宏、刘广飞等:《中国体育深化改革相关法律问题研究》,载《体育科学》2019年第11期。

约稿启事

《中国国际私法与比较法年刊》(以下简称《年刊》)是由中国国际私法学会、武汉大学国际法研究所主办,法律出版社出版发行的学术出版物,也是中文社会科学引文索引(CSSCI)法学学科来源集刊。《年刊》享有较高的学术声誉,在推进我国国际私法科学研究、繁荣发展和学术交流中发挥了十分重要的作用。

《年刊》坚持学术自律、自主和自尊的方针,一切采稿、编辑活动坚持学术标准。栏目设置以国际私法专论、冲突法研究、国际统一私法与比较法研究、区际法律问题研究、国际民商事争议解决机制研究等栏目为主,还设有电子商务与国际私法研究、国际私法实务研究、《海牙公约》研究、国际私法教学、评介与资料等栏目。《年刊》自2017年卷开始,每年出版2卷,面向国内外征集稿件,热忱欢迎广大专家学者踊跃赐稿。

稿件要求如下:

一、来稿体裁和字数不限,要求选题新颖,立论科学,论据充足,论证严密,层次清晰,语言流畅。

二、来稿必须包括:题目(包括英文译名),作者简介(姓名、所在单位、职务或职称、邮编、联系电话、电子邮箱),摘要,正文。

三、来稿必须是未经发表的学术论著,请勿引用未公开发表的资料,勿一稿多投。根据我国《著作权法》的有关规定,编辑部对来稿有权做文字性和技术性的修改、删节。

四、来稿文责自负,《年刊》所载文章仅代表作者个人观点,并不必然反映编辑部或者主办机构的观点或立场。

五、为适应我国信息化建设,扩大《年刊》及作者知识信息交流渠道,《年刊》已被《中国学术期刊网络出版总库》(CNKI)及重庆维普网等数据库收录,免费提供作者文章引用统计分析资料,其作者文章著作权使用费与本书稿酬一次性给付。如作者不同意文章被收录,请在来稿时声明,《年刊》编辑部将作适当处理。

六、来稿注释范例如下:

(一)文中注释采用脚注,全文每页脚注单独排序,注码放标点之后。

(二)非引用原文者,注释前加“参见”。

(三)引用资料非来自原始出处者,注明“转引自”。

(四)引文出自同一资料相邻数页者,注释例:第28页以下。

(五)具体注释体例:

1. 著作类

①季卫东:《法治秩序的建构》(增补版),商务印书馆2014年版,第20页。

②徐冬根:《财富与美德》,北京大学出版社2013年版,第31页。

2. 论文类

①韩长印、韩永强:《债权受偿顺位省思——基于破产法的考量》,载《中国社会科学》2010年第4期。

②许多奇:《论税法量能平等负担原则》,载《中国法学》2013年第5期。

③高薇:《网络交易中的私人纠纷解决》,载《政法论坛》2013年第5期。

3. 文集类

黄韬:《为什么法院不那么重要——中国证券市场的一个观察》,载苏力主编:《法律和社会科学》第9卷,法律出版社2012年版。

4. 译作类

[英]H. L. A. 哈特、[美]托尼・奥诺尔:《法律中的因果关系》,张绍谦译,中国政法大学出版社2005年版,第216页。

5. 报纸类

许多奇:《“带头大哥”为何涉嫌非法集资》,载《解放日报》2007年10月15日,第13版。

6. 古籍类

《史记・秦始皇本纪》。

7. 辞书类

《新英汉法律词典》,法律出版社1998年版,第24页。

8. 外文类

依从该文种注释习惯。

例如:Shen Wei, *Rethinking the New York Convention—A Law and Economics Approach*, Cambridge: Intersentia, 2013, p. 153.

9. 法院判决、公告类

《关于进一步支持小微企业增值税和营业税政策的通知》(财税[2014]71号)。

10. 网络资讯类

原则上,如果同样内容有纸质参考,请选用纸质参考,以方便保存查阅。

尹守革:《专访吴晓灵:央行应该有更多的自主权》,载搜狐财经网 2013 年 12 月 18 日,http://business. sohu. com/20131218/n392003645. shtml。

七、经《年刊》采用的来稿,会敬奉稿酬及样书。所有来稿 3 个月内未收到录用通知,作者有权对稿件另行处理,编辑部一般不予退稿,请作者自留底稿。

八、任何来稿视为作者、译作者已经知悉并同意《年刊》的约稿条件。

来稿请采用电子文本。电子文本请发送电子邮件至 ybpil@ whu. edu. cn。

《中国国际私法与比较法年刊》编委会

2022 年 5 月